MANUAL

DE

GRAMÁTICA HISTÓRICA ESPAÑOLA

R. MENÉNDEZ PIDAL

MANUAL DE GRAMÁTICA HISTÓRICA ESPAÑOLA

DECIMOQUINTA EDICIÓN

ESPASA-CALPE, S. A.
MADRID
1977

Talleres gráficos de la Editorial Espasa-Calpe, S. A.
Carretera de Irún, km. 12,200. Madrid-34

DE LA ADVERTENCIA A LA SEGUNDA EDICIÓN

Para corregir la segunda edición he atendido los reparos hechos a la primera en las reseñas que de ella publicaron A. Morel-Fatio, *Romania*, XXXIII, 270; E. Mérimée, *Bulletin Hispanique*, VI, página 74; A. R. Gonçalves Vianna, *Revue Hispanique*, X, 608; A. Wallensköld, *Neuphilologische Mitteilungen*, Helsingfors, 1904, pág. 115; H. Morf, *Archiv für das Studium der neueren Sprachen*, 1904, pág. 239, y J. Leite de Vasconcellos, *Revista Pedagójica*, Lisboa, 29 janeiro 1905, pág. 970. También debo muy útiles observaciones, hechas por carta, al profesor de la Universidad de Viena W. Meyer-Lübke, al de Baltimore C. C. Marden, al de Milán C. Salvioni, y al de Salamanca M. de Unamuno.

Renové la forma de exponer muchas cuestiones (por ejemplo, §§ 25, 26, 29_2, 47, 54, 60_2, 96_2, 107_4, 113); dí más entrada al español antiguo, que había descartado demasiado en la primera edición, a veces en materia grave (§§ 53_4, 63_2); procuré más exacta apreciación del elemento culto del idioma (por ejemplo, §§ 3, 39_2, 53_6, 57_3); agregué explicaciones de fonética fisiológica (por ejemplo, §§ 9_2, 10_2, 13_2, 50_1), y aumenté las comparaciones con los dialectos afines (por ejemplo, §§ 13, 89_1, y ₃, 117_2, 120_1).

20 septiembre 1905.

CUARTA EDICIÓN

La tercera edición de esta obra salió en 1914 con muy escasas reformas, fué preciso hacer ahora una revisión más detenida del texto e incluir varias adiciones (principalmente los párrafos 5 bis y 35). Para esta revisión debo un importante auxilio a los señores A. CASTRO, T. NAVARRO TOMÁS y E. H. TUTTLE.

Enero 1918.

QUINTA EDICIÓN

He tenido presente la importante reseña del Manual debida a J. JUD y A. STEIGER, *Romania*, XLVIII; la de J. RONJAT, *Revue des Langues Romanes*, LXII, 1924, 435-436, no llegó a mis manos a tiempo para retocar los primeros pliegos de la reimpresión.

Se rehicieron algunas partes (por ejemplo, § 29$_{2d}$, 38$_2$, 47$_{2b}$, 50$_1$, 54$_1$, etc.), sobre todo el capítulo IV. Añadí también un punto 3 al § 82.

Agosto 1925.

PARA LA SEXTA EDICIÓN

He utilizado la reseña de la cuarta hecha por el profesor de Hamburgo F. KRÜGER en el *Archiv für das Studium der neueren Sprachen*, CXLV, 1923, págs. 128-130; las *Notas marginales* a la misma edición por el rector de Salamanca M. DE UNAMUNO, en el *Homenaje a Menéndez Pidal*, II, 1925, págs. 57-62; la extensa reseña de la quinta edición hecha por el profesor de la Sorbona P. FOUCHÉ en la *Revue Hispanique*, LXXVII, 1929, págs. 121-155; detenidas observaciones comunicadas por el decano de Filosofía en la universidad morava de Brno, H. JARNIK y por el profesor de Madrid R. LAPESA. A invitación de varios estudiantes, amplío todo lo referente a la acción de la yod, §§ 8 bis, 9$_2$, 10$_3$, 11$_2$, 13$_3$, 14$_2$, y añado un resumen cronológico de la fonética, § 63 bis.

Los signos especiales empleados en la transcripción fonética van explicados en los §§ 5 bis, 34$_2$ y 3 y 35, y son los mismos usados en la *Revista de Filología Española*, II, 1915, págs. 374-376.

El * indica que una forma es hipotética (v. pág. 4, nota).

La † denota que la forma a que va antepuesta es analógica (§ 115, n.).

Junio 1940.

Tratados generales que no se citan en las notas, o se citan abreviadamente, y que conviene tener a mano.

G. Gröber, *Grundriss der romanischen Philologie*, Strassburg, 1890-1902. Tres tomos. El tomo I, que contiene el trabajo de G. Baist, *Die spanische Sprache*, apareció en segunda edición en 1905.

W. Meyer-Lübke, *Grammaire des langues romanes*, trad. par E. Rabiet, E. et A. Doutrepont, París, 1890-1900. Tres tomos. más un tomo IV de «Tables générales», 1905.

W. Meyer-Lübke, *Introducción al estudio de la lingüística romance*, versión de la tercera edición alemana con notas y adiciones, por A. Castro, Madrid, 1926.

É. Bourciez, *Éléments de linguistique romane*. Deuxième édition, París, 1923.

G. Millardet, *Linguistique et dialectologie romanes. Problèmes et méthodes*, Montpellier, 1923.

A. Bello, *Gramática de la lengua castellana*, sexta edición, con notas de R. J. Cuervo, París, 1898.

R. J. Cuervo, *Apuntaciones críticas sobre el lenguaje bogotano*, sexta edición, París, 1914.

F. Hanssen, *Gramática histórica de la lengua castellana*, Halle a S., 1913. (Reseñas de O. J. Tallgren, en *Neuphilologische Mitteilungen*, 1917, tomo XVIII, pág. 138; A. Castro, en *Revista de Filología Española*, 1914, tomo I, pág. 181; L. Spitzer, en *Litteraturblatt für germ. und rom. Philologie*, 1914, tomo XXXV, col. 206.)

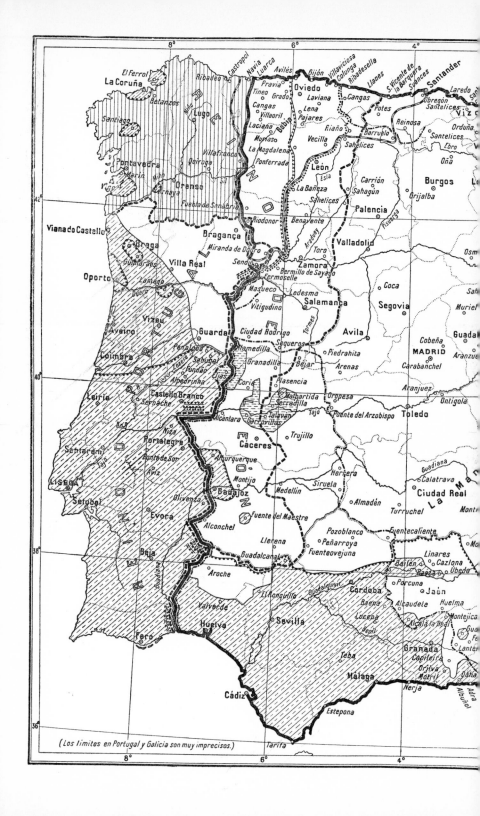

(Los límites en Portugal y Galicia son muy imprecisos.)

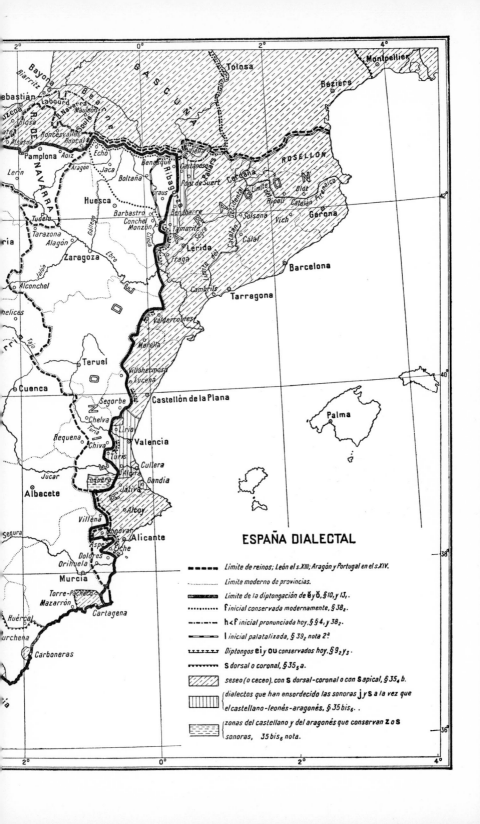

ESPAÑA DIALECTAL

- – – – – Límite de reinos; León el s.XIII; Aragón y Portugal en el s.XIV.
- ·············· Límite moderno de provincias.
- ▬▬▬▬ Límite de la diptongación de ĕ y ŏ, §10₁ y 13₁.
- ·········· f inicial conservada modernamente, §38₂.
- –··–··–·· h< f inicial pronunciada hoy, §§4₁ y 38₂.
- ▬ ▬ ▬ l inicial palatalizada, §39₂ nota 2ª
- ⊥⊥⊥⊥⊥⊥ Diptongos ei y ou conservados hoy, §9₂ y 3₃.
- ⌄⌄⌄⌄⌄⌄ s dorsal o coronal, §35₅ a.
- ⫽⫽⫽ seseo (o ceceo). con s dorsal-coronal o con s apical, §35₄ b.
- ▥▥▥ (dialectos que han ensordecido las sonoras j y s a la vez que el castellano-leonés-aragonés, §35 bis₆. ·
- ▤▤▤ (zonas del castellano y del aragonés que conservan z o s sonoras, 35 bis₆ nota.

CAPÍTULO I

IDEA DE LOS ELEMENTOS QUE FORMAN
LA LENGUA ESPAÑOLA

1. EL ESPAÑOL ENTRE LAS LENGUAS ROMANCES. — Al des-
membrarse el Imperio romano se siguió usando el latín en
gran parte de él, sobre todo en el Imperio occidental, la
mayoría de cuyas provincias continuaron hablando dicha
lengua, a pesar de las muchas invasiones de pueblos extraños que sufrieron; y podemos decir que aun hoy día siguen
hablándolo, claro es que muy transformado y de diversa
manera en cada una de esas provincias.

Los varios estados de transformación a que en esas provincias llegó el latín hablado, se llaman «lenguas romances
o neolatinas». Enumeradas de Oriente a Occidente, son: el
RUMANO, hablado en la antigua Dacia, o sea en Rumania, y
al sur del Danubio, en parte de Macedonia y Albania; el
DALMÁTICO, lengua muerta, hablada antes en parte de las cos-
tas de Dalmacia; el LADINO O RETO-ROMANO, hablado en la antigua Retia, esto es, en parte de Suiza y de Italia; el ITALIANO,
hablado en Italia; el SARDO, hablado en Cerdeña; el FRANCÉS

y PROVENZAL, hablados en la antigua Galia, y el CATALÁN (1), CASTELLANO y GALLEGO-PORTUGUÉS, hablados en la antigua Hispania. El castellano, por servir de instrumento a una literatura más importante que la de las otras regiones de España, y sobre todo por haber absorbido en sí otros dos romances principales hablados en la Península (el leonés y el navarro-aragonés), recibe más propiamente el nombre de **lengua española** (2). Propagada a la América, ha venido a ser la lengua romance que ha logrado mayor difusión, pues la hablan más de 100 millones de hombres, mientras el francés es hablado por 42 y el italiano por otros tantos.

Todas estas lenguas son una continuación moderna· del latín, no tanto del LATÍN LITERARIO, *escrito* (véase § 3) como del LATÍN VULGAR, *hablado* sin preocupación literaria por los legionarios, colonos, magistrados y demás conquistadores que se establecían en las provincias ganadas, los cuales, gracias a su poderío político, a su talento administrativo y a su cultura superior, romanizaban rápidamente las razas

---

(1)   Para el catalán considerado como lengua hispánica véase H. MORF, *Bulletin de Dialectologie Romane*, I, 1909, págs. 3-4, y A. ALONSO, *La subagrupación románica del catalán*, en la *Rev. de Filología Española*, XIII, 1926, págs. 1 y 225.

(2)   Esta denominación fué empleada durante la edad media en Castilla (aunque menos que la de lenguaje *castellano*), cuando ciertamente no era muy propia, por no haberse confundido todavía lingüísticamente Castilla y Aragón; en los siglos XVI y XVII fué ya bastante usada por los gramáticos y los autores, alguno de los cuales rechaza expresamente el nombre de *lengua castellana* como inexacto. En el extranjero, desde la edad media, fué siempre general *lengua española*. La Academia empleó ambos nombres, aunque prefiriendo el de *lengua castellana*. Esta preferencia la he discutido varias veces (v. por ej. *Hispania*, publ. by the American Association of Teachers of Spanisch, I, 1918, pág. 3), y al fin fué abandonada por la Academia, adoptando el nombre de *lengua española* para la edición de su Diccionario, que apareció en 1925.

sometidas y les hacían ir olvidando su idioma nativo, que no podía menos de resultar pobre e insuficiente para las complejas necesidades de la nueva vida que la colonización traía consigo. Además, la imposición de una lengua tan difundida como el latín, aunque molestara cariños y vanidades patrióticas, resultaba cómoda y útil para el comercio y la cultura; así que los idiomas nacionales se olvidaron casi del todo, de tal suerte, que de ellos en el español sólo se descubren algunos restos, a veces muy dudosos.

2. El latín vulgar o hablado.—El fondo primitivo del idioma español, su elemento esencial, es el latín vulgar, propagado en España desde fines del siglo III antes de Cristo, el cual no debe confundirse con el latín que se escribía en la decadencia del Imperio romano, ni menos con el *bajo latín* que se usaba en la Edad Media; aunque estos dos difieran a veces mucho del latín de Cicerón o de Livio, siempre están, al menos en cuanto a las grafías y formas, más próximos del latín clásico que del vulgar, si bien pueden acercarse más a éste en cuanto a la construcción. El latín vulgar no se diferencia del clásico por la fecha, pues es tan antiguo, y más, que el latín literario; vivió siempre al lado de él, aunque no siempre igualmente divorciado de él.

Es difícil el conocimiento del latín vulgar, pues nunca se escribió deliberadamente: el cantero más rudo, al grabar un letrero, se proponía escribir la lengua clásica. Sólo en los escritos menos literarios, sobre todo en las inscripciones, se escapan, gracias a la incultura del escribiente, algunas formas vulgares. También los gramáticos latinos, al condenar ciertas palabras o expresiones, nos dan testimonio de alguna forma interesante; el tratado conocido con el nombre de *Appendix Probi*, escrito probablemente en África hacia el siglo III de Cristo, es uno de los más ricos en indicaciones sobre tales vulgarismos. Pero fuera de estos escasos restos, la ciencia se tiene que valer, principalmente, de la restitución hipotética de las formas vulgares, por medio de la comparación de los idiomas neolatinos; pues claro es que un fenómeno que se halla a la vez como indígena en todos o en muchos de esos idiomas, provendrá del latín hablado comúnmente antes de la completa disgregación dialectal del Imperio romano. Así, si en vez del clásico acuĕre, hallamos en español *aguzar*, en portugués *aguçar*, en provenzal *agusar*, en francés *aiguiser*, en italiano *aguzzare*, etc., podemos asegurar que en el latín vulgar hablado en todos estos países se decía *acutiare, derivado de acutus, participio del clásico acuĕre (1). Por igual razonamiento se llega a concluir que la ĕ latina acentuada se pronunciaba en el latín vulgar con sonido abierto (v. adelante § 8), el cual produjo el diptongo *ie* (v. § 10) en una extensa zona del territorio romanizado; así, en vez del clásico fĕrus, se dice en español e italiano *fiero*, en francés *fier*, y fĕra en rumano *fiară*, etcétera; lo mismo en vez del clásico pĕdem, se dice en italiado *piede*, en francés *pied*, en español *pie*, etc. Este latín vulgar se distingue principalmente en la tendencia a expresar por perífrasis (§ 73) lo que en latín clásico se expresaba por una síntesis gramatical: las preposiciones sustituían a la declinación clásica que se servía de diversas terminaciones

---

(1) Estas formas como *acutiare, deducidas de la comparación de los romances (y en este caso, además, de la existencia del substantivo *acutiator*), las cuales, por muy seguras que sean, siempre son hipotéticas, se suelen marcar con asterisco, y así se hará en el resto de este Manual. También se marcarán con asterisco las formas hipotéticas del español que se suponga que existieron.

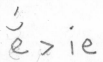

(§ 74), y en vez del genitivo plural sintético cervorum, decía el vulgo: de cervos; el comparativo sintético, grandiores, se perdió también y se sustituyó por la perífrasis magis grandes (§ 79); la terminación pasiva, amabantur, se olvidó para expresar la idea pasiva con el rodeo erant amati; el futuro cantabo desapareció ante cantare habeo (§ 103).

También por la comparación de los romances llegamos a conocer acepciones propias del léxico vulgar. Por ejemplo, sĕrra para el latín clásico significa la *sierra* del carpintero, pero una metáfora vulgar aplicaba este nombre también a la cadena de montañas, el perfil de cuyas crestas semeja al instrumento citado, atestiguándonos la extensión de esta vieja metáfora el español *sierra,* catalán y portugués *serra.*

Al lado de estos fenómenos generales del latín vulgar, cada región tenía sus particularidades idiomáticas, sin duda escasas en un principio. Pero cuando el Imperio romano se desmembró, constituyéndose las naciones nuevas, cuando el mundo occidental cayó en extrema postración de incultura y de barbarie, cesando las relaciones íntimas entre las antiguas provincias, ahora ocupadas por suevos, visigodos, francos, borgoñones, ostrogodos, etc., las diferencias regionales se hubieron de aumentar considerablemente y cada vez divergió más el latín vulgar hablado en España del hablado en Francia o en Italia; mas como esta divergencia se fué acentuando por lenta evolución, no hay un momento preciso en que se pueda decir que nacieron los idiomas modernos. Cuando éstos empiezan a sernos conocidos en escritos de los siglos ix y x, los hallamos ya completamente diversificados unos de otros.

Los hispano-romanos, bajo el dominio visigodo continuaron hablando el latín; pero es igualmente difícil llegar a conocer el habla usual·en la época visigótica, pues tampoco nos quedan monumentos escritos en el lenguaje entonces corriente, ya que no se escribía sino el bajo latín, última degeneración del latín clásico, y muy distinto de la lengua entonces hablada.

Dada la escasez de testimonios escritos, la única fuente copiosa para el conocimiento de algunas particularidades del **latín español** es la comparación de los romances modernos de España con el latín clásico. Así deducimos que mientras otras provincias romanas usaban el clásico cǎva (italiano y antiguo provenzal *cava*, etc.), en España, como en otras regiones, se usaba el dialectalismo *cŏva, de donde el español *cueva* (§ 13), el portugués y el catalán *cova*, y el bearnés *cobe;* mientras en general se pronunciaba a lo clásico nōdus y octōber (italiano *nodo, ottobre;* rumano *nod;* provenzal *notz, ochoure,* etc.), en España se decía *nūdus y octūber, acaso siguiendo la pronunciación de colonos de la Italia meridional, pues en osco la ō es ū, por lo cual el español dice *nudo, ochubre, octubre;* el portugués *outubro* (pero *noo, nó*), y el catalán *nu, uytubre;* contra todos los demás casos en que se conserva la ō clásica (1). Durante

----

(1) La forma octuber no es hipotética, pues se lee en una inscripción de Pamplona del año 119 y en otras de diversas provincias (véase Carnoy, citado en la nota siguiente, pág. 64). Algunos, para explicar el español *ochubre,* suponen la base *octobrius, poco aceptable fonéticamente. Salvioni explica la *u* del sardo meridional o campidanés *nuu* por influencia del infinitivo *annuari,* explicación que ciertamente podría extenderse al español; pero este cambio de la *o* protónica en *u* es esporádico, y esporádico también el reformar las formas fuertes del verbo sobre las débiles, por lo cual es difícil admitir esta explicación para la *u* de *nudo,* dada la coincidencia del sardo, catalán y español.

la época Imperial estas diferencias eran escasas en la pronunciación (1) y en la sintaxis, salvó en el vocabulario, como vemos que hoy pasa en diversas provincias de España,
que, más que por la pronunciación o la construcción, se
diferencian unas de otras por el uso preferente de tales o
cuales vocablos y acepciones. Algunos vocablos de uso
preferente en el latín vulgar español son señalados por los
autores. Plinio menciona una palabra usada especialmente
en España, donde, según él, a las paredes las llamaban
formaceos; y esta voz se conserva todavía en la Península, y no en otros países neolatinos, llamándose en español
hormazo a la pared hecha de tierra. San Isidoro, de Sevilla,
nos da preciosas noticias del vocabulario español en la época visigótica; por ejemplo, el nombre de la lechuga silvestre
serralia (así llamada, según san Isidoro, «eo quod dorsum
ejus in modum serrae est»), de donde derivan el español
cerraja, el catalán *serralla* y el portugués *serralha;* también
nos da san Isidoro el nombre del establo de bueyes, bostar, que nosotros decimos hoy igualmente *bostar,* y los
portugueses *bostal;* y así otros términos usados después
sólo en nuestra Península, y no en los otros países latinos.

Fuera de estos testimonios directos, podemos deducir que
el latín español, conforme con el latín de los últimos tiempos, prolongaba con un sufijo muchas voces de la lengua
escrita, y por longăno longanōnis decía longanicia,
de donde el español *longaniza,* catalán *llangonissa;* en vez
del sustantivo clásico ilex ilicem, sustantivaba el adjetivo

---

(1) A. Carnoy, *Le latin d'Espagne d'après les inscriptions. Étude phonétique,* Bruxelles, 1906. No se halla en este latín rasgo ninguno de los
que caracterizan esencialmente el romance español.

Ĭlĭcīna (1), de donde el español *encina* (v. § 54₂ *b*), alto aragonés *lecina*, italiano *elcina*, etc.; junto a c a l c a n e u m *calcaño*, usaba **calcaneare*, de donde el español *calcañar*, portugués *calcanhar;* en vez de a n e t h u m decía **anethulum*, de donde se deriva *eneldo* (v. § 57₃). Esta tendencia es del latín vulgar general, que al lado de m i s c ē r e decía **misculare*, *mezclar*, italiano *mescolare* y *mischiare*, etcétera; en vez de s p e s decía s p e r a n t i a, *esperanza*, francés *espérance*, etc. Estos incrementos vulgares de las voces clásicas son importantísimos, porque sin ellos es imposible explicar las lenguas romances.

También se puede observar el cambio total del vocablo: el clásico v e s p e r t i l i o (que se perpetuó en Italia, *vipistrello, pipistrello)* se usó muy poco en España, quizá sólo en Asturias (donde aún se dice *esperteyo* por **vesperteyo),* mientras en el resto de la Península se usaron otros nombres, especialmente m u r e c a e c u, de donde el portugués *morcego,* español *murciego* o *murciélago* (§ 83₁). El nombre de la m u s t e l a, conservado en varios romances, entre ellos en catalán *(mustela),* ribagorzano *(mustrela),* asturiano y leonés (**mustēl-ella, mustuliella, mostolilla),* fué sustituído en varias regiones por diversos nombres, y en España en especial por un diminutivo de c o m m a t e r, **commaterĭcula* (2), de donde *comadreja.*

Este idioma hispano-romano, continuado en su natural evolución, es el mismo que aparece constituído ya como

---

(1)   «ex arbore ilicina» en una inscripción romana del siglo I. *Corpus Inscript. Lat.* VI, 2065.

(2)   Dĭez, *Etym. Wörterb.*⁵, 441 supone **commatercula, que hubiera dado **comadiercha.* Claro es que el diminutivo pudo también ser formado ya en romance, directamente sobre la voz *comadre.*

lengua literaria en el Poema del Cid, el mismo que perfeccionó Alfonso el Sabio, y, sustancialmente, el mismo que escribió Cervantes.

3. El latín clásico y los cultismos del idioma español. — Pero si el latín vulgar explica la parte más grande y castiza de la lengua española, no puede explicarla toda. Gran porción de nuestro idioma, como de todos los romances, procede del latín literario.

1] Desde luego sería absurdo suponer que el latín vulgar vivía en completo divorcio del latín clásico o escrito: no se diferenciaban tanto como para eso; y el latín de los libros, como superior en ideas y en perfección, tuvo que influir continuamente sobre el latín ordinario, lo mismo en tiempos de Cicerón, César y Virgilio que en los de Tertuliano, san Jerónimo o san Agustín, y que en el período de orígines de las lenguas romances. Hay, pues, voces literarias introducidas en el habla vulgar en período muy remoto, y ésas siguieron generalmente en su desarrollo igual proceso que las voces populares. Pero además, después de la formación de las lenguas romances, los pueblos nuevos creados sobre las ruinas del Imperio continuaron usando el latín como lengua escrita y jamás dejaron de estudiar los autores clásicos; sobre todo se generalizó el estudio de éstos con el Renacimiento, en los siglos xv y xvi, así que en todas las épocas fué abundante el influjo del latín escrito sobre el romance hablado. — Las voces literarias de introducción más tardía en el idioma, tomadas de los libros cuando el latín clásico era ya lengua muerta, son las que llamaremos en adelante **voces cultas,** y conviene distinguirlas siempre en el estudio histórico, pues tienen un desarrollo distinto de las voces estrictamente populares. Mientras éstas son producto de una evolución espontánea y no interrumpida desde los períodos más antiguos, las palabras cultas son introducidas cuando esa evolución popular había terminado o iba muy adelantada en su camino, y por lo tanto no participan de toda la compleja serie de cambios que sufrieron en su evolución las voces primitivas del idioma. En general, las voces cultas apenas sufrieron modificaciones, como se puede observar en cualquiera de las muchas palabras latinas que, después de haber sido usadas y transformadas por el vulgo, fueron segunda vez incorporadas al idioma por los literatos. Por ejemplo: el vulgo hispano-romano usaba el diminutivo artĭcŭlus en el sentido concreto de artus o nudillo del dedo. y de ahí se derivó el vocablo popular *artejo*, según las leyes esenciales del castellano (v. §§ 11$_1$ y 57$_2$); pero más tarde los eruditos volvieron a tomar la voz, no de la pronunciación, sino de los libros, y mantuvieron la Ĭ como *i*, y conservaron la ŭ postónica, contra el § 25$_2$; en suma, conservaron toda la palabra tal como la veían escrita, sin alteración: *artículo;* ésta es, pues, una palabra que entró en el idioma por la vista, mientras *artejo* entró por medio del oído. La misma diferencia se puede notar entre el vulgar *heñir* de fĭngĕre y el culto *fingir*, pues éste no cumple con los §§ 18$_1$ y 47$_3$, y sólo modificó la voz latina en la terminación, pasando el verbo de la conjugación en -*er* a la en -*ir*. Intacto también queda el culto *sexto, sexta*, de sĕxtus, sin cumplir con los §§ 10 y 51$_2$, mientras el popular *siesta* sufrió los cambios tradicionales. Igual observación cabe hacer respecto del culto *círculo* y el popular *cercha* (§ 61$_2$), del culto *cátedra* y el popular *cadera* (§§ 61$_1$ y 40, n.). Y adviértase de paso, en cuanto a la acepción, que en los casos citados en que un mismo tipo latino produjo una voz en boca del pueblo y otra en los escritos de los eruditos, la voz popular tiene una significación más concreta y material, mientras la culta la tiene más general, elevada o metafórica.

2] Pero las voces cultas, aunque apenas sufren alteración en su paso al español, no pueden pasar intactas; y daremos aquí una idea de sus mudanzas, para no volvernos a ocupar en ellas. Hemos notado el cambio de conjugación de fingere en *fingir*, y esto es muy corriente (§ 111, n.). Otras terminaciones de voces cultas se asimilaron a las populares, quedando intacto el cuerpo de la palabra. Así, -tatem se asimiló a la terminación popular *-dad*, y de amabilitatem se dijo *amabilidad*; continuitatem, *continuidad*. Los adjetivos participiales hacen *d* su *t*: *ducado*, y otras consonantes sordas de la terminación se hacen sonoras: pĕrtĭca, *pértiga*.—Como muchas voces cultas ofrecen grupos de consonantes extraños a la lengua popular, resultan de pronunciación difícil, que se tiende a simplificar. Esta simplificación fué admitida en el habla literaria; los poetas, hasta el siglo XVII hacían consonar *dino* (por *digno*), *malino* y *divino*; *efeto* (por *efecto*), *conceto* (por *concepto*) y *secreto*; *coluna* (por *columna*) y *fortuna*, etc.; así en Gómez Manrique, Garcilaso, Cervantes, Quevedo, Calderón, Solís; pero en el siglo XVIII reaccionó el cultismo e impuso la pronunciación de todas las letras latinas, salvo en voces muy divulgadas, como *delito*, delictum, *luto* frente a *luctuoso*, *fruto* frente a *fructífero*, *respeto* junto a *respecto*, *sino* junto a *signo* (1).

3] Euera de estos cambios más sencillos que sufren casi

---

(1) Acerca de los grupos de consonantes en voces cultas véase R. J. Cuervo, *Disquisiciones sobre antigua ortografía y pronunciación castellanas*, II, en la *Revue Hispanique*, V.

todas las voces cultas, sufren otros más profundos aquellos cultismos que se introdujeron desde muy remotos tiempos en el romance, y que llamamos **voces semicultas**. Por ejemplo: tĭtulum debió ser importado por los doctos en fecha muy antigua, cuando aun habían de regir las leyes de la sonorización de oclusivas sordas (§ 40) y de la pérdida de la vocal postónica interna (§ 26₁), y se llegó a pronunciar en el siglo x *tídulo,* y luego **tidlo, *tildo, tilde;* pero que a pesar de estos cambios bastante profundos, la voz no es popular, lo prueba la vocal acentuada; si tĭtulum no hubiera ingresado ya tarde en la evolución popular, si perteneciera al caudal primitivo de la lengua, su *i* breve acentuada hubiera sonado *e* (§ 11₁), como hallamos TETLU escrito en una inscripción española; pero este TETLU vulgar, usado un tiempo por los hispano-romanos, cayó luego en olvido (que a haberse conservado hubiera producido en romance **tejo,* como *viejo* y *almeja,* citados en el § 57₃) y los letrados tuvieron que importarlo por su cuenta, tomándolo de los libros y no de la pronunciación, por lo que la ĭ se mantuvo como *i.* En igual caso que *tilde* están varias otras voces semicultas; v. gr.: *cabildo, molde,* etc. (§ 57₃ n.); *peligro, regla,* etc. (§ 57₁ y ₂, notas); *natío,* que perdiendo la *v* de natīvum como las voces populares (§ 43₂), mantiene la *t,* contra el § 40, mientras que si hubiera sido enteramente popular habría resultado **nadío.* Además, *muslo* mūscŭlu, *mezclar* misculare, y el anticuado *malso* mascŭlu, que dan al grupo de consonantes *sc'l* tres soluciones diferentes, todas contra el § 61₂.—Alguna de estas voces semicultas es muy interesante para la cronología fonética, pero las deducciones en este terreno son difíciles y deben apoyarse en múltiples observaciones. Por ejemplo, saecŭlu, en vez de producir el popular *sejo (como espejo, § 10₃), dió sieglo o siglo, y esta forma no nos puede servir por sí sola para creer que la voz hubiese entrado en el idioma cuando ya c'l habría cesado de hacerse j (§ 57₂), y cuando todavía ae podía hacerse ie (§ 10₁ y ₂), acusándose así la ley del ie como posterior a la de la j; en el punto siguiente veremos que la explicación debe ser diversa. Por otra parte, el ie alcanzó a otros derivados semicultos como el anticuado piertega pĕrtĭca (que no es popular por faltar al § 25₂, tan contravenido por los cultismos) o viespera, § 10₂. También, a su vez, se halla j en voces semicultas: clavija (§ 39₂).

4] Otras veces la voz semiculta no puede decirse que sea de introducción posterior a la popular. El cultismo no consiste siempre en introducir una voz o una acepción antes inexistente. No se puede dudar que la voz saecŭlu fué continuamente usada por el clero en la predicación al pueblo, pues tiene un uso frecuentísimo en el latín eclesiástico; no pudo ser, pues, de introducción tardía; el pueblo empezó a transformarla en seglo *sejo, y no completó esta evolución porque la pronunciación de los eclesiásticos seculu, seclu, seglu, oída de continuo por el pueblo, detuvo el proceso popular, y se produjo sieglo, siglo. Otros ejemplos aclararán esto. Es de toda evidencia que muchos nombres de lugar vienen transmitidos oralmente desde la época latina hasta hoy; pero la escritura y pronunciación oficiales estorbaron a veces en ellos la evolución popular. Así, Cordŭba Córdoba, Emerĭta Mérida, Avĕla Ávila, Gallĭcŭs río Gállego, Fonticŭla Ontígola (Toledo), Sabinianĭcu Sabiñánigo (Huesca), y otros muchos, faltan al § 25₂; Metellinum Medellín, Anticaria Antequera, faltan al § 24₁; Turgelium, Trujillo, falta al § 53₆, y en igual caso están nombres de santos por influencia eclesiástica, como Aemīlianus *Millán*, etc. Otro caso notable es el de las terminaciones -*cio*, -*icia*, -*ión* (§ 53$_4$): así, *codicia* *cŭpī-dītia es voz rigurosamente popular en su primera mitad (§§ 20$_1$ y 60$_1$); pero la terminación -*icia* se mantuvo culta por la misma presión literaria que mantuvo *justicia* al lado de *justeza, malicia* al lado de *maleza,* etc.; el lenguaje eclesiástico, que emplearía a menudo en la predicación la voz cu-piditia, fué el que impidió, sin duda, que el derivado totalmente popular fuese *codeza. En fin, tampoco puede dudarse que la voz aquīla se usó siempre en el habla vulgar; pero por ser esa ave enseña de las legiones y emblema del imperio que subsistió entre algunos caudillos bárbaros, se detuvo la evolución fonética y la voz tuvo un desarrollo anormal en los romances, diciéndose en español *águila,* contra el § 25$_2$. Otros ejemplos, § 26$_3$.

5] En el estudio etimológico del idioma hay que conceder muy distinta importancia a estas dos clases de voces. Como las populares hoy usadas son la última fase evolutiva de las que componían el idioma latino vivo, merecen atención preferente por su complicado desarrollo, por ser en ellas donde se manifiestan en modo más completo las leyes fundamentales de la vida del lenguaje y por formar el fondo más rico del español y su herencia patrimonial; las voces cultas, por la pobreza de su desarrollo, no ofrecen interés tan grande para la etimología, y no hablaremos de ellas sino por nota.—Mas por otra parte, en el estudio histórico-cultural del idioma los cultismos tienen una importancia principalísima, siendo lamentable que su conocimiento esté hoy tan atrasado. La ciencia habrá de aplicarse cada vez más intensamente a investigar la fecha, causas de introducción y destinos ulteriores de cada uno de estos préstamos, para que la historia lingüística adquiera su pleno valor.

4. OTROS ELEMENTOS DEI ESPAÑOL EXTRAÑOS AL LATÍN.— Además de los elementos latinos, entraron a formar parte del idioma español otros muy extraños y en muy diversos tiempos. Yá en el período romano, esto es, antes de la aparición de los romances, se incorporaron al latín elementos de otras lenguas, por ejemplo, lancea *lanza,* voz hispana según Varrón; gŭrdus *gordo,* adjetivo que Quintiliano da igualmente por hispánico; cervēsia *cerveza,* que Plinio tiene como propio de la Galia; braca *braga,* céltico también, voz usada por Ovidio, Propercio y otros autores clásicos; camīsia *camisa,* vocablo céltico o germánico, empleado primera vez por san Jerónimo. Estas voces, por su antigua introducción, participaron de la misma evolución que las palabras vulgares. Los elementos incorporados al idioma después de su período de formación participan de esa menor mutabilidad que hemos señalado como característica de las voces cultas.

1] La influencia de las **lenguas ibéricas,** no indoeuropeas, que, salvo el vasco, perecieron con la romanización de España, es aún muy oscura por ser aquéllas poco conocidas (1). Es ciertamente ibérica vaika *vega,* port. *veiga,* del ibero vai 'río' (vasco *bai, ibai),* mas el sufijo -ka, 'región del río'; son también vocablos ibéricos *izquierdo,* análogo al vasco ezquerra, o los de sufijo -rro, como *pizarra, cerro, cazurro, guijarro,* vasco eguijarria; en fin, multitud de

(1) E. HÜBNER, *Monumenta linguae ibericae,* Berlín, 1893.—H. SCHU-CHARDT, *Die iberische Deklination,* Sitzungsber. der K. Ak. Wien, tomo CLVII, 1907; y *Baskisch und Romanisch,* Halle, 1906.—J. SAROÏHANDY, *Vestiges de phonétique ibérienne en territoire roman,* en la *Revista Internacional de Estudios Vascos,* VII, 1913, págs. 475-497.

nombres de lugar, ora en territorio próximo al vasco, como
Javier *exa berri, por echa berri 'casa nueva'; ora muy
lejos de las provincias vascongadas, como *Araduey* aratoi
'tierra de llanuras', nombre ibérico de la que después se
llamó «Tierra de Campos» (1), o como Iliberis 'ciudad
nueva', trasformado por etimología popular en *Elvira* (junto
a Granada), nombre análogo al de *Iriberri* conservado en
las provincias vascas. Uno de los rasgos de la lengua ibérica que pueden señalarse es la carencia de *f* y *v* en ciertos
dialectos; la lengua neoibérica conservada, el vasco, carece
igualmente de *f-*, y la pierde o la trueca en una oclusiva *p*
o *b*, lo mismo en préstamos antiguos del latín (*orma* < forma 'pared'; *urca* < furca; *iko, piko, biko,* < ficu) que en
préstamos románicos (*ulain* < fulano, *Paustino* Faustino,
pósporo), y como los vascones habitaban al norte y sur de
los Pirineos, es notable que los romances hablados en Gascuña (=Vasconia, v. abajo, punto 6) y en el centro de España, pierdan la *f*·inicial latina (§ 38₂), debiendo achacarse
esto a influencia ibérica (2).—Además de los iberos, hubo
en España una población de procedencia centroeuropea,

---

(1)   Véase R. Menéndez Pidal, en la *Revista de Filología Española,* V,
1918, *Sobre las vocales ibéricas ę y ǫ en los nombres toponímicos.*
(2)   Para esta influencia véase A. Meillet, en el *Bulletin de la Société
de Linguistique,* XXVIII, 1928, pág. 170, y XXIX, pág. 153; V. Bertoldi,
Problèmes de Substrat, en el *Bull. de la Soc. de Ling.* XXXII, 1931, página 119, con los demás autores que cita en la nota 3. La idea del influjo
del substrato tarda en difundirse. J. Orr, *F > H Phénomène ibère ou roman,* en la *Revue de Linguistique romane,* XII, 1936, págs. 10-35, apo-
yado principalmente en ingeniosas etimologías toponímicas, cree que
f- > h- es de origen latino y que se practicó en el norte de Galia, lo mismo
que en Cantabria y en Gascuña, pero que de allí se desterró por influjos
eruditos posteriores. Debe limitarse el problema a los dialectos donde el
fenómeno ha tenido viabilidad.

análoga a la ligur, de origen mediterráneo, pero de lengua
ya bastante indoeuropeizada, acaso por su mezcla con los
ilirios (1). De este pueblo proceden varios toponímicos como
Velasco en Álava, Logroño, Soria, etc., nombre repetido en
el sur de Francia y norte de Italia, probablemente con significado análogo a Corvera, de la voz mediterránea vela
'cuervo' (conservada en el vasco *bela); Corconte* (Santander),
donde se repite el étnico de los Κορχόντοι, pueblo protoilirio
de la Germania Magna; *Carabanzo* (Oviedo), *Carabanchel* (Madrid), *Caravantes* (Soria), que reproducen nombres de persona y de lugar usados en la antigua Iliria, Caravantius, Ca-
ravantis; *Badajoz* (Extremadura, Valladolid), análogo a
otros toponímicos del sur de Francia y norte de Italia.. A esta
población centroeuropea se deben algunos nombres comunes como *lama* 'cieno', y *páramo,* tan peculiar de nuestra
topografía, voz documentada ya en tiempo de Adriano, en
la inscripción votiva de una ara de Diana hallada en León,
en la que Tulio ofrece a la diosa la cornamenta de los ciervos que cazó IN PARAMI AEQUORE 'en la llanura del Páramo'.

2] Las voces de origen **griego** son de muy diferentes
épocas: ora proceden del primer contacto de los romanos
con los griegos de la Magna Grecia y de las otras colonias
griegas del Mediterráneo, ora del posterior influjo del helenismo sobre la cultura latina, ora de la dominación bizanti-
na en España hasta Suíntila (624), y del comercio medieval
del Occidente con el Oriente del Mediterráneo.—Así, unas
voces revelan la pronunciación arcaica de los griegos de
Italia y la que el pueblo romano dió generalmente a los so-

---

(2) Véase R. Menéndez Pidal, *Sobre el substrato mediterráneo occidental,* en la *Zeitschrift für romanische Philologie,* LIX, 1938, páginas
189-206.

nidos griegos; la υ suena ų, y por lo tanto ŭ (§ 8); la ο era
ọ, y por lo tanto igual a ō, ŭ; las fricativas φ, χ, θ se reproducen con las oclusivas **p, c, t,** y x suena **g;** por ejemplo:
πορφύρα pŭrpŭra, ant. *pórpola,* aljamiado *polbra;* θύμον tŭ-
mum *tom-illo* (el *Appendix Probi* corrige «thÿmum, non
tumum»), κυβερνᾶν gubernare *gobernar,* κάμμαρος ga- y
cammarus *gá-* y *cámbaro,* κρύπτη *gruta* (lat. crÿpta),
Κρήτη *greda* (lat. crēta), κόλαφος cōlpus, de donde el verbo anticuado *colpar golpar* y el moderno *golpe* (§ 29₂d),
τόρνος *torno* (el latino tŏrnus hubiera dado **tuerno),* κύτισος
códeso (el clásico cÿtĭsum da el culto *cítiso)* (1). Los letrados latinos trataron de reproducir más exactamente la
pronunciación griega, e imitaron el sonido υ empleando la
y (la cual, al pasar al vulgo, fué tratada como otra *i* cualquiera); la ο la pronunciaron ŏ, y las aspiradas φ, χ, θ se re-
presentaron por **ph, ch, th** confundiéndose la primera con
la **f;** por ejemplo: κῦμα cÿma *cima* (§ 12), γύψος gÿpsum
yeso (§ 11₁) ὀρφανός ŏrphănus *huérfano* (§ 13₁); σχολή
schŏla *escuela,* χορδή chŏrda *cuerda, cuévano, Estevan*
(§ 42₂). Acostumbrados los iletrados a oir *f* en la pronunciación culta donde ellos pronunciaban *p,* creían pronunciar
clásicamente diciendo *gōlfus por κόλπος, de donde viene
golfo. — Las voces que provienen del griego moderno se distinguen por el iotacismo de la η, y por conservar las consonantes sordas contra el § 40 (en cambio, como ντ pasa en
griego moderno a νδ, v. gr., ἔνδιβα, tenemos *endibia,* no de
intÿbus, § 47₃), ἀποθήκη *botica* (antes apŏthēca había

---

(1) Es raro hallar *u* en *gruta, zumo, husmear, pulpo* (italiano *grotta,
polpo;* logudorés *grutta, pulpu;* piamontés *cruta,* languedociano *pourpre).*
Véase Meyer-Lübke, *Gram.,* I, § 17.

dado *bodega*), ταπήτιον *tapiz*, ἀκηδία *acidia* (para σηπία otra explicación, § 11₂), κιθάρα *guitarra*. Probablemente el griego medio κάϊμα 'calor, ardor' (forma documentada en un glosario de la alta edad media) da origen al verbo *quemar*, gall. port. *queimar*, influído en su significado por el lat. c r e m a-r e ant. *cremar;* mientras la forma antigua καῦμα *calma* retuvo el significado etimológico de 'sofoco, angustia' (en el esp. del siglo XVII, y hoy dialectal) y el de 'calma marítima'.—Para las voces griegas introducidas por intermedio de los árabes véase abajo, punto 4, y para el acento, § 6₄.— En fin, hay que recordar los cultismos tomados de los libros, como *monarquía, categoría, drama, mecánica, crisis,* y las formaciones nuevas del tecnicismo científico, como *telégrafo, teléfono, aeróstato,* etc.

3] Parece que los **elementos germánicos** del español no proceden, en general, de la dominación visigoda en la Península, como pudiera creerse: el número de los invasores era relativamente escaso para influir mucho; además, los visigodos, antes de llegar a España habían vivido dos siglos en íntimo contacto con los romanos, ora como aliados, ora como enemigos, en la Dacia, en la Mesia, en Italia misma y en Galia, y estaban muy penetrados de la cultura romana. Así hay pocas voces tomadas por los españoles en su trato con los dominadores germanos; palabras como *uesa* (v. abajo), por su diptongo *ue* prueban que no vienen de la forma especial gótica, sueva o vándala que tenía *u* acentuada, sino de la forma general germánica con *o,* y también por razones fonéticas, *fieltro* y *yelmo* no son de origen gótico. Alguna, por el contrario, revela ese origen, como *triscar,* y lo tendrá también *tascar,* por no hallarse sino en español y portugués; además muchos nombres de persona, como

Ramiro, Rosendo, Gonzalo, Bermudo, Elvira (1). En general, puede decirse que el centenar escaso de palabras germánicas que emplea el español es, en gran parte, de introducción más antigua que la dominación visigoda; se incorporaron al latín vulgar antes de la desmembración del Imperio, y por eso las vemos no sólo en el español, sino en todos los otros romances. Allá en los castros y en las colonias de las orillas del Rhin y del Danubio, el legionario romano vivía en continuo roce con los guerreros germanos, ya adversarios, ya auxiliares, y de este trato había de resultar una jerga fronteriza, de la cual pasaron al latín vulgar general gran porción de las trescientas voces germanas comunes a las diversas lenguas romances, como *ardido* 'osado', *falda,* etcétera. Vegecio, ya en la segunda mitad del siglo IV, cita una: burgus, «castellum parvulum quem burgum vocant» (2), que ya se latiniza en inscripciones del siglo II y persiste en nombres de lugar: *Burgos, El Burgo, Burgohondo, Burguillo, Burguete* y en los derivados *burgués* y *burgalés.* Estos germanismos más antiguos, ora procedan del

---

(1) Para los nombres propios, poco estudiados en Castilla, León y Aragón, véanse P. A. D'AZEVEDO, *Nomes de pessoas e nomes de lugares,* en la *Revista Lusitana,* VI, págs. 47 y sigs.; W. MEYER-LÜRKE, *Die altportugiesischen Personennamen germanischen Ursprungs;* en *Sitzungsber. Akad. in Wien,* Phil.-hist. Klasse, tomos 149° (1904) y 184° (1917); J. JUNGFER, *Über Personennamen in den Ortsnamen Spaniens und Portugals,* Berlín, 1902; G. SACHS, *Die germanischen Ortsnamen in Spanien und Portugal,* Jena, 1932.

(2) Debió haber existido cruce de género gramatical y de significado entre el germánico bürgs, femenino, 'ciudad, castillo', y el griego πύργος, masculino, 'torre, ciudadela'; los derivados románicos todos son masculinos como el latín burgus, pero vacilan en la vocal acentuada, unos con *o,* que es la vocal germánica, ital. *borgo,* prov. *borc,* y otros con *u.*

fondo común románico, ora del gótico, siguen en general las mismas leyes fonéticas que las palabras populares latinas; por ejemplo: la pérdida de la vocal protónica: gótico *haribergo, provenzal *alberc*, esp. *albergo, albergue,* la diptongación de la ǫ (§ 13), spora *espuela,* hosa 'bota', ant. *uesa,* y la de la ę (§ 10) en *fieltro, yelmo;* pero *ns* > *s* (§ 47₃) ya no alcanzó a Alfonso < funs 'preparado, pronto', ni se verifica la sonorización de la oclusiva sorda (a pesar de que el francés la sonoriza), gótico *spĭtus *espeto,* germánico rapon *rapar,* pues sin duda la oclusiva germánica hacía a los oídos románicos el efecto de una consonante doble (comp § 45) a causa de su explosión completamente sorda, a diferencia de la oclusiva latina con explosión sonora.—Otros germanismos son tardíos, y muchos de ellos vinieron a España por intermedio del francés o del provenzal. La mayoría de esas voces de varios orígenes germánicos son militares, como *guerra, heraldo, robar, ganar, guiar, guarecer, guarnecer,* y de origen godo *tregua, guardia, espía* (1); el vestuario y armamento de los bárbaros sustituyó en parte al de los romanos, imponiendo los nombres de *yelmo, guante, cofia, dardo, brida, estribo,* y de origen godo *espuela, ataviar, ropa;* nombres referentes a la vida doméstica, costumbres e instituciones: *jaca, esparver, gerifalte, galardón, arpa, orgullo, escarnio, guisar, rostir,* y de origen godo *bando, sayón, aleve, ayo, rueca, agasajar, escanciar.* Nótense, especialmente, adjetivos como *rico, blanco, fresco,* el sufijo *-engo* (§ 84₂) y la terminación adverbial ant. *guisa* (§ 128₃).

_____

(1) Véase para todo este párrafo E. Gamillscheg, *Historia lingüística de los visigodos,* en la *Rev. de Filología Española,* XIX, 1932, páginas 117-150; y en su *Romania Germanica,* I, Berlín, 1934, págs. 297-398, el capítulo *Die Westgoten.*

Aun debe señalarse una declinación especial de los nombres de varón en -*a*, que hacían -*a*, -*anis* o *a*, -*ani*, junto a -*a*, -*ae* (1); así, Cintïla, Cintïlam o Cintilanem; Wamba, Wambanem; Wittiza, Wittizanem; algunos códices del Fuero Juzgo en romance usan *Cintillán, Egicán*, aunque la mayoría dicen *Bamba, Vutiza*, y el poema de Fernán González usa *Vautiçanos*, alteración de *Vutizán;* Froila, Froilanen dió *Fruela* ant. y *Froilán* usual. Esta declinación se aplicaba a nombres comunes: amita, amitanis; barba, -anis, y se refleja en algunas formas, como *sacristán* (§ 83₄).

4] La estancia de los conquistadores de **lengua árabe** en España durante ocho siglos, no podía menos de dejar profunda huella entre los cristianos. Las relaciones políticas y matrimoniales entre las familias soberanas de ambas religiones empezaron ya en los primeros tiempos de la Reconquista, y el trato guerrero y comercial de ambos pueblos no cesó jamás. Alrededor de las huestes cristiana y mora, que en la frontera vivían en continuo trato, había una turba de *enaciados* que hablaban las dos lenguas, gentes de mala fama que hacían el oficio de mandaderos y correos entre los dos pueblos y servían de espías y prácticos al ejército que mejor les pagaba; y sin que constituyera una profesión como la de éstos, había también muchedumbre de *moros latinados* o *ladinos* que sabían romance, y *cristianos algarabiados* que sabían árabe. Los conquistadores nos hicieron admirar su organización guerrera y nos enseñaron a proteger bien la hueste con *atalayas*, a enviar delante de ella *algara-*

---

(1) Véanse *Grundriss,* de Gröber, I, pág. 370, § 44; Meyer-Lübke, *Gram.*, II, págs. 27 y 539 inic., y Jakob Jud, *Recherches sur la genèse et la diffusion des accusatifs en* -ain *et en* -on, Halle a. S., 1907.

das, a guiarla con buenos *adalides* prácticos en el terreno, a
ordenar bien la *zaga* del ejército, a vigilar el campamento y
los castillos con *robdas* o *rondas,* a dar *rebato* en el enemigo
descuidado, de donde formamos el verbo *arrebatar;* también
mirábamos como modelos sus *alcázares, adarves, almenas* y
la buena custodia que sabían mantener los *alcaides* de los
castillos. Pero no sólo en la guerra, sino también en la cultura general eran superiores los moros a los cristianos durante la época de esplendor del califato; así que en sus instituciones jurídicas y sociales nos parecían muchas cosas
mejores, y por eso nos impusieron los nombres de *alcalde,
alguacil, zalmedina, almojarife, albacea,* etc. En esta época
de florecimiento, el comercio moro nos obligaba a comprar
en *almacenes, alhóndigas, almonedas;* todo se pesaba y media
a lo morisco, por *quilates, adarmes, arrobas, quintales, azum-
bres, almudes, cahices, fanegas,* y hasta la molienda del pan
se pagaba en *maquilas.* Y cuando la decadencia postró a
los invasores, aún nos daban oficiales y artistas diestros: de
ahí los nombres de oficio *alfajeme, alfayate, albardero, alfa-
rero, albéitar,* y sus *albañiles* o *alarifes* construían las *alco-
bas* de nuestras casas, los *zaguanes, azoteas, alcantarillas,*
etcétera. Los moriscos ganaron fama de buenos hortelanos:
de ahí los nombres de plantas y frutas como *albaricoque,
albérchigo, acelga, algarroba, altramuz;* de su perfecto sistema de riegos hemos tomado *acequia, aljibe, alberca, albufe-
ra, noria, azuda.* Continuar estas listas sería hacer el resumen de lo mucho que nuestra cultura debe a la de los
árabes. Los moros, además, influyeron en la pronunciación
de la *s* como *j* en algunas voces sueltas (§ 37$_2$ *b);* nos dieron el sufijo *-i* (§ 84$_2$). Notables son también las voces latinas o griegas que recibimos por intermedio del árabe, don-

de se halla la *j* representando una *s;* la *b* representando una
p, por carecer de esa letra el alfabeto árabe; la *z* en vez de
st latina: praecoquum *al-barcoque,* pastĭnāca *biznaga,*
satŭrēia *ajedrea,* Caesara(u)gusta (§ 66₁) *Zaragoza,*
Basti *Baza,* Castulone *Cazlona,* Ostippo *Teba* (en Málaga), θέρμος *altramuz,* ἄμβιξ -ικος *alambique,* δραγμή *adarme,*
pĕrsĭcum *albérchigo,* junto a la forma puramente romance
prisco (1).

5] Lo que el español tomó de otros idiomas extranjeros
fué ya en época más tardía, y por lo tanto es menos importante que lo que tomó de germanos y árabes, pues el idioma había terminado su período de mayor evolución y era
menos accesible a influencias externas. El **francés** fué la
lengua que más influyó: en los siglos XIII y XIV era muy conocida la literatura francesa en España; en el XV nuestros
caballeros admiraban la cortesía y lujo francés, y es sabido
cuánto libro de la nación vecina se lee entre nosotros desde
el siglo XVIII. Así, los galicismos podemos dividirlos en dos
principales épocas: unos muy viejos, que se hallan ya en el
Diccionario de Nebrija, 1495, como *paje, jardín, gañán* (ant.
fr. *gaaignant* 'labrador', de *gaaignier* 'ganar', especialmente
con la labranza), *cofre, trinchar, manjar, bajel, sargento*
(ant. *sergente), jaula* (fr. *geôle,* ant. *jaole,* de caveola, que en
portugués y antiguo castellano dió *gayola,* y cast. *cayuela*).
forja, reproche, etc., y otros modernos, como *petimetre* 'pisa-

---

(1) R. Dozy y W. Engelmann, *Glossaire des mots espagnols et
port. dérivés de l'arabe,* Leyden, 1869.—L. de Eguílaz, *Glosario etimológico de las palabras españolas de origen oriental,* Granada, 1886.—
A. Steiger, *Contribución a la fonética del hispano-árabe y del arabismo
en el íbero románico y el siciliano,* Madrid, 1932 (Anejo XVII de la *Revis-
de Filología Española).*—J. Oliver Asín, *Origen árabe de rebate,* 1928.

verde', *coqueta*, algo como 'casquivana, presumida', *bufete*
'escritorio o estudio', *charretera, ficha, corsé* 'cotilla', *tupé*
'copete', *hotel* 'fonda'; sin contar otras voces menos arraigadas, como *parterre* 'terrero', *silueta* 'perfil o sombra', *soirée*
'sarao o serano', *toilette* 'tocado', *avalancha* 'alud', *couplet*
'copla o tonadilla', *pot-pourri* 'olla podrida, revoltillo o
cajón de sastre', que ininteligibles para la mayoría del pueblo iletrado, y anatematizadas por los puristas, llegarán
acaso a olvidarse, como se han olvidado ya cientos de palabras que usaban los galicistas del siglo xviii, tales como
remarcable 'notable', *surtout* 'sobretodo', *chimia* 'química',
coclicó < fr. *coquelicot* 'amapola', *laqué* < fr. *laquais*, etc.;
un idioma, como un cuerpo sano, tiene facultad de eliminar
las sustancias extrañas no asimiladas e inútiles. Nótese que
los galicismos anteriores al siglo xvi representan la *j g* francesa por *j*, que equivalía a ella en castellano antiguo (§ 35₃)
(jaula, ligero), mientras los galicismos modernos usan la *ch*
(charretera, pichón) o la *s (bisutería)*, los antiguos asimilan
mb (§ 47₂ₐ) *(jamón)* (1).—Después del francés, el **italiano** es
la lengua que más enriqueció el español; explican esto la
cultura superior italiana del Renacimiento y nuestra larga
dominación allá; términos de industrias y artes: *fachada, es-
corzo* (scorcio, de scorciare 'acortar'), *carroza, medalla, sone-
to, terceto, piano, barcarola*, etc.; milicia: *escopeta* (schiop-

---

(1) Falta un estudio histórico de conjunto acerca de los galicismos.
Para el galicismo moderno véanse RAFAEL MARÍA BARALT, *Diccionario de
galicismos*, 1890. y H. PESEUX RICHARD, *Quelques remarques sur le «Diccionario de galicismos de Baralt»*, en la *Revue Hispanique*, IV, 31. Para
el galicismo medieval hay un estudio histórico de J. B. DE FOREST, *Old
french borrowed words in the old spanisch of the twelfth and thirteenth
centuries*, en la *Romanic Review*, VII, 1916, págs. 369-413 (reseña de
A. CASTRO, *Rev, de Filol. Esp.*, VI, 1919, págs. 329-331).

petto, de schioppo o scoppio 'estallido, ruido'), *baqueta, centinela, alerta* (all'erta 'con atención'), *bisoño, parapeto,* etc.; comercio: *banca, fragata, galeaza, piloto;* diversos: *estropear, aspaviento, saltimbanqui, charlar, charlatán* (ciarlare, ciarlatano, ciarleria, ciarla,* etc.), *espadachín, sofión, gaceta.*—Del alemán y el inglés son pocas las voces introducidas en el español.

6] Muy interesante para el estudio histórico son las palabras que el español tomó de otras lenguas modernas de la Península. Del **gallego-portugués** tomó voces desde muy antiguo, pues la poesía lírica en lengua gallega fué cultivada por los poetas castellanos en los siglos XIII a XV; y, viceversa, muchos autores portugueses de los siglos XVI y XVII escribían en castellano. Por ejemplo, son gallegas o portuguesas de origen *morriña, macho* (contracción de *mulacho*), *follada, sarao* (1) (cuya forma leonesa *serano* se usa en Sanabria), *chubasco, chopo, achantarse, vigia, chumacera, arisco* (port. *arisco,* ant. *areisco* 'arenisco, áspero, esquivo'), *payo* (contracción de *Pelayo,* tomado como nombre rústico), *Galicia* (en vez del ant. *Gallizia*), *Lisboa* (en vez de *Lisbona,* usado aún por Ercilla), *Braga* (en vez de *Brágana,* corriente en el siglo XIII), *portugués* (en vez del ant. *portogalés*). Es portuguesismo también la frase *echar menos,* que después se dijo *echar de menos,* falsa interpretación del portugués *achar menos* (correspondiente al castellano *hallar menos,* usual en la edad media y hasta el siglo XVII) (2)— Del **catalán** o **valenciano,** *retor, paella* (en vez del castellano *padilla*), *seo, nao* (§ 76, n. 2); *capicúa* (voz que no está

---

(1) Véanse C. MICHAËLIS DE VASCONCELLOS, en la *Miscellanea Caix Canello,* pág. 152, y GONÇALVES VIANA, *Revue Hispanique,* X, 610.

(2) Véase CUERVO, *Apuntaciones,* 1909, § 398.

en el Diccionario, pero se usa entre los jugadores de dominó para indicar una jugada). En el siglo XIII se decía *Catalueña* Cattalŏnia, como *Gascueña,* de Vascŏnia, § 13₃; pero luego se adoptó la forma propia de esos países (cat. Cataluña, gascón, prov. Gascuño, Cataluño, escrito Gascounho; pero fr. Gascogne, Catalogne) y se dice *Gascuña, Cataluña.*—Las otras hablas de España más afines al castellano y que se fundieron al fin con él para formar la lengua literaria, dieron también a ésta muchísimas palabras; pero son difíciles de reconocer, pues como estos dialectos afines tienen la mayoría de sus leyes fonéticas comunes con el castellano, tales palabras no llevan sello de evolución especial. Por ejemplo, el vallisoletano Cristóbal de Villalón tiene por voces de las montañas, propias de los que no saben castellano, las de *masera* por artesa, o *peñera* por cedazo, y, en efecto, esas dos son voces muy usadas en Asturias y León, pero que para su derivación de massa *massaria* y de penna *pennaria,* siguieron iguales leyes que las del castellano (§ 9₂ para la terminación *era,* § 49₁ y ₃ para la doble *ss* y *nn).* Los casos en que siguen las leyes fonéticas algo diferentes son raros: podemos creer **leonesas** la voz *cobra, cobre,* 'soga, reata', de copula, pues en leonés los grupos cuya segunda consonante es una *l* la truecan en *r,* contra los §§ 39₂, 48, 57₁, y dice *brando, prata, niebra, puebro, sigro;* también *nalgas* (§ 60₈). Podemos sentar que es **aragonés** el sustantivo *fuellar,* de *fŏliare* (por foliaceus, derivado de fŏlia), pues este dialecto diptonga la ŏ aun cuando le siga una yod (§ 13₈), y en vez de la *j* castellana usa la *ll* en *fuella* por hoja, *ovella* por oveja, etcétera; obedece también a la fonética aragonesa *pleita,* de *plecta* (pues en castellano hubiera sido *llecha,* § 39₂ y 50₁);

aragonés también es *faja,* de **fascia,** pues el grupo consonántico **-scɪ-** da en castellano *ç, haça,* mientras en aragonés da *j* (§ 53₄ *b*). Son de origen **andaluz** *jamelgo, jaca,
jopo, jolgorio,* más usual que 'holgorio', *juerga* 'huelga,
diversión bullanguera' *jalear, cañajelga;* todas estas voces
revelan una pronunciación andaluza de la *f* etimológica,
que se opone al uso general castellano (§ 38₂).

7] En fin, el descubrimiento y colonización de **América**
puso al español en contacto con la muchedumbre de lenguas del Nuevo Mundo. Claro es que por su inferior desarrollo respecto del español y por su mucha variedad, las
lenguas americanas no pudieron resistir la invasión de la
española. Ésta se propagó con relativa facilidad, pero sin
eliminar por completo los idiomas indígenas, y claro es que
los productos naturales, la fauna, los utensilios y las costumbres de las tierras recién descubiertas influyeron demasiado profundamente en el comercio y la vida, no sólo de
España, sino de Europa entera, para que no se importaran
con los objetos multitud de nombres americanos. Los primeros indígenas con que tropezaron los descubridores
pertenecían a la familia de los ᴀʀᴀʜᴜᴀᴄᴏs, extendida por la
Florida, las Antillas y regiones varias de Venezuela, Colombia, Brasil; ellos, a pesar de su estado de cultura, inferior al
de otras razas americanas, enseñaron primero a los españoles muchos vocablos de cosas de allá, que no fueron después
sustituídos por los propios de pueblos más cultos, como los
aztecas y los incas; de origen arahuaco son las primeras
voces americanas que circularon en España, y las más arraigadas, como *canoa* (ya acogida por Nebrija en su Diccionario
en 1495), *huracán, sabana, cacique, maíz, ceiba, colibrí, gua-
camayo, nigua, naguas, enagua, caribe, caníbal.* Méjico, por

la gran importancia que los aztecas tenían en la época del
descubrimiento, dió también muchas voces de su idioma
NÁHUATL (idioma perteneciente a una numerosa familia lingüística dilatada por territorios dispersos desde Oregón a
Nicaragua): *hule, tomate, chocolate, cacahuete, cacao, agua-
cate, jícara, petaca, petate.* Más palabras dió el QUICHUA
hablado en el Imperio inca, desde el Ecuador hasta el tercio
septentrional de Chile; los destructores de ese Imperio tomaron allí gran porción de nombres, como *cóndor, alpaca, vi-
cuña, pampa, chácra, cancha, papa, puna,* y los propagaron
por toda América y por España. Estas son las tres principales procedencias de los americanismos; las demás tribus
indígenas no estaban en condiciones de influir mucho, y
alguna familia muy importante, como la guaraní, que se
extendía desde el Plata al Orinoco, fué explorada más
tardíamente, así que no dió muchos nombres de uso general (1).

No podemos estudiar despacio todos estos elementos que
contribuyeron a la formación del vocabulario español; sólo

(1) Sobre los americanismos véase el *Diccionario etimolójico de las
voces chilenas derivadas de lenguas indíjenas americanas*, por el Doc-
TOR RODOLFO LENZ, Santiago de Chile, 1904-1910, donde se hallará una
bibliografía crítica de obras similares.—R. J. CUERVO, *Apuntaciones críticas sobre el lenguaje bogotano*[6], 1914, págs. 656 y sigs.—P. HENRÍQUEZ
UREÑA, *Palabras antillanas en el Diccionario de la Academia,* en la *Revista de Filol. Esp.,* XXII, 1935, pág. 175.—E. TEJERA, *Palabras indígenas de la isla de Santo Domingo,* Santo Domingo, 1935.—G. FRIEDERICI,
Hilfswörterbuch für den Amerikanisten, Halle, 1926.—R. LOEWE, *Über
einige europäische Wörter exotischer Herkunft,* en la *Zeit. für verglei-
chende Sprachforschung,* LX, pág. 144, y LXI, pág. 37, Göttingen, 1933.—
M. L. WAGNER, *Amerikano-Spanish und Vulgärlatein,* en la *Zeit. für
rom. Philol.,* XL, 1920, págs. 286 y 385, traducido en las «Publicaciones
del Instituto de Filología de la Universidad de Buenos Aires», I, 1924.

será objeto de nuestra atención preferente el elemento más abundante, más viejo, el que nos puede ofrecer la evolución más rica: el del latín vulgar o hablado, que forma, por decirlo así, el patrimonio hereditario de nuestro idioma. A él consagraremos el resto de este Manual. Por medio de nota, y sólo a título de contraste con el elemento vulgar, se harán algunas observaciones sobre las palabras tomadas por los eruditos del latín escrito.

CAPÍTULO II

LAS VOCALES

5. CLASIFICACIÓN GENERAL DE LAS VOCALES.—Para estudiar históricamente el idioma español hay que empezar por conocer los sonidos que forman sus palabras y los cambios que ellos han tenido desde la época latina hasta hoy día. Este estudio de los sonidos se llama Fonética.

La Fonética histórica, que estudia las transformaciones de la pronunciación desde la época latina a la actual se funda casi únicamente en el estudio de los sonidos tal como han sido escritos; los gramáticos antiguos rara vez hacen un análisis fisiológico de las articulaciones que nos permita saber con toda exactitud cómo se pronunciaban. Este análisis sólo puede hacerse con precisión respecto de la lengua moderna (1).

---

(1) El primer análisis general de los sonidos del español moderno fué hecho por FERNANDO ARAUJO, en las *Recherches sur la phonetique espagnole (Phonetische studien* de Vietor, III, 1889, VII, 1904), publicadas después en español con el título de *Estudios de fonetika castelana*, 1894, impresos en ortografía fonética. (Véanse H. MORF, *Litteraturblatt für germ. un rom. Philol.*, 1896, pág. 15 y sigs., y SAROÏHANDY, *Romania*, XXIV, 298.) Un estudio más seguro, hecho con ayuda de los métodos y aparatos del abate Rousselot, ha publicado el profesor de Boston E.-M. Jos-

Confrontando el análisis de los sonidos modernos con
las vagas indicaciones de los gramáticos de tiempos pasa-
dos y con las mudanzas de la grafia a través de las diversas edades llegamos a conocer la evolución que interesa a
la fonética.

1] Conviene estudiar aparte las vocales y las consonantes. La vocal es la vibración de las cuerdas vocales, sin que
la columna de aire que produce esa vibración halle en su
salida obstáculo mayor, ni por contacto ni por estrecha-
miento suficiente de las partes del tubo formado por el paladar, lengua y labios. Las vocales se dividen en dos series.
La serie **anterior** o de *vocales palatales* se pronuncia elevando el dorso de la lengua en su mitad anterior, para lo
cual se baja la mitad posterior; así se producen, con menor
o mayor elevación, la *e* y la *i*. La serie **posterior** o de *vocales labiovelares* se pronuncia elevando el dorso de la lengua en su mitad posterior, para lo cual se baja y se retira
en la parte anterior; los labios intervienen, por su parte,
cerrándose y adelantándose; dos grados de estos movimien-
tos producen la *o* y la *u*. La *a* neutra o media, base del sistema vocálico, no pertenece especialmente a una de estas

---

SELYN, *Études de phonétique espagnole,* París, 1907. Después, sin el auxilio de aparatos, M. A. COLTON, *La phonétique castillane,* París, 1909 (reseñas de O. J. TALLGREN, *Bulletin Hispanique,* XVI, 1914, pág. 225, y
T. NAVARRO TOMÁS; *La metafonía vocálica y otras teorías del Sí. Colton,*
en la *Revista de Filología Española,* 1923, 26-56).—Véase especialmente
T. NAVARRO TOMÁS, *Manual de pronunciación española,* 4.ª ed., Madrid,
1932 (reseñas de G. MILLARDET, *Bulletin Hispanique,* 1921, pág. 69-76;
E. KRÜGER, *Archiv für das Studium der Neueren Sprachen und Litera-
turen,* 1921, 267-276; AURELIO M. ESPINOSA, *Romanic Review,* 1922,
pág. 88-91).—A. ALONSO, *Crónica de los estudios de Filología. Española,*
1914-1924, en la *Revue de Linguistique romane,* I, 1925, pág. 171 y sigs.

dos series, y se pronuncia con mayor abertura de los labios
y con posición de la lengua más baja que para ninguna de
las vocales de las dos series susodichas; su punto de articulación, formado por la elevación de la lengua, corresponde a un lugar intermedio entre el de las vocales palatales y velares.

2] Se llama **abierta** la vocal que se pronuncia con mayor anchura del tubo de resonancia formado por los órganos
de la articulación, y **cerrada** la que se pronuncia con menor anchura. Visiblemente la *e* es vocal mucho más abierta
que la *i* dentro de las de la serie *anterior;* metiendo un dedo
en la boca y pronunciando la serie *a, e, i* se notará cómo se
va estrechando el canal formado por la lengua y el paladar;
e introduciendo el dedo más adentro para poder apreciar el
orden *posterior,* se notará lo mismo respecto de la serie *a,
o, u.* Ahora bien: cada una de estas cinco vocales fundamentales puede tener varios grados de abertura; aunque la
escritura corriente no usa más que una *e* o una *o,* tanto ésta
como aquélla pueden tener, además de su matiz medio, un
matiz abierto o cerrado, que suelen señalarse con una coma
o un punto suscritos: ẹ, e, ę; ọ, o, ǫ; la ę o la ǫ tienden a
la abertura de la *a,* mientras la ẹ o la ọ tienden a la cerrazón de la *i* o la *u.* Pero debe advertirse que las vocales españolas tienen una pronunciación más relajada que las del
francés, italiano, portugués y catalán, de modo que los diversos matices de *e* y de *o* son menos sensibles que en estas
lenguas: en estas lenguas todo el que habla aprecia debida-
mente diversas clases de *e* y de *o,* cuya confusión rechazará
como una pronunciación viciosa, pues la distinta abertura
de la vocal depende de la etimología y puede cambiar la
significación de la palabra (port. **sẹde** < sĭtim 'sed', **sęde**

2.

< sēdem ·'sede'; cǫr 'color', cǫr 'corazón'; cat. dęu 'dios',
dęu 'diez'; ǫs 'oso', ǫs 'hueso'). Por el contrario, en español
las diferencias de abertura en las vocales no dependen de la
historia de la palabra, ni tienen valor significativo, sino que
dependen sólo de circunstancias fonéticas, y sobre todo de
los sonidos vecinos; así, la *r* y la *l* finales de sílaba abren
la vocal acentuada precedente: *guerra* gę́r̄a, *golpe* gǫ́lpǝ,
corte kǫ́rtǝ, *sol* sǫl, mientras las palatales la cierran: *bello*
bę́ļo, *peña* pę́ņa, *hecho* ę́ĉo, *olla* ǫ́ļa, *hoyo* ǫyo; esto nos ex-
plicará algo de la evolución histórica (§ 10₂). También influye el acento: la *e* y *o* protónicas o postónicas internas
son cerradas, porque teniendo por su posición un grado de
intensidad escaso, y siendo muy breves, se reducen: *intér-
prete* intęrpręte, *colocar* kolǫkar, fenómeno que puede ayu-
darnos a comprender la pérdida de las vocales latinas en la
referida posición (§§ 24 y 25). También tenemos cerrada
la final de *huésped* wę́spęd, que es postónica interna en el
vulgar wę́spǝde (§ 26₃).

3] Para pronunciar cualquiera de estas vocales, el velo
del paladar se eleva, cerrando el paso por las fosas nasales
a la columna de aire que sale vibrando entre las cuerdas
vocales. Pero al lado de estas vocales, llamadas **orales,**
que son las ordinarias, hay otras llamadas **nasales,** cuya
articulación se produce con el velo del paladar caído, de
modo que no toda la columna de aire sale por la boca, sino
que parte sale por la nariz, produciendo una resonancia
nasal. Esta nasalización se indica generalmente por una tilde
sobrepuesta a la vocal: ã, ẽ, etc. El español posee vocales
nasales, aunque la escritura no las señale. Aparecen muy
frecuentemente entre dos consonantes nasales: *mano* mắno,
niño nı́ņo, *nunca* nű́ŋka; hallándose el velo del paladar caí-

do para la articulación que precede y para la que sigue a la vocal, queda inerte también durante la producción de ésta. Asimismo, cuando la vocal se halla en posición inicial absoluta después de pausa, como el velo del paladar durante el silencio está caído, equivale a una articulación nasal, y se nasaliza la vocal si le sigue una nasal, sobre todo agrupada con *f: enfermo* ẽfẹrmo, *infinito* ĩfịnito. No abunda tanto en otros casos, como *canto, consejo,* etc.

4] Hay también que señalar las **vocales relajadas,** las cuales reducen su cantidad y se pronuncian con una tensión muscular menor que la de las vocales normales. Ocurren principalmente en las sílabas protónica y postónica internas, y se representan así: ɐ, ə, ɪ, o, ɴ (1). La escasa sonoridad de las vocales postónicas relajadas se aprecia en los asonantes del verso, donde la vocal postónica no cuenta para nada, cualquiera que sea, y así tódo: abandóno: despójo pueden tener por asonantes: óvalo: lóbrego: pórfido; cómodo: prófugo, o bien giro; sino: albedrío pueden asonantar con pícaro: aurífero: cínico: símbolo: ridículo. La perceptibilidad asonántica de la vocal final es algo mayor, pues sólo son equivalentes las dos vocales palatales entre sí, y las dos velares: aspid: datil, asonantes de embate: arte; Adonis asonante de dote (en el romance de Góngora «En un pastoral albergue»); metrópoli asonante de bronce; Venus: mancebo; ímpetu: digo. Y la a final no admite ninguna otra vocal equivalente: jaspe no es asonante de casa.

(1) Sobre las vocales véase especialmente T. Navarro Tomás, *Siete vocales españolas,* en la *Revista de Filología Española,* III, 1916, páginas 51-62.

ACENTUACIÓN

5 bis. Acento clásico, conservado en romance. — Cada
vocal tiene una historia bastante diferente, según que está
acentuada o no, y según el puesto que ocupa respecto al
acento de la palabra; así que es necesario decir, a modo de
preliminar en la historia de las vocales, algo acerca de la
acentuación.

El acento se mantiene inalterable desde el tiempo de
Plauto, de Horacio, de Prudencio, hasta el de Cervantes y
hasta el nuestro, informando como un alma a la palabra,
y asegurando la identidad sustancial de ésta, a pesar de los
cambios más profundos que sus demás elementos puedan
sufrir: marítu *marido,* quíndĕcim *quince,* pópŭlu *pué-
blo,* cómĭte *cónde,* comitátu *condádo,* *trémŭlo *tiémblo,*
*tremuláre *temblár.* Voces extraordinariamente desgasta-
das por el mucho uso, apenas salvan más que su sílaba
acentuada y la inicial: *vuestra-mercéd > vuesa-mercéd* (§ 51₁),
> vuesarcéd > usarcéd > ucéd; o bajo otra forma: *vuesa-mestéd
> vues-astéd > vuestéd > vustéd > ustéd >,* y lo mismo *vuesa-
señoría > usía;* dóminu > *dómno* > *dón.* — Hay algunos
cambios de acento, aunque raros: cĭrcĭnu fué *cércen,* y
Cervantes, Lope de Vega o Quevedo pronuncian siempre
«cortar a cércen»; pero desde comienzos del siglo xviii se
generaliza *cercén,* influído por la acentuación verbal *cercéno
cercénas.* Lo mismo Juan de Mena que Lope de Vega acen-
túan *pabílo* papȳru, pero modernamente se prefiere
pábilo, quizá por influjo de *pábulo.* Estos cambios de acento
son raros tratándose de voces patrimoniales como esas

dos citadas, pero abundan en las voces de origen exótico.
Respecto a las palabras patrimoniales, sólo es preciso
hacer una advertencia sobre el acento de las voces que
tienen una vocal breve en una sílaba larga por posición
(§ 7₁). El latín coloca el acento en la sílaba penúltima cuando ésta es larga, ya por naturaleza, ya por posición (verbi
gracia: virtūte *virtud*, sagĭtta *saéta*), y lo coloca en la
antepenúltima cuando la penúltima es breve, y no larga ni
por naturaleza ni por posición (arbŏre */árbol*); es decir, que
la cantidad breve de una vocal en sílaba larga por posición
no influye nada en el acento clásico ni en el vulgar de una
palabra, pero sí influye en el sonido de esa vocal, según
el § 8; por ejemplo: en sagĭtta, para el acento no nos
importa nada conocer la cantidad de la penúltima, pues nos
basta saber que la sílaba es larga por posición para colocar
sobre aquélla el acento; pero para el sonido de dicha vocal
sí nos importa conocer su cantidad propia, pues sabiendo
que es breve, deduciremos el derivado español *saéta* (§ 10₁);
mientras que si fuera larga hubiera producido *saíta (§ 11).
Otro ejemplo: para la acentuación de caepulla, medulla
no necesitamos averiguar la cantidad propia de la penúltima vocal, ya que la sílaba es larga por posición, y diremos
caepúlla, medúlla; verdad que hoy es corriente la acentuación disparatada de la voz culta *médula*, que se introdujo
en el español muy tarde, al lado de la correcta *medúla*,
usada por Cervantes, Calderón, etc.; pero no hagamos caso
de esta voz culta; el derivado popular no se pudo equivocar
tan groseramente, y dijo *cebolla, meóllo*, atendiendo a la
cantidad silábica por posición en cuanto al acento, pero
observando la cantidad propia de la vocal en cuanto al
timbre del sonido, pues siendo en ambas voces breve la ŭ,

la pronunció *ó* (§ 13₁), que a haber sido larga hubiera dicho
*cebulla *meullo (§ 14).

6, Algunas diferencias entre el acento clásico y el
vulgar.— 1] Por el párrafo anterior vemos que el latín no
consentía dejar sin el acento la sílaba penúltima cuando
estaba en posición (el latín clásico no toleró las acentuaciones arcaicas pérfĕctum, fénĕstra); empero vacilaba, es
decir, no acentuaba necesariamente la penúltima cuando
estaba en lo que se llama «positio debilis», o sea en la
posición producida por una oclusiva (§ 33₁) seguida de la
vibrante *r* (por ejemplo, pătrem, cuya ă sólo entre los
poetas se contaba alguna vez como larga por posición); el
latín clásico podía acentuar íntĕgrum, ténĕbrae, y podía también medir intēgrum. Pero el latín vulgar se atu-
vo siempre al principio del párrafo anterior aun en el caso
de la «positio debilis», y no consintió dejar inacentuada la
vocal que precedía al grupo de oclusiva + *r,* y así acentuó
Íntégrum, de donde *entéro;* tenébrae, de donde *tinieblas;* cathédra, de donde *cadera* (en el sentido de 'asiento
o caja del cuerpo'; aragonés, *cadiera* 'silla'); culcítra, de
donde *cocédra;* son cultas las formas *integro* y *cátedra.*

2] El latín vulgar tiende a formar diptongos con los
grupos de vocales en hiato; de modo que si el acento clásico cae sobre la vocal más cerrada (§ 8), lo transporta sobre
la más abierta para hacer posible el diptongo; cuando ambas
vocales son igualmente cerradas, una de la serie anterior
y otra de la posterior, lleva el acento la que va última;
comp. abajo *viúda* y *buítre.* El latín clásico acentúa filí-
ŏlum, pero el vulgar filiólu, de donde *hijuélo* (con *ue* de
ŏ, § 13); clásico puté-ŏlum, vulgar puteólu *pozuélo;*
clásico taléŏla, vulgar taleóla *tajuéla;* de varus, pos-

tilla, se sacó el diminutivo *varĭŏla *varióla *viruéla;* clásico .mulíĕrem, vulgar mulíére *mujer;* parĭĕte *pared* (§ 10₁). En época posterior ocurrió también esta dislocación del acento: en español. antiguo se acentuaba *reína* regína, *treínta* (§ 89₃), *vaína* vagína, *béodo* (§ 60₁), *Dios* Déus, *víuda* (§ 67₁), **búitre* vultŭre, y hoy se acentúa *réina,* *tréinta,. váina, beódo, Diós, viúda, buitre* (1). Para Calderón, *desahúcia* era asonante *ú-a;* pero luego que se olvidó por completo el valor de la *h* (§ 38₂) se formó un diptongo, diciéndose *desáucia.* Hoy la lengua culta permite la dislocación de acento en los adverbios *aún, ahí, ahóra,* por su carácter proclítico o enclítico «**aún** no es tiempo» «anda por **áį**» «**áora** llega»; esta acentuación de la *a* es en la parte leonesa de la península menos usada que en Castilla. Para el imperfecto *decía, deciá,* ant. *temíen, temién,* véase § 117₂.

3] En las voces compuestas con un prefijo, el acento clásico se rige también por la cantidad de la penúltima vocal: cóncuba *cuéncoba* (§ 85₁), ré-cĭto *rézo,* cóllŏcat *cuélga,* cóm-pŭtat *cuénta;* pero la tendencia a acentuar no el prefijo, sino el elemento principal, es tan natural que la hallamos hasta en los derivados cultos, *recito, colóco, compúta,* sobre todo cuando se conserva el valor significativo de la voz simple: *impár, impío.* El latín vulgar, en muchos casos disloca de igual modo el acento, y en vez de rénĕgo dijo renégo, de donde viene *reniégo;* en vez de rénŏvo

_____

(1) La preferencia del habla vulgar por el diptongo (§ 31₂, n.) hace que en ella abunde más la dislocación del acento en favor de la vocal más abierta; en Vizcaya, en Bogotá, etc., se dice *máiz, ráiz, bául, páis, máestro,* etc. Se llega también a la supresión de una de las dos vocales: Santa Teresa decía *an* por *aún;* y el vulgo de Andalucía y de América dice *ande* por *aónde, adonde,*

dijo **renóvo**, de donde *renuévo;* por rétÿnet dijo **reténet**, de donde *retiéne,* etc. (1).

4] Las voces de origen griego verdaderamente populares siguen el acento griego, desentendiéndose de la cantidad, como ya hacían los autores latinos más recientes, por ejemplo, Prudencio, que εἴδωλον, ἔρημος los mide ĭdŏlum, ĕrĕmus, y de ahí el romance *yermo.* En igual caso están Ἴβηρος *Ebro,* Ἀβδηρα *Adra,* Ἰσίδωρος *Isidro,* contra los clásicos Isĭdōrus (culto *Isidoro*), Abdēra, Ibērus, ĕrĕmus (2). Se exceptúan las voces en *-ía,* que se amoldan al acento de las latinas en *-ŷa* (3) por ser terminación familiar

---

(1) Las voces cultas dislocan el acento fuera de los tres casos señalados en este párrafo, con confusiones extrañas que son muy raras en las voces populares; hoy se ha generalizado *orgía,* cuando lo correcto es *órgia;* y se dice *hipógrifo, ópimo, intérvalo,* debiéndose acentuar todas en la penúltima, como hacen los buenos escritores. Modernamente han llegado a ser generales las acentuaciones viciosas *fárrago, púdico* (también se introdujo en portugués), *cónclave,* antes paroxítonas. Acaso por seguir el acento griego se generalizaron también *parásito, cíclope, polígota, epígrama,* contra el acento latino que le daban nuestros clásicos. Entre las personas semicultas actúa la llamada manía esdrujulista que propaga el acento de las voces cultas esdrújulas por el prestigio docto que las dignifica. A esta razón antepone A. Alonso (en la *Biblioteca de dialectología hispano americana,* I, Buenos Aires, 1930, pág. 349 y siguientes) la analogía particular de una terminación que sirve de modelo. Esto es evidente en varios casos, como en el del abundante sufijo latino *-ŭlu,* que atrae a *médula, Tíbulo,* y ya influía en la época preliteraria del idioma *(Orígenes del español,* págs. 342-344); pero téngase presente que las escasas terminaciones *-ago, -igo,* etc., no podían vencer las muchísimo más numerosas *-ágo, -ígo,* etc., si no es por el prestigio del esdrújulo.

(2) Es curioso que en la Edad Media, y en el siglo xvi, el nombre de *Darío* siguiese la acentuación griega de las voces populares: se acentuaba *Dário.* Verdad es que se halla Darĭus en Sidonio (Δάρειος), contra el clásico Darīus.

(3) Aun en bastantes voces cultas: *prosodia, academia, tragedia,* et-

al oído: συμφωνία symphōnĭa *zampoña, iglesia, acidia,*
jibia (§ 11₂), πλατεῖα platĕa *plaza,* y las voces oxítonas que
rechazan este acento no latino: παραβολή parabŏla *pala-*
bra, θαλλός thallus *tallo.* Así, el vulgo venía a preferir el
proparoxítono, ora lo hallase en la acentuación griega (*ére-*
mus), ora en la latina (*parábola*), y a veces contra ambas,
como en κωρῦτός, medido por Sidonio cōrȳtos, que explica
nuestro *goldre.*—Claro es que hay otros grecismos que, en-
trados en el latín, se identificaron con la acentuación de
este idioma, como pŭrpŭra, πάπυρος papȳrum *papel,*
ἐλεημοσύνη elĕēmŏsȳna *limosna,* y con doble razón *huér-*
fano y *escuela,* por ser oxítonos en griego.

CLASES DE VOCALES; IDEA GENERAL DE SU EVOLUCIÓN

7. VOCALES LARGAS Y BREVES DEL LATÍN CLÁSICO.—1] El
latín clásico distinguía diez vocales: ā ă, ē ĕ, ī ĭ, ō ŏ, ū ŭ;
es decir, cada una de las cinco fundamentales podía ser
«larga» o «breve», según se pronunciaba en una unidad de
tiempo o en más. Esta «cantidad de la vocal» la marcan los
Diccionarios comunes, pero no señalan cantidad a las vocales que van seguidas de un grupo de dos o más consonan-
nantes, pues la sílaba trabada por una consonante agrupada
con otra es siempre «larga *por posición*» (1). En inter, por

céтera, y hasta el siglo XVII se pronunció *Alexándria, Antióquia;* pero
contra esta acentuación, hoy se dice *Alejandría, Antioquia,* así como
energía, fotografía, filología, la ciudad colombiana se sigue llamando
Antióquia.

(1) Véase F. D'OVIDIO, *Della quantità per natura delle vocali in po-*
sicione, en la *Miscellanea Caix e Canello,* Firenze, 1886, pág. 393.

ejemplo, si bien la sílaba in- es larga «por posición», la
vocal *i* puede ser independientemente larga o breve «por
naturaleza», y en efecto es breve. Esta posición o esta calidad de larga que toma toda vocal ante un grupo de consonantes, tiene su aplicación principal en la métrica, aunque
no en la de todos los tiempos; así, en la métrica arcaica de
Plauto se cuentan como breves ínter, ŭnde, sagĭtta,
ĭlle, fenĕstra, y ya veremos cómo confirma esta medida
la fonética de los idiomas romances. Además, nos podemos
convencer de la cantidad de la vocal en las sílabas que la
métrica clásica tiene como «largas por posición», ayudán-
donos de la etimología de las palabras: nada más evidente
que en cóllŏco, la sílaba col-, larga por posición, tendrá la ŏ breve por naturaleza, pues es la misma ŭ de cŭm;
y de igual modo el participio mortuus tendrá la misma ŏ
que el presente mŏrior; o viceversa, el presente cresco
tendrá la misma ĕ que el participio crĕtum; y signum
tendrá la ĭ de sĭgillum. Otro testimonio nos lo ofrece la
gramática comparada: septem tiene su primera *e* brĕve,
como breve es la vocal en el griego ἑπτά y en el sánscrito
săpta, y en igual caso está octo, comparado con el griego ὀκτώ y sánscrito ăsta. El conocimiento de la cantidad
de las vocales, ora estén o no ante dos consonantes, es de
absoluta necesidad para el estudio de la fonética histórica;
se hallará marcada en el *Romanisches etymologisches Wör-
terbuch,* de W. Meyer-Lübke, 3.ª edic., Heidelberg, 1935.

2] De igual modo es también una regla principalmente
métrica la de «vocal ante vocal se abrevia»; en prosa, la
vocal seguida de vocal podía ser larga o breve, y así tenemos dīes, pīus, audīi (§ 118₂), grūem como el nominativo grūs, pero vĭa (fr. *voie,* como pīlus *poil*), fŭit,

(§ 120₅). Para la chocante diferencia de *e* entre meus y
mea, véase § 66₁.

8. VOCALES ABIERTAS Y CERRADAS DEL LATÍN VULGAR. —
La diferencia de cantidad del latín clásico fué en el latín
vulgar diferencia de calidad o timbre: no distinguió dos *e* o
dos *o* por su duración, sino por su sonido abierto o cerrado. Los gramáticos del Imperio nos dan noticias de este diverso sonido de la *e* y la *o;* por ejemplo, Sergio: «nam quando *E* correptum est, sic sonat quasi diphthongus, equus;
quando productum est, sic sonat quasi *i,* ut demens», y
en conformidad con esta indicación, el gramático Pompeyo
pone como ejemplo de confusión de sílaba larga y breve el
de aequus y ĕquus, y las inscripciones desde el siglo I
escriben a veces ae por ĕ (Naerva, trabaelis), y desde el siglo III aparece alguna vez i por ē (ficei, cinsum), y más
abundantemente e por ĭ (tetlu, baselica, posuet, fecet). En
suma, las vocales largas del latín clásico se pronunciaron
en el latín vulgar más cerradas que las breves, que eran
abiertas. Esto sentado, tenemos que las diez vocales clásicas
ă ā, ĕ ē, ĭ ī, ŏ ō, ŭ ū, habían de ser en latín vulgar a̦ a̦, e̦ e̦,
i̦ i̦, o̦ o̦, u̦ u̦,; pero adviértase que las dos a̦ a̦ se confundieron desde luego en un mismo sonido; que la e̦ cerrada
(próxima a la *i*) y la i̦ abierta (próxima a la *e*) se confundieron luego en e̦; y que igualmente la o̦ (próxima a la *u*) y la
u̦ (próxima a la *o*) se confundieron después también en o̦.
Ocurridos estos cambios, el latín vulgar tuvo, en vez de las
diez vocales del latín clásico, sólo siete, a saber: **a** (= ă ā),
e̦ (= ĕ), **e̦** (= ē ĭ), **i** (= ī), **o̦** (= ŏ), **o̦** (= ō ŭ), **u** (= ū).

Fijándonos especialmente en la **sílaba acentuada,** el romance español diptonga la **e̦** en *ie,* así como la **o̦** en *uo* >
ue y conserva las demas; **a, e̦, i, o̦, u**. El diptongo latino *ae*

se asimila a la ĕ, y el diptongo *oc* a la ē. De este modo los siete sonidos vocálicos *á, ié, é, í, ué, ó, ú,* representan en el romance español las siete vocales del latín vulgar.

En **sílaba átona** las siete vocales se redujeron a cinco cuando son **iniciales** de palabra, y a tres cuando son **finales,** según muestra el siguiente cuadro:

Cantidad y timbre		Vocal acentuada		Vocal átona inicial		Vocal átona final
ă a̬	a	lătus lado	a	ărātru arado	a	causăm cosa
ā a̬		grānu grano		pānāria panera		causās cosas
ĕ e̬	ie	tĕrra tierra		tĕrrēnu terreno		patrĕm padre
ē e̬	e	rēte red	e	sēcūru seguro	e	patrēs padres
ĭ i̬		cĭbu cebo		plĭcare llegar		legĭt lee
ī i̬	i	fīcu higo	i	fīcaria higuera		dixī dije
ŏ o̬	ue	nŏva nueva		dŏlōre dolor		amŏ amo
ō o̬	o	leōne leon	o	sōlanus solano	o	sĕrvōs siervos
ŭ u̬		bŭcca boca		lŭcrare lograr		sĕrvŭm siervo
ū u̬	u	cūpa cuba	u	dūrĭtia dureza		lacūs lagos

8 bis. LA YOD Y EL WAU; SU INFLUJO.—La serie de vocales expuesta en el cuadro anterior se altera mucho cuando a cada una de ellas le sigue el sonido palatal que llamamos yod. Esta yod es análoga a la consonante **y** del latín majore, jejunare, o del español *mayor, ayunar,* etc., pero no se halla intervocálica como la *y,* pues no es propiamente una consonante, sino una semiconsonante, como la į de *pié*, *radio*, articulación explosiva agrupada con la consonante anterior, o una semivocal, como la į de *baile*, *peine*, articulación implosiva agrupada a la vocal que la precede (1).

1] Esta yod, que escribiremos į o **y**, no existía originariamente en latín, pero se produjo de diversas maneras. Primero, la *i* o la *e* en hiato con una vocal siguiente, que formaba sílaba por sí en la pronunciación cuidada, tendía en la pronunciación corriente a perder su carácter silábico, haciéndose semiconsonante; en los poetas, lo mismo en Plauto que en Virgilio, se hallan casos de silabeo *dor-mio, deorsum*, por *dor-mi-o, de-or-sum*, y en el siglo III de Cristo, esta pronunciación era muy común, por lo que el Appendix Probi la corrige reiteradas veces en casos como «lancea non *lancia*, linteum non *lintium*, vinea non *vinia*, cavea non *cavia*», etc. La yod surgió también por vocalización de una consonante velar agrupada: *factum > faįtu;* o por pérdida de una vocal o una consonante: *majorinum > maj(o)rinu > maįrinu, sartaginem > sarta(y)ine > sartaįne, canta(v)i > cantaį;* o por atracción de una vocal de la sílaba siguiente: *caldaria > caldaįra*, según vamos a especificar.

2] La yod, como es articulación semivocálica extrema-

---

(1) La yod implosiva puede parecer más eficiente que la explosiva, según nota G. MILLARDET, *Rev. des Langues romanes*, LVII, 1914, pág. 124, a causa del distinto silabeo (basiu, hecho baisu inflexiona la *a*, *beso*, mientras radiu no la inflexiona, *rayo*, silabeándose baį-su, ra-dįu, comparable éste segundo a Ma-iu *Mayo);* pero vamos a mostrar que lo decisivo en la inflexión es la fecha o duración de la yod y el timbre diverso de la vocal precedente. La implosiva producida en *c'l* no inflexiona la *a*, mientras en *ct* sí: novac(u)la *navaja*, pero tractu *trecho*. La explosiva inflexiona la *e* en vindēmia *vendimia*, pero no la *a* en labiu *labio*.

mente cerrada (es más cerrada que la *i* vocal), suele contagiar su cerrazón a la vocal precedente, cerrándola un grado. En la serie de las vocales anteriores o palatales, la **a** pasa a **e**, la **ę** pasa a **ẹ**, la **ẹ** pasa a **i**; y en la serie de las vocales posteriores o velares, la **ǫ** pasa a **ọ**, y la **ọ** pasa a **u**; en cuanto a la **i** y la **u**, siendo las vocales más cerradas, no pueden sufrir inflexión ninguna. Así pues, bajo el influjo de una yod, las siete vocales acentuadas quedan reducidas a cuatro: **e** (procedente de **a** y de **ę**), **i** (procedente de **ẹ** y de **i**), **o** (procedente de **ǫ**), y **u** (procedente de **ọ** y de **u**). La acción de la yod es menos señalada sobre la vocal átona inicial, caso en que las cinco vocales inacentuadas quedan reducidas a tres: **e** (procedente de **a**), **i** (procedente de **ę**, **ẹ**, **i**), **u** (procedente de **ǫ**, **ọ**, **u**).—Esta inflexión vocálica ocurre de un modo análogo en los demás romances, pero en español es más frecuente, y está aún poco estudiada. Trataré de clasificar históricamente los fenómenos, poniendo un poco de orden en tan difícil materia. La gradación cronológica que establezco en la persistencia o duración de la yod espero dará claridad a la materia.

3] La yod no sólo influye en cerrar o inflexionar la vocal, sino que palataliza además la consonante inmediata, y su influjo sobre la vocal está subordinado a su acción sobre la consonante. Cuando la yod palatalizó muy pronto la consonante, absorbiéndose en ella, no tuvo tiempo para influir sobre la vocal; y cuanto por más tiempo se conservó la yod sin ser absorbida en la consonante, tanto más influyó sobre las varias clases de vocales.—Téngase presente en lo que vamos a decir que la yod flexional de los verbos -ere, -ire, §§ 113 y 114, presionada por la analogía de otras formas verbales, § 104, siguió caminos muy apartados, tanto en la inflexión vocálica como en la palatalización de las consonantes, por lo cual sólo rara vez echaremos mano de ejemplos sacados de la conjugación.

a) Yod primera; la que produce las consonantes románicas ç y z. La palatalización del grupo latino TY o CY en ç o z es de las más antiguas de todas, § 53₄: vĭtiu *vezo,* aciariu *acero;* habiéndose formado muy temprano las consonantes ç o *z,* la yod desapareció, sin haber ejercido influjo alguno sobre la vocal. Nótese como los verbos -*er,* -*ir,* siguen normas aparte: mĕtio *mido,* inflexionó la vocal y no palatalizó la consonante, todo lo contrario que en las palabras no conjugables, § 114 inic.

b) Yod segunda; la que da origen a las consonantes románicas ll > j y ñ. Atribuimos a una segunda época dos clases de grupos consonánticos con yod. En primer lugar los que produjeron el sonido palatal ll, después hecho j, a saber: LY, § 53₆: concĭliu > *concello* > *concejo;* y C'L, G'L, T'L, por vocalización de la consonante velar agrupada, § 57: apĭc(ŭ)la > **abeg'la* > **abeyla* > *abella* > *abeja.* En esta época hay que colocar la yod que produjo ñ, esto es, los grupos latinos NY, § 53₅, GN, § 53₃, y NGᵉ, § 47₂ ᵇ: insĭgnia *enseña.*—Estas clases de yod inflexionan las vocales abiertas ẹ y ọ, impidiendo su diptongación, salvo la yod de ñ, que no inflexiona la ọ; y a la inversa, no inflexionan las vocales cerradas ẹ y ọ, salvo la yod de ñ que inflexiona la ọ. Nunca inflexionan la a.

c) Yod tercera; la que produjo la consonante románica y, o no alteró la consonante. En primer lugar la yod que da siempre y, o sea, los grupos latinos GY, DY, § 53₃: radia *raya.* Después, la que vaciló, no alterando la consonante unas veces, o produciendo otras veces y, § 53₁: pluvia *lluvia,* fŏvea *hoya.* —Esta yod inflexiona regularmente las vocales abiertas ę y ǫ, impidiendo su diptongación, y vacila respecto a las vocales cerradas, inflexionando unas veces ę > i, ǫ > u y otras veces no. Nunca inflexiona la a.

d) Yod cuarta; 1°, la que produce dos consonantes románicas, la **ch** y la antigua x, moderna j, y 2°, la yod procedente de metátesis o síncopa de algún sonido latino. Primero, la cт latina, que vocalizando la *c,* produjo la **ch** española, § 50₁; semejantemente ul$^{cons.}$, § 47₂$_c$: lūcta *lucha;* y кs o x, que por igual vocalización dió la palatal x del español antiguo, hecha j en lo moderno, § 50₂: taxu *tejo.* A éstos hay que sumar el grupo gr (no cr) cuya *g,* hecha fricativa, se vocaliza: integru agru, § 48 n. 2. Después tenemos la yod de los grupos ry, sy, py, § 53₂, a veces hecha implosiva, atraída de la sílaba postónica a la sílaba acentuada: caldariu > *caldairo* > *caldeiro* > *caldero.* A esta última época pertenece también la yod producida por síncopa de sonidos latinos, ora por pérdida de la vocal protónica, § 24, o postónica, § 25: maj(o)rinu > *mairinu* > *meirino* > *merino;* ora por pérdida de una consonante: farragĭne > *ferra(y)ine* > *ferrein* > *herrén;* proba(v)i > *probai̯* > *probei* > *probé* (§ 118₁). A estos casos son semejantes los rarísimos que tenían en latín un hiato como el grecismo lāĭcus, trisílabo que con el tiempo pasó a bisílabo, *lai̯gu* > *leigo* > *lego.* —Constituimos con esta cuarta yod una última época; es la yod más persistente, la que opera sobre toda clase de vocales Inflexiona regularmente las vocales abiertas ę > e y ǫ > o; inflexiona casi regularmente las vocales cerradas ę > i y ǫ > u, salvo la excepción -ęct- cuya ę permanece intacta; en fin inflexiona la a, nunca inflexionada antes.

4] El siguiente cuadro puede servir como guía de conjunto para la lectura de los párrafos que citamos en el mismo. En la palabra puesta como ejemplo, la vocal inflexionada va en tipo negrita; cuando la inflexión ocurre regularmente en los demás casos análogos, se indica con un trazo vertical; y si la inflexión es vacilante, se indica con un trazo discontinuo. Como se ve, estas indicaciones de inflexión aumentan conforme el cuadro desciende hacia su base, confirmando la serie cronológica que establecemos respecto a las cuatro clases de yod.

Clases de yod		ǫ I 3₂	ę IO₃	ǫ I4₂	ę I¹₂	a 9₂
1.ª	53₄	TY, CY ç, z	fŏrtia fuerza	pĕttia pieza	lŭtea loza	malĭtia maleza	minacia amenaza
2.ª	53₆ 57₂	LY, C'L ll > j	fŏlia hoja	rĕg(u)la reja	cŭscŭliu coscojo	cĭlia ceja	palea paja
	53₅ 5O₈	NY, GN ñ	sŏmniu sueño	ĭngĕniu engeño	cŭnea cuña	lĭgna leña	aranea araña
3.ª	53₃	GY, DY y	pŏdiu poyo	pŭlĕgiu poleo	fŭgio huyo	fastĭdiu hastío	exagiu ensayo
	53₁	BY, MY y, bi, mi,	fŏvea hoya	nĕrviu nervio	rŭbeu ruyo royo	vindēmia vendimia	labiu labio
4.ª	5O₁	CT, X ch, x > j	nŏcte noche	lĕctu lecho	trŭcta trucha	strĭctu estrecho	factu hecho
	53₁	RY, SY, PY ir, is, ip	cŏriu cuero	matĕria madera	augŭriu aguero	cēreu cirio	riparia ribera
		sincopas varias	collĭ(g)o cojo	grĕ(g)e grey	co(g)ĭtat cuida	tēpi(d)u tibio	proba(v)i probé

Vemos que las vocales que más temprano se inflexionan son las abiertas ǫ y ę; la tendencia asimiladora obra con fuerza atrayendo esas dos articulaciones al punto de las otras ọ y ẹ comunes en el idioma y muy semejantes. La a̧ es la vocal que más tardó en llegar a la inflexión, por hallarse demasiado distante de la yod. Un lugar intermedio ocupan las vocales cerradas ọ y ẹ que se resisten bastante a inflexionarse, vacilando entre asimilarse a la yod o mantenerse, por disimilación respecto de este sonido demasiado vecino, conservando su punto de articulación originario, y la ẹ obedece más a esta disimilación conservadora por lo mismo que es más afín a la yod que la *o*.

5] La ī final latina, como vocal extremamente cerrada de la serie anterior, se equipara a la yod en algo, pues inflexiona tanto la ẹ como la ę acentuadas: vĕnī *ven,* § 114₃, tĭbī *ti*, § 112*d*.

6] Por su parte el wau, o sea la u̯, ora semiconsonante, explosiva, agrupada a la consonante precedente (aqua), ora semivocal, implosiva, agrupada a la vocal precedente (auro), ejerce un influjo parecido al de la ·yod, contribuyendo a cerrar la vocal que antecede. Pero es articulación menos común que la yod, y su infujo es·menor. Sus varios orígenes son análogos a los de la yod: unas veces existe ya en latín, tauru; otras, procede de vocalización de una consonante agrupada, altĕru > *autro*, § 9₃; otras, proviene de una metátesis, vĭdŭa > *viuda*, § 112,; sapui > *saupi*, § 9₃; otras, se produce en virtud de una diptongación románica *viruela, ciruela*, § 18₂,

VOCALES ACENTUADAS EN PARTICULAR [1]

9. $\bar{A}$ $\breve{A}$ DEL LATÍN CLÁSICO, *A* DEL VULGAR.—1] Se conserva en general: prātu *prado*, ad-grātu *agrado*, grātia *gracia*, ānnu *año*, mătre *madre*, mănu *mano*, pătre *padre*.

2] Pero si a la A sigue una yod, se inflexiona, aunque en condiciones muy restringidas, § 8 bis₃. —*a*) No se inflexiona por la yod 1.ª, origen de *ç* y *z* (*haza, plaza, maza, cedazo*, § 53₄), ni por la yod 2.ª, origen de *j* y *ñ* (*paja, ajo*, § 53₆; *badajo, navaja, cuajo*, § 57₂; *extraño, araña*, § 53₅; *frañe*, § 47₂*b*; *estaño, tamaño*, § 50₃), ni por la 3.ª, origen de la *y* o *bi* (*raya, bayo, ensayo, haya*, § 53₈; *labio, gavia*, § 53₁). —*b*) Sólo la yod 4.ª, la más persistente, produce la inflexión de la *a:* esta vocal extremamente abierta y la yod extremamente cerrada se asimilan recíprocamente, $a\text{-}i > e\text{-}i > e\text{-}e > e$; el grado primero, *ai*, sobrevivía aún en el siglo x en ciertos vocablos del dialecto leonés, carraria > carraira; el grado intermedio *ei*, se conserva aún

---

(1) Véase J CORNU, *Mélanges espagnols. Remarques sur les voyelles toniques*, en *Romania*, 1884 XIII, 285. De este importante trabajo conviene descartar varias voces cultas aducidas como ejemplo. Además, en él se sostiene que la vocal tónica se cierra por influencia de una postónica *i* (en *virgen, marisma* maritima, *-ible*) o *u* (en *azufre* sulfure, *roble* *robure, *obispo* *episcupo, ants. *virtos* virtus, *conusco, convusco)*, de lo cual el único ejemplo notable es *Domingo* frente a *Domenga*, Berceo Milg. 38; caso aislado que pierde su valor teniendo en cuenta que *Domengo* es muy común en la alta Edad Media. La inflexión supuesta por Cornu es sólo general en el asturiano de Lena y Aller, donde toda *u* o *i* final cierra la tónica: *cordiru cordera, pirru perra, utru otra, sentu santa, guetu gata, isti esta, puirtu puerta, fuitsi* 'fuelle'. (Véase R. MENÉNDEZ PIDAL, *El dialecto leonés*, § 5, en la *Revista de Archivos*, X, 1906.)

hoy en el portugués (con ẹ cerrada), en el gallego y en el leonés, *carreira;* el grado último, *e,* es el castellano ya desde el siglo x. Ejemplos de -ACT- o -AX-, § 50₁ y ₂, lacte > *laịte,* gall. port. *leite,* leonés *leite leiche,* cast. *leche;* factu *hecho,* tractu *trecho,* verbactu *barbecho,* taxu *tejo,* mataxa *madeja,* axe *eje,* fraxinu *fresno.* El caso de GR nos da: agru *ero,* § 48 (comp. port. fragrare > flagrare *cheirar),* pero ACR no inflexiona: *agro, magro.* Ejemplos de inflexión con yod atraída en ÁRY, ÁSY, ÁPY, caballariu *caballero,* area *era,* glarea *glera,* caseu > *caisu* > *queso,* basiu *beso,* cerasea *cereza,* sapiat *sepa,* capiat *quepa.* Ejemplo de articulaciones sincopadas, sartagĭne > *sarta(y)ine* > *sartén,* farragĭne *herrén,* plantagĭne *llantén,* propagĭne *provena,* magĭcu *mego* (gall. port. *meiga* 'bruja'); probai *probé, canté, amé,* § 118₁, laicu *lego,* ibérico vaika *vega,* § 4₁ (1). —*c)* La monoptongación de AI > *ei* > *e* es posterior a la formación de la *ch* > CT, § 50₁, pues la yod de la vocalización de *c* fué la causa de la palatalización de *t* < *ch,* como lo indica la serie que hemos establecido lacte > *laịte* > *leite* > *leiche* > *leche,* siendo de notar que formas como *peyche, feycho* se escriben en documentos leoneses del siglo XIII, y viven todavía en el leonés occidental moderno; aun en Castilla, en la parte norte, Santander y Campóo, se

---

(1) Para el desarrollo de esta palatalización de la *a* en los siglos x a XIII, véase R. MENÉNDEZ PIDAL, *Orígenes del español,* § 12-18. Para varios pormenores fonéticos interesantes, véase G. MILLARDET, *Sur le traitement de* A + *yod en vieil espagnol,* en *Rómania,* XLI, pág. 247.—Cuando la yód se formó posteriormente a la época del latin vulgar no inflexiona la *a,* así aere que aun en Berceo y en Alfonso X es *aer,* dió *air, aire* tardíamente; vagina *vaína* con acento en la *i* aun en el siglo XIII, y más tarde *váina* Tampoco se inflexiona la *a* en los extranjerismos tardíos, *fraile, baile, polaina,* etc.

hallan en los siglos XI y XII ejemplos de *luneiro carreira*, y en Burgos se halla *ferrein*, en documento de 1284 (1).

3] Si a la *A* sigue una *U*, se busca también acercamiento entre la vocal extrema abierta *a* y la extrema cerrada *u*, y podemos establecer los grados a͜ + u͜, o͜ + u͜, o͜ + o͜; el grado intermedio o͜u͜ que señala la fonética fisiológica se halla en portugués (aún con mayor acercamiento o͜u) y en leonés occidental; el grado extremo o͜o͜ > o es el castellano: causa port. leon. *cousa*, cast. *cosa;* amaut § 118₃, port. leon. *amou*, cast. *amó*, etc.; mauru *moro*, port. *mouro;* tauru *toro*, port. *touro;* caule *col*, port. *couve* (2). Esta reducción de *au* a *o* no es primitiva en romance; aunque era fenómeno dialectal latino que aparece en las inscripciones de España como en las de otras regiones (closa, Plotus), la lengua literaria impuso generalmente el *au*, que el portugués y leonés occidental conservan aún bajo la forma o͜u, y que en español, en francés y en otros romances se confundió con *o;* pero esta confusión en español es posterior a la sonorización de la consonante sorda intervocálica, como lo prueba la *t* de *coto* cautu, frente a la *d* de *todo* tōtu (§ 47₃); y en francés es posterior a la palatalización de *c* ante *a*, como se ve en *chose* causa con *c* palatalizada, lo mismo que en *champ* campu, mientras no se palataliza ante otra vocal; v, gr.: cōlare *couler*. Algunas pocas voces habían monoptongado au > *o* ya en latín vulgar: popere *pobre* § 47₃ₐ, foce (de faux) *hoz*, port. *foz.*—La *u* del diptongo *au* puede venir atraída de la sílaba siguiente; así,

---

(1) Véanse estos casos en *Orígenes del español*, pág. 93, 82 y 87.

(2) Son cultas las voces *claustro, cáustico, encausto, áureo, fauce* (tradicional *hoz*), etc,

el perfecto de habeo, habui, se pronunció *haubi, que dió en cast. ant. *hobe* y hoy *hube;* igualmente los ants. *sopo, copo, yogo,* mod. *supo,* etc. § 120$_3$.—La *u* procede también a veces de vocalización de una *l* agrupada, pronunciada velarmente (como en el cat. **alto**): talpa *taupa *topo;* alteru, leonés del siglo XI *autro, outro,* castellano *otro;* saltu 'bosque', en el siglo X *sauto, saoto,* moderno *soto;* calce *cauce *coz,* falce *hoz,* scalpru *escoplo.* Opuestas a estas palabras se denuncian como semicultas, otras que no participaron de tal evolución: altu *alto* (en toponimia hay monte alto *Montoto* (1), colle altu *Colloto,* etc.), saltu 'brinco' *salto* (ant. *sota, xota,* § 37$_{2b}$, moderno *jota,* baile; ant. *sotar* 'bailar'), *calcea (por calceus) *calza,* falsu *falso.*—Cuando se vocalizó la *L* agrupada tardíamente con otra consonante, por pérdida de la vocal postónica, ya se habían extinguido las generaciones dominadas por el gusto lingüístico de la monoptongación, y así calce, salce dieron *cauce, sauce* § 55$_1$, que mantuvieron su *au* inalterado. También fué tardía la vocalización de *b* o *p,* quedando intacto el *au* en *cabdal caudal, cabdiello caudillo,* *recapitare *recabdar recaudar, raudo, laude* § 60$_1$.

10. *Ĕ* o *AE* DEL LATÍN CLÁSICO, *Ę* DEL VULGAR.—1] Se diptonga en **ié** (2) generalmente: mĕtu *miedo,* pĕtra *pie-*

(1) Véase A CASTRO, en la *Revista de Filología Española,* V, 1918, pág. 29. En general para la velarización de *a* en *au ou* durante los siglos X y XI, véase R. MENÉNDEZ PIDAL. *Orígenes del Español,* § 19-21.

(2) Algunos creen que el diptongo se acentuó primero *íe* y luego *ié;* pero no parece natural que el sonido más cerrado *i* del diptongo llevase primitivamente el acento; *ié* es naturalmente un diptongo creciente, o sea acentuado en su segundo elemento, y siempre un diptongo con el acento en la vocal más cerrada es poco menos que «un imposible fonológico» como dice Grammont, es siempre una articulación menos natural que la

dra, vĕnit *viene,* nĕbula *niebla,* sĕpte *siete,* dĕce *diez,* pĕde *pie,* ĕqua *yegua,* gĕneru *yerno.* Lo mismo sucede con el diptongo *AE:* caecu *ciego,* caelu (coelum es ortografía falsa; comp. caeruleus por caeluleus) *cielo,* quaero *quiero,* graecu *griego* (1).—En el caso de dis'ocación del acento de que habla el § 6₂, debe observarse que *mujer* se escribía antiguamente *mugier,* y luego la *g* como palatal (§ 35₈) absorbió la vocal análoga *i* del diptongo. La pérdida de la *i* ocurrió mucho antes en el ejemplo aislado pariĕte, y su *e* tónica se había hecho cerrada, según prueban todos los romances (esp. *pared,* fr. *paroi,* etc.), acaso por influencia del nominativo parĭēs, coincidiendo así en todo con quiētus, que también se halla en inscripciones quetus (esp. *quedo,* fr. *coi,* etc.).

2] El diptongo *ié* se redujo en algunos casos a **i**. Un caso muy abundante es el de la terminación -ellu, ant. *-iello,* mod. *-illo:* castĕllu *castiellu, castillo;* cultĕllu *cuchillo,* scutĕlla *escudilla,* sĕlla *silla,* etc. Una asimilación a la palatal *ll* ha hecho evolucionar el elemento menos palatal, *e,* del diptongo *ié,* que se asimiló completamente a la *i* (comp., § 5). Esta explicación también sirve para los nom-

---

acentuada en el elemento más abierto (v. *Orígenes del español,* § 22₁).— La acentuación *ie* es ocasional en el habla moderna. Lᴇɴᴢ, en los *Phonetische Studien,* VI, 293, n., cita de Chile *diz* y *quin,* y recuerda en un español del Norte la acentuación constante *tiémpo, siémpre, tiéne, cúerpo;* en Sanabria y en Astorga es frecuente el acentuar el primer elemento del diptongo; en Sendim (al sur de Miranda de Duero) se halla *íe* ante nasal, *quiẽ,* y en todos los demás casos el diptongo se redujo a *i: fírro, pidra,* etc.

(1) No diptonga en las voces cultas, como prĕces *preces,* cĕntrum *centro,* tĕmplum *templo* (pop. ant. *tieplo),* septimum *séptimo* (pop. ant. *sietmo),* gentem *geᶇte* (pop. ant. *yente).*

bres propios antiguos *Guadiex*, moderno *Guadix*, y Enne-
co *Yéñego*, mod. *Íñigo*. También ocurre a veces la reducción ante una *s* agrupada, debido al caracter palatal de esta
consonante (§ 35₅ₐ) que se articula en punto semejante al
de la *i* (1): vespĕra, ant. *viéspera*, mòd. *víspera;* mĕspilu,
ant. *niéspera*, mod. *níspero;* vespa *avispa;* rĕste, ast. leonés *riestra*, cast. *ristra;* pĕrsicu, pĕssicu § 47₁, ast. *pies-
co*, cast. *prisco*; prĕssa *prisa* (frente a *fiesta, siesta, hiniesta*, etc.); además, otros casos suéltos, como mĕrula *mierla,
mirla*, re.-mĕllicu *remilgo*, pĕndico *pingo*, la voz semiculta saeculu *sieglo*, mod. *siglo*. La cronología de esta
reducción de *ié* a *i* puede ser estudiada especialmente en el
caso del sufijo diminutivo *-iello, -illo*, por ocurrir muy frecuentemente en los textos. La forma *-illo* se propaga en los
textos literarios tan sólo en el curso del siglo xiv; pero erra-
ríamos si creyésemos que el fenómeno fonético. data sólo de
esa fecha. Los documentos iliterarios más antiguos que
podemos alcanzar, cartas notariales del siglo x, nos testimo-
nian ya la existencia de *-ilio (castillo,* kaballo *morcillo)* en
el norte de Castilla y en Burgos; de aquí irradió el fenómeno hasta extenderse por toda Castilla y por todo el territorio
del español. Hoy sólo el norte y oeste leonés y el alto Aragón conservan la vieja forma *iello* (2).—Por circunstancias
especiales de fonética sintáctica se halla también la reduc-

---

(1) P. Fouché en la *Revue Hispanique*, LXXVII, 1929, pág. 34-36, supone una diferencia de silabeo entre *víspera* y *siesta*, que no hallo soste-
nible. La causa por que *víspera* monoptonga y *siesta* no, debe ser que en
el grupo *sp* la *s* tiene más carácter alveolar prepalatal, y en *st* más carácter dental (véase el cuadro que va al frente del § 35)..Para el carácter de
la *s* en *ristra*, téngase presente la semejanza de *tr* con la *ch*, § 35₅ *b*.
(2) Véase R. Menéndez Pidal, *Orígenes del español*, § 27.

ción de *ié* a *i* en algunos nombres de lugar en que los numerales sĕptem o cĕntum entran en composición y
vienen a quedar como átonos: Septimanèa, ant. *Sietmancas,* mod. *Simancas; Sietcuendes, Sicuendes* (junto a Uclés),
Cifuentes (ant. *Cintfcntes, Cinfontes, Cienfuentes).*—También
ié se reduce a *i* cuando está en hiato, probablemente por
simplificación del triptongo (comp. fr. *lit,* de *lieit lĕctu;
fr. *mi,* prov. *miei* mĕdiu): Dĕus, ant. dialectal *Dieos,* cast.
Dios, mĕu, leon. occid. *mieo,* cast. *mío;* judaeu *judío;*
*romaeu ast. ant. *romío* 'romero', y *mi(e)do,* en Chile
mío (1).

3] Cuando la Ĕ va seguida de yod, influida por la cerrazón de ésta no se diptonga, § 8 bis₂. —*a)* No causa este
impedimento de diptongación la yod 1.ª, origen de *ç, z*
(pieza, cierzo, lienzo § 53₄). —*b)* La yod 2.ª, origen de *j* y
ñ, ya inflexiona: spĕcŭlu *espejo,* rĕgula *reja,* § 57₂, frente a los cuales, *viejo,* § 57₈, revela influjo del leonés o del
aragonés pues estos dos dialectos diptongan ante yod, leonés *vieyo,* arag. *viello* (2). Ejemplos de la yod de *ñ,* § 53₅,
Ingĕniu *engeño,* vĕnio *vengo,* verbo donde, al desapa-

---

(1) P. Fouché en la *Revue Hispanique,* LXXVII, pág. 36-39, cree que
en estos casos la diptongación está condicionada por una *-u* final que se
da en leonés *mieu,* y no en castellano, que tiene *-o* final. Pero aun desde
este punto de vista debiera tenerse presente que el castellano primitivo
tuvo *-u* final, cuyos restos aún perduraban en el siglo XIII *(Orígenes del
español,* § 35₃).

(2) En rĕgula los romances postulan ĕ, aunque la cantidad clásica
es ē. SCHUCHARDT, *Romania,* XIII, 286, n. 4, supone que *viejo* está influído
por el antiguo castellano *viedro* vĕtere, el cual, aunque poco usado,
pudo ciertamente contribuir asimismo al diptongo de *viejo.*—Por lo demás,
es también probable que *espejo* derive en castellano de una forma *spĭcu-
lu, como el prov. *espelh.*

recer la yod, aparece el diptongo, vĕnis *vienes,* como en
tĕneo *tengo,* pero tĕnes *tienes,* mientras en leonés y aragonés la persona Yo diptonga lo mismo que Tú: *viengo,
vienes; tiengò, tienes.* —*c*) La yod 3.ª, la que produjo *y,* o
se conservó, § 8 bis$_{3c}$, inflexiona la ĕ: mĕdiu ant, *meyo,
meo,* moderno *medio;* sedeat-ant. *seya,* mod. *sea;* pŭlĕgiu
poleo, *prĕmia (de prĕmo) *premia,* Yo *apremio;* sŭpĕrbia
soberbia, nĕrviu *nervio.* —*d*) La yod 4.ª, origen de *ch* y *x,*
§ 8 bis$_{3d}$, nos da estos ejemplos: lĕctu *lecho,* arag. *lieto,*
pĕctu *pecho,* profĕctu *provecho,* *assĕctat *acecha,* sĕx
seis, a los cuales es semejante Intégru, § 6₁, *entero,* § 48.
Para la yod atraída de RY, § 53₂, matĕria *madera,* port.
madeira. Caso de síncopa, grĕge *grey,* § 28₂. —*e*) La I
final inflexiona la ĕ en el imperativo vĕnī *ven,* pero fuera
de la conjugación no inflexiona, hĕrI *ayer,* v. § 8 bis₃ al
comienzo.

11. *ĒĬ* o *OE* DEL LATÍN CLÁSICO *Ẹ* DEL LATÍN VULGAR.—
1] Se confunden en español en **e** generalmente: aliĕnu
ajeno, plēnu *lleno,* acētu *acedo,* dēbĭta *deuda,* —cĭppu
cepo, vĭtta *veta,* consĭliu *consejo,* pĭlu *pelo,* sĭgna *seña,*
Inter *entre,* Ille *el,* fĭde *fe* (1),— foedu *fec.*

2] La Ẹ del latín vulgar se cierra en **i** por influjo de
una yod, § 8 bis ₂.—*a*) No influye la yod 1.ª origen de
ç, z: *corteza, maleza, vezo,* etc., § 53₄. Tampoco influye la
yod 2.ª, como se ve por los ejemplos de *j, ceja, consejo,*
§ 53₆, *abeja, teja, oreja, almeja,* § 57 ₂ y ₃, frente a los cuales, *mijo, milho* hace suponer que mīliu se hizo mīliu,
acaso por cruce con mīle, aludiendo a'la abundancia de

---

(1) En las voces de origen culto la *i* breve se interpreta como *í:* librum *libro,* dignum *digno, indino,* continuum *continuo,* etc.

granos que ofrece la espiga de esta planta; ejemplos de *ñ*, *estameña*, § 53₅, *leña, seña, empeño*, § 50₃, frente a los cuales *tiña* tĭnea nos hace suponer tīnea. —*b)* La inflexión de ẹ, aunque vacilante, se produce a partir de la yod 3.ª, que originó *y* o ṇo alteró la consonante, § 8 bis₃꜀, fastĭdiu *hastio*, navĭgiu *navío*, vĭndēmia *vendimia*, mētio *mido*, § 114₁ₐ; pero en contra están corrĭgia *correa*, baptĭdio *bateo*, vĭrdia *berza*. —*c)* En la yod 4.ª, § 8 bis₃d, hallamos que la que originó la *ch* no inflexiona la ẹ; strĭctu *estrecho*, vĭndĭcta *vendecha*, dirēctu *derecho*, arrēctu *arrecho;* pero la yod de los grupos RY, SY, PY, inflexiona con regularidad, ora se conserve en su puesto cēreu *cirio*, sēpia *jibia*, vĭtreu *vidrio*, ora se haya atraído a la sílaba tónica, camĭsia *camisa*, eclēsia (por ecclesia) ant. *eglisa, egrija,* Grijalva (Burgos, Zamora) < Eclesia alba, *Grijota* (Palencia) < Eclesia alta: y frente a estos tenemos como voces no tradicionales, *iglesia, cerveza* cervēsia y otras; *mancebo* que es voz tradicional no debe venir de mancĭpiu, sino de *mancĭpu, influído por el verbo mancipare. La yod por síncopa inflexiona también: *limpio, tibio, nidio*, § 41₂. —*d)* La ɪ final inflexiona en los Perfectos vēnī *vine*, fēcī *hice*, en los pronombres tĭbī *ti*, sĭbī *si*, en el numeral vīgĭntī ant. *veinte*, mod. *véinte;* en el toponímico Fonte Ĭb(ĕ)rī *Fontibre* (Santander). —*e)* En fin, Ẹ en hiato se hace igualmente *i* (comp. la Ẹ § 10₂ final); vĭa *vía*, mẹa *mía*, § 66₁; los imperfectos -ē(ba) *-ia*, § 117₁, dēam, leonés *dia,*, § 116₄, y el nombre ibérico Garsea *García* (.1). —*f)* También produce inflexión una ᶙ,

---

(1) Véanse varias observaciones a este párrafo por E. H. Tuttle, en *Modern Philology*, XII, 1914, págs. 193-195.

§ 8 bis₆; vĭdŭa *viuda,* *minuat ant. *mingua,* junto al mod. *mengua;* lĭngua astur. *llingua,* port. *lingua,* pero cast. *lengua.*

12. Ī DEL LATÍN CLÁSICO, *I* DEL VULGAR; SE CONSERVA EN ESPAÑOL COMO ĭ.—Vīte *vid,* fīliu *hijo,* lĭtĭgat *lidia,* scrĭptu *escrito,* hastĭle *astil,* fīcu *higo,* pellīcea *pelliza,* erīciu *erizo.*

13. Ŏ DEL LATÍN CLÁSICO, *Ǫ* DEL VULGAR.— I] La Ŏ se diptongó primitivamente en **uó** y luego en **ué**. La etapa primera *uó* se ve alguna vez escrita *uo* en diplomas y otros textos de los siglos x al xiii; los ejemplos son muy escasos en Castilla, y algo más frecuentes en León y Aragón: *puode, avuola, tuorto, fuoros;* todavía hoy sobreviven estas formas en el asturiano occidental. En Castilla, ya en el siglo xi es general *ué;* si el Poema del Cid revela por sus rimas la pronunciación *fuort, Huosca,* etc., es porque no fué escrito en la Castilla propiamente dicha, sino en la frontera de Medinacelli, territòrio mozárabe recién incorporado al reino de Alfonso VI (1). Luego las formas con *ue* se generalizaron: rota *rueda,* bonu *bueno,* jocu *juego,* fŏcu *fuego,* nove *nueve,* ŏrphănu *huérfano,* hospite *huésped,* cŏlloco *cuelgo,* mŏrtuu *muerto* (2). — La diptongación de la Ŏ es uno de los rasgos fonéticos que mejor caracterizan los

---

(1) Véase R. MENÉNDEZ PIDAL, *Cantar de Mio Cid,* pág. 144, y *Orígenes del Español,* § 23-24, especialmente, pág. 143 y siguientes, donde también se admite la posibilidad de *fort, morte,* etc., cultismos que convivían con *fuort, muorte,* etc.

(2) Las voces cultas no diptongan: fossam *fosa* (el derivado popular es *huesa),* cŏmputum *cómputo* (el pop. es *cuento),* ŏrganum *órgano,* nŏtam *nota,* etc. Son semicultas muy antiguas y que han sufrido alguna evolución en cuanto a su sílaba postónica: mŏdulum *molde,* rŏtulum *rolde.*

dialectos españoles, no porque otros romances no la conoz-
can, sino por los pormenores de ella. El francés conoce los
mismos grados de diptongación que el español y otro posterior; así, prŏba dió en ant. fr. *pruove,* desde el siglo xi
prueve y desde el xiii *preuve;* el italiano se quedó en el
primer grado, *pruova;* pero ambos romances se diferencian
del español en que diptongan la ŏ sólo en sílaba libre, y no
en posición; de modo que pŏrta o cŏllum quedan en
ambos sin diptongar: fr. *porte, col,* italiano *port:z, collo,*
mientras el español dice *puerta, cuello.* Respecto de los romances hablados dentro de la Península, la región central,
o sea el leonés-castellano-aragonés, se diferencia del portugués y del catalán en que estos dos desconocen la diptongación de la ŏ ora esté en posición, ora en sílaba libre En
fin, el castellano se diferencia de las variedades leonesa y
aragonesa en que éstas diptongan aun ante yod, según se
advierte en el punto 3 de este párrafo.

2] El diptongo *ué* puede reducirse a **e** (comp. el *ié* reducido a *i*): flŏccu *flueco* y *fleco;* frŏnte, en el siglo xiv
fruente, después *frente;* Borŏvia, ant. *Burueva,* moderno
Bureba, *cŏlŏbia (asimilación de cŏlŭbra), ant. *culuebra,*
mod. *culebra;* en todos estos casos ocurre la reducción a *e*
después de una *l* o *r* precedida de un sonido labial; la alter-
nativa de un sonido labial + alveolar *(l, r)* + labial *(w)* +
palatal *(e)* provoca una disimilación eliminadora que excluye
el segundo sonido labial, el cual, siendo a la vez velar o
posterior, ve dificultada su articulación por ir entre dos
sonidos que exigen una postura contraria de la lengua, como
producidos en la parte anterior de la boca: *r...e, l...e* (1).

(1) `La explicación de C. C. Marden, *Spanish dialect of Mexico City,*
Baltimore. 1896, pág. 20. tratando de la forma *prebo* = pruebo, usada en

Esta reducción a *e* se observa también en otros casos de *ue* que parecen remontar a *ō...i*, § 14₂ $_a$, como Noronia *Norueña*, mod. *Noreña* (Oviedo); Oronia *Urueña Ureña* (Valladolid, Segovia, Salamanca); *cŏrōnia? *curueña*, mod. *cureña*. En sŏrbu *serba*, acaso la misma disimilación eliminadora ocurre con el sonido labial *w* que precede al agrupado en *rb*, hallándose también colocado entre dos sonidos palatales: *s...e;* la disimilación no ocurre en *vuelvo* por influencia analógica de la conjugación de *volver.*—Para stŏrea *estera* debe pensarse en un cambio de sufijo, § 83 final; sin duda también en el sufijo ant. *-duero*, mod. *-dero*, § 14₃, hay confusión con *-ariu.*—En otros casos la reducción se explica por quedar átona en composición la palabra que lleva *ue* (comp. el caso de *Simancas*, § 10₂); hŏste antiqua ant. *uest antigua*, mod. *estantigua*; *pŏstaurĭcŭlu *pestorejo.*

3] La Ŏ, lo mismo que la Ĕ deja de diptongarse bajo el influjo de una yod. —*a)* Çomo siempre, la yod 1.ª, de *z, ç,* ño inflexiona: *pescuezo, fuerza, escuerzo,* § 53₄. —*b)* La yod 2.ª (§ 8 bis₃ᵦ) origen de la *j,* inflexiona la ŏ en castellano, pero en leonés y aragonés no impide la diptongación, caso semejante al que vimos respecto de la ĕ, § 10₃ᵦ, pero

---

Asturias, Méjico y Puerto-Rico, no tiene en cuenta el primer elemeñto labial, cuya presencia es necesaria, como indica F. KRÜGER. *Westspanische Mundarten,* Hamburg, 1914, pág. 77; pero a su vez la explicación de éste no aprecia bien la importancia esencial de la *l* y la *r,* considerándolas sólo como un elemento que no estorba para la disimilación. Nótese que no ocurre la disimilación en *puerta, fuego.* G. MILLARDET, *Linguistique et dialectologie,* 1923, págs. 311-314, supone que además de la disimilación de labiales (*f, o + u̯),* concurre la dificultad de sucederse dos elementos *l, r + u̯* que tienen un grado de abertura articulatoria demasiado próximo para la cómoda constitución de la silaba,

más abundantemente documentado: fŏlia *hoja*, arag. *fuella*,
leon. *fueya;* spŏliu *despojo*, arag. *espuella;* cordoliu *cordojo;* molliat *moja*, astur. *mueya;* ŏc(u)lu *ojo*, arag. *uello*,
leon, *ueyo;* rŏ(ŭ)lu semiculto *rollo*, arag. *ruello, ruejo*. En
cambio la yod de *ñ*, aunque inflexiona la ĕ, § 10₈ᵇ, no impide la diptongación de ŏ: lŏnge *lueñe*, sŏmniu *sueño;*
Saxŏnia *Sansueña, Catalueña, Gascueña*, § 4₆, si bien el
diptongo en estos últimos casos se podría explicar como
analógico igual que en *risueño*, etc., § 14₂ᵈ. —*c*) La yod 3.ª
que produce *y* o no altera la consonante (§ 8 bis₈ᶜ) inflexiona regularmente en castellano, pero no en aragonés y
leonés: hŏdie *hoy*, arag. leon. *uey;* pŏdiu *poyo*, arag. *pue-
yo;* mŏdiu ant. *moyo*, leonés *mueyo;* fŏvea *hoya*, nŏviu
novio; siendo chocante *Burueba*, tratado en el punto 2 de
este párrafo. —*d*) La yod 4.ª, origen de *ch, x*, § 50₁ y ₂, impide la diptongación igualmente: nŏcte *noche*, ŏcto *ocho*,
bis-cŏctu *bizcocho*, *cŏxu *cojo*, arag. y leon. *nueit nueche*,
ueito uecho, cueito cuecho. En la yod atraída de RY (§ 53₂) tenemos cŏriu, port..*coiro*, cast. *coero, que asimilando *oe* al
diptongo *ue*, tan frecuente en el idioma, fué *cuero*, mientras
el leonés, diptongando ante yod según suele, hizo *cueiro*.
Yod nacida de síncopa, cŏllĭ(g)o > *cǫllio* > *cojo coges*,
arag. *cuello cuelles*, astur. *cueyo cueyes*.

4] Conviene también notar la influencia de una nasal + cons. para cerrar la *o*. Prisciano hace notar «funtes
pro fontes, frundes pro frondes, rustico more», y en una
inscripción española se escribe Muntanus. Junto a *monte,
contra*, *cŏmperat *compra*, que reflejan la pronunciación
rústica, hay los reflejos de la clásica en el ant. *cuentra*, en
buente, fuente, frente, cŏmputat *cuenta;* el caso -ond- es
más seguro, y así abscŏndo *escondo*, respŏndo *respondo*

(no obstante, en andal. y en ast. *ascuendo*, en ast. *respuen-do*) (1); en el caso que a la nasal siga consonante sólo por pérdida de una vocal, tenemos cŏm(i)te *conde*, ant. *cuende*; hŏm(i)ne *hombre*, ant. raro *huembre*. En italiano hay regularidad: *mǫnte, pǫnte, frǫnte, pǫnte, cǫntra, compera, cǫnta, nascǫndo, rispǫndo, cǫnte;* pero *uomo*.

14. Ō Ŭ DEL LATÍN CLÁSICO, Ǫ DEL LATÍN VULGAR. —

1] Suenan **o**, generalmente en romance: vōce *voz*, tōtu *todo*, nōmen *nombre;*—lŭtu *lodo*, deŭnde, *donde*, cŭbitu *codo*, rĕcŭpĕro *recobro*, (2). El diptongo *A U* es también **o**, pero tardíamente, § 9₃.

2] La Ǫ del latín vulgar se cierra en **u** por la acción de la yod (como la Ę pasa a **i**, § 11₂). —*a)* La yod 1.ª no produce esa inflexión: *pozo, alborzo*, § 53₄. —*b)* La yod 2.ª origen de la *j* tampoco inflexiona: *gorgojo, coscojo*, § 53₆; *hinojo*, § 57₂; pero la yod de la *ñ* (§ 53₅, 50₃) sí inflexiona, a pesar de que no inflexiona la ǫ ni la ę: cŭnea *cuña*, *terrōneu *terruño*, *vītōneu *viduño* (3), pŭgnu *puño*, mientras aŭtŭmnu *otoño* no inflexiona porque su *ñ* no procede de yod, § 47₂ₐ. —*c)* La yod 3.ª que produjo *y* o se conservó, inflexiona la ǫ con irregularidad: fŭgio *huyo*, ōrdio *urdo*, § 114₁ᵦ, ejemplos poco importantes por ser de la conjugación *-ir*; plŭvia *lluvia*, pero repŭdiu ant. *repoyo;* vacila-

(1) Los ejemplos sacados de verbos son menos seguros que los otros, porque en ellos puede obrar la analogía de que hablamos en el § 112 bis₄.

(2) La *u* breve en las voces cultas subsiste como *u: purpura púrpura* (pop. ant, *porpola),* numerum *número* (ant. *nombre),* mundu *mundo* (el adjetivo mundus dió el pop. *mondo),* crucem *cruz*, bulla *bula* o *bulda* (pop. *bolla*, con sentido bien diferente), lucrum *lucro* (pop. *logro).*

(3) Las voces cultas conservan *o* inalterada, *demonio, patrimonio, testimonio*, etc., que en el habla villanesca del teatro clásico son *dimuño, testemuño.*

ción bien ejemplificada en rŭbeu, que por una parte da el moderno *rubio* y la forma más popular *ruyo*, usual hoy en Soria, Burgos, Avila (1), mientras por otra parte da *royo*, dialectal en Castilla y en Aragón, muy difundida en los toponímicos *Peñarroya* (Córdoba, Ciudad Real, Teruel), *Villarroya* (Logroño, Zaragoza), *Monroyo* (Teruel), etc. — *d)* La yod 4.ª inflexiona con más regularidad. La yod de *ch*, § 50₁, lŭcta *lucha*, trŭcta *trucha*, dŭctu *ducho*, aquaedŭctu *aguaducho*, siempre. Lo mismo en el caso de ŭLT, *mucho, escucha, puches*, astur. *cucho, buitre;* si bien cuando a UL sigue otra consonante que no sea T, se observa vacilación: *cumbre, empujo, azufre*, pero *ova, poso, soso*, § 47₂c. La yod atraída de la sílaba siguiente, § 53₂, da un diptongo *ue* procedente de ǫį > *ui*, asimilado al diptongo *ue* tan frecuente en el idioma: a(u)gŭriu leon. *agüiro, agoiro*, ambos en el Fuero Juzgo, cast. *agüero;* sale mŭria leon. *salmoira*, castellano *salmuera;* Dōriu leon. *Doiro*, cast. *Duero;* sufijo -tōriu, leon. -*doiro*, cast. -*duero* > -*dero*, § 13₂: *cŭrritōria leon. *corredoira*, cast. *corredera;* cŏŏpertōria antiguo *cobertuera*, mod. *cobertera; cobdiciaduero*, -*dero;* *adbĭbĕratoriu (de adbĭbĕre > *adbiberare) *abrevadero;* terminación -usiu, da igualmente *ue:* segŭsiu *sabueso;* el antroponímico Bōsiu leon. *Boiso*, cast. *Bueso; cantueso, camuesa*. A todas esas formas leonesas que no inflexionan la vocal *(agoiro*, frente a *agüiro*, etc.) compárese el perfecto fŭit leon. *fói*, cast. *fué*. Se suman a estos casos de ǫį > *uı* > *ue* algunos de la yod de *ñ* < nį: verēcŭndia *vergoiña*

_____

(1) Berceo llama *MonteRuyó* al que hoy se dice *Monterrubio;* y hasta el siglo xiv se usaba *Covasruyas*, junto a la forma *Covasrubias* o *Covarrubias*, hoy subsistente.

3.

en las Glosas Silenses del siglo x, ant. *vergüeña,* leon. antiguo *vergoinza,* cast. *vergüenza,* § 53$_3$; cicōnia *cigüeña,*
vidueño (duplicado de *viduño,* apuntado arriba *b*), favōniu
arag. *fagüeño,* *risōneu *risueño, halagüeño, pedigüeño* (1),
Norueña, Urueña, curueña, § 13$_2$; quizá pueda sospecharse
alguna afinidad entre el diptongo *ue* y la *ñ*, recordando la
diptongación de ŏ en *lueñe, sueño,* § 13$_{8b}$. La yod por síncopa
inflexiona también la ǫ: cōgĭtat > *co(y)itat,* § 43$_1$ > antic.
cuida, cuda, cueda, cueida, mod. *cuida; rucio, turbio,* § 41$_2$.

15. Ū DEL LATÍN CLÁSICO, U DEL VULGAR; SE CONSERVA u
SIEMPRE.—Acūtu *agudo,* fūmu *humo,* cūpa *cuba (copa* no
deriva de éste, sino de cŭppa (2); véase § 45), sūcĭdu
sucio, nūbilu *nublo,* lūcu *Lugo.*

VOCALES INACENTUADAS EN GENERAL

16. IDEA DE SU NATURALEZA Y DESARROLLO.—Las vocales
acentuadas no sólo se mantienen siempre, sino que aun por
la energía especial con que se las articula, hemos visto que
se refuerzan a veces desenvolviendo una vocal accesoria,
esto es, diptongándose (§§ 10$_1$ y 13$_1$). Por el contrario, las
vocales inacentuadas no sólo son menos persistentes, ya
que muy a menudo desaparecen por completo (§§ 22, 24,
26, 28$_3$ y 29$_2$), sino que, aun cuando subsistan, tienen un
sonido menos matizado que las acentuadas; de modo que,
en vez de las siete vocales que hallamos en la sílaba tónica,

---

(1) Frente a éstos, *madroño* *maturoniu debe venir del gall. o del
port. *madroño, medronho.*—Para formas arcaicas correspondientes a este
párrafo, *vergoina, Boiso, Partituero* año 978, luego *Partiduero,* Froila
Fruela, etc., v. *Orígenes del español,* pág. 177.

(2) Para cuppa véase MEYER LÜBKE. *Introducción,* trad. por A. Castro, 2.ª ed., § 158.

hallamos sólo cinco **inacentuadas:** *a, e, i, o, u,* pues fuera del énfasis del acento, la ę y la ẹ se confundieron, así como la ǫ y la ọ; y siendo **finales** se redujeron sólo a tres: *a, e, o* (v. el cuadro del § 8).

Aun es más: fuera del acento, las mismas dos vocales tan diversas palatales, *e, i,* o las dos velares *o, u,* no difieren entre sí tanto como cuando van acentuadas. Esto permitía, aun el siglo xvi, vacilaciones en el lenguaje literario, que no eran posibles respecto de las vocales acentuadas; así estaban admitidas en el habla culta *vanedad, envernar, escrebir, abondar, roido, rofián, cobrir,* si bien las formas actuales ya prevalecían en personas de mejor gusto, como, por ejemplo, Juan de Valdés, que desecha las varie-dades apuntadas. Es decir, en el siglo xvi la lengua literaria no estaba aún fijada respecto a la vocal protónica, cuando respecto a la vocal acentuada se había fijado desde la segunda mitad del siglo xii.

La vocal *a* es tan resistente que, aun inacentuada, se conserva en todas las partes de la palabra en que se halla (v. §§ 17, 23, 26 y 27; pero véase, no obstante, §§ 22 y 25).

La suerte de las otras vocales átonas está determinada por la resultante de dos condiciones: primera, su colocación respecto del acento; segunda, su colocación en el comienzo, medio o fin de la palabra. La posición inicial es la más firme, la que da más resistencia a las vocales, la que más las asemeja a la acentuada; sigue luego la final; la vocal menos resistente es la medial, que se pierde frecuentemente, lo cual se explica bien por su cualidad de relajada que hemos señalado en el § 5₃. Estudiaremos, pues, aparte la vocal inicial de la palabra, la protónica interna, la postónica interna y la final.

VOCAL INICIAL

17. $\bar{A}\cdot\breve{A}$ DEL LATÍN CLÁSICO, *A* DEL VULGAR.—1] Se conserva generalmente: *ānnŭcŭlu (derivado de annus) *añojo,* ănte-natu *alnado,* ănte-ŏcŭlu *antojo,* pānāria *panera,* căpĭstru *cabestro,* băllista *ballesta,* *pānneŏlu (diminutivo del adjetivo sustantivado panneu, en vez de el del sustantivo, que era pānnŭlus) *pañuelo.*

2] Como la *A* tónica, la inicial se hace **e** mezclada con una *i* atraida de la sílaba siguiente: basiare *baisare *besar;* variŏla, § 6$_2$, *vairola, ant. *veruela,* mod. *viruela;* mansione, § 47$_2$, maisone *mesón* (1); mansionata *mesnada,* maj(o)rinu *merino.* La *i* que se mezcla con la *a* puede proceder de una velar agrupada: lactuca *lechuga,* jactare *echar,* maxilla *mejilla,* *taxone. *tejón* (2).

3] La *A* inicial se puede mezclar con *u,* como la tónica. y convertirse en **o**: habuimos, ant. *hobimos,* mod. *hubimos;* altariu *otero* (comp. § 9$_3$).

4] Pero como nunca es tan fija la evolución de las vocales átonas, aun siendo iniciales, la *A* se cambia en **e** en otros varios casos, además de los comunes con la posición tónica (comp. § 18$_3$). Así abscondere, ant. *asconder,* moderno *esconder;* a(u)scultare (§ 66$_3$), ant. *ascuchar,* moderno *escuchar;* en estas palabras, que en varios romances llevan **e**- inicial, debió influir la confusión con el prefijo ex-,

---

(1) Los galicismos antiguos conservan el *ai* francés: arag. ant. y Berceo *maisón* (véase *Orígenes del español,* § 12$_1$); cast. *faisán, paisaje.*

(2) Son cultas voces, como *jactarse, maxilar, taxativo,* etc., y aun lo son algunas que perdieron la *c,* como *tratar,* de tractare, cuyo derivado popular es *trechar,* usado en algunas provincias en el sentido de prensar y secar los pescados, o *trecheo,* en el sentido de acarreo.

§ 85₂. El nombre de la planta olorosa anēthum salió, en romance, de su diminutivo *anēthŭlu* *aneldo* (voz semiculta, § 57₃, n.) y por asimilación, *eneldo;* por el contrario, hay disimilación en farrăgine *herrén*, port. *ferră*, sardo *ferraina*, etc. La **r** influye también (comp. § 23) en *rencor*, *renacuajo*, *rebaño*, preferidos por Valdés a las formas etimológicas con *a*, y hay *i* en *rincón* en vez de los anticuados *rancon*, *rencon* (germ. ranc 'torcido'). De latus se derivó adlataneus «cosa que está al lado de otra», y de ahí el anticuado *aladaño*, mod. *aledaño*, por disimilación.

18. Ĕ Æ Ē. Ĭ DEL LATÍN CLÁSICO SE CONFUNDEN EN *E* VULGAR Y ROMANCE.— 1] Ejemplos: lĕgumen, § 77₁c, *legumbre*, sĕniore *señor*, praecone *pregón*, saeculare *seglar* (voz semiculta), mēnsurare *mesurar*, sēcuru *seguro*, plĭcar *llegar*, pĭscare *pescar* (1).

2] Se reduce la *E* inicial a **i** por influencia de una yod siguiente (comp. § 11₂): unas veces la yod está en la palabra latina y después desapareció: rēnĭōne (por ren) *riñón;* otras veces la yod se desarrolló solamente en romance por efecto de una diptongación; v. gr.: gĕnĕsta *hiniesta*, fĕnĕstra, ant *finiestra*, *siniestro*, § 71, caementu *cimiento*, *tinieblas*, § 6₁, sēmĕnte *simiente*, fĕrvente *hirviente*, prehensione *prisión* (2). Nótese en la conjugación mētia-

(1) En voces cultas la *i* breve se pronuncia como *i:* vigiliam *vigilia*, dictatum *dictado* (pop. *dechado)*, minutum *minuto* (popular *menudo)*, tributum *tributo* (pop. *treudo* o el ant. *trebudo)*, vigorem *vigor*, vitiare *viciar* (pop. *avezar)*, *historia* (ant. *estoria), inclinar*, etc.

(2) La inflexión de *e* por yod de la sílaba acentuada se opera de igual modo tardíamente sobre voces cultas; en los siglos xv y xvi se decía *lición lección*, *perfición complisión* por *complexión*, *quistión* por *cuestión*, etcétera, formas de las cuales subsisten hoy varias, como *afición* junto a *afección; lisiar lisiado*, de *lisión* por *lesión*.

mus *midamos*, frente a mētimus *medimos, sintieron, sintiese, sintiera*, frente a *sentir, sentimos, sentiría* (§§ 105$_2$ y 114$_{1 a}$ y $_2$).—Igual influencia que la de yod debe reconocerse a la *w* (comp. § 11$_2$), en vista de aequalem *igual* (anticuado *egual*), Segŏntia *Sigüenza*, *mĭnuare, § 109, anticuado *minguar, veruela > viruela*, § 17$_2$; -ĭfĭcare, -iv(i)gare, -iwgar -*iguar, apaciguar*, § 127. En cĕrĕŏla (cereola pruna, según Columela) *ciruela*, la *i* habrá de explicarse por la yod latina, aunque también, acaso dialectalmente, pudiera explicarse por la ü romance, en vista de la forma *ceruela*, usada por el Arcipreste de Talavera en su Corbacho, 1438, y por otros.

3] El carácter más incoloro de la vocal átona se muestra bien en el cambio de la *E* inicial en **a**, cosa inaudita respecto de la tónica. Por asimilación a la vocal siguiente se explican bĭlance *balanza*, sĭlvaticu *salvaje*, aeramen *alambre*, vĕrvactu *barbecho*, vĕrr(es) + accu *verraco* y *varraco*, vĕrbascu *verbasco* y *varbasco*, los cuatro primeros tienen *a* inicial en varios romances y remontan al latín vulgar. Además, verrere *barrer*, versura (de verrere 'barrer') *basura*, ervilia *arveja*, circellu *cercillo* y *zarcillo*, *rastrojo* (§ 68), resecare *rasgar*, igual en portugués; pero port. pop. y ast. *resgar*. Nótese que la mayoría de estos casos sufren el cambio por la influencia de una *r* vecina (comp. § 17$_4$ y fr. *marche, farouche*, etc., port. *barbeito, vassoira*, port. pop. *sarrar, amaricano*).

4] Otro cambio extraño a la tónica sufre la *E* inicial convirtiéndose en **o** por causas mal conocidas: *aerĭgine (por aerūgine, § 71) *orín* obedece acaso a analogía semántica (§ 68) entre «orín» y «orina» (1); antiguamente se

---

(1) Esto supone M. DE UNAMUNO *(Homenaje a Menéndez Pidal*, II,

llamaba *Siete Molinos* al pueblo que hoy se dice *Somolinos*
(Guadalajara), y aquí es evidente el influjo del prefijo *so* <
sub, frecuente en toponimia; de mixtencu (de mixta *mesta*
'reunión o mistión de ganaderos') salió el ant. *mestengo,*
mestenco y luego *mostrenco* 'cosa perteneciente a la mesta de
los ganaderos' y 'cosa poseída en común, o que no tiene
dueño conocido', y como para este caso se puede buscar
una explicación extraña a la fonética, § 69$_3$, también para
los otros. Una razón fonética se puede sospechar en episcopu *obispo*, donde la labial *b* pudo labializar la *e*, pero no
hay otros casos semejantes.

19. *I* DEL LATÍN CLÁSICO, *I* DEL VULGAR; SE CONSERVA i
EN ROMANCE.—Como cuando tónica: limitare *lindar*, riparia *ribera*, civitate *ciudad*, hibernu *ivierno*.

20. *Ŏ, Ō Ŭ* DEL LATÍN CLÁSICO, *Ǫ* DEL VULGAR Y EL
DIPTONGO *AU*, SE CONFUNDEN EN **o** ROMANCE.—1] Cŏrtĭcea
corteza, *cŏriamen (derivado de corium) *corambre*, *dŏ-
mĭniare (por dominare) *domeñar*, nōminare *nombrar*,
fōrmaceu *hormazo*, sŭperbia *soberbia*, sŭspecta *sospe-
cha* (1), pausare *posar*, *aurundu (2) *orondo*, auricula
oreja, *rav(i)danu (de ravidus 'gris') *raudanu, antiguo *rodano*, mod. *roano* (3).

1925, pág. 58), y yo apoyaré su opinión recordando «el lanzón en cuyo
hierro se han *orinado* los meses», del romance de Góngora «Ensíllenme
el asno rucio». Pero ¿no pudo igualmente influir *hollín?*

(1) Las voces cultas conservan siempre la *U* breve como *u:* lucrare
lucrar (pop. *lograr*), duplicare *duplicar* (pop. *doblegar*), etc.

(2) El sentido de *aurundu es 'hinchado por el viento o por la
vanidad', derivado de aura 'viento, presunción'; véase *Romania*, XXIX,
p. 361, y la p. 367 para *roano*.

(3) Las voces cultas conservan el *AU:* audaz, aumento, aurífero,
tauromaquia, cáución, etc.

2] La reducción de la *O* inicial a **u** es más frecuente que la de *e* a *i* y en condiciones menos claras; sin duda a causa de la yod siguiente en cŏgnatu *cuñado,* tŏrcŭlare *trujal* y el verbo *estrujar,* cŏchleare *cuchara,* tōnsione *tusón,* cŏriandru *culantro,* dormiamus *durmamos* (frente a dormimus *dormimos*), muráis (frente a *morís*) *pudráis* (frente a *podrís*) § 114₁ᵦ y ₂; igual influjo de la yod hay que reconocer en mŭliĕre, § 6₂, *mujer,* aunque la yod 2.ª no inflexiona la ǫ acentuada, § 14₂ᵦ. En el caso de UL^cons hay vacilación, como en el § 14₂ᵤ: *cuchillo,* impulsione *empujón,* pero *cocedra,* véase § 47₂ᵤ. Por una yod o *w* romance: lŏcellum *luciello, lucillo;* cŏlŏbra (§ 13₂) *culuebra, culebra.* Probablemente será la labial agrupada causa de la cerrazón de *o* en dŭbĭtāre ant. *dubdar,* de donde pásó a las formas acentuadas en la inicial, *duda,* leonés ant. *dolda.* Mas hay una porción de casos que no parecen obedecer sino a la mayor indecisión de la vocal inacentuada: pollĭcare *pulgar* (vulgar *polgar*), lŏcale *lugar* (ant. *logal*), jŏcare *jugar* (ant. *jogar*), rŭgītu *ruido* (ant. *roido*), vŭlpēcula *vulpeja, gulpeja* y *volpeja.*

3] Lo mismo que la *e* inicial, *O* se puede cambiar en **a**, ayudando oscuras asimilaciones o disimilaciones a cierta preferencia otorgada a la *a* inicial como vocal más clara: nŏvacula *navaja,* *lŭmbrīcŭla (de lumbricum) *lambrija,* cŏlostru *calostro;* sŭb- *sahumar, zabullir, zahondar,* § 126₂; Pompelone, ant. *Pomplona,* mod. *Pamplona.*

4] Se puede también cambiar la *O* en **e** (comp. § 18₁), en general, por disimilación de otra *o* acentuada (§ 66₁): rotondu *redondo* (los demás romances también suponen *re-,* y ya en latín vulgar se documenta retundu), formosu *hermoso,* *postauriculu *pestorejo,* hōrŏlŏgiu *reloj* (préstamo del prov. catal. *relotge*). Para *escuro* véase § 39₃.

21. Ū DEL LATÍN CLÁSICO, *U* DEL VULGAR; SE CONSERVA u EN ROMANCE.—Ejemplos: dūrĭtia *dureza*, scūtella *escudilla* (§ 72), sūdare *sudar,* cūrare *curar.*

22. PÉRDIDA DE LA VOCAL INICIAL.—Aunque la vocal inicial es la más resistente de las átonas, alguna vez sucede que se pierde: abrotonu *abrótano* y *brótano,* acceptorariu (de aceptor *aztor, azor*), *acetrero* y *cetrero;* apotheca ant. *abdega,* mod. *bodega;* ĕleemosyna o *alemosina, ant. *almosna,* mod. *limosna;* ĕpithema *bizma,* los semicultos *Mérida* y *Millán* (§ 3₄) y el tardío *reloj.*

VOCAL PROTÓNICA INTERNA

23. LA VOCAL *A* SE CONSERVA SIEMPRE. — Paradisu *paraíso,* *rheumatĭcĭu *romadizo,* calamĕllu *caramillo,* canna-ferula *cañaherla.* A no ser en voces exóticas, las excepciones son muy raras: *comprar* no deriva del clásico comparare, sino de comperare (ital. *comperare*), forma del latín vulgar que se halla en las inscripciones junto a otros casos que ofrecen el mismo cambio de *a* en *e* ante *r,* como incomperabilis, seperat (fr. *sevrer*), Caeseris. Una disimilación explica *aledaño,* § 17₄. La *a* pudo perderse posteriormente: *cinquaenta* > *cincuenta,* § 89₃.

24. LAS OTRAS VOCALES DESAPARECEN POR EFECTO DE SU CARÁCTER RELAJADO, § 5₄.—1] Ya en latín vulgar se perdía la protónica después de *r:* *cerbellaria (por cerebellare) *cervillera,* vergundia (por verēcundia) *vergüenza,* virdiariu (por viridiariu) fr. prov. *vergier* > esp. *vergel;* y esta pérdida es también muy antigua en varios casos después de *s* y de *l*: *costura, costumbre, asestar, rascar, soltero,* § 54₁ pero más tardía en *vecindad, bondad* y otros casos del § 55₁. En romance se generalizó la pérdida de la protónica a todas las palabras entre cualesquiera consonantes: pipĕrata *pebrada,* itĕrare *edrar,* catēnatu *candado,* antenatu *alnado* (es semiculto *entenado*), solĭdata *soldada,* decĭmare *dezmar,* septimana, ant. *sedmana,* mod. *semana;* comĭtatu *condado,* *tempŏranu (por temporaneum) *temprano,* honŏrare *honrar* (1).—La pérdida de la vocal es anterior a la monoptongación de *ai > e,* como se ve en maj(o)rinu *mairino, meirino, merino,* tres formas conviventes en el siglo XI (2).

2] En el caso en que haya dos protónicas internas se pierde la más próxima al acento: vicīnĭtate *vecindad,* ingĕnĕrare *engendrar,* recŭpĕrare *recobrar,* communicare *comulgar,* *disrēnĭcare (de renes) *derrengar,* *at-testifĭcare (por testificari) *atestiguar,* *pellĭcĭcare (de pellis) *pellizcar,* *cum-ĭnĭtiare *comenzar* (3). La razón es que, además del acento principal de una palabra, hay uno secundario que hiere las sílabas pares a partir de la tónica humìlitáte, y la sílaba que se halla entre los dos acentos se pierde: *humildad.* Como vocablo culto pasó

---

(1) Las voces cultas conservan la protónica: colorare *colorar* (comp., sin embargo, el punto 3) (pop. *corlar*), luminaria *luminaria* (pop. *lumbrera*), collocare *colocar* (pop. *colgar*), literato (popular *letrado*), pectoral (pop. *petral*), secular (semiculto *seglar*), roborar (pop. *robrar* y *roblar*), laborar (pop. *labrar*), temperar (pop. *templar*), limitar (pop. *lindar*), masticar (pop. *mascar*), vindicar (popular *vengar*), adjudicar (pop. *juzgar*), menester (pop. anticuado *mester.*).

(2) Véase *Orígenes del español,* § 14₅.

(3) Las voces cultas conservan la doble protónica: *episcopal, fidelidad* (pop. ant. *fieldad*), *comunidad, recuperar,* etc.

sìngulàritáte intacto al castellano: *singularidad;* pero como popular perdió las vocales entre acentos, en el ant. *señalad,* ast. *señardá,* mirandés *señerdade* 'pena de soledad o añoranza'. Naturalmente, la *a* se conservará, según el § 23: Segìsamóne *Sisamón* (Zaragoza), *Sasamón* (Burgos).

3] La protónica interna se conserva a veces cuando en otras formas del mismo vocablo tiene distinta posición respecto del acento; así dolōrosu se dijo *doloroso* y no *dorloso,* porque se tuvo presente a *dolor,* en que la segunda *o* va acentuada y por lo tanto se conserva; y hospĭtatu se dijo *hospedado* y no *hosdado,* recordando a *huésped,* en que también se conserva la *e;* en igual caso están *coronado* (ant. *cornado,* moneda), *saludador,* etc. En *pedregoso* pĕtrĭcōsu se conserva la ĭ = ę, aunque no se halle en el simple *piedra,* para mantener el grupo *dr* y la semejanza de ambas palabras, que a no ser eso se hubiera dicho *pergoso.* En Barbariana la *a* ante *r* se hizo *e,* § 23, y resultó el moderno *Berberana,* que conserva su *e* por influencia de la forma con *a* que sin duda coexistió con la actual, o simplemente por ser voz semiculta como nombre de lugar. También se conserva la protónica por pérdida de una consonante sonora intervocálica, §§ 41 y 43: co(g)itare *cuidar,* fumi(g)are *humear.*

VOCAL POSTÓNICA INTERNA

25. La postónica interna desaparece en general, debido a ser vocal relajada, § 54.—1] Ya los autores clásicos latinos decían caldus junto a calĭdus *caldo,* y Plauto usa domnus, abundante en las inscripciones, por dominus *dueño.* El latín vulgar perdía la postónica tras l: sol(i)du *sueldo,* κόλαφος colpus *golpar, golpe,* polypu *pulpo,* cal(a)mus, *vuelto, suelto, falta,* § 122₂; tras r: ĕr(ĕ)mu *yermo,* vir(ĭ)de *verde,* virdia (§ 53₃), lardu *lardo;* tras s: postu, *vistu (§ 122₂), *quassico *casco;* en cl en vez del clásico cŭl, censurándose en el Appendix Probi speclum, articlus, masclus, oclus, oricla, veclus (§ 57₂ y ₃); en bŭl > bl, censurado por el Appendix Probi: «tabula non tabla, tribula non tribla». Los romances, siguiendo esta tendencia, perdieron la vocal en otros casos también tras *l* o *r: pulga,* ital. *pulce; sorze,* italiano *sorce; salze* , ital. *salcio* (§ 55₁).

2] En este primer grado de síncopa se quedan algunas regiones romances: la Rumania, Retia Oriental y la mayor parte de Italia, que conservan, en general, la acentuación dactílica – ᴗ ᴗ, mientras las otras, Emilia, Retia Occidental, Galia y España, buscan la acentuación trocaica – ᴗ, y generalizan la pérdida de la postónica (salvo la *a*) entre cualesquiera consonantes (1); tras n: *manga* (§ 55₁), *cendra, yerno, alma* (§ 59₄ y ₅); tras m: *senda, conde, andas* (§ 55₁), *hembra, hombro* (§ 59); tras f: *breva* (§ 56₃), *orebze* (§ 55₁); tras ĉ (§ 34₂); *sidra* (§ 56₃), *rezno* (§ 58); tras t: *serondo, rienda* (§ 58), *portazgo, trigo* (§ 60₃), *letra* (§ 56₄); tras d: *yedra* (§ 56₂), *doce* (§ 60₃); tras p o b: *liebre, pebre* (§ 56₁),

---

(1) El español pareció a algunos agruparse con el italiano en cuanto a la acentuación dactílica (BRACHET, en el *Jahrbuch für rom. und. engl. Sprache,* VII, 301); pero los tan abundantes esdrújulos del español son en general cultismos, como *físico, médico, clérigo, trípode, víspera, áncora* (pop. *ancla), ánima* (pop. *alma), décimo* (pop. *diezmo), famélico* (popular *jamelgo), pólipo* (pop, *pulpo), ínsula* (pop. *isla), rápido* (popular *raudo).

cachas, pueblo, trillo (§ 57_1), *codo, laude* (§ 60_1); tras **grupos** de consonantes (§ 61).

26. CASOS EN QUE SE CONSERVA. LA POSTÓNICA. —1] La *A,* que se perdía en latín vulgar (colpus, calmus, § 25_1), dejó de perderse en romance, como excepción a la regla del § 25_2: orphănu *huérfano,* sabăna *sábana,* raphănu *rábano,* tympănu *témpano,* anăte *ánade,* asparăgu *espárrago,* örgănu leon. *uérgano.*—El Appendix Probi advierte «amўgdăla, non amiddula», y de esta forma condenada, que ofrece asimilación al sufijo latino -ŭlu, viene *almendra* (§§ 68 y 85_3), cuya postónica se ve, por el port. *amendoa,* que no es *a;* también dice el Appendix «cĭtăra, non citera», y de esta forma (que se explica por ar > er, § 23) viene el antiguo *cedra.* En los nombres sin duda célticos Ŭxăma, Ledĭsăma, el sufijo se asimiló al latino -ĭmus, hallándose en la edad media escrito Oxima (aunque más comunmente Oxoma) y de ahí *Osma* (Soria, Alava, Vizcaya), *Ledesma* (Salamanca).—Al contrario, hay casos con *a* postónica que en latín clásico tenían otra vocal. El Appendix Probi dice «passer, non passar», y de esta forma condenada viene *pájaro;* lo mismo *cuévano* (ital. *cofano);* pampĭnu *pampanu *pámpano* (igual ital., port.). Esta abertura de la *e* en *a* es posterior a la asibilación de *ce,* como lo indica *cicĕru *chícharo,* § 42_3, ya que la pérdida de la postónica es fenómeno bastante posterior a dicha asibilación.

2] Se conserva la *I* postónica en romance cuando se pierde la consonante oclusiva sonora (comp. § 24_3, al final): *tibio, limpio, sucio, turbio, lacio, lucio, rucio, lidia* (§ 41_2 y 3). Alguna vez la oclusiva sonora se mantuvo hasta la época de la síncopa, como en rapidu *raudo,* lapide *laude.*

3] Fuera de los dos casos anteriores, las otras excepciones se dan (aparte las voces cultas) en voces semicultas: *águila, Ontígola, Córdoba,* § 3₄, trĭpĕde *trébede* (pop. dialectal *treude, estreudes),* vĭpĕra *víbora, lóbrego,* *mŏvĭtu (por mōtus) *muévedo,* pero *mŏvĭta ant *muebda.* Una presión culta mantuvo la vocal protónica hasta la fecha tardía de la pérdida de la vocal final en calĭce *cáliz, apóstol, ángel,* § 29₂; ordĭne *orden,* jŭvĕne *joven,* margĭne *margen,* arbŏre *árbol,* hŏspĭte *huésped,* cespĭte *césped,* circĭnu *cercen.* Juzgando fatales y mecánicas las leyes articulatorias, sin tener en cuenta los sincretismos que cada una admite, se ha pretendido buscar razones puramente fonéticas para la conservación de alguna de estas vocales postónicas; se alegó, por ejemplo, la dificultad de articular el grupo triconsonántico resultante en hosp(i)te o cesp(ĭ)te, pero tal dificultad fué resuelta fácilmente en *hostal* y en infinitos otros casos que ofrecen los grupos secundarios de consonantes, § 54₁. Además del cultismo puede intervenir alguna otra razón no fonética: en hŏspĭte el derivado tradicional sería **hueste,* cuya homonimia con el derivado de hŏstis le condenaba a perecer.

VOCAL FINAL.

27. *A* LATINA SE CONSERVA.—Arma *arma,* dubitas *dudas,* cantant *cantan,* amat *ama.* Una importante excepción de la lengua del siglo XIII es la reducción de la -*a* en hiato a -*e,* en el imperfecto -*ie* (§ 117₂), en el posesivo femenino *mie, tue, sue* (§ 96), y más raramente en el numeral *dues* (§ 89₁); en los tres casos la *a* se cierra por asimilación a la *i* o a la *u* precedente (1). De estos tres casos, sólo el segundo se perpetuó con apócope de la -*e* en el uso proclítico de los posesivos *mi, tu, su*. También en proclisis se pierde la *a* en las frases anticuadas *cas de* (hoy vulgar *en ca'e fulano*) y *a guis de*.

28. Ĕ, Ē Ĭ, Ī LATINAS.—1] Si en la posición átona inicial hallamos confundidas la ę y la e acentuadas, ahora en la final hallamos que también la ī se confundió en el sonido de e. El carácter relajado que tiene la vocal final, § 5₄, explica el que tres sonidos diferentes en la sílaba tónica, dos en la átona general, se reducen a uno solo en la final; es decir, todas las vocales de la serie anterior se reducen a una sola, *e;* patre *padre,* d(e)undĕ *donde,* legĭt *lee,* Jovĭs *jueves,* fecī *hice,* venī *vine,* dixī *dije,* illīs *les* (2).—Dialectalmente se halla -*i* en vez de -*e;* así en Berceo *torri, tardi, elli* él, *esti,* imperativo *meti, tuelli,* perfecto *pudi, quisisti.* Esta -*i* se halla hoy en leonés, a saber, en parte de Asturias, Santander, Sayago y Salamanca.

2] La -*E* se hace -*i* cuando queda en hiato con la vocal tónica: re(g)e *rey,* grege *grey,* lege *ley,* ho(dj)e *hoy;* bŏ(v)e *buey,* § 43₂ (ya los mozárabes andaluces usaban el derivado.*boyata,* hoy *boyada);* las formas leonesas antiguas *ree, lee, oe, buee,* conservan la etapa primitiva, a la que sucedió la semivocalización de la -*e* final en hiato, cosa que

---

(1) En mirandés, además de estos tres casos, se generaliza la regla y se dice *tie* θɐia, *frie* frigida, *die* *dia; en leon. *dié* sustantivo (§ 117₂), y *dié* subjuntivo, *estié,* por *dia, estia* (§ 116₄).

(2) Son cultas las voces que tienen -*i* final: *metrópoli, Corpuscristi, palmacristi, diocesi* y *diocesis, crisi* y *crisis, análisis, síntesis, génesis, raquis, pelvis, bronquitis, áspid.*

ocurre tardíamente, aun cuando la pérdida de la consonante
origen del hiato sea reciente: amatis, ant. *amades*, mod.
amáis, cogéis, § 107₁ (1). En la pronunciación rápida inter-
jectiva se pierde la -*e* final en apăge te *ábate!*

3] La *E* final se pierde siempre tras *T, D, N, L, R, S,
C* (2); esta pérdida es muy tardía, posterior a la pérdida de
la vocal postónica interna (fenómeno ya tardío, § 54₁)
nom(i)ne *nombre,* sal(i)ce *sauce,* pect(i)ne. *peine,* etcétera. La pérdida de -*e* no estaba aún generalizada en el
siglo x. En la lengua antigua se perdía -*e* tras otras muchas
consonantes (3); véase § 63.

29. *Ŏ, Ō Ŭ, Ū* LATINAS.—1] Los tres sonidos diferen-

---

(1)   Véase R. Menéndez Pidal, *Cantar de mio Cid,* I, 1908, pág. 158,
nota 2, y 161-162. La opinión de F. Hanssen, *Gram. Histórica,* 1913, § 67,
seguida por muchos, supone reg(e) hodi(e), no teniendo en cuenta que
la pérdida de la *g* junto a vocal palatal es fenómeno mucho más antiguo
que la pérdida de la -*e* final, muy tardía, sobre todo en español. Hanssen
no halla fácil explicación ni para *buey* ni para el bisilabismo antiguo de
rey grey y *ley.*

(2)   En voces cultas se conserva la -*e: sede, sacerdote, ónice, clemátide,
lene* (popular *len) paraselene, rene,* etc. En los siglos xv-xvii se decía
felice, infelice, falace, fénice, voces cultas; y *coce, miesse,* etc., § 63₈, voces
tradicionales.

(3)   Para las vocales y consonantes finales véase C. Joret, *Loi des finales en espagnol* (en *Romania,* I, pág. 444), y para las vocales, E. Porebo-
wicz, *Revision de la loi des voyelles finales en espagnol,* París, 1897,
quien sienta que la apócope depende del acento y no se verifica en los
proparoxítonos. Impiden seguir la opinión del Sr. Porębowicz, los casos
de apócope en proparoxítonos originarios como *saz* salice, *caz* calice,
ant. *cuend* comite, *doz* duodecim, *ynoj* genuculu, alav. *alún* alu-
mine, ast. *on* homine (sin contar *cáliz, huésped,* § 26₃), y la falta de
apócope en paroxítonos como *miesse, pece, coce,* § 63₂ y ₃; la apócope sólo
depende de la naturaleza de la consonante precedente, y por eso la trata-
mos al hablar de las consonantes finales.

tes de la sílaba tónica ǫ, ọ y **u** se confunden en la átona en
dos, *o* y *u*, según vimos en los §§ 20 y 21; ahora en la
sílaba final no aparece sino uno solo, *o* (1): cĭtŏ *cedo*, lĕgŏ
leo; quandō *cuando;* tempŭs *tiempo,* vinŭ *vino;* sensūs
(acusat. plur.) *sesos,* lacūs *lagos,* fructūs *frutos.*—Dialectalmente, en vez de -*o* se halla -*u* en leonés (Santander,
Asturias y Occidente de León, Zamora y Salamanca). En
Aragón, y en el habla vulgar de otras regiones, la -*o* en
hiato con la tónica se hace -*u; lau* lado, *perdíu* perdido.

2] Rara vez la -*O* final se trueca en **e**, o cuando le preceden las consonantes dichas en el § 63₁, se pierde: — *a)* En
voces de uso proclítico, como los adjetivos *primer, san*
(§ 78₁), los adverbios *según* (§ 63₂ₐ), *muy* (§ 47₂), el título
don domnu, y sin duda por igual razón *apóstol* y *ángel;*
además el sustantivo *menester,* ant. *mester* (m. es, m. ha); la
preposición *cabe* frente al sustantivo *cabo* caput; la frase
adverbial *a fuer de,* y el auxiliar *he* por *heo* (§ 116₂). En la
lengua antigua el nombre de persona se apocopaba ante el
apellido: *Fernán* González, *Ruy* Díaz, *Bernald* del Carpio,
Día Sánchez; pero sin apellido era siempre *Diago, Bernaldo,*
etc.; alguno quedó en su forma apocopada, como *Martín,*
ant. *Martino, Lope,* ant. *Lopo.* —*b)* Por confusión de formas:
el posesivo *mi* en vez de *mío* debe explicarse, más bien que
como caso de proclisis, como un femenino puesto en vez
de un masculino, pues *tu* por *to* no se explica por proclisis
(§ 96). Por confusión de sufijo se explican *avestruz, solaz,
capellán,* § 83₄. Para *libre,* véase § 78₁. Para *otri, nadi,* § 102₃.
Para Yo futuro subjuntivo -*re,* § 118₅. Para dormiunt

---

(1) La *u* sólo aparece en voces cultas: *tribu, espíritu, ímpetu, ángelus,
Nicodemus, virus, Venus.*

duermen, § 115$_1$. Para los postverbales *toque, coste,* véase
§ 83$_5$, donde se advierte que su *-e* no se apocopa, diciéndose *cruce, cale, envase.* —*c)* El extranjerismo es causa
abundante de *-o* final originaria reducida a *-e* o perdida:
sŏnu francés *son,* esp. *son* en vez del ant. *sueno; monje,
timbre, cofre, estoque*, *Enrique, Felipe, bajel, cordel;* -aticu
-aje; -ariu -*er,* -*el,* § 84$_1$. —*d)* Otras voces son menos claras:
dōnu *don,* que aparece ya en el Poema del Cid, pudiera ser
préstamo del prov. *don,* pero mejor se explica como postverbal, a pesar de su apócope, § 83$_5$; *golpe* se tiene por
provenzalismo, pero antiguamente había también *golpo,*
como se ve en el Libro de Alexandre, y debe ser un postverbal de *golpar* *colpare de cŏl(ă)phus; betūlu *abedul,* no es creíble venga del catalán *bedoll,* hallándose en
toponimia *Abedul* (Oviedo), *Vidul* (Lugo), y probablemente
supondrá una base *betule, al lado de *betulu y betu-
la. El hecho es que el idioma, en muchos casos, vaciló en
la terminación, usando concurrentemente *rebato rebate, costo
coste,* § 83$_5$; *espinazo espinaz, galano galán,* § 83$_4$; *Martino
Martín* (recién mencionados), *Poncio Ponce, Sixto Sixte,*
§ 74$_5$; esta vacilación pudo originar cierta tendencia a sus-
tituir la *-o* por *-e,* de donde dŏmitu *duende* (adj. *duendo),
zafir* (junto a *zafiro), molde, tilde, rolde* (pero *cabildo), tré-
bole* y *trébol,* ants. *pleite, púlpite, cabel* (por *cabello),* etc.

VOCALES EN HIATO

30. HIATO DE ORIGEN LATINO.— 1] Pocas veces se conserva el hiato contando las dos vocales por dos sílabas:
leone *león, criar.*

2] Predomina la tendencia a destruir el hiato: —*a*) Agrupando las dos vocales en una sola sílaba: equa *yegua* (otros ejemplos en los §§ 52$_1$ y 53$_1$), Joanne *Juan*, plĕtate *piedad* (en el siglo XIII aun se pronunciaba *pi-edad*), cereu *cirio*, etc., § 11$_2$; cŏāgulu *cuajo*. —*b*) Atrayéndose una de las vocales a la sílaba anterior: basiu, baisu *beso*, habui *hube*, etc., § 9$_2$ y $_3$; muria *sal-muera*, etc., § 14$_3$; *viruela*, etc., § 17$_2$; Libia *Leiba* (en Logroño). —*c*) Perdiéndose una de las dos vocales, como ya en latín vulgar parete, quetus, § 10$_2$; qu(i)a > ant. *ca* 'pues', d(u)odecim *doce*, mort(u)u *muerto* (1), corīācea *coraza*, corīandru *culantro*, *corīāmine (derivado de corium) *corambre*, ostrea *ostra*, Valeria *Valera* la Vieja (al sur de Cuenca). En los casos citados en el § 6$_2$, la vocal, ora se pierde, ora influye en la consonante precedente, v. § 53 inic. —*d*) Este caso de supresión del hiato por combinarse una de las vocales con la consonante próxima: di-ŭrnale djor-nale *jornal*, diurnata *jornada*, diaria leon. *jera* 'huebra', se estudiará al hablar de las consonantes (§ 53$_3$ a $_7$).

31. Hiato de origfn romance.—Se dan los dos mismos casos:

1] El más raro es el de la conservación de las dos sílabas: legére, credére (§ 110) *leer*, *creer*, audire *oír*, ligare *liar*, crudel *cruel*.

2] Lo corriente es que las dos vocales se reduzcan a una sola sílaba: —*a*) Si son **vocales iguales** se funden en una sola ya a partir de los siglos XIII y XIV; la fecha depende del

---

(1) Las voces cultas conservan más las vocales latinas, si bien pronunciadas como diptongo: *perpetuo, continuo* (junto a *contino*), *inicuo* (ant. *inico*), *espiritual* (ant. *espiritual*).

mayor o menor uso que desgasta las palabras; así v i d e r e
hacía antiguamente *veer,* pero ya al fin de la Edad Media se
decía *ver,* mientras el menos usado *proveer* conserva hasta
hoy mismo su hiato, a pesar de que la Academia adoptó
prover. El ya mencionado verbo *leer* conserva firmemente
su hiato, como más culto que *ver.* En el siglo xiii se decía
todavía s e d e r e *seeŕ,* y se empezaba a decir *ser;* de *i m p e-
d ēs c ĕ r e (incoativo de impedire) se decía *empeecer,* y se
empezaba a decir *empecer;* de p e d e s se decía *piees,* y también *pies.* Para *rey, grey, ley* véase § 28$_2$. —*b)* Más tardía es
la reducción de **vocales desiguales** a una sola sílaba. Aún
en el siglo xvi se pronunciaban *Guadi-ana, Santi-ago,* § 74$_5$,
en cuatro sílabas, y *ju-icio* j u d i c i u en tres, aún en tiempo
de Lope de Vega; *ruido* es trisílabo en Fray Luis de León,
pero hoy es bisílabo; r e g a l e se dijo entonces *re-al,* y hoy
predomina *real,* monosílabo; si bien el.menos usado l e g a l e
se pronuncia hoy todavía corrientemente *le-al* (1). A veces
la formación del diptongo exige dislocación del acento etimológico: *réina, tréinta, Diós* (v. § 6$_2$). —*c)* La tendencia al
diptongo con dislocación de acento, aunque más propia de
la pronunciación rápida descuidada, entra en la lengua poética a veces, por razones métricas; en la Edad Media eran
buenos heptasílabos «es erejia llamada», «Cristo los quiso
guiar», del poema de Fernán González, y en el renacimiento,

---

(1) En el habla vulgar, lo mismo en Asturias que en Andalucía, en
Méjico o Buenos Aires, la tendencia a formar diptongos con vocales en
hiato es más general que en la lengua literaria, y se dice *pior* (por *peor),*
tiatro (por *teatro), train, cain* (por *traen, caen), golpiar* (por *golpear).*
Se avanza más, suprimiendo una de las dos vocales; en Asturias, Aragón y
Andalucía, por *real* se dice *rial* y *ral,* etc.

por influencia italiana (1), Garcilaso medía endecasílabos como «nunca entre sí los veo sino reñidos», y Francisco de Figueroa, «mas si el mar fuera manso, el navío fuerte», práctica que aún modernamente tiene algún uso (2).

---

(1)   Véase Gallardo (en Viñaza, *Bibl.*, col. 2103); dice con su estrafalaria ortografía: «porque los italianos, pueblo versificador por ecscelencia, todo lo sacrifica a la fazilidad de hazer versos».

(2)   Para este uso moderno, véase T. Navarro: *Manual de Pronunciación*, 1932, § 148.—H. Gavel: *Essai sur l'Evolution de la Prononciation du Castillan depuis le xive siècle*, 1920, pág. 91 y sigs.

CAPÍTULO III

LAS CONSONANTES

Si la columna de aire espirado, en vez de hallar el paso franco a través de la boca como en las vocales, halla una estrechez mayor o un contacto de los órganos exteriores a la glotis (velo del paladar, lengua, paladar, dientes, labios), entonces, en vez de producirse una vocal, se produce una consonante.

CLASIFICACIÓN DE LAS CONSONANTES

32. CLASIFICACIÓN POR EL LUGAR DE LA ARTICULACIÓN.— La estrechez o contacto de los órganos puede efectuarse en cuatro puntos principales del canal bucal:

1] La estrechez o contacto puede producirse con los labios, «consonantes LABIALES», como la *p*. Deben distinguirse, para más precisión, las **bilabiales,** como la *p* o la *v* y *b* castellanas, y las **labiodentales,** como la *f*, o como la *v* que pronuncian los valencianos.

2] Con la punta de la lengua contra los dientes, «consonantes DENTALES», como la *t*. Pueden distinguirse, entre otras subclases, las que se pronuncian con el ápice o punta de la lengua contra la cara interior de los dientes; que son las propiamente **dentales,** como la *t;* las que se producen con la punta de la lengua entre los dientes, **interdentales,** como la *z* española; y las que se articulan, no contra los dientes, sino algo más atrás, en los alvéolos dentarios, y por eso se llaman **alveolares,** como la *n.*

3] Con la parte anterior del dorso (no la punta) de la lengua contra la parte anterior del paladar, consonantes **prepalatales,** como la *ñ* o la *ll* españolas.

4] Con la parte posterior del dorso de la lengua contra varios puntos de la parte posterior de la boca, «consonantes GUTURALES», como la *k.* Divídense, según que la articulación se va haciendo más atrás, en **postpalatales,** articuladas contra la parte posterior del paladar óseo, como la sílaba *ki;* **velares,** contra el velo del paladar, como la sílaba *ko;* **uvulares,** contra la úvula o campanilla, como la sílaba *ju.*

33. Clasificación por el modo de la articulación. — Cada una de estas clases de articulación se puede verificar de diversas maneras:

1] Con expulsión, ora repentina, ora prolongada, de la columna de aire:

a) Cuando por la abertura de la boca y por las narices se impide la salida del aire por completo un momento, entonces se produce una consonante **oclusiva;** el aire es detenido un momento por el contacto de los órganos articuladores del sonido y luego se expulsa con una separación repentina de los mismos; por ejemplo, la *p.*

b) Los órganos articuladores pueden aproximarse tan sólo, sin llegar a establecer un contacto perfecto entre sí. De este modo la columna de aire, en vez de ser interrum-

pida momentáneamente, no deja nunca de hallar paso por
la boca hacia el exterior, aunque no de un modo franco,
sino a través de una estrechez o canal más cerrado que el
que forma para las vocales (1); en este canal se produce
entonces un frotamiento continuado, no interrumpido por
oclusión alguna, y a esto se llama una consonante **continua**
o **fricativa**, como la *f*.

c) Una clase especial constituyen por sí solas la *r* y
la *rr*, llamadas **vibrantes**, pues para pronunciarlas, la punta de la lengua forma una débil oclusión, interrumpida por
una o varias explosiones rápidas.

d) La fricación es por lo común central, y siempre lo
es la vibración; es decir, se produce en el centro del canal
bucal. Pero también la articulación puede hacerse **lateral,**
formándose el canal fricativo con uno de los bordes laterales de la lengua. Así se producen las diversas variedades
de **l**. Como el matiz lateral es lo característico, la lengua
queda libre para articularlo en diversos puntos de los dientes, alvéolos o paladar, quedando sólo excluída una articulación linguolabial. En posición intervocálica sólo existen la
alveolar *l* = l y la prepalatal *ll* = ʎ; más variedades hay
cuando la lateral precede a otra consonante, pues se articula
en el mismo punto que ésta: *colcha* **kólĉa**, prepalatal; *salsa*
sálsa, alveolar; *salto* **sálto**, dental; *alzar* **alθáɾ**, interdental;
falta una variedad labial, y *alba* se pronuncia con *l* alveolar;
también la variedad velar pura falta, conociéndose sólo una

---

(1) La diferencia de una vocal y una consonante puede ser tan pequeña como entre la *i* y la *y* castellanas, en que la postura de la lengua es
casi igual, salvo que en la *y* hay una fricación en la boca, que no hay
para la *i*.

alvéolovelar, *pulga* púlga, de que hablaremos en el § 35₇ₑ.

e) Un lugar aparte exigen las **nasales,** pues ni son continuas de un modo igual que las precedentes, ni tienen siempre una oclusión oral como suele creerse. Para articular las nasales cuando van intervocálicas, los órganos articuladores cierran completamente el canal bucal como para las oclusivas, pero el velo del paladar queda inerte, dejando libre la vía respiratoria de la nariz, por donde la columna de aire halla salida continua. La resonancia nasal que así se produce es lo característico de estas consonantes, y como los órganos articuladores quedan enteramente libres, pueden articular la nasal en muy varios puntos, más varios que lo que hemos visto para la lateral, pues ésta no consiente articulación labial. En posición intervocálica se producen en español tres clases de nasales: *n* alveolar, *m* bilabial y *ñ* prepalatal, y las tres tienen oclusión bucal. Pero cuando esta consonante precede a otra, la resonancia nasal se modifica por lo común con una articulación igual a la de la consonante con que se agrupa. Si ésta es oclusiva, tendremos las nasales oclusivas iguales a las intervocálicas: *enredo,* alveolar; *amparo,* bilabial (v. § 35); *ancho,* prepalatal; produciéndose además la velar *palanca* y la dental *antes.* Si la consonante segunda es fricativa, la oclusión bucal falta por lo común al articular la nasal precedente, produciéndose sólo una estrechez; en este caso la mayor parte de la columna de aire sale, como es natural, por el conducto más expedito de la nariz, y no por la estrechez o abertura bucal; no obstante, se nasaliza a veces la vocal. He aquí ejemplos: nasal no oclusiva sino continua alveolar: *el ánsar;* bilabial: *anfiteatro* ãm̦fị̣teátro; interdental: *onza* ón̥θa; velar: *un hueco* úŋ wéko. En pronunciación descuidada, la articulación bucal de la nasal se hace muy relajada o desaparece: el **á(ⁿ)saɹ**, el **ásaɹ**.

f) Por último, hay otra clase de consonantes que constan de un momento oclusivo seguido de otro fricativo, producidos ambos en el mismo punto de articulación; se llaman **africadas** u oclusivo-fricativas, y a ellas pertenece la *ch*, y en algunos casos la *y*.

2] Con vibración de las cuerdas vocales o sin ella.— Todas las consonantes pueden producirse de dos maneras, por lo que se refiere a la función de las cuerdas vocales durante la articulación. Si las cuerdas vocales vibran al tiempo que los órganos articuladores toman la postura conveniente, se producirá en la garganta un rumor característico, y la consonante resultará **sonora,** como la *b.*—Si las cuerdas vocales no vibran, faltará ese rumor, y la consonante resultará **sorda,** como la *p.*—Algunas consonantes, como las vibrantes, laterales y nasales, son habitualmente siempre sonoras; pero claro es que son posibles las sordas correspondientes, y se pronuncian abundantemente en algunos dialectos españoles; por ejemplo, el andaluz: **kálnə** por *carne,* con ḷ sorda; **búlla** por *burla;* **mímmo** por *mismo,* con la primera ṃ sorda, etc.

34. Consonantes latinas.—Grandes fueron las diferencias entre la pronunciación clásica y la posterior vulgar o corriente.

1] La *B* intervocálica se hizo fricativa, confundiéndose con la *V,* que en unas regiones era igualmente bilabial y en otras labiodental; en inscripciones del siglo ii se hallan ejemplos como i u u e n t e por i u b e n t e, y en inscripciones españolas imperiales, a b i a, f o b e a, n o b o, menudeando la confusión en las visigodas, donde lo mismo se escribe d e v i-

Consonantes del latín **CLÁSICO**, del **vulgar** y del español

	OCLUSIVAS		FRICATIVAS		VIBRANTES	LATERALES	NASALES
	Sorda	Sonora	Sorda	Sonora	Sonora	Sonora	Sonora
Bilabiales.	P / p / p	B / b / b		ƀ / ƀ			M / m / m
Labiodentales.			F / f / f	V / v			
Dentales.	T / t / t	D / d / d		đ / đ			
Alveolares.			S / s / s	s / s	R / r / r	L / l / l	N / n / n
Prepalatal.			ts, cs / čš	J / y / yž		ļ / ļ	ñ / ñ
Postpalatales.	Cⁱ / k / k	Gⁱ / ǵ / ǵ					
Velares.	C / k / k	G / g / g		g / g		ł / ł	
Laríngea.			H / h				

tum que cibitate, octabo. Todos los romances continúan esta fricación de *b* intervocálica confundida con *v*, § 43₂. — TRAS CONSONANTE *r* o *l* hay tendencia a la *b;* así se halla en inscripciones salbum, serbus, y el Appendix Probi

corrige «alveus, non albeus»; pero en las inscripciones de
España se hallan, más que en las de las otras provincias,
casos contrarios como Alvanus en época imperial, arvi-
ter en dos inscripciones asturianas posteriores (1), y esa
tendencia a la fricación de LB, RB es fuerte en el romance
español, § 47$_{2 b}$.—Como INICIAL de palabra, aunque la epi-
grafía ofrece muchas equivocaciones, los romances prueban (§ 37$_{2 a}$) que el latín vulgar distinguía en general la
pronunciación de *b* y de *v;* no obstante, caía también en
muchas confusiones, explicables unas veces por asimilación
o disimilación, como bivit, muy frecuente en inscripciones; otras veces puede creerse que la misma posición inicial
propendía a la *b,* ya que los labios en silencio están cerra-
dos, y al desplegarse articulan una oclusiva; también puede
pensarse con Parodi (2) que la propensión a *b* dependa de
condiciones de fonética sintáctica: tras una palabra acabada
en consonante, la inicial *v*- se hacía *b*-.

2] Después, la pronunciación vulgar o corriente del latín se distinguió por una vasta tendencia a la palatalización
de ciertos sonidos, contra los usos del latín antiguo.

a) Como la C ante vocal de la serie anterior o palatal,
e, i, avanza naturalmente su punto de articulación a postpalatal, que escribimos к o ć, avanzó luego más, hasta hacerse prepalatal, africándose o asibilándose, según indican
varias grafías en las inscripciones, como IN PAθE del
año 383, intcitamento anterior a 410, paze, fesit, etc.,
y en una inscripción de la Bética, del siglo VI o VII, Sci-

(1) CARNOY, *Le latin d'Espagne,* 1906, pág. 141.
(2) *Del passaggio de* V *in* B *e di certe perturbazioni delle leggi fone-
tiche nel latino volgare,* en *Romania,* XXVII, 1898, p. 177-240.

priano. Esta africada cuasi *ts* fué continuada por la ç del español antiguo, que cuando era intervocálica se sonorizó en la antigua *z* cuasi *ds*, § 35 bis ₂.

b) De igual modo la G ante *e, i,* que era postpalatai ǵ, avanzó más, hasta prepalatal, confundiéndose con la *j* o **y**, § 43₁. Esta **y** en su estado primitivo africado ŷ, cuasi *dy* o d̆z̆, dió más resistencia a la ǵ inicial románica, según se ve en *yeso* < gypsu § 38₃, o llegó a la interdental moderna en *arcilla* < argilla § 47₂ ᵦ.—Cuando intervocálica, la *y* venía a ser simple fricativa y se perdía, absorbida en la *e, i* siguiente; en una inscripción de Pompeya se halla fridum por frigidum; el Appendix Probi advierte «calcostegis non calcosteis» (grecismo, chalco... 'que tiene techo de cobre'); también en inscripciones se halla roitus por rŏgĭtus, βειεντι por vīgĭnti, y otras varias grafias que indican lo extendida que estaba la pérdida de ǵ, § 43₁.

3] La principal causa de la aparición de nuevos sonidos palatales, desconocidos del latín antiguo, fué la propagación y efectos de la yod, § 8 bis ₃.

a) Los grupos TY y CY asibilaban su oclusiva desde el siglo ɪɪ de Cristo: Crescentsianus pone una inscripción del año 140; Marsianesses por Martianenses en inscripción de la Bética del siglo ɪɪɪ; Μαρσιανος, año 225 por Marcianus: judigsium, en inscripción española del siglo vɪ. En TY, la *t* retrae su punto de articulación, y la *k* de CY lo adelanta para asimilarse una y otra a la yod, haciéndose palatales. Sin embargo, la sibilante de TY era diversa de la de CY, aunque bastante parecida para prestarse a continuas confusiones que se cometen en los siglos ɪɪɪ y ɪv: mendatium, justicia, etc. TY debía de tender a sonido alveolar cuasi *ts,* y CY a sonido prepalatal cuasi *ch,* respectivamente análogos a los itálianos *zz* y *ccio* (justitia *giustézza,* facies *faccia,* § 53₄, y comp. la segunda al resultado de la simple c': vicinu *vicino).*

b) Los gupos LY y NY se palatalizan también en la época del latín vulgar, así como la *L* y la *N* junto a sonidos velares, § 8 bis ₃ᵦ. Se convirtieron respectivamente en la palatal lateral ļ, escrita en español *ll,* y en la palatal nasal ñ, dos sonidos, como observa Nebrija, que no existían ni en latín clásico, ni en griego, ni en hebreo, ni en árabe.

4] Para la *S,* que debía de ser sorda, véase §§ 42₁ y 47₃.

5] La *H* era una aspiración laríngea sorda que dejó de pronunciarse ya en latín.

6] Las oclusivas sordas tendían a hacerse sonoras § 40. Las sonoras ora se hacían fricativas đ, g, lo mismo que ƀ arriba dicha, ora se perdían, § 41.

35. CONSONANTES ESPAÑOLAS.—En el siguiente cuadro van clasificadas las principales variedades consonánticas del español; aquellas variedades que no responden a un diferente origen etimológico, dependientes sólo de la asimilación a otro sonido inmediato, van señaladas con asterisco. Bajo cada signo del alfabeto fonético se ponen ejemplos de la ortografía simple o varia con que cada uno se representa en la lengua escrita; entre paréntesis se indican los ejemplos de la pronunciación o de la ortografía antiguas.

	OCLUSIVAS		AFRICADAS		FRICATIVAS		VIBRANTES	LATERALES	NASALES
	Sorda	Sonora	Sorda	Sonora	Sorda	Sonora	Sonora	Sonora	Sonora
Bilabiales.	p capa	b banco vista				ƀ cueva amaba (amaua)			m lomo un vaso
Labiodentales.					f café	v (valenc. cantava)			*m confín
Interdentales.					θ pozo hacer đ verdad	ⱬ hazlo đ duda ritmo		*ļ alza	*ņ lanza
Dentales.	t roto	d duda			*ş esto	*ⱬ desde		*ļ molde	*ņ monte
Alveolares.	*ţ (inglés thimes) (dialec- tal otro)	*đ (inglés day) (dialec- tal bordo)	ŝ (braço)	ẑ (pozo)	s paso (passo) ɹ̥ ɹ̥ atar	z rasgo (casa) ɹ ɹ atar Israel	r r̄ pero pe- rro hon- ra	l sala	n mano
Prepalatales.	*ţ (gui- puzc. aita)	*đ (gui- puzc. bildur)	ĉ ocho	ŷ yugo hielo	š (exe)	ž (paja) (muger) y j raya pié		ļ calle colcha	ñ paño ancho
Postpalatales:	*ķ aquí	*ǵ guita				*ǵ seguir			*ŋ́ inquina
Velares.	k vaca	g gusto			x eje coger w̥ sueño	ğ segar w hueco		*ł algo	*ŋ manco
Uvulares.					*ẋ jugo hopo				*ŋ̇ don Ju- an
Laríngea.					h (hazer)				

1] **Bilabiales.—** *a)* La diferencia que hace la ortografía moderna entre *b* y *v* quiere ser etimológica (§ 43₂), pero no responde a la pronunciación. Cualquiera de estos dos signos, cuando es inicial absoluto (después de pausa), representa un sonido oclusivo: *bola* **bóla,** *verde* **bérde,** *venir* **benír;** en esta posición es raro que la oclusión cese separando gradualmente los labios sin una verdadera explosión (variedad africada), o que falte por completo la oclusión (variedad fricativa). También es corriente la oclusiva cuando este sonido va precedido de otra oclusión, es decir, de una *m: ambos* **ámbos,** *enviar,* escrito antiguamente *embiar* **embiáɹ,** *temblar.* Tras las fricativas se halla a veces la oclusión: *esbelto* **ezbéḷto,** *desviar* **dezbiár;** más rara vez tras *r* o *l: calvicie* **kalbíθje,** *carbón.*

b) El sonido fricativo correspondiente es bilabial también, **ƀ.** Esta **ƀ** es corriente cuando el signo *b* o *v* va en posición intervocálica: *lobo* **lóƀo,** *recibo* **r̄eθíƀo,** *lavar* **laƀáɹ,** *llave* **ḷáƀe,** y predomina en posición agrupada: *abstención* **aƀ̦steŋθjón,** *hablar* **aƀláḷ,** *cabra* **káƀra,** *bárbaro* **bárƀɐro,** *Luzbel* **luʒƀéḷ,** *advenedizo* **aɗƀenəɗíθo,** *esbelto* **ezbéḷto.**

c) Respecto a la *m* en los grupos *mp* y *mb,* en vez de pronunciarse con la lengua en reposo, se modifica con la articulación alveolar de la *n,* más o menos completa; es decir, se produce la nasal con una doble oclusión alveolar y bilabial: *compañero* **coᵐₙpaɲéro.** También en la pronunciación más descuidada ocurre que la oclusión para la nasal falta en gran parte y hasta se confunde por completo con la articulación idéntica de la *p* o de la *b,* nasalizándose la vocal anterior: *empezar* **ɛ̃pəθár.** Ambas pronunciaciones explican lo frecuente que es la grafía *np, nb,* que ya aparece en las inscripciones latinas en general. Fijándonos en Espa-

4.

ña, hallamos en las inscripciones imperiales *decenber*, *Sempronia*, y en las visigóticas, *enperio*, *senper*, *novenbres;* de igual modo los manuscritos medievales escriben indistintamente *siempre* o *sienpre*, y lo mismo es corriente en ellos *enbargar*, *reconbrar*, etc. La confusión se hace consciente en Valdés, quien escribía *hanbre*, *çanpoña*, diciendo «no pronuncio sino *n*»; y en el editor de la *Filosofía de la elocuencia*, de Capmany (1826), el cual califica de «regla pueril y ridícula» la que manda escribir con *m inpropio* e *inportuno*, pues, según él, se pronuncian con una nasal «de la misma suerte» que la de *indecoroso*.

2] **Labiodentales.** —*a)* Entre las fricativas sólo debemos contar la *f*=f. La correspondiente sonora *v* sólo la pronuncian nativamente los valencianos y mallorquines. En castellano se produce artificialmente cuando hay empeño por distinguir en la pronunciación la *b* y la *v* de la ortografía académica. La Academia Española desde el siglo XVIII abogó por la distinción de la *b* y la *v* y censuró a los maestros que no inculcaban a los niños esa distinta pronunciación de ambos signos. Debido sólo a este empeño, en las escuelas se suele enseñar e imponer la pronunciación labiodental de la *v* escrita, y tal pronunciación se practica a veces en el habla ultracorrecta y afectada; pero fuera de este caso, la *v* nunca se pronunció nativamente en castellano, sino que el signo *v* se articuló siempre con los mismos valores de ƀ y b que la *b*. Teniendo esto en cuenta, la Academia misma, desde su *Gramática* de 1911, dejó de recomendar la distinción, reconociendo el hecho de que «en la mayor parte de España es igual la pronunciación de la *b* y la *v*» (1).

---

(1)   Véase para detalles, T. Navarro, en *Hispania*, IV, 1921, p. 1.

b) La nasal correspondiente a la *f* es, naturalmente, una labiodental, por lo común no oclusiva: *anfibio* **amfíḅjo**. La vocal precedente se suele nasalizar (§ 33₁), **ãmfíḅjo, ĩmfịníto, cõmfúso, ẽm fín**. También aquí puede ocurrir la tendencia a la doble articulación **n + m**.

3] **Dentales.** —*a)* Para pronunciar la *t* = **t**, la punta de la lengua se aplica a la cara interna de los dientes, bajando hasta el borde inferior de los mismos, pero no avanza a ser interdental. Es, pues, una *t* más baja que la francesa (que se articula hacia las encías), y mucho más que la inglesa (articulada hacia los alvéolos).

b) La *d* = **d** se pronuncia con la misma posición baja del ápice de la lengua, sin que llegue a interdental. Se halla una *d* oclusiva cuando es inicial: *duelo* **dwélo**, o cuando va precedida de *n* o *l: donde, bando, caldo, baldón.* Precedida de *r* o *s* puede ser también oclusiva, generalmente en la pronunciación enfática; pero lo corriente es que se haga fricativa.

c) La *s*, la *l* y la *n* avanzan de alveolares a dentales = **ş, ẓ, ḷ, ṇ**, cuando van agrupadas con una dental: *tostar, desde, alto, antes.*

4] **Interdentales.** —*a)* La fricativa **đ** se articula bajando más el ápice de la lengua que para la *d;* es decir, se hace ligeramente interdental, con una fricación más suave y breve que la de la *th* inglesa de *this;* la fricación de la **đ** se produce contra la cara inferior de los dientes y contra su borde, en lo cual se diferencia de la **θ**, cuya fricación se produce francamente contra el borde.—Esta fricativa es la pronunciación habitual de la *d* intervocálica: *venido* **beníđo**, *cada* **káđa**; en esta posición la *d* no se hace nunca oclusiva sino con gran énfasis, y entonces se articula más avanzada que cuando inicial; es decir, se hace la oclusión en la posición ligeramente interdental de la fricativa. Pero por lo común es tan débil esta fricativa, que en el habla popular se pierde abundantemente (1). Esta pérdida vulgar invade el habla culta sólo en un caso, que es en la terminación -*ado,* la cual pasa de -a**ɗ**o a -a^{ɗ}o, -a(^{ɗ})o, y en la pronunciación muy descuidada y rápida, -ao; es decir, la **ɗ** se hace tan ligera y rápidamente que llega a quedar imperceptible; la lengua tiende a hacer la articulación, pero no llega a formarla. Así se pronuncian corrientemente a**ƀ**ogá(^{ɗ})o, está(^{ɗ})o, o más vulgarmente pasáo (2), a diferencia de los femeninos, que conservan la **ɗ**, lo mismo que los participios -*ido, -ida.* La razón de esta diferencia no hay que buscarla principalmente en el carácter de las vocales que rodean a la **ɗ**, pues no hallamos la pérdida en *adorno, adoquín, sábado, hígado,* etc.; por lo cual hemos de atribuir en primer término la pérdida al carácter secundario que en la palabra tiene la terminación, y a que -*ado* ocurre en el habla con mucha mayor frecuencia que -*ido -odo, -udo;* esta razón de la mayor frecuencia nos explica que mientras *lado* se pronuncia la(^{ɗ})o, la voz *vado,* más rara vez usada, no pierde su fricativa en el habla culta. Pero como -*ado* no es mucho

---

(1) En casi todas las regiones del español es vulgar la pérdida de la **ɗ** entre cualquier clase de vocales, lo mismo protónica: *tuavía, trabajaor, peaɀo, añaiura,* 'añadidura', que postónica: *deo, seguía, comía, venío, toa, to* 'todo', *na* 'nada', *ca* 'cada', *pucn* 'pueden', *maldaes,* etc.

(2) Hay algunas comarcas donde se conserva firmemente la pronunciación antigua -a**ɗ**o; por ejemplo: en la región interandina del Ecuador (Quito, Cuenca, etc.) se tiene -ao por defecto del habla de Guayaquil y de la costa en general. En Colombia, en el reino de León, en los Balcanes, etcétera, hay también regiones de -a**ɗ**o.

más usado que *ada*, hay que admitir también una concausa fonética: la parte anterior de la lengua estando cóncava y adelantada para pronunciar -*ad*-, resulta difícil pasar a la postura opuesta, convexa y retraída, que exige la -*o*, por lo cual en la pronunciación rápida se esquiva el avanzamiento propio de la **đ**; esta dificultad no existe en la articulación -*ada*, por hallarse la -*a* más próxima a la postura de la **đ** que la -*o*. En las escuelas debieran los maestros recomendar la pronunciación -a**ᵈ**o, con una **đ** relajada o débil, ya que una **đ** sonaría a muchos como afectada; pero debe tacharse de vulgarismo la relajación extrema o la pérdida de la **đ**.— La *d* se hace siempre fricativa cuando es final de sílaba: *adviento* a**đ**ję̦nto, *advertir*, *administrar*, *admirar;* aun ante consonante sorda: *adjetivo* a**đ**xǝtíƀo, *adjudicar*, *adquirir*, si bien en este caso puede ensordecerse en parte o en todo: aθkiríʃ. Lo mismo sucede cuando es final de palabra en interior de frase: *decidnos*, deθį̦đnos, *verdad buena* bę̦rđád ƀwéna, *verdad cierta* bę̦rdáθ θję̦rta. En posición final absoluta, la *d* se artícula **đ** en la pronunciación cuidada, especialmente en voces poco corrientes, como *lid, Cid, ardid,* o en los imperativos andad, corred, que han quedado como formas literarias (excluídas del habla corriente por el infinitivo). En la pronunciación culta más corriente la -**đ** se articula muy relajada **ᵈ**, y hasta sin voz; esta **đ̸** muda queda imperceptible para el oído; no obstante, su articulación influye en el carácter de la vocal final. En fin, se llega también a la pérdida completa: *re, se, verdá;* desde el siglo XIII se hallan ejemplos escritos de *heredá, merçé,* y en el siglo XVII se media como un octosílabo: «La *verdá* entre burla y juego.» Estas maneras de -*d* final (**đ**, **ᵈ**, **đ̸** muda, y supresión) son la pronunciación más corriente en Castilla la

Nueva, Andalucía y América; pero en Castilla la Vieja y León, al lado de la pérdida *(usté, salú, abá,* etc.), se pronuncia la fricativa sorda θ, por lo general reiajada, especialmente en los monosílabos **réθ, séθ, b̦erd̦áθ**; por esto Araujo (citado arriba, pág. 31, n.), que es natural de Salamanca, da.la *z* sorda como pronunciación normal castellana: *Madriz, saluz, azquirir, azviento,. hablaz alto;* esta pronunciación es también característica de los chulos madrileños.— En fin, la fricativa d̦ suele pronunciarse también en vez de la *t* final de sílaba: *rítmico* junto a **r̦íd̦mɪco** o **r̦ídmɪko**, *atleta* junto a **ad̦léta,** *atlas* junto a **ád̦las**; en Castilla la Vieja y León se dice también **aθléta, áθlas.** Depende esta diferencia del distinto modo de·silabear, ora siguiendo la regla clásica, *a-tlas,* ora la prosodia vulgar, *at-las,* de donde **ád̦-las o áθ-las,** según las regiones.

b) La *z* = θ es más interdental que la *th* inglesa de *third,* pues se pronuncia asomando la punta de la lengua visiblemente entre los dientes. Varias comarcas de España pronuncian la *z* como la *s;* esta confusión o seseo es común a otros varios dialectos románicos como el francés. El de España ofrece variedades importantes. El seseo de andaluces y americanos, con su *s* dorsal (véase la nota de la página siguiente) se halla admitido en la pronunciación culta, y aun así, tanto andaluces como americanos suelen practicar la distinción de *s* y *z* en la declamación literaria (en el teatro, exceptuada la comedia de costumbres locales, en la recitación poética, etc.). El seseo de gallegos, catalanes, valencianos o vascos, con *s* apical, es tenido por vulgar y los hablantes educados de esas comarcas lo eliminan de su pronunciación castellana.

c) La sonora z es, como la θ, más interdental que la

d y tiene fricación más intensa. Se pronuncia ante una consonante sonora: *hazlo* **ázlo**, *brizna, llovizna, Guzmán;* a veces la preocupación ortográfica hace pronunciar sorda esta *z*. Las confusiones con **d** son, naturalmente, muy antiguas; así los anticuados *judgar, portadgo, mayoradgo, bidma,* etcétera, pasaron a la ortografía hoy general de *juzgar* **xuzgár**, *-azgo, bizma,* etc.

d) La articulación de la *l* y la *n* avanza hasta interdental en *alzar* **alθáɹ**, *bronce* **brónθə** (§ 33₁ *d e*).

5] **Alveolares.** —*a)* La *s* = **s** castellana és **cóncava apical alveolar**; el ápice de la lengua, vuelto hacia arriba, forma una estrechez contra los alvéolos de los incisivos superiores. Esta variedad de *s* se extiende por la mayor parte de España, incluso por Galicia, norte de Portugal, Provincias Vascongadas, Cataluña y por el suroeste de Francia.—Al sur de la Península (incluyendo la mayor parte de Portugal) la *s* es **convexa dorsal dento-alveolar**; el predorso de la lengua forma una estrechez contra los alvéolos y dientes superiores, sin que el ápice de la lengua intervenga en esa estrechez; es, pues, articulada más adelante que la *s* castellana (1). Esta *s,* propia de Andalucía, y

_____

(1) Ofrece dos variedades: en una, el ápice de la lengua desciende hasta apoyarse contra la cara interior de los incisivos inferiores, o quedándose entre los bordes de los dientes como para la *z* castellana; es la *s* dorsal de Sevilla, Cádiz y Málaga, provincias donde predomina el ceceo como pronunciación más vulgar, siendo el seseo considerado como pronunciación más culta. En la otra variedad, menos dorsal y menos convexa, la corona o borde de la lengua, con parte del predorso, forma la estrechez contra los alveolos y dientes superiores; es la *s* coronal de Huelva, Córdoba, Jaén, Granada y Almería, provincias que también usan ceceo y seseo en su parte Sur, pero en cuya parte Norte se practica la distinción de *s* y *z* como en Castilla, ora usando esa misma *s* coronal, ora usando la

por lo tanto de Canarias y de América, es una *s* semejante
a la francesa, italiana o alemana, más dental que la castellana, la cual bien pudiera llamarse prepalatal, como hacen
algunos fonetistas. Dada esta diferencia, se comprende que
para los andaluces y americanos, lo mismo que para los
extranjeros en general, la *s* castellana les haga el efecto de
muy palatal; tratando un extranjero de imitar la *s* castellana,
suele pronunciar **dešpwéš** por *después,* lo mismo que hacían
los moriscos (§ 37₂ b).—La *s* española moderna es, en general, sorda. Se hace, sin embargo, sonora cuando va agrupada con otra consonante sonora siguiente: *esbelto* **ezḅéḷto**,
desviar **dezḅiár**, *desde* **déẓđe**, *rasgo* **ṝázgo**, *sesgo, fisgar,
fresno, Israel;* en estos casos la sorda aparece casi únicamente en la pronunciación lenta y analítica, y en el último
ejemplo, *sr* es más comúnmente reducido a **ɹr**: **iɹṝaél**,
dóɹ ṝeáles, con una *r* fricativa y otra vibrante.

b) La *r* tiene notables variedades. La **vibrante** es la
más común: la lengua aplica sus bordes laterales a los alvéolos molares y superiores, y su punta cóncava se aplica
también suavemente a los alvéolos dentales retirada de los
dientes (posición casi postalveolar); el aire espirado se abre
paso separando la punta de la lengua con una sacudida
para la *r* sencilla = r y con varias sacudidas, de dos a cuatro o seis, para la doble *rr* = ṝ.—Otra variedad es **fricativa ɹ**, con la misma articulación cóncava que la vibrante,
pero un poco más cercana a los dientes; la diferencia esencial está en que ahora la lengua no llega a tocar los alvéo-

---

s apical, idéntica a la *s* castellana de las provincias limítrofes de Badajoz,
Ciudad Real, Albacete y Murcia. Véase T. Navarro, A. M. Espinosa (hijo),
L. Rodríguez-Castellano, *La frontera del Andaluz,* en la *Revista de Fi-
lología española,* XX, 1933, pág. 225-277.

los dentales, ni por lo tanto entra en vibración, sino que el
sonido se produce por el frote del aire entre la punta de la
lengua y los alvéolos, distinguiéndose de la *s* castellana sonora en que para ésta la estrechez que forma la lengua contra los alvéolos es redondeada, mientras que la estrechez
para la ɹ es alargada; por lo demás ambas son cóncavas,
articuladas en el mismo punto.—La *r* vibrante es de uso
general para articular la doble *rr* = r̄, escrita sencilla cuando va inicial o tras *n* y *l: perro, roto* r̄óto, *enredo* enr̄éɗo,
malrotar. También es lo general la *r* vibrante cuando se
trata de una *r* sencilla tras otra consonante: *extraño, otro,
fresco, cruao, agradar*, y, en fin, cuando es intervocálica
sencilla: *pera;* si bien en este último caso abunda también la
fricativa (1).—La ɹ fricativa domina como final absoluta, y
en esta posición suele hacerse muda, parcial o totalmente:
cantar kantáɹ o kantáɹ. También tiende a fricativa cuando
está final de sílaba, sobre todo en Andalucía: *perla, carne,
marcharse,* que fácilmente pasa a *marchasse* (§ 108). Hemos
visto también que la ɹ sustituye a una *s* ante *r*: iɹr̄aél. En
Aragón, Navarra, Rioja y Álava, así como en toda, o casi
toda, la América española, se halla más o menos generalizada una pronunciación de la *rr* doble fuertemente fricativa
y sibilada o chicheante, entre ɹ y ž, con variable disminu-
ción de sonoridad: ɹiko, káɹo, ónɹa. Además la *r* sencilla,
cuando es segundo elemento de un grupo consonántico,
puede ser fricativa chicheante débil, con análogo aminora-
miento de su sonoridad; tras oclusiva sorda *(pr, tr, kr)*, la

---

(1) Doy como corriente la pronunciación vibrante de la *r* sencilla intervocálica, aunque Colton cree que sólo en énfasis suele ser vibrante.
Más en lo cierto me parece está Josselyn, quien halla que sólo en un 14
por 100 de los casos aparece la fricativa.

pérdida de sonoridad suele aumentar, hasta llegar a una sorda ɹ̣, cuya fricación sorda invade la explosión de la oclusiva agrupada *t p k* haciéndola impura, y además atrae la *t* y la *k* (no la *p*, naturalmente) en más o menos grado hacia su punto de articulación postalveolar, haciéndose mediopalatal la *k*, **eskɹ̣íbir**, y postalveolar la *t* = ṭ, ya de suyo próxima a la ɹ, óṭɹo. En este último grupo *tr*, se pasa de la pronunciación -ṭɹ̣ a una ṭɹ̣ en que la fricación invade tanto la *t* que resulta, en vez del grupo, una articulación africada, sorda, apical, próxima a la **c** = *ch* castellana, o al sonido inglés de *tream: otro* óṭɹo (cuasi *ocho*, pero con *ch* apical, no dorsal), *retrato* ɹeṭɹáto, *minicro* **minisṭɹo** (1). Los varios grados de esta evolución se conservan hoy en España y en América. En el caso de *ndr*, la oclusión de la *d* confundida con la de la *n* y seguida de la fricación ɹ, puede perder, no sólo la pureza de su explosión, sino toda su oclusión y desaparecer, oyéndose así **ponɹé** *pondré*, **benɹá** *vendrá*, o con relajamiento de la nasal pŏⁿɹé bĕⁿɹá, lo mismo en América que en España. Nos detenemos tanto en estas particularidades de la *r* fricativa chicheante porque, estudiadas primero en Chile, fueron atribuídas a influencia araucana (2); pero dada su extensión por toda América es

---

(1) Véase A. Alonso, *El grupo* tr *en España y América*, en el *Homenaje a Menéndez Pidal*, t. II, p. 167-191, estudio muy detenido de todas las cuestiones referentes no sólo a *tr*, sino también a *pr* y *kr*.

(2) R. Lenz, *Chilenische Studien*, I, 288 y 291 (en los *Phonetische Studien*, publicados por W. Vietor, tomo V), y *Zeit. für rom. Philol.*, XVII, 210. Acepta las conclusiones de Lenz W. Meyer-Lübke, *Introducción*, párrafo 213.—En Chile, Perú, etc., la ɹ, cuando va como primera consonante de un grupo, suele influir también sobre la consonante siguiente: **kwáɹṭo** *cuarto*, **bórḍo** *bordo*, **bóɹla** *borla*, **peɹsóna** *persona*, con ʂ castellana y no andaluza.

claro que la influencia araucana es insuficiente como explicación. Parece natural que de España derive la pronunciación similar americana, si bien pudo favorecer su difusión allá la existencia de la *r* fricativa no sólo en el araucano, sino en el quichua también, y acaso en otros idiomas indígenas.

c) La *n* intervocálica es siempre alveolar, y casi siempre lo es cuando final. En posición agrupada asimila su punto de articulación al de la consonante que le sigue, y tiene variedades no oclusivas, de que se habló ya arriba (§ 33₁*e*). En la pronunciación muy descuidada la articulación de la nasal puede desaparecer, quedando sólo la nasalización de la vocal: *un nido* ūnído, *inmóvil* i^m_nmóbil, ĩmóbil.

d) La *l* intervocálica y final es alveolar. También, como la *n,* muda su punto de articulación según la consonante siguiente: *alzar* alθár, *colcha* kółĉa (§ 33₁*d*).

6] Prepalatales. —*a)* Al articular estos sonidos, la lengua llega a tocar los alvéolos dentales; pero como hacia los alvéolos molares se apega mucho más al paladar que para la articulación de *s, n, l,* etc., cubre mayor porción del cielo de la boca que para estos sonidos alveolares, y de ahí la diferencia esencial de clasificación. Además, hay que notar que si para la articulación de las prepalatales la lengua toca los alvéolos dentales, es de modo muy distinto que para las alveolares; para *s* (castellana), *n* y *l* la parte articulatoria de la lengua es el ápice, mientras para *ch, ñ, ll* es el dorso de la lengua, bajándose por lo general el ápice hasta los dientes inferiores.—Éstas son las prepalatales que hoy conoce el español llamadas «mojadas», por la gran adherencia de la lengua al paladar; pero hay otras en que el dorso de la lengua no cubre o moja la gran porción del paladar que cubre para las antes dichas. El castellano anti-

guo conocía de esta otra clase la š y la ž, cuyo punto de
articulación debió de ser algo más interior o retraído que el
de la *ch.* Hay también prepalatales oclusivas, no mojadas:
ţ, ḍ.—Digamos algo de las prepalatales que usa corrientemente el español moderno.

b) La *ch* = ĉ es una africada compuesta de una oclusión
postalveolar mojada, seguida de una explosión africada sorda. No es exacto, sino medianamente aproximado, el representarla por *t* + *ch* francesa o š, como hace «Le Maître
Phonétique» (diciembre 1896, enero 1898, etc.); la explosión
habría que representarla por variedades diversas de una ţ
mojada, y la africación por š correspondiente a la oclusión.
La *ch* tiene variantes que sería preciso someter a un estudio
especial: están determinadas principalmente por la mayor o
menor convexidad del dorso de la lengua y mayor o menor
mojamiento consiguiente, y por la mayor o menor parte de
los alvéolos dentales invadida por el contacto de la lengua;
es decir, hay vacilación entre ţš fuertemente mojada y una
articulación más adelante, próxima a **ts** poco mojada. La
ch popular madrileña y toledana tiende a este último grado.

c) La *y* = **y** se distingue de la vocal *i* en que la estrechez prepalatal formada por el dorso de la lengua es alargada para la *y* y redondeada para la *i*.—Una variedad de *y*
más abierta y breve se halla agrupada con otra consonante:
pie **pjé**, *miedo* **mjéđo**, *mientras, quieto, tiempo.*—La formación de esta estrechez alargada es a veces tan enérgica, que
la lengua llega hasta la oclusión; entonces, en vez de la *y*
fricativa, se produce una africada (análoga a la *ch*, pero sonora), compuesta de una oclusión postalveolar dorsal ḍ, seguida de la fricación **y**. Esta africada, que representaremos
por ŷ, se halla naturalmente tras otra oclusiva: *cónyuge*

kónŷuxe, *subyugar* sųbŷugáɟ, y a menudo en posición inicial absoluta: *yo* ŷó, ŷúgo, etc. En posición intervocálica domina la fricativa; no obstante, se halla a veces la africada, sobre todo en énfasis: aŷér.—En fin, la *y* puede perder su mojamiento y entonces se convierte en ž, o sea el sonido de la *j* antigua castellana, semejante a la francesa pero sin labialización. Esto ocurre mucho en Castilla la Nueva y especialmente en Andalucía, y es característico de la pronunciación argentina y de otros puntos de América: *mayo* mážo, *ayer* ažér. Esta ž tiene también su variante africada, es decir, oclusivo-fricativa.

d) Las articulaciones de la *ñ* = ñ y de la *ll* = ļ no son iguales a *ny* o *ly*, pues para aquéllas no interviene la punta de la lengua, sino que se apoya en los incisivos inferiores, como ya queda dicho, y el dorso de la lengua se apega al paladar, estableciendo una ancha zona de contacto, mayor aún que para la *ch* y la *y*. Estas consonantes *ñ* y *ll*, además de producirse agrupadas con otra consonante: *concha* kóñĉa, *colcha* kóļĉa (§ 33₁ *d ɛ*), se dan abundantemente como intervocálicas.—Hay que notar que en gran parte del territorio del español la *ll* se articula vulgarmente como *y*, confundiéndose con ésta. En el norte de la Península domina la distinción de la *ll* y de *y*, mientras en el sur y en América domina la confusión: *caballo* se pronuncia en estas últimas regiones con las variedades de *y*: kaƀáyo, kaƀáŷo, kaƀážo. La distinción correcta entre *ll, y*, es muy fácil de propagar en los países que las confunden. En Madrid, por ejemplo, el pueblo bajo confunde ambos sonidos, y los niños de las clases más educadas propenden a confundirlos; pero cuando llegan a la edad en que empiezan a leer y ven escritos diferentemente los signos *ll y*, si se les advierte entonces que la *ll* se articula de un modo diferente a todas las otras consonantes, no por el centro de la boca como todas, sino expulsando el aire por un lado de la lengua, basta reiterar esta advertencia unos pocos días para que el hábito de la distinción se arraigue en definitiva.

7] **Postpalatales, velares, etc.** — *a)* Varía algo su punto de articulación entre el velo del paladar y el postpapaladar óseo. Así la *c* = **k** (escrita *ca, que, qui, co, cu*) modifica su punto de articulación según la vocal que le sigue: *cu, co* **ku, ko** son propiamente velares; *que, qui* **ke, ki** avanzan progresivamente, pero quedando siempre postpalatales; **ka** ocupa posición intermedia entre las velares y las postpalatales. A su vez la vocal también se modifica, pues se articula algo más atrás que con las otras consonantes no velares. En fin, hay que advertir que la **ke, ki** española es articulación algo más retraída que la francesa e italiana correspondiente, que se articula post o mediopalatal.

b) De igual modo hay gradación entre *gu, go* **gu, go** —*ga* —*gue, gui* **ge, gi**. Esta *g* oclusiva ocurre en la posición inicial absoluta: *gasto*, o precedida de otra oclusión: *angustia, un guisado*. En otras condiciones es rara.

c) Hay una *g* fricativa, **g**, procedente de la articulación relajada de la *g* oclusiva (como la **đ** y la **b**). Ocurre casi siempre en la posición intervocálica, donde sólo enfáticamente se pronuncia oclusiva: *agalla* **agáļa**, rara vez **agála**; de igual modo se pronuncia **g** cuando va agrupada con otra fricativa; *agrado, amargo, siglo, algo, agua, muy guapa, juzgar*, y también es fricativa cuando precede a una oclusiva nasal: *ignorar, magnífico*.

d) La *j* = **x** es como una **k** fricativa; pero su articulación es más retraída que la de **k**, pudiendo calificarse de postvelar en *je, ji,* y de uvular en *jo, ju.* A su vez, como sucede con la **k**, la consonante retrae la articulación de la vocal. En Andalucía y América la *j* se reduce a una aspiración sorda, **h**; pero téngase presente que la *j* normal española es, por su fuerza, semejante a la *ch* alemana.

e) La *u* fricativa labio-velar = **w**, se distingue de la **ƀ** en que la articulación de ésta es puramente bilabial, sin que para ella intervenga la lengua, mientras que para la **w** los labios se abocinan, lo que no hacen para la **ƀ**, y la lengua sé retira y se eleva en la parte posterior de la boca, formándose así una cámara de resonancia distinta de la de la **ƀ**. La **w** se distingue de la vocal *u* en que la estrechez velar de **w** es alargada, y la de *u* redondeada.—La elevación posterior de la lengua puede ser tal que su estrechez alargada llegue a convertirse en una oclusión igual a la de la **g**, lo cual ocurre principalmente en la posición inicial absoluta o tras una oclusiva: *huevo* **gwéƀo**, *un huerto*, **ūŋ gwɇ́rto**, más común que **ū wɇ́rto**. Más rara vez la aproximación de los labios llega a convertirse en oclusión de *b*, dándose la pronunciación **bwéƀo**, **bwɇ́rto**, la cual es muy inculta y mal sonante.

j) La *n* velar = **ŋ** se oye siempre ante otra consonante velar: *anca, hongo, naranja, un huerto* **ūŋ wɇ́rto**. Abunda (acaso más entre gente del norte de España) como final absoluta: *salón* **salóŋ**. Uvular: **uŋ x́óƀcn**.

g) La *l* ante consonante velar no se articula donde esa consonante siguiente; sigue siendo alveolar, pero la lengua, en vez de estar convexa como para la alveolar intervocálica, se pone cóncava, tomando así la articulación una resonancia velar. Podemos, pues, decir que **ł** de *salgo* **sáłgo** es alvéolo-velar.

35 bis. Pronunciación del español antiguo. —Las principales diferencias que los sonidos de la lengua española antigua presentaban respecto de los de la lengua moderna, eran éstas:

1] La lengua antigua (1) distinguía una s sorda y otra *sonora.* La sorda entre vocales se escribía doble: *viniesse, passar,* o sencilla tras consonante: *mensage.* La s sonora se escribía sencilla: *casa* káza. El español moderno perdió la *s* sonora intervocálica, conservando sólo la influída por otra consonante sonora siguiente, independientemente de la etimología (véase § 35₅ₐ, al final).

2] La lengua antigua distinguía también la ç sorda de la z sonora, cuya pronunciación tuvo que ser originariamente africada (§ 34₂ y ₃ₐ) o sea una oclusión seguida de una fricación, que podían representarse por ŝ, cuasi *ts,* para la ç, y ẑ, cuasi *ds,* para la z antigua. Aun hoy los judíos españoles de Bulgaria y de Marruecos conservan restos de la pronunciación africada en la sonora de ciertas palabras como *podsu* 'pozo', *tedsu* 'tieso' (con *s* sonora), pero en general

(1) Sobre las antiguas consonantes *ss s, ç z, x j h, b v,* véase R. J. Cuervo, *Disquisiciones sobre antigua ortografía y pronunciación castellanas* (en *Revue Hispanique,* 1895, II, 1).—El mismo asunto (salvo la *b v*) tratan J. D. M. Ford, *The Old Spanish Sibilants* (en *Studies and Notes in Philology,* tomo II, 1900; Harvard University), y las reseñas de esta obra, que versan principalmente sobre la ç z, de Horning y de Herzog en *Zeitschrift für romanische Philologie,* Halle, XXVI, 359, y de W. Meyer Lübke en *Litteraturblatt für germ. und. rom. Philol.,* 1900, pág. 297.— J. Saroïhandy, *Remarques sur la phonétique du ç et du z en ancien espagnol* (en *Bulletin Hispanique,* IV, 1902, p. 198.—H. Gavel, *Essai sur l'Evolution de la Pronunciation du Castillan depuis le XIVᵉ siècle,* Paris, 1920, pág. 322 ss. para la *s;* 246 ss. para la ç, z; 397, 416 ss. para la *x, j.*—O. J. Tallgren, en sus estudios sobre la *Gaya de Pero Guillén de Segovia,* trata también la cuestión de ç y z.

pronuncian sólo fricativa seseante conservando la distinción de s sorda y z sonora. A comienzos del siglo xvi ya se generalizaba en muchas regiones de la Península la pronunciación interdental, simplemente fricativa θ y ɀ: *plaça, hazer.* Ambos sonidos se confundieron a partir del siglo xvii en uno solo sordo, perdiéndose el sonoro. Por más que la ortografía moderna distinga la *c* y la *z*, las distingue sólo para usar una ante *i, e,* y otra ante *a, o, u,* sin atender a la ortografía antigua etimológica; así que en algunos casos, como sucede en las dos palabras mencionadas, se escriben hoy precisamente al revés de como antes se escribían y pronunciaban: *plaza, hacer.* Ambas consonantes se pronuncian iguales, con *z* actual siempre sorda, que acaso es igual a la *ç* del siglo xvi. Por excepción (como sucede con la *s*) se pronuncia *z* sonora por contagio de una consonante sonora siguiente (v. § 35₄c). La *ç* en su estado africado primitivo pudo quedarse estancada, confundida con la *ch* en algún dialecto arcaizante, o pudo en su estado ulterior trocarse por la *ch*: *chico* (§ 37₂c), *chícharo* (§ 42₃), *marchitar* (§ 47₂b, final), *pancho* (§ 61₃), *capacho* (§ 53₄).

3] La lengua antigua distinguía dos fricativas prepalatales: **x** SORDA y **j g** SONORA: *dixe* se pronunciaba con sonido diferente que *hijo.* o *coger.* El sonido de la *x* y el de la *j* eran respectivamente muy parecidos al de la *ch* y *g j* francesas de *chambre, jour,* pero sin labialización: **dišo, hižo, kožeɪ.** A comienzos del siglo xvi se documenta ya una pronunciación velar,.la *x* pronunciada como la moderna *j,* y la *j* como sonora. A comienzos del siglo xvii se hace preponderante la confusión de ambas fricativas en un sonido fricativo velar sordo (1),

_____

(1) En tiempo de los préstamos antiguos del español al araucano el sonido único no era la *j* actual, sino la *x* antigua; así en el *Calepino chi-*

el de la *j* actual, desconocida a la lengua medieval; hoy se escribe y se pronuncia igual la consonante interior de *dije* que la de *hijo, coger.*

4] La lengua antigua distinguía una **b** OCLUSIVA SONORA y una **v** FRICATIVA SONORA; entre vocales, la *b* procedía de *P* latina: recipio *recibo,* y la *v* de *B* o *V* latinas: amabam *amaua, amava;* caballum *cauallo, cavallo;* avem *ave* (§ 43₂). Hacia el siglo XVI se confundieron ambos sonidos (1), perdiéndose el oclusivo intervocálico y generalizándose en esta posición casi exclusivamente el fricativo ƀ, que en el siglo XVIII se escribió ora *v,* ora *b,* para amoldar artificialmente la ortografía a la etimología latina, y en consecuencia se introdujo la costumbre de escribir *amaba* y *caballo* de modo distinto que *ave,* a pesar de pronunciarse unas y otras voces con ƀ fricativa bilabial. El sonido oclusivo **b** se sigue empleando, pero en especiales condiciones fonéticas independientes de la etimología.

5] La lengua de los siglos XV y XVI poseía además una **h** ASPIRADA en *hazer,* ha**ȝ**é**ı**, *humo, holgar,* etc., que hoy es completamente muda en la lengua literaria (v. § 38₂).

6] En resumen. Las diferencias esenciales entre los sonidos antiguos y modernos se reducen a las fricativas. La lengua antigua distinguía TRES PARES DE SORDA Y SONORA, que la lengua moderna confunde por haber perdido LAS

---

leno hispano del P. Andrés Febres (1764) se halla *acucha* ahuja, *achur* ajos, *chalma* enjalma, *charu* jarro, mientras hoy los araucanos por la *j* moderna pronuncian *k: karu, Koan* Juan. Véase R. LENZ, *Beiträge zur Kenntnis des Amerikanospanischen* (en *Zeit.,* XVII, 207).

(1) Los antiguos préstamos al araucano distinguen entre *napur* nabos, *irtipu* estribo, y *cahuallu* cavallo, *aghuas* havas, *huaca* vaca, pero con vacilaciones como *huancu* banco, frente a *pesitum* besar. Comp. LENZ, en *Zeit.,* XVII, 205-206.

SONORAS intervocálicas; distinguía además la *b* de la *v*, y hoy se perdió la *b* intervocálica; en fin, pronunciaba la *h*, que hoy es muda. La fecha de esta revolución fonética, por lo que respecta a la lengua literaria, cae en el período clásico de la literatura, en las postrimerías del siglo XVI. Hurtado de Mendoza (nacido en Granada, 1503) deja escapar rimas como *cabeça: belleza; consejas; quexas;* Ercilla (n. en Madrid, 1533) en ventiún cantos de *La Araucana* (1569 y 1578) hace siete rimas como *passa: casa,* y una *baraja: baxa;* Juan de la Cueva (n. en Sevilla, 1530) censura en 1585 a los que se permiten «Dar consonante a *pieça: fortaleza;* a *braço: abraso;* a *suave: sabe*»; pero él mismo, en su *Exemplar poético* (1606), usaba alguna vez tales rimas, aunque las procuraba encubrir con falsas grafías, como *vassos* (por vasos): *passos; atajo: bajo* (por *baxo); encaxan: cuaxan* (por *cuajan).* Los escritores de las generaciones siguientes, Cervantes (n. en Alcalá, 1547), Lope (n. en Madrid, 1562), Góngora (n. en Córdoba, 1561), ya no hacen distinción ninguna entre la sorda y la sonora. La confusión, pues, se hace dominante hacia 1550 en la mitad sur de España. Obedece a un vasto movimiento fonético, no sólo castellano, sino muy general: las fricativas sonoras *s, z* y *j* (en grafía fonética *z, ʒ* y *ǯ*) se ensordecen, a la vez que en Castilla y Andalucía, en los dialectos asturiano, leonés, y alto aragonés; a la vez también algunos dialectos seseantes ensordecen *s* (equivalente a *s* y *z*) y *j,* a saber, el gallego que en esto se diferenció del portugués, y el valenciano de Valencia y de Gandía, con el catalán fronterizo de Ribagorza, Litera y Pallars. En el dominio de los dialectos centrales sólo dialectalmente se conservan las antiguas diferencias (1).

_____

(1) El aragonés de Enguera, Anna y Nayarrés distingue la *s* sorda

36. Idea general del desarrollo de las consonantes.—
Comparando en conjunto las consonantes del latín clásico
con las españolas (véase el cuadro del § 34) advertimos que
la diferencia responde a los progresos que hacen dos ten-

(passar) de la sonora **z** *(casa, rabosa* 'raposa'), y la *b* de la *v (bever);* tiene
una *z* sonora = **ʒ**, pero, según informes, la usa indistintamente en vez de
la *z* o *ç* antiguas *(dize, plaza).* El extremeño de Malpartida de Plasencia y
otros pueblos al Norte de Cáceres distingue la *ç* sorda = **θ** de la *z* sonora = **ʒ** o **d**; ésta la notan por *d* los que intentan escribir el dialecto de la
región, el cual, como cecea, usa también esta *d* en lugar de la *s* sonora
antigua (sorda *crecel, cazal* 'caçar' *ceñor, zupiece;* sonora *jadel* – léase
hadél – 'hazer', *cereda, cadar* 'casar', *lad alaj* 'las alas'). Lo mismo en
los pueblos cercanos Serradilla y Talaván *(idil.,* esto es: **idíl,** 'dezir', *agu-
dao, jidon* 'hicieron'), salvo que no cecean y conocen una *s* sonora en
casa, rosa, mesa, pisar, y acaso también una *b* oclusiva. Conservo esta
breve indicación tal como la di en 1905 (ampliada en *El Dialecto Leonés,
Revista de Archivos,* X, 1906, § 11), y deseo que alguien estudie el dialecto de Énguera con la amplitud y competencia que fué estudiado el dialecto extremeño por A. M. Espinosa, hijo, *Arcaismos dialectales, la conservación de* s *y* z *sonoras en Cáceres y Salamanca,* 1935 (Anejo XIX de
la *Rev. de Filol. Esp.).*—Restos de las fricativas sonoras en Sanabria,
F. Krüger en el *Homenaje a Menéndez Pidal,* II, 1925, pág 136-138.
Estos dialectos son preciosos para aclarar muchos puntos etimológicos en
que la ortografía antigua no nos informa, o nos informa mal. También los
judíos de Marruecos y de los Balcanes distinguen la **s** sorda en *asar,
gruesu, pasar,* y la **z** sonora en *caza* 'casa' *quezo, muzíca* 'música', *bezo;*
y como sesean, dicen *braso, curasón, conoser, plasa,* frente a *dizir, vazío,
fazer* o *azer,* etc.; distinguen también la sorda **š** en *dešar, dišo, abašo,
pášaro,* de la sonora **ž** en *mužer, fižo* o *ižo, oreža, ožo;* pero confunden
la **b** oclusiva y la **ƀ** fricativa, diciendo *caƀesa, loƀo, saƀer* igual que ca-
ƀallo, gana**ƀ**a, etc. Véanse especialmente J. Subak, *Zum Judenspanischen*
(en *Zeit. für rom. Philol.,* XXX, 1906, pág. 129 y sigs.). L. Lamouche,
Dialecte espagnol de Salonique (en *Romanische Forschungen,* XXIII,
1907, pág. 969 y sigs.). M. L. Wagner, *Beiträge zur Kenntnis des Judenspanischen von Konstantinopel,* Wien, 1914. (K. Akad. der Wissensch.,
Balkankomission). M. L. Wagner, *Caracteres generales del Judeo-espa-
ñol de Oriente,* 1930 (Anejo XII de la *Rev. de Filol. Esp.).* M. A. Luria,
A Study of the Monastir Dialect, 1930 (en la *Revue Hispanique* LXXIX.)

dencias iniciadas ya en el latín vulgar: de una parte, la palatalización y asibilación de ciertas consonantes por influjo de la yod, que da nacimiento a la ĉ, a la š y ž x (= j) y a la ļ y ñ, § 8 bis; de otra parte, la relajación o vocalización de las consonantes, que hace pasar las oclusivas sordas a sonoras, las sonoras a fricativas, y que hace perderse muchas articulaciones fricativas.

Por lo demás, las consonantes aunque en mayor número que las vocales, no tienen una historia más complicada que éstas, pues se reunen en grupos de evolución semejante. Como las dos vocales palatales tienen un desarrollo paralelo al de las dos vocales velares, así todas las consonantes oclusivas sordas *p, t, k* se agrupan en una común evolución, que tiene puntos de semejanza con la evolución de las oclusivas sonoras *b, d, g,* y de las fricativas, etc. Además, la vida de las consonantes no depende del acento casi nunca, mientras que a las vocales la condición de acentuadas o no acentuadas les da un doble desarrollo que exige una doble historia. Toda la evolución de las consonantes se determina por su modo de articulación (§ 33), por su condición de simple, doble o agrupada con otra consonante, y por su posición, ora inicial, ora interior, ora final de palabra.

La posición **inicial** da a las consonantes una resistencia quizá superior a la de las vocales; todas se conservan menos la *f,* y en algunos casos la *g* (§ 37 y sigs.).

La posición **interior** hace que la consonante intervocálica tienda a asimilarse en algo a las vocales que la rodean; así la MEDIAL SIMPLE, si es sorda toma la sonoridad de las vocales, y si es sonora tiende a perderse eliminando su articulación entre la de ambas vocales (§ 40 y sigs.). Por otra parte, ocurren simplificaciones de otro tipo: la consonante DOBLE se hace sencilla, y la *ll* y *nn* se palatalizan (§ 45 y siguientes). Las consonantes AGRUPADAS se conservan o tienden a reducirse a un sonido simple, frecuentemente palatal (tructa, filiu, oc'lu) o sibilante (vitiu, ericiu), o bien desarrollan una *b* o *d* para facilitar el paso de una a otra de las consonantes del grupo (§§ 47-61).

Las consonantes **finales** latinas desaparecen, salvo la *s* y la *l*, o la *r*, que pasa a interior (§ 62); de modo que en español no hay más consonantes finales de palabra que las que quedaron después finales por pérdida de una vocal (§ 63).

CONSONANTES INICIALES

37. · LAS CONSONANTES INICIALES SIMPLES SE CONSERVAN, EN GENERAL, INALTERABLES.—1] Ejemplos: **Oclusivas:** pectĭne *peine,* *pĕdĭcu (por pĕdĭca) *piezgo,* badiu *bayo,* balneu *baño,* taeda *tea,* tegŭla *teja,* digĭtu *dedo,* domĭtu *duendo,* cocturario *cochurero,* cognatu *cuñado,* gallicu *galgo,* gaudiu *gozo.* **Nasales:** mutilu *mocho,* mŏlle *muelle,* nebula *niebla,* navigiu *navío.* **Fricativas:** viride *verde,* summariu *somero,* somnu *sueño,* ciconia *cigüeña,* circellu *cercillo* y *çarcillo.* **Lateral:** lacūna *laguna,* lĕpŏre *liebre.* **Vibrante:** radice *raíz,* rete *red.*

2] Sólo hay que hacer observaciones respecto de las fricativas, y en primer lugar respecto de las que se conservan.

a) Los romances distinguen la *B* inicial de la *V;* así el cast. ant. *vaca* ʙáka, *valle, voto, vassura,* *versura, frente a *baño* ʙáɥo, *boca, baxo, bever, bava.* Hay sin embargo una

tendencia a pronunciar la *v* como *b,* por ejemplo: *barrer*
verrere, *bermejo* vermiculu, *boda* vota (plural de vo-
tum), *bodigo* panem votivum, en que la **b** pudiera explicarse por la misma posición inicial (§ 34₁); en otros casos
la excepción proviene de disimilación: *bivir* ya se da en
latín vulgar (§ 34₁), *bivar, barvecho* verbactu, *barvasco*
verbascu; o proviene de metátesis: *bivora* vīpera. Hoy
la inicial de *verde, viaje* se pronuncia igual que la de *bayo,*
baño (§ 35₄); la ortografía académica procura seguir la latina; pero cuando la etimología no fué recordada, se sigue la
antigua castellana en *barrer, bermejo, boda, bodigo, barbecho,*
y aun se tiende más a la *b,* por ejemplo, en *basura.*

b)   La *S* alguna vez se muda en *x* antigua = š, convertida hoy en *j* = x: sapone *jabon* (ant. *xabon*), sucu *jugo*
(ant. *xugo*), sepia *jibia,* syringa *jeringa.* Buena parte de
estas palabras proceden de la pronunciación de los moriscos, que toda *s* castellana la pronunciaban *x* = š: «xean lleva-
dox todox estox»; ya en Ben Buclárix, autor musulmán de
Zaragoza, que escribía hacia 1110, se halla palabras españolas como la ya citada **šibia,** que hoy decimos *jibia;* y es
bien de notar que en la toponimia de las regiones más arabizadas se dan casos importantes como Saetabi *Játiva,*
Sucro *Júcar,* Salone *Jalón,* Saramba *Jarama,* casos
que faltan en Castilla la Vieja y demás regiones que se vie-
ron pronto libres de musulmanes (1). No obstante, sin influencia morisca puede ocurrir este cambio de consonantes
por espontánea evolución, dada la semejanza de la **s** española, alveolar cóncava algo palatal, con la š, según queda

(1)   Para la influencia morisca, véanse *El Poema de Yuçuf* (en la *Re-*
vista de Archivos, VI, pág. 117); A. R. Gonçalves Viana, *Fonología histó-*
rica portuguesa (en la *Revista lusitana,* II, pág. 334).

dicho arriba § 35₅ₐ (1).—También la S muda en ç, escrita hoy *c* o *z:* setaceu *cedazo,* *sĭccina (de sĭccus) *cecina,* y otros así, se explican por asimilación, caso el más antiguo, como se ve en ceruitium de un documento leonés de 1079, *çeruiçio* en el manuscrito del poema del Cid; después hallamos serare *cerrar,* subbullire *çabullir* (escrito hoy *za-),* subfundare *çahondar,* *subsuprare ('volver lo de abajo arriba') *zozobrar* § 126₂, soccu *zueco,* saburra *zahorra.* Véase adelante § 72₂.

c) La Ć o ç, que sería originariamente una africada, algo así como *ts* (§ 35 bis ₂), pudo muy bien mudarse entonces en la también africada prepalatal **ch** (algo así como t̬š̬, § 35₆ₐ), según vemos en casos como *cicĕru (por cicera) *chícharo,* y aun en voces cultas como cistella *chistera* 'cesta de pescador' (pop. *cestilla).* Este cambio es antiguo; no sólo aparece *chico* ciccu en el Poema del Cid, sino que varios romances como el sardo logudorés y campidanés y el italiano coinciden a veces con el español, probando que el fenómeno remonta al latín vulgar (2). Probablemente este cambio en España procede de alguna región dialectal, pues

---

(1) Véanse A. Castro, en la *Revista de Filología Española,* I, 1914, pág. 102; y F. Krüger, *Westsp. Mundarten,* 1914, págs. 166-168. V. García de Diego, en la *Revista de Filología Española,* III, 1916, pág. 306, desecha en absoluto la influencia morisca, lo cual sin duda es un exceso de simplificación en este problema. A. M. Espinosa, *Estudios sobre el Español de Nuevo Méjico,* Buenos Aires, 1930, pág. 182, admite equivalencia acústica espontánea favorecida por influjo árabe, sobre todo en palabras vinculadas al prestigio industrial de los moriscos, como *jabón.* Un estudio detenido de este tema se halla en A. M. Espinosa, hijo, *Arcaismos Dialectales,* 1935 (Anejo XIX de la *Revista de Filología Española),* página 225-242.—Para *s* = š̬ *j* en el interior de la palabra, véase § 72₂.

(2) Véanse las curiosísimas observaciones de J. Jud, en *Romania,* XXXVII, 1908, pág. 463, y XLIII, 1914, pág. 455.

coexisten formas duplicadas como cīmice *çisme* y *chisme*
o *çimçe* y *chinche;* schisma *cisma* y *chisme, cismoso* en
Cespedosa, Béjar, junto a *chismoso; çanco* y *chanco*; ant.
chanqueta, mod. *chancleta,* de *çanca; çamarra* y *chamarra.*
Esta alternancia la tiene además la ç procedente de *s:* *sub-
puteare (de puteus) *çapuzar* y *chapuzar,* soccŭlu *çoclo*
y *choclo,* sŭppŭtare *chapodar,* sibilare *chillar.*

38. ALGUNAS CONSONANTES SIMPLES QUE SE HAN PERDIDO EN
COMIENZO DE PALABRA.—También aquí únicamente las fricativas ofrecen materia de observación, como en el § 37₂.

1] La *H* no se pronunciaba ya en latín, de modo que en
romance no tuvo representación ninguna. En la antigua ortografía, más fonética que la de hoy, se escribía *ombre, onor,*
eredero, como aún se hace en las reimpresiones del Diccionario de Nebrija hechas en el siglo xvı; pero er. el Tesoro de
Covarrubias (1611) ya se escriben con *h* estas palabras,
para imitar la ortografía latina. En la ortografía de Nebrija
la **h** representaba un verdadero sonido y se empleaba sólo
en vez de una *f* latina; verbigracia: *hazer* facere, *hijo* fi-
lium (véanse el punto siguiente y § 35 bis₅).

2] La *F* se conservó en la lengua escrita hasta fines del
siglo xv—como se conserva hasta hoy en la generalidad de
los romances, incluso el portugués y catalán—, pero luego
fué sustituída por la **h**, que era verdadera aspirada en los
siglos xv y xvı. Garcilaso y Fr. Luis de León aspiran comúnmente la *h* en sus versos; pero Ercilla, en 1578, lo
mismo mide «donde más resistencia se | hazía», que «en
consejo de guerra haciendo instancia», y después Quevedo
y Calderón apenas tienen en cuenta la *h.* Modernamente se
escribe todavía, pero nunca tiene sonido: fabulare, antiguo *fablar,* siglo xvı *hablar,* mod. *ablar* (escrito con *h* mu-

da); **folia**, ant. *foja*, mod. *(h)oja;* **follicare** (respirar an-helosamente con ruido como de un fuelle), *folgar* (su sentido primitivo 'descansar de la fatiga'), *(h)olgar;* **factum**, *fecho, (h)echo.* La aspiración del siglo xv se conserva confundida con la respectiva **j** del habla popular de algunas regiones (Santander, oriente de Asturias, Salamanca, Extremadura, Andalucía, América), que pronuncian *jacer, jigo, jaba,* y la lengua literaria acogió ciertas voces de alguna de estas regiones (sin duda Andalucía), como *jamelgo,* de **famelicum**; *jaca* por *haca; jalear,* derivado de la interjección *¡hala!; cañajelga* por *cañaherla,* de **cannaferula**; y además *juerga, jolgorio, jumera, jopo,* que así se pronuncian corrientemente, aunque el Diccionario académico las escriba *huelga, holgorio,* etc. La **f** de la Edad Media se conservó en la lengua literaria sólo ante el diptongo *ue,* y a veces ante *ie,* o en otras circunstancias mal definidas: **folle** *fuelle,* **forte** *fuerte,* **fonte** *fuente,* **focu** *fuego,* **feru** *fiero* (frente a **ferru** *hierro,* que en América se pronuncia corrientemente *fierro;* **fel** *hiel*), **foedu** *feo,* **fundu** *fondo* (junto a *hondo*), **fide** *fe,* ***fall(i)tare,** por **fallĕre,** *faltar* (los judíos de Tánger *haltar*).—Cuestión importante es la fecha de la pérdida de la *F.* En la lengua literaria no ocurre hasta el siglo xv, pero entonces no hizo más que generalizarse una pronunciación antigua relegada como dialectal y vulgar. Desde el siglo xi se encuentran en la región setentrional de Burgos, en la Rioja y en el Alto Aragón ejemplos como *hayuela, Rehoyo, Ormaza, Ortiz, Hortiz* < **fortis** con sufijo *-iz, Oçe* < **fauce**; estas regiones se encuentran inmediatas al país vasco, donde también la **f** fué siempre un sonido exótico; por esto debemos suponer que la sustitución de la *f-* por la *h-,* y subsiguiente pérdida, en Castilla es un fenómeno primitivo hijo de la influencia ibérica (§ 4₄), de los dialectos indígenas vecinos al vasco. También en Gascuña, colindante con el país vasco francés, se trueca la *F* por una aspiración, diciéndose *hasende* 'hacienda', *hum* 'humo', *hart* 'harto', y aunque la *h* no se emplea corrientemente en la escritura sino en el siglo xvi, hay testimonios de que ya se pronunciaba *h* en el siglo xii (1). Del norte de Castilla la pérdida de la *f-* se fué propagando hacia el sur. La diferente edad de la pérdida de la *f-* en las varias regiones se puede observar en el nombre **Ecclesia sancti Felïcis**, que ora da *Santelices,* dos en Vizcaya y uno en el norte de Burgos, ora *Sahelices Saelices,* tres en León, con otros en Salamanca, Valladolid, Guadalajara y Cuenca. Las formas castellanas viejas con *t* remontan a una época primitiva en que la consonante final de *sante* se conservó por hallarse ante nombre que empezaba por vocal *(F)elices,* como en *Santesteban, Santander* § 55₁, *Santiago* § 74₅, etc. Las formas sin *t* soldaron sus dos componentes cuando todavía la *f-* perduraba: *San(t)Felices* > *Sanfelices* > *Safelices* > *Sahelices* > *Saelices* § 47₂ₐ (2).—La propagación de la *h* hacia el Sur fué lenta. En 1330, el Arcipreste de Hita, que escribe en el reino de Toledo, mezcla ya bastantes casos de *hogaça, harta, herrén,* con los predominantes de *fablar, fasta, fazer,* etc. (3). En 1492, Nebrija, andaluz, adop-

---

(1) Véase A. Thomas, *Gahel, ou les avatars d'un lépreux dans Girart de Roussillons* (en los *Anales du Midi,* XI, 197).

(2) Véase *Orígenes del Español,* pág. 227.

(3) Para la pérdida de la *f* en general véanse *Orígenes del Español,* § 41, y los autores citados aquí en el § 4₁ nota 2. Para *f* y *h* en el Norte de Asturias y Santander hasta Salamanca, véase R. Menéndez Pidal, *El Dialecto Leonés,* en la *Rev. de Archivos,* 1906, § 8; para la *h* en Extremadura y Andalucía, véase A. M. Espinosa, hijo, y L. Rodríguez-Castellano, *La aspiración de la h en el sur y oeste de España,* en la *Revista de Filología Española,* XXIII, 1936, pág. 225-254.

ta la *h-* como sonido general y corriente en la lengua culta; pero todavía la imprenta en los incunables de la literatura mezcla las formas con *f-* y las de *h-* en proporciones variables, por ejemplo en la edición de la Celestina, Burgos 1499, predomina la *f-*, mientras en la de Sevilla, 1501, predomina la *h-*.—La propagación de la *h-*, o la pérdida, por el dominio leonés y aragonés fué más lenta; aun hoy subsisten regiones de *f-* en el Alto Aragón y en Asturias, occidente de León y de Zamora.

3] La *G* o *J* se conservan con el mismo sonido prepalatal del latín vulgar, sólo ante vocal **anterior acentuada:** jacet *yace,* jam *ya,* Jacŏbe *Yagüe,* gĕneru *yerno,* gĕmma *yema,* gĕlu *yelo* (escrito por la Academia *hielo),* gўpsu *yeso,* gĕmĭtu ant. *yemdo* (1). Ante vocal **anterior inacentuada** se pierde la fricativa, absorbida en la vocal palatal, (descártese la *h* que inútilmente introdujo la ortografía en muchos casos): jacēre *azer,* leonés, hecho *yacer* por analogía con jacént *yazen,* (j)ajunu *ayuno* (clásico jejunium con pérdida de la *j* inicial por disimilación de la interior), jenuariu (clásico januariu) *enero,* *jectare (por jactare) *echar,* germanu ant. *ermano,* y *hermano* como hoy; *genuculus (por geniculu) ant. *inojos,* moderno *hinojos;* genĕsta *hiniesta,* *jenipĕru (por juniperu; comp. ital. *ginevro,* etc.) *enebro;* gelare ant. *elar,* moderno *helar,* *gemelliciu (por gemellus), ant. *emellizo,* mod. *mellizo;* Gelovira *Elvira,* gĭngīva *encia* (2). Ante

---

(1) Son cultos *género, gente,* etc. *Gemido* procede de la dislocación del acento de gemitu, provocada por creerlo un derivado del verbo *gemir,* del mismo tipo que chillido, silbido, bramido, etc.

(2) La única excepción popular es *jamás* jam magis (mientras el simple *ya* jam es regular). Son cultos *gentil, gigante, Jesús, giba, jacinto*

vocal **posterior,** sea acentuada o no, la fricativa perdió su mojamiento para convertirse en la antigua **j** (velarizada y ensordecida modernamente, § 35 bis₃): judex *juez,* jŏcu *juego,* Jŏvis *jueves,* justu *justo,* jurat *jura,* juniu *junio,* jūliu *julio,* junctu *junto, juntar,* juvene *joven,* juncu *junco,* judiciu *juicio,* judaeu *judío;* sólo hay algunas excepciones, sin duda de origen dialectal: jugu *yugo, yunta,* jungere *uncir,* al lado de formas populares que conservan la *j: jugo, juncir, juñir* (1).

39. CONSONANTES INICIALES AGRUPADAS.—I] .. Los grupos compuestos de una consonante seguida de *R* se conservan en general: *praegnare *preñar,* prātu *prado,* bracchiu *brazo,* braca *braga,* tribulu *trillo,* tructa *trucha,* dracone *dragón,* credo *creo,* crudele *cruel* (en el caso de *cr* abundan las excepciones, ora de metátesis: crepare, antiguo *crebar,* mod. *quebrar;* ora de cambio en *gr. gruta, greda,* § 4₂, crassu *graso);* graculu *grajo,* graecu *griego,* grege *grey,* fraxinu *fresno,* *frontaria *frontera.*

hyacinthus, *gemir* (pop. ant. *emer).* En los verbos claro es que *yanto, yantas,* etc., influyen sobre *yantar, yantamos,* como se dice arriba de *yacer;* este verbo en leonés ofrece también el influjo inverso, de la forma de inicial inacentuada, *azér,* sobre la acentuada *ázen.*

(1) La toponimia nos muestra que *Junquera, Junco, Juncosa, Juncar, Junta, Las Juntas,* etc., están extendidos por toda España, dominando en el Norte desde Galicia a Cataluña. En el centro y el Sur quedan algunos restos de formas con *y* que sin duda son restos del dialecto primitivo de la región: *Yuncos* en Toledo, *Yunco* en Almería, *Yunquera* en Guadalajara, Albacete y Málaga; *La Yunta* en Guadalajara. La pérdida de la consonante sólo aparece en escasos puntos: *Unquera* en Oviedo y Santander, y tras consonante *Valluquera* en Burgos, Segovia y Guadalajara. Véase *Orígenes del español* § 42. Para otras explicaciones e hipótesis, véanse E. H. TUTTLE, en *Modern Philology,* VIII, 1911. pág. 592, y XII, 1914, pág. 190; y V. GARCÍA DE DIEGO en la *Rev. de Filol. Esp,* III, 1916, págs. 310-311.

2] El grupo de consonante **sorda** seguida de *L*, tuvo destinos muy varios sobre el suelo de la Península. En Aragón y Cataluña se conservan los grupos PL, CL, FL, *plorar,* etc. En una pequeña zona entre Cataluña y Aragón, extendida por Pallars, Ribagorza y la Litera, la *l* se palataliza, *plorar.* En Castilla y León la *l* se palatizó igualmente pero la oclusiva se perdió *lorar,* ortografiado *llorar.* En el occidente de León, en Galicia y Portugal la *l* se palataliza pero deja de ser articulación lateral para hacerse central, y la oclusiva se conserva pero indiferenciada: *chorar,* lo mismo que c l a m a r e *chamar* o que f l a m m a *chama;* o bien la africada *ch* pasa a ser simple fricativa š escrita *x: xorar, xamar, xama* (1). Ejemplos de los dialectos centrales: p l a n -ta *llanta,* plaga *llaga,* plícare *llegar,* planu *llano,* ple-nu *lleno,* pluvia *lluvia,* plorare *llorar,* plantăgĭne *llantén;* la raíz onomatopéyica c l o c - dió *llueca* junto a *clueca,* clamare *llamar,* clave *llave,* clausa *llosa,* flamma *llama;* y así las demás voces patrimoniales del idioma. También, en época posterior o por influencia culta, se conservó el grupo, dándose así algunos duplicados, como *planta, plegar, clueca, clamor,* y además plangĕre *plañir,* platea *plaza,* pluma *pluma,* plumbu *plomo,* clavicula *clavija,* clamore *clamor,* claru *claro,* floccu *fleco,* flore *flor.* El caso de *FL-* aún ofrece un tercer resultado, perdiéndose desde muy temprano la *F-,* como ante vocal, sin palatizar la *l:* flaccidu *lacio,* Flagĭnu (de Flavinu?) *Laino,* Flammula *Lambla* y *Lambra* junto a *Llambla,* Flaviana *Laviana,* Flacciana *Laciana* (2). Si la primera

---

(1) Véase *Orígenes del español,* págs. 527-529.

(2) Estos dos últimos nombres de lugar se pronuncian en su región respectiva *Llaviana* y *Tsaciana* (= Llaciana); como en esa región se pa-

consonante es **sonora,** tenemos que *BL-* permanece: blĭtu *bledo,* blandu *blando;* pero *GL-* pierde su *g:* glandula *landre,* salmantino *landra;* glande, ant. *lande* 'bellota', *glirone (en vez de glirem) *lirón,* glattire *latir,* globĕllu *lovillo,* (el l)*ovillo.* Son cultos *gloria* gloria, *globo;* pero no lo parece *glera* glarea, que también tiene la forma *lera* (en Santander), además de *llera,* que aunque va en el Diccionario académico sin nota de provincialismo, es propia de Asturias, siendo la *ll-* hija de palatalización dialectal de toda *l-* inicial *(lluna, llobo).*

3] A la *S-* líquida, o sea seguida de otra consonante, se le antepone una *i* o una *e* ya en el latín vulgar; en las inscripciones se halla escrito istare, ispatium, ispiritum, Estephanus, etc., y lo mismo en español se dice *estar, espacio,* scamnu *escaño,* scribo *escribo,* smaragdu (§ 76) *esmeralda,* speculu *espejo* (1). Estas palabras atrajeron a sí en latín vulgar otras que empezaban con ᵛᵒᶜ· S͏ᶜᵒⁿˢ·, como (a)sparagu *espárrago,* (ob)scuru *escuro* y *oscuro,* (ho)spitale, pop. *espital;* (hi)storia, anticuado *estoria;* comp. el port. *espargo, escuro,* ital. *sparago, scuro, spedale storia,* ingl. *story.*

4] El grupo *QU-,* es decir, la velar *c* seguida de la fricativa labial *v,* pierde su fricativa (comp. § 30₂ ᶜ), ora en la

---

lataliza toda *l-,* cabe dudar si la *Ll-* de ambos nombres de pueblo procede de la palatalización normal en el dialecto, o es el resultado de *FL-;* en este caso, la *L-* que lleva el nombre oficial de ambos pueblos procedería de una falsa corrección de la *ll-,* mal mirada como dialectal. Esta última suposición parece poco probable y por eso se incluyen arriba ambos nombres.

(1) En voces cultas *SC-* se hace también *c,* como en sceptru *cetro,* sciencia *ciencia,* schisma *cisma* y *chisme* (§ 37₂ᶜ). Otras veces se antepone la *e,* como en *escena, escénico* (ants. *cena, cénico).* También spasmu *pasmo* junto a *espasmo.*

escritura y pronunciación: quattuordecim *catorce,* *qua-
lania (derivado de qualis) *calaña,* *quassicare (derivado del participio quassus, de quatĕre) *cascar;* ora se
pierde en la pronunciación, aunque se siga escribiendo la *u*
por seguir *e* o *i:* quaero *quiero,* quem *quien,* quingenti
quinientos, quindecim *quince,* quinione *quiñón* (1). Sólo
se exceptúa el caso de quá-, quó- acentuados, que éstos
conservan la *u:* quale *cual,* quattuor *cuatro,* quadru
cuadro, quando *cuando;* comp. coagulu *cuajo* (2); de quó-
no hay más ejemplo que quomodo, que antiguamente fué
cùomo, luego *cuemo* (cuando todas las palabras que tenían
diptongo *uo,* de otro origen, lo cambiaron en *ue,* § 13₁), y
también *como,* forma esta última que prevaleció y en la cual
quo- se miró como átono, porque las partículas pueden
pasar como proclíticas muchas veces; caso igual ofrece
quasi, que mirado como tónico, dió *cuasi,* y como átono,
casi. Para *cinco* y *cincuenta* véase § 66₂.

5] Para duodecim, diurnale, véase 30₂ *cd.*

CONSONANTES INTERIORES SIMPLES

40. Las oclusivas sordas latinas entre vocales se convierten en sonoras (3). — Este cambio comienza a estar

---

(1) Son cultas las palabras que conservan la *u,* como qualitate *cualidad* (pop. *calidad),* quadrupedu *cuadrúpedo,* quaterni *cuaderno,*
questione *cuestión, cuodlibeto,* etc.

(2) Frente a éste sería una excepción el adjetivo *cacho, gacho,* si se
derivase de coactu, como quiere Díez.

(3) Son cultas las palabras que conservan las sordas intervocálicas.
Ejemplos de *P: capítulo* (semipop. *cabildo), epístola, ocupar, insípido.*
De *T: cátedra* (pop. *cadera), voto* (ant. *vodo), votivo* (ant. *vodivo,* luego

atestiguado en España en el latín imperial: **imudavit** inscripción del siglo II en Mérida. **Celtigun** inscripción de Aguilar de Campó; y en la época visigoda, **eglesia, lebra, pontivicatus**, inscripciones del siglo VII (1). Esta sonorización de las explosivas sordas es anterior a la pérdida de la vocal postónica interna (§ 54₁). Las explosivas sonoras resultantes *b, d, g* se pronuncian hoy fricativas cuando van entre vocales: ƀ, đ, g (§ 35), y hasta inician a veces la tendencia a perderse.—La *P* se hace ƀ (que en la lengua antigua era explosiva sonora, no fricativa, como la *v*, § 35 bis₄): **cepulla** *cebolla*, **lupu** *lobo*, **ad-ripa** *arriba*, **apicula** *abeja*, **trípĕde** *trébede*.—La *T* se hace đ: **vita** *vida*, **metu** *miedo*, **pratu** *prado*, **rota** *rueda*. La *-t-* latina resulta la explosiva menos resistente; ha desaparecido en la desinencia verbal -ᵛᵒᶜ·**tis** (§ 107₁), y está en peligro de perderse en el habla culta en la terminación *-ado;* en el habla vulgar se pierde más abundantemente (§ 35). – La *C* se hace g: **securu** *seguro*, **secat** *siega*, (a)**potheca** *bodega*, **cuculla** *cogulla*, **ciconia** *cigüeña*, ***vessica** (por **vesica**) *vejiga*, **focacea** *hogaza*, **lactuca** *lechuga*. Para *C* véase § 42₃.

41. LAS OCLUSIVAS SONORAS O SE HACEN FRICATIVAS O DESAPARECEN. — 1] La *B* intervólica, hecha ƀ, se conserva, § 43₂, con escasa tendencia a perderse.

2] La *D*, hecha fricativa đ ya en latín vulgar, § 34₆, va-

---

bodigo, se sobrentiende **panen votivum**), *rotundo* (pop. *redondo*), *minuto* (pop. *menudo*), **metallu** *metal, plátano* (pop. en el nombre de lugar *Prádanos*). De *C:* **pacato** (pop. *pagado*), *cicuta, fecundo, sofocar* (popular *ahogar*), *delicado* (pop. *delgado*), **sabucu** *sabuco* y *saúco* (pop. *sabugo*).

(1) Véase A. CARNOY, *Le latin y Espagne*, pág. 115. Contra la opinión de MEYER-LÜBKE en la *Rev. de Filol. Esp.*, XI, 1924, p. 3, que quiere modernizar la fecha de la sonorización, véanse mis *Orígenes del Español*, párrafo 46₄ y ₅.

5.

cila mucho. Se conserva hoy en sudare *sudar,* vadu *vado,* crūdu *crudo,* nidu *nido,* nudu *des-nudo* (ant *suor, cruo, nio, desnuo);* pero se pierde en credit *cree,* foedu *feo* (ant. *hedo*), pedes *pies* (ant. *piees, piedes);* videt, anticuado *vee* (comp. *pro-vee*), mod. *ve;* fide *fe,* Vadavia *Bavia,* tēda *tea,* laudat *loa,* audire *oir;* *dis-affiduciare *des-a-fiuciar,* mod. *deshauciar;* medulla *meollo,* radīce *raiz;* fridu, § 34$_{2b}$, ant. *frido,* mod. *frío;* tĕpĭdu leonés *tebio* (Alexandre; *Fuente tebia,* fuente termal en Villaviciosa de Asturias), *tĕpĭdu *tibio,* nĭtidu leonés *nidio,* lĭmpidu *limpio,* rōscĭdu *rucio* (de donde el verbo *ruciar, rociar* y el postverbal *rocío*), turbĭdu *turbio,* lūcĭdu *lucio,* sūcĭdu *sucio,* flaccidu *lacio,* rancĭdu *rancio,* Fonteputida ant. *Fuentpudia,* mod. *Ampudia* (Palencia); rivu putidu *Repudio* (Santander y Sevilla); frente a todos los cuales es raro hallar *raudo, laude* § 26$_2$, ant. *treude* § 63$_{1a}$.

3] La *G,* ya *g* en latín vulgar, se conserva en a(u)guriu *agüero,* A(u)gustu *agosto,* legumen *legumbre,* plaga *llaga,* castīgare *castigar,* fustīgare *hostigar,* negare *negar,* navigare *navegar;* pero se pierde en el antiguo *navear* y en rumigare *rumiar,* lĭgare *liar,* litīgare *lidiar,* fumigare *humear,* legale *leal,* regale *real,* *magaliata (por magalia) *majada.* Para *G* véase § 43$_1$.

4] La fricación y pérdida de la consonante sonora es anterior a la sonorización de la oclusiva sorda, pues lĕvĭtu, gall. port. *lêvedo,* no evolucionó en cast. a **levio,* sino a *leudo.* En cŏllĭgo *cojo* la pérdida de *g* es anterior a la inflexión de ǫ abierta y a la palatalización de *ly;* lo mismo que el leonés *tebio* muestra que la *d* se perdió antes de la inflexión de ę abierta, y naturalmente la pérdida de la consonante fué anterior a la más tardía inflexión de las ǫ ę cerradas *tibio, rucio,* etc. En tra(d)ūcere, *traucir* siglo x, *troçir* siglo xii y xiii, 'atravesar, pasar', proba(v)i *probe*, ma(g)icu *mego*, se ve que la pérdida de la consonante sonora es anterior a la monoptongación de *au* y *ai* (1). La pérdida de la sonora es anterior a la pérdida de la vocal protónica, here(d)itate § 54₁ₐ.

42. LAS FRICATIVAS SORDAS SE HACEN SONORAS. — 1] Todo hace creer que la *S* tenía dos pronunciaciones en latín (como en Toscana es sorda en *casa, fuso, naso*, pero es sonora en *rosa, vaso, uso*) comp. § 47₈; en español antiguo la sorda se sonorizó como las demás consonantes, si bien luego se ensordeció otra vez (§ 35 bis₁): c a s a *casa*, f u s u *huso*, sonora, lo mismo que en ū s u *uso*, *rosa, vaso*, t h e s a u r u *tesoro*.

2] La *F* se transforma igualmente en la sonora v, escrita hoy día casi siempre *b* (§ 35 bis₄). En una inscripción española del año 665 se halla p o n t i v i c a t u s, como de S t e p h a n u tenemos *Estevan*, ortografiado a la moderna *Esteban;* C h r i s t ŏ p h ŏ r u *Cristóval* (ort. mod. *-bal)*, r a p h a n u *rávano* (ort. mod. *rábano)*, cŏphĭnu *cophanu (§ 26₁) *cuévano*, aquĭfŏlĭu *acebo*, trĭfŏl(ĭ)u *trébol*, profectu *provecho*, trĭfĭnium 'piedra terminal de tres comarcas' *Treviño*, gót. lôfa, ant. *luva* y *lua;* para -ĭfĭcare *-iguar* véase § 18₂: Sólo cuando la f está en voces latinas com-

---

(1) El caso de ra(d)ĭcare *arraigar*, radicale *raigal, raigón*, no nos puede hacer concluir que la pérdida de la *d* sea posterior a la monoptongación de *ai*, frente a los varios casos en que la yọd por síncọpa inflexiona la *a*, § 9₂ *b;* en tales palabras la conservación de *ai* se debe al influjo de la *i* acentuada en el simple *raíz*. La lengua antigua conoció formas no analógicas con pérdida de la protónica: «las *radgadas* de los árboles» (General Estoria de Alfonso X) < radĭcata, forma conservada en el toponímico *Rasgada*, por *Razgada (Santander), frente a *Raigada* (Granada, Oviedo).

puestas, cuyos elementos componentes fueron en algún tiempo apreciados o sentidos como tales por el romance, entonces se trata la *f* como inicial, y por lo tanto se trueca en *h* (§ 38$_2$): subfumare *sahumar*, cannaferŭla *cañaherla;* el prefijo *de-* hizo sentir como inicial la *f* en el castellano *dehesa* < defensa, mientras el leonés *devesa* trató la *f* como intervocálica; igual vacilación tras el prefijo *con-* en confiniu que es *Cohiño* en Santander y *Coveña* en Madrid.

3] La *C̕* da regularmente la sonora **z** (esto es, **ʒ**) de la lengua antigua: vicinu *vezino* **beʒíno**, dicit *dize*, facis *hazes*, racemu *razimo*, placere *plazer*, cruces *cruzes*. Desde el siglo XVII esta *z* pasó a ser sorda y se escribió *c: vecino,* etc. (§ 35 bis$_2$).—Anómalamente hallamos, en vez del fonema sonoro, el sordo *ch*, en *cicĕro *chícharo*, donde pudiera haber asimilación a la sorda inicial (como en el caso de *chinche*, § 37$_{2c}$). Pero por otra parte estas voces parecen retener el estado primitivo africado de la *C̕,* estancado en algún dialecto arcaizante, que mantuvo además la consonante sorda o que la ensordeció ulteriormente; tal dialecto pudiera ser el mozárabe, donde es regular *C̕ > ch: Turruchel* (Ciudad Real, Jaen) 'torrecilla', Lacippo *Alechipe* (Málaga, término de Casares), comp. § 47$_{2b}$.

43. LAS FRICATIVAS SONORAS INTERVOCÁLICAS VACILAN DE IGUAL MODO QUE LAS OCLUSIVAS SONORAS.—1] La *J* y la *Ġ* suenan **y**: majore *mayor*, *(j)ajunare (por jejunare) *ayunar*, maju *mayo* (2). Esta *y* se pierde ante vocal palatal

____

(1) Son cultas *defensa, profesar, profundo, edificio, elefante, refundir, referir*, etc.

(2) La *J* y *G* latinas suenan como *j* castellana sólo en voces cultas: *rugido* (pop. *ruido*), *sagitario* (pop. *saetero*), *vigilar* (pop. *velar*), *magisterio, mágico* (pop. *mego*), *majestad*.

ya en latín vulgar, § 34₂ᵦ; fri(g)idu ant. *frido,* mod. *frío;* dĭgĭtu *dedo,* magistru *maestro;* sĭgĭllu, ant. *seello,* moderno *sello;* sexagĭnta, ant. *sesaenta,* mod. *sesenta,* § 89₃; rūgĭtu *ruido,* sagĭtta *saeta,* vagina *vaina* (§ 6₂); excorrigere 'enderezar' ant. *escurrir* 'acompañar a uno para despedirle encaminándole'; ex-porrigere *espurrir,* cōgĭtare *cuidar,* colligĕre *colliere· *coger.* Tras vocal de la serie anterior: *mejare (por mejĕre) *mear,* pejore *peor,* Vareja *Varea* (cerca de Logroño). La pérdida de esta fricativa debe ser coetánea o acaso anterior a la· pérdida de la oclusiva sonora, § 41₄; y así ha de ser anterior a la pérdida de la vocal postónica, sarta(g)ine, § 9₂, y desde luego es muy anterior a la pérdida de la -*e* final, gre(g)e *grey,* re(g)e *rey,* § 28₂.

2] La *V* y la *B* intervocálicas se confundieron en *V* ya en latín vulgar (§ 34₁), y en romance se conservan como fricativa ꞗ, escrita *v* o *u* en la ortografía antigua: bibĕre *beuer, bever,* vivĕre *bivir* (§ 37₂), probare *provar,* hibernum *ivierno* e *invierno,* lavare *lavar,* nova *nueva,* pavone *pavón,* aviŏlum *avuelo.* Cuando la antigua *b* procedente de *P* se confundió con esta *v,* y no se hizo diferencia entre las dos labiales de *sobervia* supervia (§ 35 bis₄), la ortografía moderna siguió en general el uso latino y escribe *beber, probar,* o sin razón prefiere la *b: abuelo.*—La *V* se pierde a veces, generalmente por disimilación ante *u* (deus por deivos, dius junto a divus), hallándose en las inscripciones españolas noum, aunculus, aestius, vius, Primitius, y tachándose en el Appendix Probi:

---

(1) *Leyenda* es de origen culto; *payés* pagense. es catalán. En las formas aragonesas antiguas *leyer, seyello, sayeta,* la *y* es antihiática, advenediza como en *peyón,* pedone, *leyón* leone, § 69₁.

flaus, rius, failla; comp. probai (§ 118₁). En romance: sabucu *sabuco, saúco;* tributu *treudo;* saburra *zahorra, sorra;* *subundare *sondar* (junto a *zahondar),* rīvu *río,* y sobre todo en la terminación -ĭvu, por ejemplo, vacīvu *vacío,* aestīvu *estío;* y por analogía, en femeninos: gĭngĭva *encía,* *lĭxĭva *lejía* (en port. *vazio, estio,* pero *lixivia, gengiva).* Además bŏve *buey,* contra nŏvem *nueve* (portugués *boy, nove).*

44. Las nasales y líquidas permanecen. — *M:* fumu *humo,* ramu *ramo.—N:* luna *luna,* honore *honor,* donare *donar,* bonu *bueno.—L:* dolore *dolor,* malu *malo,* pilu *pelo.—R:* pariculu *parejo,* feru *fiero,* mauru *moro.*

CONSONANTES INTERIORES DOBLES

45. Las oclusivas dobles se hacen simples y luego quedan inalteradas. — **Labiales:** puppe *popa,* cappa (no capa) *capa,* cĭppu *cepo,* stŭppa (ital. *stoppa,* no stūpa) *estopa,* cŭppa *copa* (frente a cūpa *cuba,* como en francés *coupe* frente a *cuve),* abbate *abad.* **Dentales:** sagitta *saeta,* gutta *gota,* mittere *meter,* cattu (no catu; comp. ital. *gatto) gato;* *in-addit, ant. *enade,* mod. *añade.* **Velares:** bucca *boca,* peccatu *pecado,* siccu *seco,* vacca *vaca.* La simplificación es, pues, posterior a la sonorización de la sorda intervocálica.

46. Las nasales y fricativas dobles también se simplifican, pero a veces con alguna alteración.—1] Quedan inalterables: la **m:** flamma *llama,* gemma *yema,* *assummare (derivado de summum) *asomar;* y la **s:** sessu *sieso,* grossu *grueso,* massa *masa,* passu *paso,* crassu

graso. En castellano antiguo esta *s* sorda se escribía ss
(aunque en la pronunciación era un sonido simple), para
diferenciarla de la *s* de *casa,* etc., que era sonora (§ 35 bis₁).

2] La *RR* en español se pronuncia con una vibración
más prolongada que la *R:* carru *carro* (pero caru *caro*),
ferru *hierro,* turre *torre,* terra *tierra.* Casos de *rr* inexplicada: veruculu *berrojo, cerrojo* (§ 70), supone en todos
los romances *rr,* así como serare (de sĕra 'cerradura'),
cerrar; contra el ital. *aspárago* está *espárrago,* y, viceversa,
contra el port. *farrapo* está *harapo* junto a *desarrapado;* para
carra véase § 129, final.

3] La *LL* y la *NN* se palatalizan en ll y ñ: valle *valle,*
caballu *caballo,* bellu *bello,* pullu *pollo,* medulla *meollo,*
canna *caña,* grunnire *gruñir,* pannu *paño* (1).

CONSONANTES INTERIORES AGRUPADAS

47. EN LOS GRUPOS CUYA PRIMERA CONSONANTE ES UNA CON-
TINUA, 1] lo general es que la continua permanezca como
final de sílaba, y la consonante siguiente no se altere tampoco como inicial, semejantemente al § 37.—Ejemplos de
R^cons.: serpente *serpiente,* barba *barba,* porta *puerta,*
chorda *cuerda,* arcu *arco,* virga *verga,* formica *hormiga,* tornare *tornar,* servu *siervo.*---Ejemplos de *L^cons.*:
vulpecula *vulpeja,* alba *alba,* altu *alto,* saltu *salto,*
caldu *caldo,* sulcu *sulco* (y *surco*), dulce *dulce,* alga *alga,*

---

(1) En voces cultas se pronuncia *l* o *n,* o *n-n:* illustrem *ilustre,*
collegium *colegio, colega,* bula (pop. *bolla*), anales (pop. *añal*), inocen-
te, innovar, connivencia, connatural. En voces semicultas hallamos *pén-
dola* (frente al pop. *péñola*), *bulda, celda.*

ulmu *olmó,* falsu *falso,* pulvu (por pulverem) *polvo.*— Ejemplos de *NASAL*^{cons.}: lampăda *lámpara,* tempus *tiempo,* ante *ante,* planta *llanta,* mundu *mondo,* fundu *hondo,* truncu *tronco,* mancu *manco,* longu *luengo,* fungu *hongo.*—Ejemplos de *S*^{cons.}: vespa *avispa,* despectu *despecho,* testu *tiesto,* crista *cresta,* musca *mosca,* a(u)scultat *escucha,* baptismu *bautismo.*

2] La permanencia de ambas consonantes cuenta con muy importantes excepciones. Hay casos en que se asimilan o en que se transforma la segunda o se vocaliza la primera.

a) Asimilación. *RS* da *ss* en la ortografía antigua, escrito a partir del siglo XVII con una sola *s:* transversu *traviesso,* reversare *revessar;* *versura (de versum, partic. de verrere) *vassura,* mod. *basura;* ursu *osso* (1). La asimilación es ya latina; así se halla dossuarios junto a dorsuarius, y en las inscripciones a la vez que en los gramáticos se halla dossum; también con una *s* sola susum, deosum, de donde *suso* y *yuso* que antiguamente se escribían con una sola *s* y se pronunciaban con la sonora **z.**

Ya *NS* en latín, durante el Imperio, se reducía a *S,* abundando los ejemplos en las inscripciones, y esa *S* era *s* sonora, como lo indica la *s* sonora del toscano en *sposo, mese, pesare, Genovese,* etc. En el romance antiguo era también sonora, esto es **z** del alfabeto fonético: pensare *pesar,* sensu *seso,* mansione *mesón,* consuere *coser,* legionense *leonés,* defensa *dehesa,* ansa *asa.* Frente a la asimilación común a los romances, es excepción rara el ara-

(1) Voces cultas: *persona* (mirandés *pessona,* port. *pessoa), verso* (ant. *viesso), curso* (pop. *coso,* ant. *cosso), reverso, converso,* etc.

gonés que dice *ansa, pansa* uva pansa (1) (y asimila a éstos ursu por *urcsu *onso*). Más que aragonesas, hemos de creer voces tardías *ánsar* ansere, *manso, mansedumbre* (que se muestra semicultá también por conservar la protónica; comp. *costumbre*, § 54₁), como *Alfonso*, § 4₈ (2).

Igualmente *NF* pasa a **f**, ya en latín vulgar, cofecisse, ifimo, si bien la presión culta hizo prevalecer generalmenlas formas con *nf*; así infante *ifante* en el Poema del Cid, se olvidó sustituído por *infante*; confŭndĕre *cofonder* en el Poema del Cid, llega hasta Cervantes que usa *cohondér*, pero sólo en una frase hecha; *ifierno* apenas tuvo ·vida, sustituído por el culto *infierno*. No obstante, la asimilación se practicó aun tardíamente en casos de fonética sintáctica: man(u)ferire *manferir* y *maherir*, este último usado por Cervantes en un tema rústico; benefactoría *benefetria, benfetria*, siglo XI, y de ahí *behetria*; Sancti Facundi *San Fagunt* en el Poema del Cid, y de ahí *Safagund, Sahagún; Cohiño*, § 42₂; sancti Felicis *Sahelices*, (León, Cuenca, etcétera), § 38₂.

En castellano *MB*, por medio de *mm, da **m**: lumbu *lomo*, palumbu *palomo*, mientras el leonés dice *lombo, palombo*. El castellano antiguo decía con más regularidad *amos* y *camiar*, que hoy toman forma con *mb*, culta o dialectal, así como *gámbaro* junto a *camarón*, de *gambaru por cammaru (3).

---

(1) En vez de uva passa, cast. ant. *passa*. Recuérdese la frase de Columela, «in solc pandere uvas».

(2) E. H. TUTTLE, en *Romanic Review*, IV, 1913, pág. 480, intenta explicar de otra manera los casos antiguos de *ns*. Para *ánsar* supone influencia de *ganso*, germ. gans. Voces cultas *amanuense, forense, inmenso*.

(3) Cultas: *envidia* invidia, *tumba*, etc., El habla popular asimi-

MN da *nn*, o sea **ñ**: domnu *dueño*, (§ 25₁), autŭmnu *otoño*, damnu *daño*, scamnu *escaño* (1). En la pronunciación latina, según testimonios de Cicerón, Quintiliano y las inscripciones, había dos diversas asimilaciones, pronunciándose, ora interanniensis, ora interamico. *SC* da **θ**, que en la ortografía antigua se escribía **ç** y hoy *c* o *z*: miscere *meçer*, roscidu *ruçio;* pisce, ant. *peçe; hoçe* (§ 63₃); florescit *floreçe* (§ 112₃).

b) Cambio de la segunda consonante. *RG* da **rz**, *LG* da **lz** y *NG* da **nz** (*z* = *ʒ*), rara vez escritos con *c* = **θ** en lo antiguo: spargere *esparzer,* argilla *arzilla;* tergĕre, ant. *terzer,* 'secar'; burgense, ant. *burzés,* Bergidu *Bierzo,* Vergegiu *Berzeo;* ex-mulgĕre, ast. *esmucir,* 'ordeñar'; Angĕllas *Castil Anzul* (entre Antequera y Aguilar), gingiva *enzía* (fr. *gencive),* *singĕllu (§ 83₁) *senzillo.* En el caso de *NG* cabe otra evolución, cual es la palatalización de la *n,* y así tenemos que jungere da *uncir,* junto a *uñir,* y la conjugación *-ng-* resultaba de este modo con tres variedades de tema: frango *frango,* frangis *frañes* o *franzes,* frangimus *frañemos* o *franzemos,* pero las formas con *nz* se hicieron raras, y pronto el infinitivo *franzer* fué olvidado por *frañer,* subsistiendo generalmente en la Edad Media sólo dos formas: *tango tañes, cingo ciñes,* y modernamente sólo las formas con *ñ;* de igual modo ringere (clásico ringi) dió *reñir,* mientras el sustantivo *ringĕlla dió *renzilla,* mod. *rencilla* junto al anticuado *reñilla.* Todavía cabe una tercera evolución, en que se pierde la *g,* como intervocálica, según se ve en quingĕnti *quinientos,* pungente *barba*

la también hoy *mb,* diciendo *comenencia, tamién,* and. *comehasión* **kŏmēhạsjón** 'conversación', etc.

(1) Cultismos: *columna, solemne, omnipotente.*

puniente, mod. *barbiponiente*, y en el anticuado *arienzo* argenteu (1).

cons. Ć da regularmente *cons.* ç, es decir, un sonido sordo como es de esperar: *vençer, torçer, dulçe, estonçe, coçes*. Esporádicamente hallamos *cons.* ch (comp. § 37$_{2c}$): *marciditare *marchitar;* los dialectos mozárabes ofrecen regularmente *ch*, estado primitivo africado de ć, § 35 bis$_2$: conciliu *Conchel* (Albacete, Huesca), *Alconchel* (Toledo, Cuenca, Zaragoza, Portugal); *Carabanchel* (Madrid), diminutivo = *Carabancillo § 4$_1$; Arucci *Aroche* (Huelva); *cauchil* 'atargea' en Granada, diminutivo de cauce; comp. en el árabe hispano *fauchel, fauchil*, diminutivo de hoz.

LB, RB tendían a *lv rv* ya en el latín vulgar, en el de España sobre todo, § 34$_4$. Y el español antiguo, cuando aún distinguía la *b* de la *v*, tendía también a la *v;* así Nebrija pronunciaba *alva, olvido, silvar, barva, yerva, sobervio, sorver, torvellino*, si bien conservaba el sonido etimológico en otras voces, como *turbar, árbol, carbón*, etc. (2).

c) Una vocalización de la *L* es frecuente cuando le sigue oclusiva sorda; la oclusión central de ésta hace central también a la *l*, relajándola. Hay dos formas de vocalizarse la *l*: una es cuando precede *A* y otra cuando precede *Ŭ*, las otras vocales no promueven la vocalización: sŏltu *suelto*, vŏltu *vuelto*, sĭlva *selva*, etc.—Cuando precede la vocal más abierta *A*, ésta dificulta la elevación, para la *L*, de la lengua, que en vez de adherirse al paladar se aproxima solamente, produciéndose una *u* (§ 9$_3$), talpa *taupa, topo;* altariu *otero*.—La otra forma de vocalización es en el caso de

_____

(1) Consérvase *NG* en voces cultas: *ángel, longitud*. Véase para lo expuesto arriba *Orígenes del Español*, § 49$_3$.

(2) Véase R. J. Cuervo, en la *Rev. Hisp.*, II, 1895, páginas 6 y 16

UL ^{cons.} Primeramente *ULT* da **uch;** la *l* se palataliza y luego se vocaliza, **uļt > uyt,** atrayendo después a su punto de articulación la **t,** como se dirá en el § 50_1: **uyt > uyţ > uyţĺ > uyĉ > uĉ =** *uch:* a(u)scultat (§ 66_1) *escucha* (aragonés, leon. occid., gall. *escuita*), cŭltĕllu *cuchillo* (gallego *cuitelo,* port. *cutelo); pŭltes *puches,* cŭltu astur. *cuito, cucho* 'abono, estiercol'. Pero la palatalización de la *t* de *uyt* se ve impedida en castellano cuando esa *t* queda final: mult(u), ant. *muyt,* mod. *muy* (junto a *mucho),* o cuando va agrupada: vŭlt(u)re *buitre;* comp. los casos de *seis* (§ 50_2) y *peine,* § 61_4. Se observará que la yod procedente de *l* además de palatizar la *t* inflexiona la vocal precedente. Cuando no hay *t,* en los casos de *ŬLS, ŬLV, ŬLM,* etc., el único efecto visible de la vocalización de la *l* desaparecida es la inflexión de la vocal, que por cierto no ocurre con regularidad como en el caso de ŭlt: *impŭlsiat empuja,* pŭlsu *poso* 'sedimento', insŭlsu *soso* (port. *ensosso),* *sŭlfŭre azufre* (cat. *sofre,* port. *enxofre),* ŭlva *ova,* *cŭlmĭne cumbre,* § 54_{2c}; sŭlcu leon., gall. *suco* (cast. *sulco, surco).* Otros casos de vocalización vacilante de *l:* cŭlcĭtra *cocedra* y *colcedra,* ambos usuales en el siglo XVII; *pŭltĕru (por *pŭllĕtru de pullus) (1) *potro* y *poltro* formas convinentes ya en el siglo X, siendo hoy *poltro* conservado en asturiano; dŭlce ant. *duce, duz,* mod. *dulce.* No hay vocalización en ŭlmu *olmo* (sin embargo, astur. occid. *oumeiro),* pŭlvus *polvo.* Para la *l* en grupo secundario, *sauz, saz,* véase § 55_1.

3] Caso análogo al grupo de primera consonante continua es el formado por una semivocal: —*a)* La **w** del dip-

---

(1) La forma **poltero,** doc. de Sahagún, año 1095, y otras ilustrativas, véanse en *Orígenes del Español,* pág. 323.

tongo *AU* impide el paso a sonora de la sorda siguiente:
paucu *poco*, auca *oca*, cautu *coto*, autumnu *otoño*,
fautum ('favorecido, protegido') *hoto*, Cauca *Coca*. Las
excepciones son raras: *pobre* no proviene de paupere,
sino de la pronunciación popere, que los gramáticos
latinos señalan como rústica antigua, pero que no se
generalizó a todas las palabras con *AU* sino en plena
Edad Media; el port. *pǫbre*, leon. occid. *pobre*, *probe*,
careciendo de *ou*, prueban lo mismo. La *s* era siempre
sonora en ant. cast.: causa *cosa* **kóza**, ausare *osar*, pausare *posar*, con *s* sonora también en fr. *chose*, *oser*, *poser*,
lo mismo que en catalán y en portugués, a pesar del diptongo que revelan el port. *cousa*, *ousar*, *pousar*, prov. *pau-
sar;* como en latín debía ser sorda (en toscano es sorda la
s de *cosa*, *riposare*) es de suponer que fué su calidad de consonante continua la que le permitió asimilarse a la continua
w y a la vocal. —*b)* Para el caso de diptongo secundario,
efecto de atracción de una semiconsonante de la sílaba siguiente, sólo tenemos ejemplos en la conjugación, por lo
tanto muy sujetos a influjos analógicos que perturban el
puro desenvolvimiento fonético. Cabe observar que el diptongo sólo impide la sonorización de la *p*, mientras la *c* y la
t se sonorizan. Ejemplos de *AU:* sapui > saupi > *sope*,
cope; pero *yogue*, *plogue*, *pude*, § 120₃. Ejemplos de *AI:* sapiat > saipat > *sepa*, *quepa;* pero *plega*, § 113₂ᶜ.

48. LAS CONSONANTES SEGUIDAS DE *L* O *R* SUFREN IGUAL
SUERTE QUE SI FUESEN INTERVOCÁLICAS.—Las oclusivas sordas
se hacen sonoras (comp. § 40): duplare *doblar*, aprilem
abril, aprīcu *abrigo*, patrem *padre*, eclesia (forma que
se halla en algunos autores e inscripciones en vez de
ecclesia, port. *eigreja²)* *iglesia*, socru *suegro*. macru

magro, acru *agro* (1).—Las oclusivas sonoras se conservan o desaparecen (comp. § 41): oblata *oblada*, alavés *olada*; februariu *febrero*, *cŏlŏbra *culebra*; quadru *cuadro*, frente a quadraginta *cuarenta*, nĭgru *negro*, frente a pigritia *pereza*. Antes de desaparecer, la consonante sonora sufrió una vocalización, como se ve en cathĕdra portugués *cadeira*, cuya yod impidió la diptongación (§ 10_3) en el cast. *cadera*, mientras el aragonés diptonga *cadiera*; igualmente el cat. *cadira* (con *i*, como *pit* pĕctu, *llit* lĕctu) supone un primitivo *cadieira; intĕgru port. *enteiro, inteiro*, castellano *entero* (§ 10_{3d}); agru astur. occid. *eiro* 'tierra de labor', cast. *ero* 'campo cultivado', § 9_{2b} (2). En el caso de fac(ĕ)re *fer, femos, feches*, (§ 106_{4c}) la *c*. debió sonorizarse antes de agruparse.—Las fricativas sordas se hacen sonoras (comp. § 42_2): africu *ábrego*, con *b* en vez de *v* por ir inicial de grupo.

49. En el grupo de labial seguida de dental se asimila la labial y desaparece después.—*PS* > **ss**: ya en los primeros tiempos del Imperio romano ipse era pronunciado isse, de donde el ant. *esse*, mod. *ese*; gypsu, ant. *yesso*, mod. *yeso*. — *PT* > **t**: en una inscripción española del año 662 se halla settembres *setiembre*, septem *siette (compárese ital. *sette*) *siete*, scriptura (ital. *scrittura*) *escritura*,

---

(1) Voces cultas: *duplicar* (pop. *doblegar*), *petrificar*, *demacrado*, *eclesiástico, sacramento* (ant. *sagramiento*).—La pérdida de la oclusiva es muy rara en TR, como en el toponímico *Peralta* (Navarra, Albacete, Gerona) petra alta, o en el antroponímico ant. *Pero* por *Pedro*, que parece monoptongación del dialéctal *Peiro;* ant. también *Peidro,* que es cruce de *Pedro + Peiro;* véase *Cantar de Mio Cid*, p. 140-141.

(2) Véase A. Castro, en la *Rev. de Filol. Esp.*, VII, 1920, página 58; IX, 1922, p. 327; X, 1923, p. 83.

aptare *atar,* captare *catar,* subtile *sutil* (1). Para *MN*
asimilada en *nn* > ñ véase § 47₂ₐ.

50. El grupo de velar y dental produce un sonido
palatal por acercamiento mutuo de ambas consonantes.—
1]ᐧ *CT* da **ch.** La **k**, final de sílaba, y por tanto más débil
que la **t** inicial de sílaba, se deja atraer hacia el punto de
articulación de ésta, y de velar se hace postpalatal, **k̩t**, rela-
jándose en fricativa prepalatal dorsal sorda **ẙ** (2); llegado ya
en latín vulgar el grupo a este grado **ẙt**, ocurre generalmente que la **ẙ** se hace sonora bajo la influencia de la vocal
precedente, y se vocaliza: **ẙt** > **yt** > **i̯t**, lo cual sucede en la
mayoría de los romances, así en el alto aragonés, en el leonés occidental, en gallego-portugués, en catalán y en francés. Pero el castellano y parte del provenzal y del lom-
bardo, siguen camino aparte: la **ẙ** o **y** mantiene por más
tiempo la energía de su articulación, con fuerza bastante
para atraer a la **t**, haciéndola prepalatal: **yt** > **yt̩** (3); al re-
traerse, la **t̩** pierde su extructura apical para hacerse dorsal
y naturalmente algo mojada como la **y**, recibiendo con esta
dorsalidad un elemento de africación **t̩ẙ** o **t̩i** que hace tomar
a la **t̩** un timbre más chicheante hasta resultar **ĉ**: así tenemos **yt̩ẙ** >.**yĉ** > **i̯ĉ** que luego se simplifica en **ĉ** = *ch* (4).

---

(1) En voces cultas no hay asimilación: *lapso, aceptar, exceptuar,*
concepto, precepto. La lengua culta tiende a restaurar los grupos originarios; así la Academia pretende imponer *septiembre.*

(2) La **ẙ** es la fricativa sorda correspondiente a la sonora **y**.

(3) La transformación de **yt**, **i̯t** en **i̯t** o **t** es corriente en vasco. Véase
T. Navarro, *Observaciones fonéticas sobre el vascuence de Guernica* en
el *Tercer Congreso de Estudios Vascos,* San Sebastián, 1923, p. 54-55, y
en *Sociedad de Estudios Vascos; Curso de Lingüística,* 1921, p. 35-40.

(4) Compárense otras explicaciones más o menos análogas en
J. Leite de Vasconcellos, *Estudos de philologia mirandesa,* I, pág. 229, y

Así factu arag. y port. *feito*, cat. *fet*, fr. *fait*, pero castellano primitivo *feicho*, moderno *fecho, hecho*, prov. *fach*; lacte arag. *leit*, cast. *leche*; tectu *techo*, lectu *lecho*, jactare *echar*; lactuca, port. y gascón *leiluga*, fr. *laitue*, catalán *lletuga*, cast. *lechuga*, prov. *laichügo, lachügo*. En castellano el grado arcaico *yt* se detuvo en su desarrollo cuando una ī precedente absorbe la palatal, eliminando así la causa de la palatalización de la *t:* ĭyt > *it:* fīctu (ant. por fixum) *hito*, frīctu *frito;* vīctu, ant. *vito*. Frente a éstos, *dicho* se explica como rehecho del ant. *decho* (§ 122₃); *ficha* es galicismo. Comp. *petral behetría, peine*, § 61₄.

2] *X*, o sea *CS*, da x palatal sorda del español antiguo (§ 35 bis ₃), convertida en el español moderno en la velar sorda **j**. Los grados sucesivos de asimilación mutua serán lo mismo que para la *ch:* k̇s > ẏs > ys > yš > š = *x:* taxu, ant. *texo*, mod. *tejo* (§ 9₂); maxĕlla (por maxilla), anticuado *mexiella*, mod. *mejilla;* dixisti *dijiste*, adduxi *aduje*, exemplu *ejemplo* (1). Si la *cs* queda implosiva, esto es, final de sílaba, la palatal de *ys* se afloja en semivocal, *is*, y no palataliza la *s:* sex *seis;* comp. *fresno, sesma*, § 61₄.

3] *GN* da **ñ** por intermedio de ġn > yn > yñ > **ñ:** lĭgna *leña*, sĭgna *seña*, ĭm-pĭgnus *empeños*, *disdigna-re (§ 126₂) *desdeñar* (2). Esta reducción de *gn* > *ñ* (yod 2.ª) es

---

F. Krüger, *Westsp. Mundarten*, 1914, págs. 237-239. — Son cultas las voces que conservan la *ct: defecto, docto, nocturno, pacto, acto, tacto*. Al pronunciar estas voces, el pueblo practica hoy también una vocalización de la primera consonante, diciendo *reito, afeito, caraiter* o *carauter, efeuto*, etc. Antiguamente *defeto*, etc. (§ 3₂).

(1) Sólo en voces cultas se pronuncia *cs: examen, exento, eximir, exorcismo, exhortar*.

(2) Voces cultas: *pugnar* (ant. *puñar*), *signar* (pop. *en-señar*), *maligno, magnífico, indigno, insigne;* alguna vez pierden la *g*, como *sino, indi-*

más antigua que la de *kt* y *ks* en *ch* y $\check{s} = x$ (yod 4.[a]) párrafo 8 bis $_3$; GN no inflexiona la *a*: tan magnu > *tammayno* > *tamaño*, stagnare > *restaynar* > *restañar*, stagnu *estaño*.

51. GRUPOS DE TRES CONSONANTES.—1] Se conservan las tres cuando la primera es nasal, o *s*, y la tercera es *r*: novembre *noviembre*, *incontrat (de cŏntra) *encuentra*, rastru *rastro*, nostru *nuestro*, capistru *cabestro*, *postrariu *postrero.*—En el caso de *STR* hay una solución ss que se halla en algunas voces hoy desusadas; *nuesso, vuesso* (port. *nosso, vosso*) puede remontar al latín vulgar; *vuesa merced*, § 5 bis, y *maesso, maese*, por *maestro*, explicables por el uso proclítico. Rara vez se halla también *mossar* por *mostrar*, que puede ser influído por el pronombre *muesso*, § 97$_1$, coincidente con Yo, indicativo de *mossar*.

2] En el caso de $^{cons.}$*PL*, $^{cons.}$*FL*, $^{cons.}$*CL*, el aragonés y el portugués tratan *pl, fl, cl* como cuando son iniciales, § 39$_2$. Portugués: amplu *ancho*, implere *encher* (como plorare *chorar*); inflare *inchar* (como flamma *chama*), manc'la *mancha* (como clamare *clamar*). Aragonés: *amplo, empler* (como. *plorar*); *soflar* (como *flama*). El castellano ofrece el mismo resultado del gallego-portugués: *ancho, (h)enchir* (contra *llorar, llaga*); *(h)inchar* (contra *llama*); *mancha, macho*, § 61$_2$ (contra *llamar, llave*); sólo el caso *FFL*, debido al carácter fricativo de las consonantes primera y segunda, se resuelve como en la posición inicial: afflare 'olfatear, ventear' *(h)allar* (port. *achar*), süfflare *sollar, resollar*, süflammare *sollamar* (1).

---

no, que están semipopularizadas (§ 3$_2$). En *reino* (antiguamente también *regno*), influyó *rey*.

(1) Voces cultas: *inclinar, inflamar, implicar*, etc.; *emplear* es galicismo; *emplegar* Alexandre, es semiculto.

2] Las otras combinaciones se simplifican ya en latín desde antiguo. En latín clásico se decía fartu (por faretu) *harto*, tortu (por torctu) *tuerto,* quintu (por el antiguo quinctu) *quinto;* en inscripciones españolas se halla santus (siglo IV), cuntis (año 593); así, punctu dió *punto,* cinctu *cinto.* Otros romances remontan a las formas cultas con *c*, fr. *saint, joint.* Se pierde también la consonante interior en campsare ('volver, doblar', ital *cansare* 'apartar, refugiarse') *cansar.*—Menos veces se pierde la consonante primera: abscondo *escondo,* constare *costar* (§ 47₂ₐ) (1). Xcons. era un latín vulgar Scons.; en inscripciones españolas se halla escelsum, destera, sestus como en las de todas partes, y de ahí *diestra, siesta;* mixta *mesta.* Otras combinaciones, §§ 48, final, y 53₃ y ₆.

52. CONSONANTES SEGUIDAS DE SEMIVOCAL U —Para la atracción en habui *hube* véase § 9₃; para la pérdida de ꭒ véase § 30₂.

1] En el grupo *QU, GU* la explosiva se trata como intervocálica (2), y se conserva *u* ante *a:* aqua *agua,* equa *yegua,* antiqua *antigua,* lingua *lengua,* aequale *igual.* Excepciones: numq(u)am *nunca* (ant. *nunqua),* *torq(u)ace (por torquatu) *torcaz,* como torceo por torqueo, en el punto 3.

2] Ante *o, e, i* la *u* desaparece en la pronunciación, aunque se conserve en la escritura: aliquod *algo,* sĕquo *sigo,* sĕquĕre *seguir,* aquila *águila.*

---

(1) Voces cultas: *instar, instrumento, constitución,* que vulgarmente se pronuncian sin *n*·ante la *s.*

(2) La voces cultas no hacen sonora la *Q: aquilón,* ant. *aguilón;* sequace *secuaz, locuaz, secuela.*

3] La pérdida de la *u* fué a veces tan antigua, que la *q*
seguida de *e*, *i* se trató como si fuese *ce-*, *ci-*, y se asibiló
(§ 34₂): por asimilación a la sílaba inicial, tenemos coq(u)e-
re *cocer*, coq(u)ina *cocina;* por confusión de quí con cí
hay laq(u)eu *lazo*, torqueo *tuerzo*, *torq(u)eale *torzal*, torq(u)e *torce*. La gran antigüedad de estos casos se
comprueba por el Appendix Probi que ya registra «coqui,
non coci; coquens, non cocens; exequiae, non execie».

53. CONSONANTES SEGUIDAS DE LA SEMIVOCAL *Y*.—Las
consonantes labiales permanecen en general (números 1 y
2). Las dentales se palatalizan o asibilan (números 3 a 6); la
palatalización de las dentales *ty*, *dy*, *ny*, *ly* es ya del latín
vulgar; ella impidió que se consumase la reducción de -ie-
latino a -e- (§ 30₂*c*); de modo que si bien en inscripciones
se halla quetus por quiētus, igualmente que abalenare,
de aliēnus, sin embargo, el romance *quedo* no ofrece rastro
de la yod, mientras *ajeno* y *mujer* prueban la permanencia
de la yod tras la *l*.

1] *MY, BY* se conservan en vindemia *vendimia*, prae-
miu *premio*, labiu *labio*, *rabia (por rabie) *rabia*, rubeu *rubio*, cavea *gavia*, pluvia *lluvia;* la palabra *abuelo*
pudiera ser simplificación de triptongo de un *aviuelo* primitivo, aviolu. Estas formas parecen semicultas, siendo
más populares las que reducen bi, vi > **y**, como fovea
hoya, rubeu *royo*, *Peñarroya* (para *haya*, § 116₂); esta reducción, empero, se ofrece en muy escaso número de voces.

2] *PY, SY, RY* dejan atraer la *y* a la sílaba anterior
(comp. tras otra consonante el vulgarismo *naide* por *nadie*):
sapiat *sepa*, basiu *beso* (§§ 9₂ y 17₂), segūsiu *sabueso*,
auguriu *agüero* (§ 14₃), cŏriu *cuero*, § 13₃ *d*. A veces la
y se conserva aunque obre en la sílaba anterior: sepia *jibia*,

cēreu *cirio,* § 11₂*c,* o se pierde sin que se note su influencia en la vocal precedente: coriacea *coraza* (§ 30₂*c*).

3] *DY, GY* producen y ya en latín vulgar (1): radiare *rayar,* podiu *poyo,* modiu *moyo,* Claudiu *San Cloyo* (Oviedo), exagiu *ensayo,* fagea *haya,* Tugia *Toya* la Vieja (Jaén). Esta *y* desaparece tras las vocales análogas *e, i:* fastidiu *hastío,* praesĭdĭa (defensa, auxilio, utensilio) *presea,* perfidia *porfía,* sedea *sea,* video *veo,* -ĭdiare *-ear* (§ 125₂), pŭlĕgiu (ya en latín puleju) *poleo,* corrigia *correa,* fastĭgi(u) + ale *hastial.* —El grupo ᶜᵒⁿˢ·*DY* da ᶜᵒⁿˢ· ç (pero *rǵ nǵ* dan *rz, nz,* § 47₂*b*): hordeolu *orçuelo,* *virdia *berça,* verecundia *vergüença,* grandia *grança,* germ. Thiudegŭndia, ant. *Tedguença,* nombre de mujer, lo mismo que Aldegŭndia, ant. *Alduença,* leonés y portugués *Aldonça,* nombre hecho famoso en el Quijote; *Hinnegŭndia, ant. *Enneguença* (2). Por esto, atendiendo al § 47₈, el resultado regular de gaudiu será para la lengua antigua *goço,* pero es más general en la grafía antigua hallar *gozo.*— Merecen notarse algunas palabras importantes en que *DY* intervocálico se hace ç al lado de y; por ejemplo: badiu, además de *bayo,* dió *baço* ('de color moreno'); *radia (por radius) dió *raya* y *raça* ('rayo de sol', 'hilaza desigual en

---

(1) Se conserva *DY* en mĕdiu *medio,* que es voz culta (ant. también *mevo,* usual hoy en Echo, Huesca, y *meo,* cuya homonimia con el derivado del verbo mejare fué causa de perderse esta forma). Véase *Cantar de Mio Cid,* pág, 186₃₃. Son cultas *repudio* (ant. *repoyo), odio, radio, remedio, homicidio, envidia, prodigio, sufragio, refugio, prestigio, vestigio.*

(2) Véanse ejemplos de estos nombres en *Orígenes del Español,* párrafo 29₂. La disparatada etimología que da Covarrubias *Aldonza* < *Dulce* sirve a Clemencia para afirmar gratuitamente que Cervantes sacó el nombre *Dulcinea* del de *Aldonza.*

una trama', etc.); y en contradicción con éstos, mediana, ant. *mezana,* mod. *mesana,* vendrá del italiano *mezzana;* estas formas pueden explicarse suponiendo que en el latín vulgar hubo tendencia a duplicar la consonante delante de yod, como la hay en el italiano (appio, labbio, prezzo), y al lado de las formas apuntadas se diría también *baddiu, *raddia. El italiano conoce igualmente dos soluciones, una primitiva *razzo* radiu, *mozzo* modiu, y otra tardía *raggio, moggio,* pero tanto *zz* como *gg* son sonoras (variedad sonora de *zz* cuasi *dds),* como es natural, siendo chocante la *ç* (antiguamente sorda) de los duplicados españoles.

4] *TY, CY* dan z, sonora en el español antiguo, sorda en el moderno, § 35 bis₂.

a) Ambos grupos se habían asibilado en el latín vulgar § 34₃ₐ, y el italiano los distingue bien con dos sonidos sordos: TY > *zz* (variedad sorda de *zz* cuasi *tts)* y CY > *cci* (esto es, c̦ o *ch);* de una parte tĭtiōne *tizzone,* vĭtiu *vezzo,* trĭstĭtia *tristezza,* pŭteu *pozzo,* acūtiare (de acutus) *aguzzare;* y de otra parte aciariu (acies ferri) *acciaio,* *cortĭcea *corteccia,* erĭciu *riccio,* laq(u)eu *laccio,* mĭnacia *minaccia.* El español, no manteniendo la sorda intervocálica como el italiano, da un fonema sonoro, pero confunde en ∙la sonora *z* las dos fricativas asibiladas latinas, así que en la ortografía medieval lo mismo que en la de Nebrija encontramos *tizón, vezo, tristeza, pozo, aguzar,* lo mismo que *azero, corteza, erizo, lazo, amenaza;* igual ratione *razón,* satione *sazón,* minutiare *desmenuzar,* que *panniciolu *pañizuelo,* lĭciu *lizo,* etc. Por su parte el portugués ofrece siempre sorda: *ticão, poço, aguçar,* lo mismo que *aceiro, cortiça, ouriço, laço.*—La yod fué absorbida por la *t* o *c* muy temprano, así que no inflexionó la vocal tónica, cualquiera que ésta fuese, § 8 bis$_{3a}$: fŭrnaceu *hornazo*, malĭtia *maleza*, justĭtia *justeza, pereza.*

b) En el caso de $^{cons.}TY$, $^{cons.}CY$, se produce, como es natural, el fonema sordo $^{cons.}$ç, faltando igualmente toda inflexión de la vocal tónica: Martiu *março*, -antia *alabança, criança, assechança*, lautia *loça*, captiare *caçar*, tertiariu *terçero*, tĕrtiu *Tierzo* (Guadalajara; con *z* sorda, ortografía moderna), lĕnteu (así en inscripciones, por lĬnteu) *lienço;* céltico *pĕttia *pieça*, dīrēctiare *a-dereçar*, fŏrtia *fuerça*, scŏrteu *escuerço*, arbŭteu *alborço* 'madroñero', pŭntione *punçón*, lancea *lança* calcea *calça, alçar*, cĕrciu *cierço*, ŭrcea *orça*, pŏst-cŏcceu *pescueço* (de cocca, origen de *cocote, cogote*).—En collacteu *colluço* se ve que la asibilación de TY, como es muy antigua, impidió la formación de la *ch* < CT que es consonante tardía.—Aparte debe colocarse *SCY*, porque aunque en Castilla da igualmente ç, en León y en Aragón la *s* mantiene más retraída la articulación, produciendo la palatal š, ortografiada *x* en lo antiguo y hecha *j* en lo moderno: ascĭŏla *açuela;* asciata *açada*, leon. arag. *axada, jada;* ūstiu (por ostiu) cast. ant. *uço*, leon. *uxo*, leon. mod. *Ujo* (Oviedo), y lo mismo el derivado cast. *anteuzano*, leon. astur. *anteuxana;* fascia *haça* 'faja de terreno', arag. mod. *faja* de ceñir, § 4₆.

c) Las confusiones entre la sonora *z* y la sorda *ç* son muchas (1): arcione (diminut. de arcus) *arçón*, pero más

_____

(1) El punto oscuro de la historia de la *ç* y *z* es el resultado de -*TY*-, -*CY*-; a él atienden especialmente las reseñas que se han hecho del trabajo de Ford, citadas en el § 35 bis₁, n.—Neumann y Meyer-Lübke *(Gramática*, I, § 513) creen que el desarrollo de la sibilante es diverso según es pro o postónica. Mussafia *(Romania*, XVIII, 529) se desentiende del acento, y cree que el español, en armonía con el francés, llegó a *z* de

comúnmente se escribía en lo ant. *arzón;* viceversa: platea *plaça,* matea *maça,* potiōne *poçon, poçoña, ponçoña,* menos frecuente *pozoña;* capitiu *cabeço, cabeça;* setaceu *cedaço,* coriacea *coraça,* pellīcea *pelliça.* La causa de hallarse *ç* puede ser el cultismo que detuvo la sonorización, cultismo manifiesto en *plaça,* por mantener *pl-* contra § 39$_2$. Otras veces la causa será una duplicación de la consonante oclusiva, por efecto de la yod (comp. punto 3): ya en latín brachium se escribía. también bracchium, braccium, de donde *braço* (como de flaccidu *laçio);* junto a Matianus se halla escrito también Mattianus (Mattia poma) y de ahí *maçana,* luego *manç ana.*

d) La consonante sorda aparece ch a veces: cappaceu *capacho,* junto al ant. *capaço; ricacho,* port. *ricaço;* furnaceu *hornacho,* al lado de *hornazo* con *z* sonora antigua; punctiare *punchar,* junto a *punçar;* rŭptiare *roçar,* de donde el postverbal *roça* que en Cuenca es *rocha;* esta *ch* parece conservar el estado africado originario de *ĉ,* § 35 bis$_2$, que era normal en los dialectos mozárabes, § 47$_{2b}$. Alguna

---

de estas palabras parece de origen extranjero, como *capucho*, frente al más antiguo *capuz*, ital. *capuccio.*—La yod se conserva a veces por cultismo (§ 34), y entonces -*TY*- da ç: pretiare *preçiar, oraçion, graçia, palaçio, serviçio,* y -*CY*- da z: judiciu *juizio,* Gallicia *Gallizia.* Si estas palabras fuesen populares, seguirían igual camino que *razón, pozo,* etcétera, como en francés tienen igual desarrollo *raison, puis* (ort. moderna puits) que *oraison, palais.*

5] *NY* se palataliza en ñ: vinea *viña,* seniore *señor* extraneu *extraño,* aranea *araña,* Hispania *España,* dominiare (derivado de dominium, en vez de dominare) *domeñar,* staminea *estameña,* pinea *piña.*

6] *LY* se palataliza en la j prepalatal antigua (velar moderna, § 35 bis₃). La articulación de los dos canales linguales, uno lateral alveolar y otro central dorsal prepalatal, se simplifica reduciéndolos a uno solo; en aragonés y leonés antiguo prevalece lo dorsal prepalatal de la *y* y lo lateral de la *l,* resultando la dorsal prepalatal lateral *ll;* en castellano prevalece lo palatal y central de la *y,* contribuyendo la *l* sólo a estrechar el canal hasta producir la ž o *j* antigua; en leonés la *ll* por lo común se hizo *y* en una época muy antigua *(muyer),* mientras que la *ll* procedente de ɪʟ queda inalterada (illa *ella, valle,* etc.), comp. § 46₃ (1). He aquí ejemplos castellanos: muliere *mujer* (arag. *mullé,* leonés *muyer),* cilia *ceja,* consiliu *consejo,* *similiat *semeja,* virilia *verija,* meliore *mejor,* taleola *tajuela,* palea *paja,* folia *hoja,* miliu *mijo,* gurguliu *gorgojo* (2), cuscu-

<hr/>

(1) Sobre esta evolución véase F. Krüger, *Westsp. Mundarten,* 1914. págs. 246-250, y *El Dialecto de San Ciprián,* 1923, pág. 83.

(2) Las voces cultas conservan li: *peculiar* (pop. *pejugal), concilio* (pop. *concejo), consiliario* (pop. *cansejero).* Las semicultas o exóticas ha-

liu *coscojo*. En igual caso están alliu *ajo*, *molliare *mojar*, cŏllĭ(g)o *cojo*, *coger* § 41₃, 43₁; se ve que la doble sonora no impide la sonoridad. Pero en el grupo ^{cons. sorda} LY el resultado palatal no es la *j* sonora antiguamente, sino la sorda **ch**: cochleare *cuchara*.

GRUPOS INTERIORES ROMANCES

54. IDEA GENERAL DEL DESARROLLO DE ESTOS GRUPOS.—Las consonantes que son intervocálicas en latín, llegan a agruparse en romance a causa de la pérdida de la vocal protónica interna y postónica interna. Estos grupos se llaman secundarios o romances, y deben estudiarse aparte por dos razones: una, porque ofrecen más combinaciones de consonantes, agrupando sonidos que nunca se agrupaban en latín clásico (véase abajo, punto 2); otra, porque si bien en ciertos casos la suerte de estos grupos es la misma que la de los grupos latinos, las más veces, como el grupo romance es posterior en fecha al latino, pues no se constituyó hasta después de perdida la vocal, su evolución ocurre en época más tardía y en modo diferente, conservando cada cual de los elementos su individualidad por más tiempo, ya que al período en que se agruparon precedió otro en que vivieron como intervocálicos. Véanse los comienzos de los §§ 55, 56, 57, 59₁ y 60 ₁ y ₂.

---

cen 11: mirabilia *maravilla,* humiliare *humillar.* muralia *muralla,* batt(u)alia *batalla,* victualia *vitualla,* taleare *tallar* (popular *tajar*).

1] La **pérdida de la vocal intertónica,** causa de la formación del grupo romance, es fenómeno bastante tardío. —*a)* Es POSTERIOR A LA SONORIZACIÓN DE LA CONSONANTE OCLUSIVA SORDA intervocálica (§ 40). Así domĭnĭcu todavía en el siglo XI se halla escrito *domínigo,* de donde salió la forma moderna *domingo;* gallicu se halla escrito *galigo* en el siglo XI, de donde *galgo.* De igual modo vicinitate pasó a *vecin:dad,* pues si se hubiera perdido la *i* antes de la sonorización de la *t,* *vecintat hubiera conservado su *nt* como centum *ciento* (§ 47₁); de modo que, en rigor, debiéramos decir que en vicin(i)tate el grupo romance es *nd* y no *nt.* De igual modo la pérdida de la vocal intertónica es POSTERIOR A LA PÉRDIDA DE LAS OCLUSIVAS SONORAS, § 41₄, pues hĕrēdĭtate dió *hereedad > *heredad;* verdad es que hered(i)dade hubiera dado también *heredad;* la pérdida de la vocal queda impedida por la anterior pérdida de la oclusiva sonora, limpi(d)u § 26₂. — *b)* Hay algunos casos en que la oclusiva sorda se conserva, denunciando una pérdida de la vocal ANTERIOR A LA SONORIZACIÓN DE LA CONSONANTE SORDA; *suelto* sabemos que era ya en latín vulgar soltus, de donde se deriva *soltare *soltar* (solutare hubiera dado *soldar); en igual caso están sol(i)tarius *soltero,* así como *pulpo, golpe, puesto, apostar, casco, cascar, faltar* y demás casos citados en el § 25₁; para *quisiertes,* § 118₅. Muchas veces, cuando el primer elemento consonántico de un grupo romance es un grupo latino, éste impide la sonorización del segundo elemento, *cons(ue)tumine *costumbre,* cons(u)tūra por sūtūra (del partic. consutus) *costura,* hŏsp(ĭ)tale *hostal,* mast(ĭ)care *mascar,* *assess(ĭ)tare (de assessus, partic. de assĭdeo) *asestar,* comp(u)tare *contar;* *rend(i)ta (de rendo, por reddo) *renta,* mod. *arrendar;*

episc(o)pu *obispo* (semiculta por la *i*), pant(i)ce anticuado *pança*, mod. *panza;* frente a los cuales se hallan el anticuado *renda* por *renta*, vindicare *vengar*, undecim
ant. *onze*, quattuordecim ant. *catorze* (estos dos últimos
por influencia de *doze, treze, seze* sedecim). Para *huesped*,
cesped, véase § 26₃. — *c)* Otras veces la conservación de
la oclusiva sorda se debe a INFLUENCIA CULTA: legalitate
lealtad y *amicitate *amistad* están en contradicción con
bonitate *bon-dad, cristian-, ver-, cruel-, igual-, mal-, bel-,*
humil-dad; y si la pérdida de la vocal hubiera sido muy antigua, *amīctate hubiera dado **amitad;* los anticuados
lealdad, amizad (§ 60₂) nos ofrecen las formas populares,
que nos hacen atribuir la *t* de las formas modernas a influencia culta. El mismo cultismo cabe suponer en otros:
poenitere *arrepentir*, ant. *rependir;* reputare *reptar,*
retar; marciditare *marchitar*, (contra *heredad*, § 60₄);
*rasicare (de rasus) *rascar* (contra rĕsĕcare *rasgar*).
También la *t* de *mitad* es un cultismo; y la de *pleito* es un
aragonesismo (§ 60₂). — *d)* La pérdida de la vocal intertónica ES ANTERIOR AL NACIMIENTO DE LA ch proveniente de CT,
LT, pues pectorale no dió *pechral > *perchal, sino *petral*,
y lo mismo cabe decir de *behetría*, § 61₄, y *buitre*, § 47₂c.

2] Aparte de esto, los grupos romances ponen en contacto otras consonantes que los latinos, como *m'd, d'g,*
nd'c, m'r, m'l, n'r, gn'r, etc., y la lengua en su edad primitiva (hasta el siglo XII) toleraba aun muchos de estos grupos
que luego rechazó: *semda* luego *senda*, § 55: *vienres* luego
viernes, § 59₄; *cadnado*, luego *candado*, § 58; *plazdo* luego
plazo, § 60₂, etc. Las consonantes continuas son las más
sujetas a cambio.

a) La *l* y la *r* se truecan a menudo: pallidu, *pardo*

ulice *urce;* goruthum (por corўtum) **golde, goldre;* sobre todo por disimilación, como en robŭre *roble,* glandŭla *landre.*

b) La *n* y la *l* se truecan muchas veces: Ŏnŏba *Huelva,* ilicina *encina,* anima *alma,* inguen *ingle.*

c) La *n* se puede hacer *r:* sanguine, ant. *sangne,* mod. *sangre;* homine, ant. *omne,* mod. *hombre* (§§ 59 y 61₁).

d) La nasal se hace dental o palatal, según la consonante que la sigue (comp. § 33₁ ₑ): *senda, linde, conde,* por *semda,* etc. (§ 55₁); conchula *concha,* que se pronuncia *coñcha.* Para el caso de labial comp. § 47₁.

e) También, para facilitar el contacto de las consonantes, surgen frecuentemente sonidos de transición, que se intercalan entre una y otra: memorare *mem-b-rar, acen--d-rar* (v. § 59), ant. *lim-b-de* (§ 55₁).

Hechas estas advertencias preliminares, deben enumerarse ahora todas las combinaciones romances de consonantes.

55. En el grupo romance, cuya primera consonante es continua, la segunda consonante había evolucionado ya como intervocálica antes de formarse el grupo, mientras que si el grupo es latino, ambas consonantes se conservan generalmente intactas (§ 47).

1] Si la segunda consonante es oclusiva sorda, se hace sonora antes de la formación del grupo *bondad, verdad* y otros ejemplos, frente a *lealtad* (§ 54₁); limite, en el siglo XII *limde* y *lim-b-de* (§ 54₂ ₑ y ₔ), mod. *linde;* e igualmente semita *semda,* mod, *senda;* comite *comde,* moderno *conde;* domĭtu *duendo,* amites (plur. de ames) *andas;* sancti-Emeteri, ant. *Santemder, Santander;* manĭca *man-*

ga, tunīca *tonga*, dies domínicus *domingo*, delicatu *delgado*, comunicare *comulgar* (§ 54₂*b*), famelīcu *jamelgo*, aliqu(is) unu *alguno*, anhēlītu *aneldo;* sorice, ant. *sorze* (con *z* sonora, § 42₃), mod. *sorce;* aurīfice, anticuado *orebze*; Ilici *Elche* (§ 42₃, final).—En el caso de *AL'C* tenemos: salice, ant. *salze* y *sauze*, mod. *sauce* y *saz*; calice, ant. *calze*, mod. *cauce* y *caz* (en Alava, aun hoy, *salce, calce*), trato muy distinto de cuando AL*cons.* es primario, § 9₃, pues la *l* se vocalizó tardíamente, después de la monoptongación de *au*, § 47₂*c*, o bien la *l* subsiste hasta después de la pérdida de la -*e* final, y entonces se asimila a la -*z* y desaparece. El grupo *UL'C* en *pūlica (por pulice) *pulga*, no vocaliza la *l*, pero sí vocaliza e inflexiona la vocal en ŭlīce *uz* (junto a *urce*), *Uceda* Guadalajara, *Ucedo* León.

2] Si la segunda consonante es oclusiva sonora, permanece: solidare *soldar*, igual que *caldo* o *lardo* (§§ 25₁ y 47₁).

3] Continua seguida de continua, permanece: asinu *asno*, eleemosyna *limosna*, lo mismo que *yermo* (§ 25₁). Para *chinche*, véase § 37₂*c*. Para ‑*GINE* hecho ‑*ine*: *sartén, llanten, herrén, hollín, serrín*, véase § 9₂. Para grupos de nasales y líquidas, § 59.

56. LAS CONSONANTES SEGUIDAS DE *R* SE DESARROLLAN COMO INTERVOCÁLICAS.—No podía ser otra cosa, ya que hacen lo mismo cuando están en grupo latino (§ 48): capra *cabra*=aperire *abrir*; sólo hay diferencia en el caso de la palatalización de la *c*: *magro*, diferente de *azre*.

1] Las oclusivas sordas seguidas de *R* se hacen sonoras: recuperare *recobrar*, pipere *pebre*, laterale *ladral* y luego *adral*, iterare *edrar*.

2] Las oclusivas sonoras se conservan: roboretu *ro-bredo*, liberare *librar*, hedera *hiedra*.

3] Las fricativas sordas se hacen sonoras: acer *azre*, sicera, ant. *sizra*, y *cizra* (el mod. *sidra* parece reducción de *sizdra*, comp. *yazdrá*, § 123$_2$, como el fr. *cidre*, del ant. fr. *cisdre*); bifera (esto es, ficus bifera), anticuado *bevra*, mod. *breva*; comp. *rávano*, *ábrego* (§ 48 y 42$_2$).

4] Las dobles permanecen simplificadas: littera *letra*, quattuor *cuatro* (no de quatuor, que daría *cuadro*).

57. LAS CONSONANTES SEGUIDAS DE *L* PRODUCEN A VECES UN SONIDO PALATAL DIFERENTE DE CUANDO EL GRUPO ES LATINO (§ 48).

1] . Labiales: *P'L* da **ch** en capulà *cachas;* pero permanece en populu *pueblo*, o hay asimilación en *El Puelo* (Oviedo), *La Puela de Allande* (oficialmente *La Pola*), *Poladura Polacion Polanco* (Oviedo, Santander), «*polado* e por poblar» doc. de 1285, Villarcayo al N. de Burgos (1). —*B'L* produce **ll** en tribulu *trillo*, insubulu *enjullo*, sĭbĭlare *chillar*, pero permanece en la mayoría de los casos: sĭbĭlare astur. *xiblar*, cast. *silbar*, nebula *niebla*, nubilu *nublo*, tabulatu *tablado*, stabulu *establo*, fabulare *hablar*.—*F'L* se conserva *sĭfĭlare *chiflar;* *suflare, arag. *chuflar*. Esta variedad de soluciones no se explica por una diferencia cronológica en la pérdida de la vocal intertónica *(trillo* y *tabla* remontan a formas sincopadas en latín vulgar, § 25). La diferencia debe ser dialectal: *puelo, polación* se localizan bien en Asturias, Santander y Castilla del Norte; comp. fabulane *falar* en Asturias, Galicia y Portugal, frente al castellano *hablar*.

---

(1) Semiculta es *copla* copula,

2] Velares: *C L* es propiamente un grupo latino primario (§ 25$_1$) y da **j** siempre. La oclusión de la *c*, después de sonorizada *g*, se afloja en una fricación, *y*, que palataliza la *l*: c'l>g'l >*yl* > i̯l > l̮; si la palatalización de c'l hubiera sido anterior a la sonorización, es de suponer que hubiera dado resultado distinto de ɢ'l, como lo dió en italiano, no sonorizante, *occhio, orecchio*, a diferencia de *teglia, quagliare*. La l̮ del español primitivo se conserva en el aragonés, evoluciona a *y* en leonés, y toma en el castellano antiguo el zumbido de ž, escrita *j*; esta serie de evoluciones dialectales es idéntica a la de ly, § 53$_6$. Ejemplos: ŏcŭlu *ojo*, aragonés *uello*, leonés *ueyo*; genuculos (por geniculos) *hinojos*, *fenuculu (por feniculu) *hinojo*, vĕrmĭcŭlu *bermejo*, lĕntĭcula *lenteja*, *batacŭlu (por batuaculu) *badajo*, novacula *navaja* (1). Igual sonido **j** produce *G'L*: tēgŭla *teja, reja*, § 103, coagŭlu *cuajo* (2).

3] Dentales: al producirse el grupo extraño *T'L*, esto es, oclusiva dental + continua dental, se evita la dificultad produciendo la oclusiva con el dorso de la lengua en vez de con la punta, a fin de dejar ésta libre para pronunciar la continua, y resulta *C'L*. Ya en latín vulgar se decía veclus, viclus, capiclum, censurados en el Appendix Probi; pero la presión literaria mantenía también en las inscripciones titlum, crustlum, Vitlu, capitlares. Ejemplos: vetulu > veclu *viejo* (arag. *biello*, leon. *bieyu*), § 103, mĭtulu *al-meja*, esca mutilare (esca 'cebo del fuego,

---

(1) En voces tardías o semicultas se conserva *C L* como gl: saeculu *siglo;* miraculu, ant. *miraglo,* mod. *milagro;* periculu, ant. *periglo,* mod. *peligro;* joculare *juglar,* baculu *baglo,* ant. *blago.*

(2) Se conserva *G'L* en voces tardías o semicultas: regula *regla, seglar,* y con disimilación *ligula* (por lingula) *legra.*

yesca, desperdicios de los árboles') *escamujar*, ad-rotulare *arrojar* (arag. *arrollar, arrullar*) (1).

58. OCLUSIVA SEGUIDA DE NASAL.—Aparte de decimu *diezmo*, ricinu *rezno*, duracinu *durazno*, epithema *bizma*, maritima *marisma*, nótese que *T'N* invierte sus términos, lo mismo que *t'l*, en otras voces que parecen semicultas: catenatu *candado* (ant. *cañado*), serotinu *serondo* (ast. *seroño*), rĕtĭna (de retinēre) *rienda*. El germánico Fridenandu da ant. *Frednando, Frenando*, mod. *Fernando*.

59. LOS GRUPOS DE NASALES Y LÍQUIDAS AÑADEN CASI SIEMPRE UNA OCLUSIVA SONORA INTERMEDIA, pues ambas continuas son difíciles de pronunciar seguidas sin que surja entre ellas la interrupción de una oclusiva.

1] *M'N* da **m-b-r** (§ 54$_{2c}$): homine *hombre*, donde se puede advertir la diferencia de cuando *MN* es grupo latino, como en *daño* (§ 47$_3$); domnu perdió su vocal en época latina, y por eso dió *dueño* y no **duembro*. Otros ejemplos: femina *hembra*, *columinare ('divisar a lo lejos' desde una altura o columen) *columbrar*, seminare *sembrar*, luminaria *lumbrera, lumbre, nombre, mimbre*, etc. (§ 771$_c$). En el siglo XIII coexisten en diversas regiones las formas *nomne, nomre* y *nombre*.

2] *M'R* da también **m-b-r** (comp. μεσημβρία de μέσος

---

(1) En voces semicultas, tanto *T'L* como *D'L* trasponen sus dos elementos, trocándose en **ld**: capitulu *cabildo*, tĭtulu *tilde*, rŏtulu *roide*, mŏdulu *molde;* *anethulu (por anethum) *aneldo. eneldo;* spatula *espalda;* foliatile (esto es, panis foliatilis) ant. *hojalde,* mod. *hojaldre*. Estas voces son tardías y semicultas, a juzgar también por la *-e* final, en vez de *-o*, que ofrecen algunas, y por la vocal acentuada de las cuatro primeras, contra la evolución popular de la ĭ y de la ŏ, según se advierte en los §§ 11$_1$ n., y 13$_1$ n.

ἡμέρα, fr. *nombre, encombre):* humeru *hombro,* cucumere *cohombro,* memorare *membrar.*

3] *M'L* da **m-b-l** (fr. *trembler, humble):* tremularè *temblar;* pero también hay la inversión de ambas consonantes continuas: tŭmŭlu *tormo,* y *colmo* si viene de cŭmulu.

4] *N'R* da **n-d-r** (comp. ἀνδρός, genit. de ἀνήρ, fr. *cendre, gendre, tendre):* ingenerare *engendrar,* cinere *cendra, acendrar.* Pero también se produce la inversión: *cinerata (de cinis) *cernada* junto a *cendrada,* generu *yerno,* Veneris *viernes,* teneru *tierno.* Aun hay una tercera solución: se conserva *nr* haciendo fuerte la *r:* honorare *honrar* (ant. *ondrar);* ast. *xenru, tienru;* port *tenro* y *terno.*

5] *N'M* cambia su *n* en *r* o *l* (§ 54₆ y ₑ): minimare *mermar,* anima *alma;* pero Ranimirus *Ramiro.*

6) *L'R:* colorare *corlar,* meliorare *medrar.*

60. GRUPOS DE OCLUSIVAS.—La segunda tiene más resistencia y sufre menos cambios que la primera, limitándose su evolución a convertirse en sonora la sorda. La mayor resistencia de la segunda consonante procede de que es explosiva, comienza sílaba y participa así de la fuerza de las consonantes iniciales, mientras la primera consonante es implosiva y participa de la debilidad de las finales.

1] En el grupo de labial y dental, cuando es latino, la labial se asimila; y cuando es romance, conserva su individualidad; comp. septu *setto, seto (§ 49₁) con capitale en que la *p* y la *t* evolucionaron primero como intervocálicas: *cabidal, y luego como agrupadas: *cabdal, caudal. P'T, P'D, B'T* y *V'T* se agruparon reducidas a **bd,** cuya **b** era todavía pronunciada por Valdés; pero en su tiempo ya se anticuaba; y desde entonces se vocaliza en **ud,** que tras vo-

6.

cal posterior se reduce por asimilación a **d**: capitellu (en sentido de 'cabecilla'), ant. *cabdiello,* mod. *caudillo;* capitale, ant. *cabdal,* mod. *caudal; —* rapidu *rabdo, raudo;* lapide *laude* (este *au* tan tardío nunca se monoptonga, § 9₃, comp. § 55 al comienzo); — debita, ant. *debda,* mod. *deuda;* bibitu ant. *bebdo, béudo, béodo,* mod. *beódo* (§ 6₂); — civitate, ant. *cibdad,* mod. *ciudad, viuda* (§ 67₁). Después de vocal posterior: *cŭpĭdĭtia (por cŭpĭdĭtas), anticuado *cobdicia,* mod. *codicia;* cubitu, ant. *cobdo, coudo,* mod. *codo* (1).

2] El grupo de gutural y dental, cuando es latino produce una palatal *ch, j, ñ* (§ 50); pero cuando es romance prevalece la articulación dental.—*C´T* se reduce a **zd** y luego a **z;** así placitu, ant. *plazdo,* mod. *plazo* (§ 67₂; la forma *pleito* es un aragonesismo) (2); recitare *rezar;* *amĭcĭtate ant. *amizdat, amizat,* mientras el mod. *amistad* revela forma culta (§ 54₁). En cuanto al ant. *feches* (§ 106₄c), deriva de fac'tis, con pérdida de vocal más antigua que en los casos anteriores.—En el caso *G´T* o *DY´T,* la **g** o **dĵ** se pierde, como es natural, junto a vocales de la serie anterior (§ 43₁), y así medietate dió regularmente en el castellano antiguo *meedad,* o con disimilación *meadad,* pero estas formas no prevalecieron, vencidas por el cultismo *meetad,* que de una parte se disimiló en *meatad,* y de otra parte se redujo a *meitad, metad, mitad* (3). Por otro lado

---

(1) Las voces cultas no forman grupo de consonantes y conservan éstas intactas: *hábito, súbito, rápido,* etc.

(2) Para *pleito,* aragonesismo introducido en Castilla hacia el siglo XII, véase *Orígenes del Español,* § 17.

(3) Véase *Orígenes del Español,* § 48₄.

cogitare *cuidar* y digitu *dedo* revelan claramente la pérdida de la fricativa sonora (§ 24₃ final).

3] En grupos de dental y gutural la primera se hace
continua o desaparece, y la segunda permanece oclusiva,
pero convertida en sonora la sorda.—Así, *T'C* o *D'C* da
ant. **dg**, mod. **zg**: portaticu, ant. *portadgo;* mod. *portazgo;*
pedicu (por pedica) *piezgo;* judicare, ant. *judgar*, moderno *juzgar* (1). Son de origen leonés (en este dialecto se
dice *portalgo, mayoralgo, julgar*, etc.) (2), los casos de conversión de la primera en *l;* el más importante es natíca
(por natem) *nalga,* que también se propagó al portugués
al lado del indígena *nadega;* en cuanto a *mielga* herba Mē-
dĭca (de Media), hay que notar que ya en latín existía la
forma vulgar Mēlicus (que en su vocal inicial se dejaría influir por el grecismo mĕlicus).—*D'C'* dió ant. **dz, z**, mod. **c**:
duodecim ant. *dodze, doze,* mod. *doce;* tredecim, anticuado *treze,* mod. *trece.*

4] Dentales: hereditate *heredad;* pero *marchitar* muestra ser semiculto (§ 54₁, final).

61. GRUPOS DE TRES O MÁS CONSONANTES.—1] Se conservan las tres cuando la primera es nasal líquida o *s*, y la
tercera *r* o *l:* temporanu *temprano,* *comperare *comprar,* Pompelone *Pamplona.* Las dos continuas primera y

---

(1)   Compárese para esa conversión en continua de la *d* fricativa final
de sílaba (§ 35₄ₐ), la palabra gothicu *gozque,* voz que no cito en el texto
porque la popular sería *gozgo .*

(2)   En leonés medieval son habituales estas formas, y se hallan muy
arraigadas en leonés moderno (véase mi *Dialecto Leonés,* § 12₅). No podemos dejar de calificarlas como leonesas, aunque alguna de ellas se en-
cuentre propagada en el castellano popular (ejemplos reunidos por GAR-
CÍA DE DIEGO, en la *Rev. de Filol. Esp.,* III, 1916, pgs. 313-316).

última pueden sufrir cambios: ancora *ancla* (§ 54₂ ᵦ),
glandula *landre* (§ 54₂ ₐ), vulture *buitre*, alteru *autro*
(§ 9₃), *otro*. A éstos se asimilan los que, aunque tienen nasal la última consonante del grupo, la truecan en *r* o *l*
(§ 54₂ᵦ ᵨ): sanguine *sangre*, *lendine (por lens, len-
dem) *liendre*, inguen (§ 62₂) *ingle*.

2] *cons.·C'L* es propiamente un grupo latino primario,
§.25₁. Cuando intervocálicos, c'ʟ y ɢ'ʟ dan igual resultado,
efecto de la previa sonorización de *c*, § 57₃; pero cuando
precede otra consonante, como la *c* no puede sonorizarse,
se produce un sonido palatal sordo: circulu **cercho, cercha*; cicercula *cicercha*, trunculu *troncho*, *mancula
(§ 69, por macula) *mancha*, conchula *concha*, *cinctŭlu
(imitado de cingŭlu; ital. *cíntolo*) *cincho*. La primera consonante del grupo puede desaparecer: sarculu *sacho*, mar-
culu ('martillo' o martulum) *macho*, masculu *macho*,
calculu *cacho*, sustantivo (1). Acaso hortŭlu es la etimología de *Horche* (§ 57₃).— *cons.* *GL* da un fonema sonoro:
sŭbglŭttiare (por singultare, *singluttare) *sollozar;* cuando
la primera consonante es *n*, se produce *ñ*: ungŭla *uña;*
síngulos, ant. *seños*, mod. *sendos;* rivi angŭlu *Riaño*
(León) (2); cingŭlu *ceño* 'aro, cerco'.

3] En la generalidad de los otros casos se conservan
sólo la consonante primera y última: vindicare *vengar*,
episcopu *obispo*, computa *cuenta, panza, once, catorce,
·renda* (§ 5v₁), archipresbyter *arcipreste*. La última consonante puede alterarse: v. gr., junto a *pança*, hay *pancho*,

---

(1)   Semicultas: *muslo, mezclar* (§ 3₃).

(2)   Véase *Orígenes del Español*, pág. 322. Son cultas *ángulo, cingu-
lo, singularidad* (ant. *señaldat*, astur. *señardá, señaldá* (§ 24₉).

y junto a *despançurrar* hay *despachurrar*; además cortice
corce, corcho (§ 35 bis$_2$, final). La primera consonante se
altera en antenatu, ant. *annado*, luego *alnado* (§ 54$_{2 b}$). Se
funden la consonante primera y tercera: acceptore, anticuado *aztor* (§ 67$_2$), luego *azor*, como las palabras citadas
en el § 60$_2$.

4] Se pierde la consonante primera en ciertas combinaciones. Cuando la primera y segunda son *CT* o *CS* o *GN*,
la velar se vocaliza en *i*, pero no palataliza a la dental implosiva, como cuando ésta es explosiva por seguirle vocal,
§ 50: pectinare **peynar, peinar*, y la *i* se pierde, influyendo o no en la vocal anterior: pectoral, ant. *peitral*,
mod. *petral*; *lectorile (de lector) dió *letril* y luego **latril
atril*; *benefactoria *behetría*; fraxinu, ant. *freisno*, moderno *fresno*; *sexĭma, ant. *seisma*, mod. *sesma* (1); pĭg-
nŏra, ant. **peinra, peindra, pendra*, mod. *prenda*, § 54$_{2 c}$.
Otros grupos en que también se pierde la primera consonante: *almendra* (§ 26$_1$); septimana, ant. *setmana, sedmana, semmana*, mod. *semana;* Séptimánca, ant. *Sietmancas,
Sedmancas,* mod. *Simancas* (2). Claro es que insula habrá
de dar *isla* por la antigua reducción de *ns* a *s* (§ 47$_{2 a}$).

5] Para *cons.* *DY* o *cons.* *LY* véase § 53$_8$ y $_6$.

CONSONANTES FINALES

Distínganse siempre las que son finales en latín de las
que lo son en romance: en sudorem la final latina es *m,*

---

(1) Véanse estas formas con *i* en *Orígenes del Español*, p. 95.
(2) Véase *Cantar de mio Cid*, I, 1908, pág. 191.

pero la final romance es *r*, por la pérdida de la *m* (§ 62₁) y, de la *e* (§ 28₃).

62. Las consonantes finales del latín se pierden en español, salvo la *S* y la *L*, que se conservan, y la *R*, que pasa a ser interior.—He aquí los pormenores de esta ley general:

1] Labiales: la *M* final latina se perdía ya en la pronunciación de Plauto, y no se escribe en el sepulcro de los Escipiones: los gramáticos latinos nos aseguran que no se pronunciaba cuando la palabra siguiente empezaba por vocal (comp. co-eo, có-agulo). En el habla vulgar la pérdida se hizo general; así quindecim dió en romance *quince*, caballum *caballo*, novem *nueve* (1). Sólo se pronunciaba en los monosílabos, para reforzar su debilidad fonética, y aun se sigue pronunciando en español, convertida en **n**: quem *quien* (y por causa de éste, aliquĕm *alguien*), cum *con*, tam *tan*, quam *cuan;* una excepción es jam *ya*, que pierde su -*m* también en los demás romances.

2] Dentales perdidas: La -*T:* caput *cabo*, aut *o*, amat *ama*, sunt *son* (§ 107₁), post *pues*. La -*D:* ad *a* (en aragonés, en el Fuero de Madrid, etc., ante vocal: ad aquel, *ad* otro), aliquod *algo*. Las inscripciones, aun las del tiempo de la República, revelan la inseguridad de la pronunciación latina, al escribir quodannis, adque, prefiriendo la *t*: aput, quit, set, atnatos. La -*N* se pierde en non, ant. *non*, mod. *no;* se conserva en in *en;* y pasa a interior en los neutros nomen > nomene *nombre*, § 54₂c. La -*R* pasa a interior: inter *entre*, semper *siempre*, quattuor *cuatro*, sartor (nominat.) *sastre*, piper *pebre*. La -*L* se conserva

---

(1)   Voces cultas: *Adán, Jerusalén,* etc.

en los monosílabos fel *kiel*, mel *miel*, y pasa a interior en
in-simul, ant. *ensemble.* La -*S* se conserva, como en casi
todos los romances: minus *menos*, Deus *Dios*, ambos
ambos, venis *vienes*, sex, secs *seis;* ad vĭx, ant. *avés*
'apenas', adverbio del cual en las Glosas Emilianenses ocurre
una forma *veiz*, si bien es de lectura dudosa; Fēlĭx. *Félez,
Féles, Félis* (1).

3] Velares perdidas: -*C*: ad-illac *allá*, nec *ni.* sic
si, dic *di*, § 115₃ (2).

63. Consonantes finales romances.— 1] Quedan **cons-
tantemente finales** en romance las consonantes dentales
y alveolares latinas, no agrupadas en latín ni en romance,
y la fricativa *Ć*, por la pérdida obligada de la -*e* tras ellas,
§ 28₃, y a veces por la pérdida eventual de la *o*, según el
§ 29₂. He aquí ejemplos y pormenores: —*a*) -*T* > **d**: cari-
tate *caridad, edad, virtud, salud, ƒared,* cantate *cantad,* līte
lid, rēte *red,* sĭti *sed;* esta *d* se escribía frecuentemente -*t*
en la Edad Media, representando el ensordecimiento propio
de los sonidos finales.—La -*D* suele perderse, pero se observan grandes vacilaciones: mercede, ant. *mercé,* pero
prevaleció *merced* por influjo de la multitud de polisílabos
abstractos acabados en -*d* procedente de -т; -ate, -ute.
Los monosílabos no sufrían este influjo, y así en fĭde,
pĕde, sĕde, prōde es raro hallar la -*d* conservada: *fed,
fet* (Fuero Juzgo, documentos asturianos), *pied* (Berceo, Fuero de Navarra), *sied* (Berceo), *prod, prot* (Fuero Juzgo); lo
corriente es que la *d* se pierda, § 41₂, antes de la pérdida de
la vocal final, *fee* (Berceo), *see* (Fuero de León), *proe* (Alexandre, documentos asturianos), *proy* (Fuero de Salamanca),

---

(1) Véase *Cantar de Mío Cid*, 1908, p. 192.
(2) En voces cultas se conserva la *c: Isaac, Abimelec.*

comp. T u d e *Tuy* en Galicia; el hiáto se redujo enseguida: *fe, pie, pro* que son las formas corrientes en Castilla desde muy temprano. Los proparoxítonos que excepcionalmente no perdieron la *-d-*, lapíde *laude*, trĭpĕde *trebde, treude*, § 41₂, perdieron la vocal postónica antes que la final, sin que ésta más tarde pudiera perderse a causa del grupo *ụd*. —*b*) - *N*=**n**: pane *pan*, ratione *razón*, sartagine *sartén;* para *español*, § 66₂. —*c*) -*L*=**l**: sale *sal,* fidele *fiel.* —*d*) - *R*=**r**: mare *mar*, amare *amar*. Se puede disimilar la -*l* o *r:* arbore *árbol, lugar* (§ 66₂). .—*e*) -*S* o sus similares (§ 47i ₐ) -*RS, -NS* > **s***:* transverse *través*, reverse *revés*, mense *mes*, montense *montés*. —*f*) -*Ć* y -*CY*, -*TY*>**z**: pace *paz,* cruce *cruz,* solaciu *solaz,* pretiu *prez.* Hoy esta *z* es sorda (lo mismo en Miranda de Duero, *paç, raiç,* que en Castilla), pero antiguamente no lo solía ser en castellano; dialectalmente aparece escrita en antiguo aragonés y leonés: *dieç, paç, Pelayeç.* Se pierde hoy en Andalucía y en regiones americanas que aspiran la -*s* final, y hasta en alguna región de Castilla como Cisneros de Campos: *crú, narí.*

2] El español antiguo, en los siglos xii y xiii, admitía **accidentalmente finales** otra porción de sonidos consonantes; no vacilaba respecto de los ya enumerados, pues siempre decía *merced, cruz,* y nunca *mercede, cruze;* pero sí respecto de los que vamos a enumerar, y ora decía *noche,* ora *noch,* etc. En primer lugar, deben citarse las mismas consonantes dentales y *Ć* cuando van agrupadas con otras.

a) Dentales agrupadas: **t** representando un grupo latino: septem *siet;* o una sorda conservada por cultismo: *dot* (añádase el caso de la *t* inicial del pronombre apocopado -*t: quẹd* por que *te*, § 94₄).—**nt** o **nd**: *sant, mont, puent* o raro *puend, dond* o *dont* y *don;* secundu *segund* o *segunt,* *grand* y *gran,* cŏmite *cuend* y *cuen, Sant Fagund* o *San Fagún.* — rt: *art, part, fuert* o raro *fuer.*—st: *huest, est, mintist* (§ 107₄).—ld: *humilt, Bernald.*—Alveolares: rr: *Torralba,* o r ante consonante, *Torquemada, Tordadijo, Tormor.* — ss: messem *mies* junto a *miesse,* amassem *amás* (§ 107₄).— ç representando *SC* hecha *z:* crescit *crez,* fasce *faz* y *face,* pisce *pez* y *pece.* — lç: *dulçe, dulz* y *duz,* calce *coce* y *coz,* falce *foce* y *foz.*—l'z: salice *salze* y *saz,* calice *calze* y *caz;* véase § 55 inic. para la fecha más tardía de este grupo.—rz: acere *arze* y *arz.*— nç hecho *nz: alcanz, entonz.*—Para *nn* y *ll* véanse las palatales.

b) Labiales: p y b hechas generalmente *b: princep; Lob Diez,* según el § 29₂, nombre que sin apellido era comúnmente *Lope;* quis sapit *quiçabe* y *quiçab.* — v hecha *f: nuef, nief, naf, alef, of* y *ove* o hube.—m generalmente hecha *n: com* por *como, quen* por *que me* (§ 94); hoy en Álava *alún* por *alume* alumen, y en Asturias *on,* en frases vocativas, junto a *ome,* por *omne* homine.

c) Palatales: ch: *noch, lech.*— x: buxu *box,* dixi *dix,* adduxi *adux.*—j hecha generalmente *x:* genuculu *hinoj,* lineaticu *linax, barnax, relox.*—ñ hecha *n:* domnu *don,* longe *luen* junto a *lueñe; desdén* junto a los otros postverbales **desdeñe* y *desdeño* (§ 83₅).—ll hecha *l:* mille *mill* y *mil,* pelle *piel, elle* y *él* (§ 93₃), *calle* y *cal, valle* y *val, castillo* y *castil* (muy usado en proclisis *Castil de Peones), cabello* y *cabel;* en América se conserva la palatal en *fuey* por fuelle.

d) Velares: c: *achac, duc, Anric.* — nc: *franc.* — g: *Diag López* o *Diac López.*

3] Con todas estas apócopes el español de los siglos XII

y XIII se asemejaba mucho al francés; pero en el siglo XIV ya se generaliza la tendencia a mantener la -*e* en los casos del punto 2, de modo que a partir del siglo XV el español moderno no conoce más consonantes finales que las del punto 1: **d, n, l, r, s, z,** no agrupadas con consonante ni con semiconsonante: así que lo mismo mantiene la -*e* en *sauce, laude, peine, aire, fraile,* que en *monte,* etc. — En cuanto a los casos del punto 2, perdió la vocal tras las alveolares, que vinieron a resultar simples, aunque antes hubiesen representado un grupo; todavía Nebrija inscribe sólo con -*e* las voces *miesse, duce* 'dulce', *coce, hoce, hace* fasce, *pece;* aún hoy se dice en Plasencia *joce, jace,* o en Sayago *joci,* 'hoz'; pero la lengua corriente y literaria, usa *mies, coz, hoz, haz, pez,* exceptuándose únicamente los numerales *doce, trece,* ant. *dodze, tredze,* por razones extrañas a la fonética (§ 71), y alguna voz, como *cofrade,* en que influyó el ant. *cofradre* (§ 66₃). En todos los demás casos del punto 2 prevalecieron las formas con -*e* final, olvidándose la apócope y escapándose sólo algunas palabras aisladas que, por supuesto redujeron su terminación a vocal o a consonante dental simple, y admitiendo además la **j**: *san, según, gran, Sahagún, saz, caz* («palo *duz*» llama el pueblo de Madrid al 'palo dulce' o regaliz), *quizá, boj, reloj* (pronunciado también *reló*), *borraj* (pronunciado hoy *borrás,* forma que da Nebrija junto a *borrax*), *carcaj, don, desdén, él, mil* y *piel;* varias de estas formas se deben a la proclisis (*san, según, gran, don, él, mil*).

En la conjugación, la analogía desterró la apócope aun en los casos del punto 1, es decir, tras las consonantes *l, n, r, z,* etc., salvándose algunos restos de ella en el imperativo: *sal, pon* (§ 107₄). También carecen de apócope los postverbales: *envase,* etc. (§ 83₅).

§ 63 bis. CRONOLOGÍA DE ALGUNOS CAMBIOS FONÉTICOS.—Como resumen de toda la evolución de vocales y consonantes, intentaremos reducir a un orden cronológico los más antiguos cambios fonéticos. Las dificultades para ello son grandes, y la serie que aquí establezco se halla, sin duda, sujeta a muchas rectificaciones. Además es preciso tener en cuenta que al colocar cada cambio como posterior en fecha a los que le preceden, es sólo en cuanto a su comienzo, o sea, en cuanto a la implantación del principio fonético que le rige; luego, la propagación de las nuevas formas lingüísticas, una vez creadas según ese principio, se verifica muy lentamente, tardando por lo común varios siglos en consumarse su triunfo, de modo que un cambio, antes de generalizarse, convive y acaso lucha con otros cambios posteriores en fecha, produciéndose interferencias complicadas.

1] El timbre diferente de las vocales, abiertas o cerradas, sustituye a la cantidad prosódica que cae en olvido, § 8.

2] Formación de la yod, de múltiples orígenes, § 8 bis. Aun la yod 4.ª es muy antigua, pues la yod de CT o la atraída de la sílaba siguiente, inflexionan las vocales abiertas 8], nŏcte, lĕctu, matĕria, § $10_{3\,d}$, $13_{3\,d}$.

3] Desaparición de la yod 1.ª, por palatalización de consonantes dentales y velares, pace > pakse, ericiu > eriksiu, ratione > ratsone § 34_2 y $_8$, 42_3, 53_4. Anterior a la inflexión de vocales abiertas 8], § $10_{3\,a}$, $13_{3\,a}$.

4] Pérdida de oclusivas y fricativas intervocálicas, sarta(g)ine proba(v)i § 43, co(g)itat § 24_3, tepi(d)u § 26_2. Anterior a la sonorización de la oclusiva sorda, 5], anterior a la inflexión de las vocales abiertas, 8], y a otros varios cambios fonéticos, § 41_4.

5] Sonorización de la oclusiva sorda intervocálica § 40. Anterior a la desaparición de la yod 2.ª 11], oculu *ojo* = tegula *teja* § 57$_2$; anterior a la pérdida de la vocal intertónica 14], domin(i)go, vicin(i)dade § 54$_1$; anterior a la monoptongación de *au* 18], paucu *poco;* la sonorización de *s* ocurre aun tras *au*, § 47$_{3a}$·

6] Simplificación de las consonantes dobles, gutta § 45, y de otros grupos análogos por asimilación, septe sette *siete*, gypsu, § 49, ursu (pero NS > *s* es anterior) § 47$_{2a}$·

7] Vocalización de L *cons.* en grupos primarios. Anterior o posterior a la inflexión de las vocales cerradas ǫ, ę 12], impŭlsiat *empuja*, pero ŭlva *ova* § 47$_{2c}$; anterior a la formación de *ch* 16], mŭltu *mucho;* anterior a la monoptongación de *au* 18], saltu *soto* § 9$_3$.

8] Inflexión palatal de las vocales abiertas ǫ, ę. Anterior a la desaparición de la yod 2.ª 11], spŏliu § 13$_{3b}$, rĕgula § 10$_{3b}$.

9] Diptongación condicionada de ǫ, ę acentuadas, ante yod, en leonés y aragonés, *fuella* § 13$_{3b}$, *viengo* § 10$_{3b}$.

10] Diptongación incondicionada de las vocales acentuadas ǫ § 13$_1$ y ę § 10$_1$.

11] Desaparición de la yod 2.ª, por palatalización de ly, c'l, g'l, y de ny, gn, ng, § 34$_{3b}$. Anterior a la inflexión de la mayoría de las vocales cerradas 12], § 8 bis$_{3b}$, pues no inflexiona sino ǫ + *ñ*, cŭnea *cuña* § 14$_{2b}$, 11$_{2a}$·

12] Inflexión palatal de las vocales cerradas ǫ, ę. Anterior vacilante (coetánea?) a la desaparición de la yod 3.ª 13], rubeu *royo, ruyo* § 14$_{2c}$; fastĭdiu *hastío*, contra corrĭgia *correa* § 11$_{2b}$.

13] Desaparición de gran parte la yod 3.ª, por palatalización de **gy**, **dy** § 53₃, y **by** § 53₁. Anterior a la inflexión de *a* 15], radia *raya* § 9₂ₐ.

14] Pérdida románica de la vocal pro- o post-tónica § 24 y 25. Anterior a la formación de la *ch* < *ct* 16], pect(o)rale *peitral, petral,* § 54₁ₐ; anterior a la monoptongación de *ai* 18], majorinu *merino* § 24₁; anterior a la pérdida de la -e final 19], salice *sauce,* § 28₃, lapide *laude* § 63₁ₐ.

15] Inflexión palatal de **a**, la más tardía de todas las inflexiones. Anterior a la desaparición de la yod 4.ª

16], riparia *ribeira ribera,* proba(v)i *probei probé* § 9₂ᵦ.

16] Desaparición da gran parte de la yod 4.ª, por palatalizaciones como **ct** > it > *ch*, **ks** > *x*. Anterior la *ch* a la monoptongación de *ai* 18], lacte *leiche leche* § 9₂ᵧ.

17] Confusión de ŏ y ŭ finales. Todavía en los siglos x y xi se conservan rastros de la distinción entre terminŭ y terminōs (*Orígenes del Español* § 35).

18] Monoptongación de los diptongos decrecientes **au** y **ai**. Anterior a la vocalización de l en grupo secundario 20], cal(i)ce *cauce* § 9₃; los diptongos *ei* y *ou* sobreviven aún hoy en el dialecto leonés occidental, y ciertos vocablos con *ei* perduran aún en algunas regiones de Castilla en los siglos xii y xiii § 9₂ᵧ.

19] Pérdida de la -e final, § 28₃. Todavía en los siglos xii o xiii estaban sin fijar las normas de la pérdida o conservación de -e § 63₂.

20] Vocalización de l y de **b**, **p**, en grupo consonántico secundario, calice *cauce* § 55₁; debita *deuda* § 60₁.

21 Reajuste de las consonantes en los grupos secunda-

rios causados por la pérdida de la vocal.intertónica 14],
limde, plazdo, cadnado, nomre § 54₂.

Los cambios 1]-13] se propagan en la época del latín
vulgar; la generalización de los cambios 9]-13] constituye
una época de transición entre latín y romance. Los cambios
14] y siguientes se propagan en época plenamente románica.

Aquellos cambios cuyo orden cronológico respectivo importa más tener en cuenta para deducir de una forma latina
la correspondiente romance, son los cuatro siguientes:

El timbre románico en vez de la cantidad: 1] y 10].

Sonorización de la oclusiva sorda intervocálica 5].

Pérdida de la vocal intertónica 14].

Pérdida de la -e final 19].

CAPÍTULO IV

64. Hemos visto en el capítulo II la evolución de las vocales, y en el III la de las consonantes, en aquello que tiene de más regular, de más repetido y constante en la primitiva evolución de cada sonido latino hacia su correspondiente español. En esos dos capítulos anteriores hemos visto principalmente desarrollarse el trabajo muscular del aparato vocal en cuanto articulador de la palabra, regido por una actividad psíquica más o menos consciente; es decir, hemos visto la historia de la articulación del latín, como expresión de un fenómeno espiritual, claro es, pero sometida a muy determinadas normas fisiológicas y a muy poderosas corrientes tradicionales que obraron sobre la colectividad hispánica, DENTRO DE LÍMITES GEOGRÁFICOS Y CRONOLÓGICOS DETERMINADOS. Esa historia nos ha dado a conocer leyes o direcciones que obraron sobre todos o sobre la mayoría de los casos en que cada sonido se daba en igualdad de condiciones dentro de palabras hereditarias pertenecientes a las épocas primitivas en que se formó el idioma español.

El descubrimiento de esas leyes fonéticas ha sentado el estudio del origen de las palabras sobre una base firme capaz de servir al trabajo científico; ha dado evidencia a la etimología que antes era sólo un hacinamiento de hipótesis desarticuladas entre sí, más o menos ingeniosas o descabelladas, casi únicamente buenas para suscitar el chiste sobre la arbitrariedad de los etimologistas; «y dicen que averiguan lo que inventan», pensaba Quevedo.

Pero si las voces que constituyen la mayor y mejor porción del léxico, las de uso más corriente y habitual, siguen esa evolución arriba expuesta, otras muchas, principalmente las de uso menos constante, quedan inexplicables por esos principios, siendo la menor frecuencia de su empleo la causa principal de la menor regularidad en su desarrollo. En estas voces rebeldes hay que reconocer otros cambios fonéticos que no son tan regulares o normales como los anteriores, sino que obraron u obran esporádicamente, unas veces sí y otras no, sobre los sonidos colocados en iguales condiciones dentro de las varias palabras.

Algunos de estos cambios esporádicos son de igual índole que los regulares, es decir, se refieren al modo en que los centros nerviosos dirigen el trabajo muscular del aparato vocal: algunos de esos cambios hasta tienen a veces un campo de acción tan extenso, que llega a ser difícil establecer el punto de separación entre ellos y los cambios regulares (1). Pero otros muchos cambios esporádicos son de naturaleza visiblemente distinta de la de los regulares, por fundarse en una intervención más pronunciada de las actividades psíquicas individuales que desvían la articulación de un modo brusco, muy diverso del modo gradual o

---

(1) Arrastrados por esta indecisión, hemos creído oportuno mezclar a la exposición de los capítulos II y III, muchos casos manifiestamente esporádicos, por ejemplo, § 18$_3$ y $_4$, 20$_2$, etc.

evolutivo en que se suele alterar la articulación en los cambios regulares: así, por ejemplo, la *s* de *lunes* (§ 68$_1$) es manifiestamente un postizo venido desde afuera a la palabra lunae, mientras la i de *tierra* se desgajó naturalmente de la articulación de la *e* latina de terra al querer dar más realce a la vocal acentuada.

Estos cambios esporádicos no pueden por lo común localizarse ni fecharse, como los otros, así que no sirven como los otros para caracterizar la actividad peculiar de un idioma en una época dada, porque SUELEN PRODUCIRSE IGUAL O ANÁLOGAMENTE EN CUALQUIER ÉPOCA Y EN LOS MÁS DIVERSOS IDIOMAS. La evolución del grupo *CT* en *ch*, o de *LY* en *j*, o la diptongación de ǫ, etc., caracterizan perfectamente el español en su evolución primitiva, separándolo no sólo de los otros dialectos románicos peninsulares y extranjeros, sino separándolo también del mismo español en época más tardía, cuando ya no puede alterar la *ct* de *artefacto* o de *impacto*, ni la *ly* de *palio, escalio, dalia, solio*, etc. Por el contrario, una metátesis de *r* se da lo mismo en el español integrare, *entegrar, entergar, entregar*, etc., que en italiano o en griego; la inserción de una *r* tras *st* ocurre lo mismo en voces primitivas del español, como stella > *estrella*, que en otras modernas, como el inglés ballast, que dió *balastre* (así en la edición 11 del Dicc. Acad.), *balastro*, en boca de trabajadores ferroviarios, al lado de *balasto* (así en la edición 14 del Dicc. Acad.).

Estos cambios esporádicos, aunque no puedan reducirse a una sistematización tan clara como los regulares, interesan esencialmente a la historia, pues acaso nos revelan la vida psíquica del lenguaje con más variedad e intensidad que los cambios regulares; son además también importantes para completar el estudio etimológico del léxico, pues ellos explican muchas excepciones a los principios fonéticos sentados anteriormente, las cuales no deben tomarse como anomalías caprichosas, sino como cambios debidos a otras leyes o principios de menos generalidad o extensión. Expondremos a continuación algunos de estos cambios fonéticos esporádicos.

FENÓMENOS DE INDUCCIÓN ENTRE LOS VARIOS ELEMENTOS ACÚSTICOS DEL LENGUAJE

Los sonidos que arriba hemos estudiado aisladamente no funcionan en el lenguaje como elementos aislados, sino formando palabras y frases; y al tener que pronunciarse juntos varios de esos sonidos, sucede a veces que unos influyen sobre otros, pues el aparato vocal procura allanar las dificultades de pronunciación que pueden resultar de la proximidad de unos a otros, y así se producen varios fenómenos debidos a la influencia entre dos sonidos de la misma palabra o de dos palabras inmediatas en la frase (§ 65-67). Pero, además, la palabra no sólo vive en las frases en que se la emplea, sino en la memoria del que habla, y ocurre a veces que dos o más palabras análogas en su significación se influyen en sus sonidos, pues al ser pronunciada una de ellas, toma algún sonido de la otra u otras análogas que no se profieren, pero que se presentan juntas en el espíritu del que habla (§ 68).

65. ASIMILACIÓN ESPORÁDICA (1).—Puede ocurrir que los

_____

(1) Véase el estudio general de E. Schopf, *Die konsonantischen Fernwirkungen: Fern-Dissimilation, Fern-Assimilation und Metathesis.* Göt-

órganos articuladores encuentren embarazosa la diferencia que hay entre dos sonidos próximos, y por eso tiendan a igualarlos en algo. Entonces se produce la asimilación, que es la propagación de algún movimiento articulatorio propio de un sonido, a otro sonido que originariamente no participaba de él.

La asimilación es uno de los más poderosos móviles en la evolución fonética. Los principales cambios regulares arriba estudiados se fundan en ella. Por ejemplo, el gran fenómeno de la sonorización de las oclusivas sordas no es más que una asimilación de la consonante a la sonoridad de las vocales vecinas; el paso de *ct* a *ch* no es más que una serie de asimilaciones; la evolución AI > *e*, AU > *o*, RS > *ss*, o la de MB > *m*, son procesos asimilatorios, etc., etc. Pero, además, la asimilación produce otros muchos cambios fonéticos esporádicos.

1] Asimilación **de vocales.** El latín dīrectu debiera haber dado **directo* (§ 19); pero la vocal acentuada influyó sobre la inicial para producir *derecho*. De *sŭbmĕrgŭlio (derivado de submergo y con el sentido de mergŭlus) debiera salir *somergujo; pero se asimiló la vocal protónica a la inicial y se dijo *somorgujo,* influyendo además el que la vocal acentuada pertenece a la serie posterior, como la inicial. Lo mismo sucede con stĕrnūtu *estornudo,* también en catalán y provenzal *estornut.* Un caso frecuente es la asimilación de una *e* protónica a una *yod* siguiente, como *simiente,* y demás casos del § 18$_2$; de *e...á* > *a.. á* (§ 18$_3$); de *a...é* > *e...é* (§ 17$_4$), etc.

tingen, 1919, y el especial de M. Grammont, *L'Assimilation,* en el *Bulletin de la Société de Linguistique,* XXIV, 1923.—A. Alonso, *Asimilación, Disimilación,* en *Bibl. Dialect. Hisp.-Amer.,* I, 1930, pág. 395.

2] Asimilación **de consonantes**. En latín vulgar, en vez de pituita, asimilándose la semiconsonante *w* a la explosiva *p* inicial, se dijo pitpita o *pippita, de donde proviene *pepita*. El mismo *somorgujo*, citado a propósito de la asimilación de vocales, se dijo después *somormujo*, asimilando las consonantes *m...g*. Igualmente *cĭnĭsia *ceniza* en vez de *cenisa*.

66. Disimilación.—Se produce esquivando la incómoda semejanza entre dos sonidos de una palabra.

1] Disimilación **de vocales**. El latín vĭgĭntĭ daría *viinti (§ 11$_2$) y se disimiló en el ant. *veinte*, mod. *véinte* (§ 6$_2$) (1).—Los romances para el posesivo mĕus suponen el masculino regular mẹus, pero el femenino mẹa, sin duda por disimilación de ẹ ante *a:* rumano *mieu, mea;* antiguo prov. *mieus, .mia;* leon. occid. *mieu, mia;* port. *meu, minha,* y también el ant. fr. *moie,* esp. *mía.* responden a mẹa. La misma diferencia hay que suponer entre tụu y tụa. Esta distinción entre el posesivo masculino y el femenino existió en el español antiguo, pero en el moderno ˉha desaparecido, § 96.—Al latín vulgar remonta la disimilación *redondo,* etc., véase § 20$_4$.—Otras veces la disimilación es sólo de origen romance; por ejemplo: fĭbĕlla, rĭvĕlla por fibŭla, rivŭlu, § 83$_1$) dieron los anticuados *fiviella, Riviella;* pero al reducirse el sufijo -iello a illo (§ 10$_2$), en vez de *hibilla, Rivilla,* se dijo *hebilla, Revilla.* En los verbos esta disimilación es abundantísima: como dīco es *digo,* debiera ser en el infinitivo dīcĕre *dicer,* o pasándolo a la conjugación en *ir* (cambio muy frecuente, § 111), debiera ser *dicir;* pero las dos *i* seguidas trajeron la forma *decir,* y lo mismo

---

(1)   Otra explicación acepta Meyer-Lübke, *Gram.,* I, § 601.

sucedió en las otras formas de la conjugación en que la vocal acentuada era *i,* como dice(b)am, ant. *dicia (i* tónica, § 11₂), mod. *decía* (§ 105₂).

2] Disimilación **de consonantes** (1). Comparando los derivados romances quinque y quinquaginta con los de quindecim y quingentos, se deduce que el latín vulgar en los dos primeros casos esquivaba la repetición de los dos sonidos *QU* próximos, convirtiendo el primero en *Q* o *C,* y decía cinque, de donde *cinco,* y cinquaginta, de donde *cincuenta;* mientras en los otros dos derivados de igual raiz mantuvo *QU* inicial, por no haber causa de disimilación, y de ahí *quince* y *quinientos.* La disimilación ocurre principalmente entre las consonantes continuas, sobre todo nasales y líquidas; el clásico hispanus o hispanicus tomó en latín vulgar el sufijo -one (que se usa para designar razas, como bretón, borgoñón, sajón, frisón, valón, lapón, sufijo que hallamos en el clásico asturco, -onis, junto a astur, -ŭris, brito, burgundio), y de *hispanione se dijo en ant. cast. *españón;* luego, disimilando las dos nasales, se llegó a *español,* con la terminación -*ol,* que no se usa para significar naciones. Además: Barcinone *Barcelona;* de-in-ante pop. *denantes,* cast. *delante.*

Debemos señalar aparte un caso de disimilación muy importante, el de *r...r>r...l* o *l...r,* por tener grande extensión: robur *roble* por *robre,* carcere *cárcel,* marmore *mármol* (§ 54₂ₐᵦ), arbore *árbol,* leporariu *lebrero* y *lebrel,* *vergel;* ant. *lorer,* mod. *laurel;* ant. *miércores,* mod. *miércoles* (§ 71); *verdulera,* ant. *verdurera;* taratrum (de origen

---

(1) Véase M. GRAMMONT, *La Dissimilation conşonantique dans les langues indo-européennes,* 1895.

céltico) *taladro,* como aratrum, ast. *aladro,* (catal. *aradre aladre); celebro* ant. en vez de *cerebro,* etc. También tenemos *l* ... *l* > *l* ... *r:* locale *lugar,* Guillelmo *Guillermo,* etc.

Se observa que las principales condiciones que hacen más fuerte una consonante, para que sea inductora y no inducida, suelen ser: 1.º, ser explosiva, o sea, encabezar sílaba, yendo apoyada en otra consonante precedente (comp. el comienzo del § 60); 2.º, ir en la sílaba acentuada; y 3.º, si ambas consonantes son intervocálicas, ir en segundo lugar, pues la tendencia a la anticipación es más corriente que la inversa.

3] La disimilación puede llevar no sólo al cambio de un sonido, sino a su **eliminación.** Esta puede ser de dos clases: disimilación eliminadora **de un fonema,** como en aratru, ant. *aradro,* mod. *arado,* ital. *arato,* sin duda influyendo concurrentemente el participio aratus (acabamos de ver en el punto 2 cómo el asturiano buscó por otro camino remedio a la incomodidad diciendo *aladro);* propriu *propio;* *tremulare (de tremulus) *tremblar, temblar;* exconspuo *escuspo, escupo* (pero si falta el prefijo con su *s,* entonces la *s* del tema se conserva, ast. *cuspo, cuspir);* conti(n)gĕre, ant. *cuntir;* *conti(n)gescĕre *acontecer;* confratria disimiló de dos maneras, ora ant. *confadria,* ora mod. *cofradía.* Hay también eliminación **de una sílaba** entera (en latín veneficus por *veneni-ficus; nutrix por *nutritrix; en inscripciones del siglo I, restiturus), como en metipsissimus, que fué en vulgar *med-ipsimus, de donde ant. *meismo,* mod. *mismo;* a igual razón de deben *contendor* por *contendedor* y los anticuados *entendor* por *entendedor, aprendor* por *aprendedor, cejunto* por *cejijunto, cazcorvo* por *cascocorvo*, y el vulgar *probalidad* por *probabilidad;* también trītĭcu que en el siglo XI era *trídigo*, en vez de producir, según el § 60₃, **tridgo* (forma que no he hallado) produjo *tri(di)go, trigo*, en oposición a *montadgo, piezgo*, etc. (1).—En latín vulgar había tendencia esporádica a eliminar el elemento labial del diptongo *AU:* Cladius, Gadentius, Glacus, tendencia que se generalizó en la Romania cuando AU va seguido de GU, SCU, un fonema velar mas otro labiovelar *u*, que provocan la disimilación eliminadora de la anterior labiovelar ụ, implosiva. Así en vez de Augustus se decía Agustus, frecuente en inscripciones desde el siglo II de C., de donde derivan *agosto, Zaragoza* Caesaragusta, y el nombre del octavo mes en todos los romances. También a(u)gurio era forma general en el latín imperial hablado, como lo prueban todos los derivados romances hermanos del español *agüero, agorar, agorero.* Igualmente todos los romances remontan a a(u)scultare forma vulgar en el imperio (auscultat non ascultat, censura el gramático Caper), ant. y vulgar *ascuchar*, mod. *escuchar*, § 17₄ Cuando la *u* segunda no va precedida de fonema velar, no hay eliminación de la semivocal ụ: autumnu *otoño* (no **adoño), **aurundu *orondo.* Vacilantemente se asocia a los anteriores el caso de CTO, con auctoricare, verbo técnico jurídico, que en varios romances da un derivado culto ora de auct- ora de act-, documentándose en latín vulgar formas hermanas como actore, actoritate; arag. *aitorgar*, con vocalización de la *c*, pero *atorco* doc. de Huesca 1196; *atorgar* y *otorgar* en el Poema del Cid, donde

----

(1) Acaso hubo también simple eliminación de la *d, triigo*, a juzgar por los derivados antiguos *Triigal, Triigueiros*, véase *Orígenes del Español*, pág. 321.

aparece más usada la forma segunda que es la moderna; la primera de ellas supone asimilación culta de la *c* attori-care (1).

67. Metátesis o cambio de lugar de los sonidos dentro de la palabra, atraídos o repelidos unos por otros.—Puede ser de dos clases:

1] Metátesis recíproca o retrueque de dos sonidos semejantes que se hallan en sílabas vecinas. Acaece entre las consonantes nasales y líquidas, como en parabola, anticuado *parabla,* mod. *palabra;* periculu ant. *periglo,* moderno *peligro;* miraculu, ant. *miraglo,* mod. *milagro;* calcaneare, *calcañar* y *carcañal; alimaña* por *animalia.* El latín español, en vez de parete (§ 10₁), debía conocer patere, de donde el vulgar cast. *pader,* que no parece ser metátesis del romance *pared,* pues la *-d* final es tan relajada (arriba p. 101-102) que no es probable que pasase a intervocálica. La metátesis entre otras consonantes es rara: faciem ferire, ant. *facerir, hacerir* y después *zaherir,* por influencia del prefijo *za-* (§ 126₂, final); mentastru *mastranto,* luego *mastranzo* con cambio de terminación (compárese *garbanzo),* mirandés *maltrasto; tormo* (§ 59₃); alav. *pavor* por *vapor* del puchero.

(1) La explicación antigua de estos fenómenos, au + ú > a + ú, fué recibiendo precisiones sucesivas. J. Jud y A. Steiger *(Romania,* XLVIII, 1922, pág 148) sospechan que aurunda mantendría su *au* por influjo de aura 'locura'. A. Alonso *(Rev. de Filol. Esp.,* IX, 1922, pág. 69) explica que en los casos de augu, que son los más seguros, no hay disimilación de las dos *u* sino asimilación de la *u* primera a la *g.* A. Castro (nota a la pág. 242 de la traducción de Meyer Lübke, *Introducción a la lingüística románica,* 1926) reclama más amplia explicación, y hace notar los casos como Cladius, Pisauru ital. *Pésaro* Metaurus ital. *Métaro Metro;* en estos dos toponímicos úmbricos hay cambio de acento que responderá a fonética dialectal.

2] Metátesis sencilla. Una nasal o líquida sola puede también cambiar de lugar en la palabra en virtud de la inconsistencia movediza de esas consonantes, o de la dificultad que causa su contacto con otra letra vecina. La R es la más insegura: *torculare (por torcŭlar) hubiera dado *torchal (§ 61$_2$), pero *troculare dió *trujal;* *ex-troculo (por extorqueo) *estrujo,* pectorale *petral* y *pretal,* *pectorina *pretina,* *ap-pectorare ('estrechar contra el pecho,) *apretar* (1), praesepe *pesebre;* crepare, ant. *crebar,* mod. *quebrar;* Virovesca, ant. *Birviesca,* mod. *Briviesca;* extonĭtru *estruendo,* integrare *entregar;* bifera, anticuado *bevra,* mod. *breva;* acere *azre* y *arce;* para *yerno,* etcétera, véase § 59$_4$. Para la metátesis de *L* en *aneldo, cabildo, espalda,* véase § 57$_3$, n.—Tratándose de otras consonantes, el paso de las formas antiguas *plazdo, aztor* a las modernas *plazo, azor* debe suponer una metátesis favorecida por el carácter africado de la *z* o *ç* (§ 35 bis$_2$): *plazdo* Fuero de Medinaceli (= pladz-do) > *pladzo* (= plad-dzo) y con pronunciación fricativa de la *d* final de sílaba (compárese *juzgar* § 60$_3$ n.) > *plazzo* > *plazo; aztor* doc. de 940, *adtor* Poema del Cid > *atçor* > *açcor* > *açor.* También vidua > viwda, ant. *viuda, víbda,* mod. *viúda;* -ifĭco, -iwgo, *-íguo* (§ 18$_2$).

68. INFLUENCIA DE UNA PALABRA SOBRE OTRA.—El sonido y el pensamiento que forman el lenguaje son de naturaleza tan distinta, que están entre sí, la mayor parte de las veces, en la relación del signo a la cosa significada, es decir, en una relación puramente arbitraria, establecida por una larga

---

(1) Si no se opone a esta etimología el port. *perto* 'cerca'; también portugués *abertar,* ast. *apierta.*

tradición, siendo por lo común indiferente cualquier sonido para representar cualquier idea, y cualquier idea para encarnar en cualquier sonido. Sin embargo, hay muchos casos en que el hablante no se limita a usar de la palabra como de signo indiferente fijado y animado por la tradición, sino que la contamina con alguna otra representación psíquica concurrente, que viene a alterar la articulación de la palabra. Esta deformación fonética viene del deseo, por lo común inconsciente, de hacer resaltar con el sonido la analogía verdadera o supuesta que se descubre entre dos o más voces, avecinando el sonido de una al de otra, o confundiendo en una dos voces de significado análogo. Veamos las varias clases de esta influencia.

1] Dos voces de significado semejante o correlativo, que se suelen usar en serie o juntas en la conversación, inducen al que habla a modificar la una según el patrón de la otra. En vez de decir en una enumeración primarius y postremus, se dijo en el vulgar primarius y *postrarius, de donde primero y *postrero*. Por igual razón, al pronunciar juntos dĕstrum y sĭnĭstrum se dijo, igualando la vocal acentuada de ambas voces, dĕxtrun y sĭnĕxtrum, de donde se tiene diestro y *siniestro*. Como nŭrus ocurría muchas veces junto sŏcera o sŏcra, se dijo *nŏra y sŏcra, igualando la vocal acentuada y la terminación de ambas, por lo cual en español suegra y *nuera* (§ 13₁).—Los numerales nos dan ejemplos importantes: trīgĭnta (que hubiera dado *triénta) se alteró por influencia de tres en *trēgĭnta, y como vigĭntī hizo *véinte* primero y luego *véinte* (§ 66₁), también en vez de *treénta se dijo treínta antiguamente (aún en Asturias), y después *treínta*. Como los tres numerales *once...*, *catorce*, *quince* llevan -e final, hicieron que la conservasen los dos intermedios *doce, trece,* que debieran haberla perdido (§ 63₃). Para que *cuarenta* haya conservado su *u,* hay que suponer la influencia de *cuatro* (que empero no influyó sobre *catorce),* como *cuadro* influyó sobre *cuadrado* (§ 39₄).—Al citar seguidos los días de la semana, como tres de los genitivos Martis (esto es, dies Martis), Jovis, Veneris, llevaban una -*s* final, se añadía otra -*s* a los otros dos que no la tenían en su origen, y por dies Lunae se dijo *Lunae-s, de donde *lunes,* y por dies Mĕrcūrii se dijo *Mércuri-s, de donde *miércoles;* en este último nótese que la semejanza con los otros días de la semana no sólo se buscó en la *s* final, sino también en colocar el acento en la sílaba primera, según lo llevan los otros cuatro nombres. El derivado correcto de decimare es *dezmar;* pero el sustantivo *diezmo* trajo el diptongo también a la sílaba átona de *diezmar.* Un sufijo que se observa en muchas palabras influye sobre otro parecido (§ 83₄). Multitud de otros casos podríamos enumerar; bastará, empero, advertir que la analogía es, de todos los fenómenos especiales que enumeramos en este capítulo IV, el más importante, pues tiene capital influencia en la flexión nominal y verbal (§ 73).

2] Hay también cruce de dos voces aunque no pertenezcan a una serie. Dos palabras de significado muy parecido o igual y de sonido semejante, funden o cruzan sus sonidos, pues al tratar de expresar la idea pueden acudir juntamente al pensamiento ambas voces, y como se distinguen poco por el sonido, el hablante puede confundirlas en la enunciación, mezclando sonidos de ambas bajo un mismo acento, o sea haciendo de las dos una misma palabra. Para designar el 'escalón' se podían ocurrir

dos derivados de «pedem»: pedalis o *pedĭlis y pe-
daneus, · que tenían acepción semejante y que podían
designar el tramo; de la reunión de ambos derivados
se hubo de formar *ped(i)laneus (§ 24₁) y *peldaño*
(§ 57₃). De calce 'el talón' se derivaron con distinto prefijo
dos verbos: *in-calceare ('pisar los talones al que se per-
sigue, alcanzarle'), en esp. ant. *encalzar*, port. «ir no *encalço*
de alguém», y otro *ac-calceare, en esp. ant. *acalzar;* de
la fusión de *acalzar* y *encalzar* se produjo *ancalzar y luego
alcanzar, por metátesis (§ 67₁), La forma accesoria scūtella
nace de scŭtella, influída por scūtum; de ahí *escudilla.—*
Hay también mezcla de voces latinas y griegas. El esp. *trébol,* port. **trevoo, trevo* suponen *trifŏlu, que debió formarse del cruce de trĭfŏlĭum con τρίφυλλον. El español
hígado y el portugués *fígado* muestran que el acento de
fīcātum (jecur) se dislocó por influencia del acento vulgar
sýcotum (del griego συκωτόν), con acento proparoxítono
como córytos (§ 6₄).

REFUERZO DE LA ARTICULACIÓN

Ocurre en varias maneras, pero sólo haremos mención
de la

69. EPÉNTESIS o añadidura de sonidos.

1] A dos consonantes latinas agrupadas se incorpora a
veces alguna, desarrollada entre ellas para la más destacada
pronunciación del grupo, como se expresa en el § 59. También entre vocales, para mantener con claridad el bisilabismo de un hiato y evitar que se simplifique en un diptongo.
Generalmente, según que la vocal que preceda sea labio-

velar o palatal, se halla en los textos antiguos intercalada la fricativa labial *V (juvizio, juvez, axuvar* 'ajuar') o la fricativa palatal *Y (reyal)*. La intercalación de *y* es más abundante que la de *v*, y ocurre aun tras vocal labio-velar; así en ant. arag. *leyón, peyón, sayeta,* y hoy en Astorga las terminaciones -*eo*, -*εa: correyo;* yo *veyo, leyo, creyo; Tadeyo, peleya, Andreya.* En leonés se halla también *duyas* por *duas* o 'dos' femenino; esto ayuda a explicar los posesivos *tuya, suya* (§ 96₂).

2] Otras veces, sin razón aparente se desliza un sonido entre los latinos; las letras añadidas son nasales y líquidas: *M, N:* ya en latín vulgar se dijo m a n c u l a por m a c u l a, pues en español se dice *mancha,* § 61₂, que a haber sido la *n* añadidura romance, se hubiera dicho primero **maja* (§ 57₂) y luego **manja;* también en latín vulgar en vez de ma[n]-cula debía decirse ***ma[n]cĕlla, de donde *mancilla,* § 83₁. Igualmente hay que suponer re-hĭnnĭ[n]tŭlare, ant. *reninchar,* mod. *relinchar;* ***alaudula (diminut. de alauda) hubo de ser desde antiguo ***alaundula, ***alond'la, pues evolucionó en *alondra,* como g l a n d u l a *landre* (§ 61₁), y no como *molde* (§ 57₃ₙ) que sería de esperar si la nasal no fuese muy antigua. La *n* de *almendra* (§ 26₁) es también del latín vulgar, fr. *amande,* port. *amendoa,* etc. La nasalización más tardía, o de época románica, abunda también: ***potionea (por potione) *ponçoña;* Mattiana *maçana* y *mança-na;* l o c u s t a *langosta;* ***figĭcare ant. *ficar* y *fincar,* moderno *hincar; mensaje,* del fr. *message.* En muchos de estos casos la nasal añadida es un reflejo de otra nasal que hay en el mismo vocablo.

3] La adición de *R* ofrece multitud de ejemplos. En t o n u, ant. *tueno,* mod. *trueno,* la adición responde a onomatopeya. Otros muchos ejemplos ocurren tras un grupo de continua + oclusiva: foliatile, ant. *hojalde,* mod. *hojaldre;* comp. *jalde* y *jaldre;* corȳtu **golde* y *goldre;* fĕndicŭla (de fĭndĕre) *hendrija,* junto a *rendija* (=rehendija); *escondrijo.* Sobre todo surge una *r* tras *st:* stella *estrella;* *stuppaculu (mazo de estopa para fregar) *estropajo,* registu *regɩstro,* mixtencu (§ 18₄) *mestenco, mostrenco* (acaso ayudó «mostrar», por etimología popular, § 70): rastellu *rastillo* y *rastrillo;* *restucŭlu (de restare) pop. *restojo,* liter. *rastrojo* (catalán *restoll, rostoll,* portugués *restolho); balastro,* § 64.

ERROR LINGÜÍSTICO

El error, la falsa interpretación de los fenómenos lingüísticos, es un importante factor en la evolución del lenguaje, y aunque su estudio ha sido muy descuidado hasta ahora, debe formar un capítulo aparte. No es este manual el lugar a propósito para una exposición detenida, sólo cabe en él una idea de algunos fenómenos principales producidos por la errónea apreciación del hablante.

70. Etimología popular.—Las palabras más usuales y corrientes de la lengua las pronuncia el que habla viendo en ellas íntimamente encarnada su significación; así que al pronunciar una palabra no tan corriente, sobre todo si tiene alguna apariencia rara, bien sea por su configuración o agrupación poco común de sonidos, bien sea por su grande extensión, le produce una impresión de extrañeza, y queriendo descubrir en ese vocablo la transparencia significativa que halla en los familiares, propende voluntaria o involuntaria-

mente a asociar la voz oscura a otra de las más comunes y
conocidas, con la cual advierte alguna semejanza de sonidos,
y siente la necesidad de hacer esa semejanza mayor de lo
que en realidad es (1). La etimología popular es, pues, como
un cruce de palabras procedente de un error de interpretación respecto de una de ellas; el que habla cree equivoca-
damente que entre ellas hay una conexión etimológica

1] El latín recibió la voz de origen céltico paraveredus
para designar el caballo de posta, palabra exótica en la que
se vió relación con la palabra frenum, y se dijo en pro-
vénzal ora *palafré* ora *palafren,* doble forma usada en el español antiguo, subsistiendo hoy sólo la segunda. En la voz
culta *vagabundo,* se buscó dar sentido a su terminación alte-
rándola en *vagamundo.* En la palabra de origen griego ne-
cromantía (νεχρομαντεία 'evocación de los muertos') creye-
ron descubrir los semieruditos evidente relación con la ma-
gia negra, y pronunciaron *nigromancía* y *nigromancia.* En
las casas antiguas se dejaba ante la puerta (ostium en
latín, *uço* en cast. ant.) una plazuela llamada ante-ostium,
nombre a que se añadió el sufijo -anu, y de *ant(e)ūstianu
vino la voz antigua *antuçanu, antenzano;* esta plazuela se
conserva todavía en el norte de España, y se llama en Vizcaya y las Encartaciones *antuzano* y en Asturias *antoxana;*
pero ha desaparecido de las ciudades, pues por necesidad
de la urbanización sólo podían conservar esta plazuela las
iglesias, castillos y casas grandes, y como éstas suelen estar
en la parte más alta y fuerte de la ciudad, hicieron creer que

_____

(1) Nos referimos aquí únicamente a la etimología popular cuando altera la forma de las palabras, no cuando altera sólo su significado, como
otras veces ocurre.

su *antuzano* se llamaba así por estar en alto, y se le llamó en consecuencia *altozano,* dejándoselo de llamar a las plazuelas que no estaban en alto, por creer cometer una impropiedad (1). En la lengua antigua se usaba el verbo *trechar* (de tractare, manejar, trabajar una cosa) con la acepción concreta de preparar los pescados abriéndolos y salándolos, y el bacalao, por venderse siempre así, *trechado,* se llamó **trechuela;* pero como el verbo *trechar* cayó en desuso desde antiguo (o se conoce sólo en pocas provincias, como Asturias), no se entendió el sentido de **trechuela* y asemejándola a trucha, se dijo *truchuela.* Del latín veruculum se dijo en fr. *verrou,* y en esp. ant. y dialectal, *berrojo;* pero como esta palabra designaba un instrumento para cerrar las puertas, se pronunció *cerrojo,* o, pues se hace de hierro, se dijo en cast. ant. *ferrojo,* port. *ferrolho.*

2] En los nombres de poblaciones y lugares entra por mucho la etimología popular: desprovistos generalmente de significación, el pueblo busca una cualquiera que les dé sentido. Algún patricio romano llamado Atilio tenía su palacio o su villa unas cuatro leguas al sur de Burgos, y el lugar se llamó por eso Turris Atilii, en vulgar Turre de Atīliu, y en cast. ant. *Tor d'Adijo* (§ 53₆); pero luego, como el nombre de Adijo no se conservaba en español, se creyó que *Tordadijo* debiera ser un derivado de tornar, y se pronunció *Tornadijo.* También, por haberse desusado el nombre Muño, el pueblo inmediato al norte de Burgos que en el siglo xv se llamaba Quintanilla de *Muño Çisla,* se llama hoy de *Moro*

---

(1) No obstante, aún hay sitios, como en Bogotá, donde *altozano* conserva su sentido primitivo, y se llama así a los atrios de las iglesias, ora estén elevados, ora bajo el nivel de la calle.

Cisla. El río de la cuenca del Sil que en la alta Edad Media se llamaba Turr(e) mauri o *Tormor*, se llama hoy *Tremor*, por haberse pensado en el verbo anticuado *tremer*. Una aldea próxima al Escorial se llama en el Libro de la Montería de Alfonso XI *Navalquexigo*, y hoy alguno de sus naturales la llama lo mismo *Navalquejigo*, esto es, nava del quejigo; pero los que desconocen este árbol pronuncian *Navalquejido*, y éste es el nombre oficial del pueblo y de la estación del ferrocarril.

3] Una variedad de la etimología popular consiste a veces en un falso análisis de palabra. Por ejemplo: μελαγχολία 'bilis negra', metatizó sus vocales, diciéndose ant. *malenconía*, por creerlo un compuesto del adverbio mal, y luego se dejó aislado el simple ant. *enconía* 'enojo, ira', y el verbo *enconar*, sustantivo *encono*. Además se relacionan en parte con la etimología popular el falso análisis de prefijos (§ 85₂) y de sufijos (§ 82₃).

4] También en ciertas frases ocurren alteraciones fonéticas por etimología popular. En los siglos XVI-XVII se decía «ser cabeza de *lobo*», porque había la costumbre de exhibir una cabeza de lobo para pedir limosna en recompensa de haber cazado ese animal dañido; y hoy que tal costumbre se ha perdido, se dice «ser cabeza de *bobo*», y así sólo se registra la frase en el Diccionario académico.

71 ULTRACORRECCIÓN.—Llamaremos así un fenómeno fundado en el natural deseo de purismo. A menudo conviven en el lenguaje usual una forma correcta con otra vulgar más o menos desprestigiada; por ejemplo: *comido, comida, cansado, enredo*, etc., conviven hoy con vulgarismos en que se pierde la *-d-: comío, comía, cansao, enreo*, etc. Cuando el que habla es de poca cultura, habituado a saber que donde él

7.

pronuncia un hiato entre dos vocales, los más cultos intercalan *d*, se equivoca, y cree que en vez de *mío, tardío, correo, Bilbao*, debe decir, para hablar bien, *mido*, «fruta *tardida*», «el *corredo* de *Bilbado*». Y como en el habla culta coexisten el masculino *cria(ᵈ)o, cansa(ᵈ)o*, etc., con el femenino *criada, cansada*, etc., de *bacalao* y *Estanislao* sea han sacado los femeninos corrientes *bacalada, Estanislada*.

De igual modo, huyendo del vulgarísimo *yave, foyeto*, etc., dicen muchos *llo* por 'yo', *arrallán* por 'arrayán', etcétera. Por una ultracorrección semejante se dice en la lengua literaria *Mallorca*, en vez del ant. *Moyorca* < Majorĭca.

Los alto-aragoneses y los valencianos incultos saben que en vez de sus vocablos *muller palla, fillo*, los castellanos dicen *mujer, paja, hijo*, etc.; así a veces, cuando quieren hablar bien la lengua culta y desechar su dialectalismo, creen que en vez de *cebolla* o de *meollo* deben decir *ceboja, meojo*. Una confusión semejante padeció el juglar del Cid cuando llamó *Gujera* al pueblo valenciano *Cullera* *collaria.

Esta equivocación en el deseo de hablar bien, se comprende que tiene pocas manifestaciones en la lengua literaria que vive fuerte dentro de su propia cultura y consciente de sus caracteres individuales, pero tiene gran importancia en todas las épocas y en todos los lugares en que coexisten en pugna dos normas lingüísticas, sobre todo tiene multitud de manifestaciones curiosas en el período de orígenes de las lenguas romances, en que conviven la lengua vulgar, casi sin cultivo literario, y el latín muy vagamente conocido (1).

72.   EQUIVALENCIA ACÚSTICA (2).—Muchos cambios fonéti-

---

(1) Véase *Orígenes del Español*, § 110.

(2) A. ALONSO, *Equivalencia acústica*, en *Bibliot. de Dialectología Hisp. Amer.*, I, 1930, pág. 440.

cos se fundan en un error de audición. Hay a menudo, cuando se trata de palabras poco conocidas, un error de percepción debido a cierta equivalencia de unos sonidos con otros. El que escucha una palabra poco habitual, puede equivocarse, oyendo alguno de sus sonidos diferente de como se ha pronunciado, es decir, confundiendo un sonido con otro algo análogo.

En vocablos muy usados se comprende que esta confusión de sonidos arraiga poco, pues cuanto más frecuentemente se repite una palabra por todos, más ocasiones hay para que a cada instante se rectifiquen los errores que individualmente puedan cometerse al oirla.

El error de audición puede ser de tres maneras diversas: confundiendo el punto de articulación (por ejemplo, la *b* con la *g*), confundiendo la sonoridad y la sordez (por ejemplo, la *b* con la *p* o con la *f*), o confundiendo el modo especial de la abertura articulatoria (por ejemplo, la *b* con la *m*).

1] Equivalencia acústica de las oclusivas (1). *a*). Las oclusivas sordas se confunden mucho en el lenguaje infantil. El niño aprende antes las labiales o dentales que las velares (porque la articulación de aquéllas las percibe a la vez con la vista y el oído), y trueca el punto articulatorio, poniendo *p* por *k, pacharro, parretera*. En el lenguaje de los

---

(1) Véase, por su interés general, L. GAUCHART, *Confussion d'occlusives dans les patois de la Suisse romande* (en el *Homenaje a Menéndez Pidal*, I. p. 660-675). Se hace cargo de las experiencias de A. Castro y T. Navarro, acerca de la confusión de *b* y *g* (*Rev. de Filol. Esp.*, V, 1918, pág. 197).—En G. PANCONCELLI-CALZIA, *Die experimentelle Phonetik in ihrer Anwendung auf die Sprachwissenschaft*, 2.ª ed., Berlin, 1924, páginas 124-126, pueden verse las normas establecidas por Bühler para la confusión de sonidos; son de un valor general, pero con la vaguedad consiguiente a su generalidad.

adultos la oclusiva sorda se equivoca rara vez, pues la mayor fuerza articulatoria que exigen las hace más inconfundibles; son raros los ejemplos como *puerca*, 'anillo del pernio', que es sin duda una variante de *tuerca*.

b) En cambio, la confusión de oclusivas sonoras es frecuente, sea en su grado latino oclusivo *B, D, G,* sea en su grado romance fricativo **ḅ, ḍ, g**. Se observa que la gutural se trueca bastante con la labial y la dental, en cambio, es raro el trueque de dental y labial.

B=G (1). Por ejemplo, el instrumento músico *ajabeba* o *jabeba* se dijo también a veces *jabega*. Una vacilación semejante se da sobre todo en la inmediación de una vocal velar: vulgar *golver, guñuelo, gofetá, jugón, regusto,* por *volver, buñuelo, bofetada, jubón, robusto;* Allabone *Alagón* (prov. de Zaragoza), panen votivum, ant. *bodivo,* mod. *bodigo.* Semejantemente, partiendo de *G* etimológica tenemos los vulgares *yubo, abuja, butagamba,* por *yugo, aguja, gutagamba;* en la lengua literaria conviven *abur* y *agur,* y sobre todo abundan los ejemplos en casos de *g* agrupada, *brutesco* y *grutesco, brujir* y *grujir, jublar* y *juglar (çublar* también en el Bovo de'Antona véneto).

G=D nos da *bielgo* al lado de *bieldo, gragea* en vez del ant. *dragea,* y nos explica la etimología de *regüeldo,* ant. *rehuelgo* (2); por otra parte, ya en latín popular hay gammus

---

(1) He tratado de la equivalencia de ambos sonidos en *Romania,* XXIX, 1900, pág. 340, y en *Cantar de Mio Cid,* 1908, pág. 179 n. Véanse también R. Gross, *Wechsel von Labialis und Gutturalis in Romanischen* (en *Roman. Forschungen,* XXVII, 1910, pág. 601-606), y F. Krüger, *Westspan. Mundarten,* 1914, págs. 160 y 196.

(2) La etimología de Diez, re+gŭla+itare, no explica la forma anticuada ni el diptongo. Habría que admitir cruce de *rehuelgo* y **regoldo,*

al lado del clásico **damma**, de donde el esp. pg. *gamo*, junto al fr. *daín;* después tenemos *golfín* junto a *delfín* delphinu, *almágana* junto a *almádana*, *mégano* junto a *médano* de meta, etc.

B=D no nos ofrece apenas ejemplos.

2] Equivalencia acústica de fricativas. La sorda $S=X$ (**s**=**š**) en grafia moderna *s*=*j*, es permutación tan frecuente, que ya hemos tenido que hablar de ella arriba, en la posición inicial, § 37₂ᵦ; sólo añadiremos aquí algunas formas dobles como *simio* y *ximio, sarcia* y *xarcia;* sĕrĭca *serga* y *xerga*, *sericariu *sīricariu *silguero* y *jilguero* (por su plumaje multicolor sedoso) (1); céltico sambuca *samugas* y *xámugas; Suárez* y *Xuárez, cessar* y *cexar, Quessada* y *quixada, pexiguera* persicaria (2), vessīca *vessiga* y *vexiga* (catal. *veixiga*, port. *bexiga*), *casco* y *caxco, mosca* y *moxca; máscara* «los aldeanos dicen *maxcara*, pronunciando como árabes la xin, y guardan más la antigüedad» (Covarrubias). Sin duda que la influencia morisca (a pesar de todas las dudas de varios autores que no tienen en cuenta las opiniones antiguas) contribuyó mucho a esta serie de sustituciones. Aunque sin ella bastaría a explicarlas la equivalencia acústica y la espontánea ampliación de la superficie de fricación de la *s*, tenemos que conceder preponderante papel al arabismo, ya que encontramos abundante el pàso de *s* a *x*, mientras el inverso de *x* a *s* es muy raro.—La equivalencia de la sonora $S=\acute{G}$ (en escritura fonética **z**=**ž**) obedece al mismo carácter prepalatal de la *s*, § 35₅ₐ: tonsoria >*tonsaria § 83₄, >ant. *tisera*, mod. *tijera;* eclesia, ant. *igreja,*

---

(1) Véase *Romania*, XXIX, 1900, pág. 356.
(2) Véase *Romania*, XXIX, pág. 361.

Eclesia alba *Grijalba* (Burgos, Zamora); Eclesia alta *Grijota* (Palencia); aun en el siglo XVI convivian *celojía* y *celosía*, *vigitar* y *visitar*, *registir* y *resistir*, *quije* y *quise*. Estos casos parecen condicionados por la inmediación de una vocal de la serie palatal, lo que no se observa tanto en la posición inicial.

También hemos hablado de la equivalencia de $S = \varsigma$ (en escritura fonética $s = \theta$) en posición inicial § 37_{2b}, y en parte los casos de confusión pueden proceder de la pronunciación de los ceceosos antes y después que el ceceo se propagase por la región de Sevilla y Málaga; este eventual origen andaluz parecen sugerírnoslo casos como el de *asechanças* en el auto IV de la Celestina, edición de Burgos 1499, frente a *acechanças* de la edición de Sevilla 1501, forma que ha prevalecido con el verbo *acechar* en vez de *assechar* que usan Berceo, Juan del Encina, etc. Pero sin influjo andaluz, en el habla popular de Castilla se observa hoy la alternancia de ambos sonidos *sancocho* y *zancocho*, etc. (1). Mencionaremos algunos ejemplos fuera de la posición inicial: *mueso* y popular *muezo* mörsu; *pesuña* y *pezuña;* ant. *qui sab,* mod. *quizá; Tarazona* Turiasone; *bisnieto* y *biznieto*. Esta alternancia se observa sobre todo en el grupo *sk*, influído por la constante alternancia en los verbos incoativos entre *sk* etimológico y *zk* analógico § 112_3: ant. *mesquino* y mod. *mezquino, cascorvo* y *cazcorvo, biscocho* y *bizcocho, mescolanza* y *mezcolanza;* ant. *Velasquez,* mod. *Velazquez;* en estos últimos casos actúa también la asimilación, pues el simple *Velasco* conserva su *s* siempre.

---

(1) Véase *Mío Cid,* 1908, pág. 174, y GARCÍA DE DIEGO, en la *Revista de Filología Española,* III, 1916, pág. 306.

$\acute{C} = CH$; alternancia de que ya varias veces hemos tenido que ocuparnos, § 35 bis$_2$, y que en muchos casos ha de
ser arcaismo más que equivalencia acústica.
$F = Z$; ant. *ferrojo*, mod. *cerrojo* (ayuda la etimología
popular de «cerrar», § 70$_1$); ant. *fibiella* 'hebilla' en asturiano y santanderino *cibiella* o *cebílla* 'collera para las va-
cas', fibella (1); vulgar *Celipe, Cilomena, zorro*, por *Felipe,
Filomena, forro*, etc.; aragonés *acarrazar* por *agarrafar*, etcétera. El error acústico lo he comprobado con casos como
el de un italiano completamente ignorante de los sonidos
españoles que al oir *Zaragoza*, repetía *Faragofa*.

$F = H$; la sustitución de estas dos fricativas, § 38$_2$, co-
menzó siendo un cambio esporádico, por influjo de la gente
inculta, antes de hacerse normal.

3] Equivalencia acústica de líquidas y nasales. $R = L$,
anticuados *ciridueña* y *celidueña* 'celidonia'; *andolina* y *andorina; voltereta* y *volteleta, albañal* y *albañar;* anticuados
torondo, miércores, modernos *tolondro, miércoles; cerebro* y
ant. *celebro* (disimilación). Sobre todo en posición agrupada,
precediendo en el grupo la líquida: *sirguero* y *silguero, sar-
pullido* y *salpullido;* sulcu *surco*, y en el habla vulgar de
muchas regiones: *arcalde, arto*, 'alto', *mardito, calne, calbón*,
etc. Por otra parte, yendo la líquida en segundo lugar en el
grupo, se trueca habitualmente en leonés antiguo y moderno: *igresia, branco, cravo, praça, complar; plesente*, Compárese además § 54$_{2a}$.

(1) Véase *Romania*, XXIX, 1900, pág. 341-342. Tan desatendidos están estos fenómenos de equivalencia acústica, que G. Baist y otros
(*Zeit. f. rcm. Phil*, XXV, 381) los negaron o los pusieron en duda. Los
atiende bien, con ejemplos como *cinohu* por *hinojo*, F. KRÜGER, *Westsp.
Mund*, 1914, págs. 173-174; pero creo que la expresión «θ entwickelt
sich aus f» puede, con ventaja, ser sustituida por otra.

$N = M$: *mízcalo* y *níscalo; níspero* y *níspola* mespïlu. Es cambio mucho más escaso que el anterior, porque aquí se disloca el punto de articulación y ya dejamos advertido (punto 1 *b)* que el trueque de dental y labial es raro.

4] Equivalencia de sorda y sonora. Es tan importante esta equivalencia que, ayudada de la asimilación a la sonoridad de las vocales inmediatas, determina una evolución muy antigua, muy regular y muy extendida por la Romania, según hemos visto. Fuera de este gran fenómeno de la fonética regular, la sonorización de una sorda es ya raro. Ocurre principalmente en el caso de la velar inicial: *gamuza* y *camuza; agarrafar, acarrazar* ya mencionado; *cacho* y *gacho; gañote* '*caño* del cuello'; *gato* cattus, con *g* también en portugués, catalán, gascón e italiano. Asimismo favorece este cambio la agrupación con *r,* vibrante que propaga su sonoridad a la consonante con ella agrupada: *greda* creta, con *g.* en otros varios romances; *grasa* crasu, ya grassu en el siglo IV, para cuya explicación es innecesario alegar cruce con grossus como generalmente se hace; *bravo* pravu (1); ant. *Bronilde* por *Fronilde.*

Sonora ensordecida: *piorno* vibŭru; *gonfalón* y *confalón; drapo* y *trapo,* ant. *azavaje,* mod. *azabache,* y otros casos en que además de la equivalencia intervienen otras varias causas fonéticas o históricas (así, por ejemplo, *falbalá* puede con asimilación a la inicial pasar a *farfalá).* En *culantro,* port. *coentro,* vemos que el latín hispano decía *coriantru, en vez del helenismo coriandru, debido a la extrañeza del grupo NDR frente a la frecuencia del grupo NTR (contra, intro-, intrare, ventre, centru, etc.). Recuérdese aquí

(1) Véase *Orígenes del Español,* § 59₄

un fenómeno tan importante en la evolución fonética del español cual es el ensordecimiento de las fricativas, consumado en el siglo XVI, $s=ss$, $z=ç$, $j=x$; el olvido de las sonoras se generaliza en el siglo XVI, pero desde muy antiguo venía dando formas equivalentes: *razon* y *raçon, hazer* y *hacer* (§ 35 bis).

5] Equivalencia en ciertas modalidades de la abertura articulatoria, dentro del mismo punto de articulación.

a) Nasalidad $B = M$: ya en el Appendix Probi «globus non glomus»; análogamente: *bogigauga* y *mogiganga, boñiga* y *moñiga, vimbre* y *mimbre, albóndiga* y *almóndiga, cañamo* cannabu. En la mayoría de los casos ayuda la asimilación.

$L = N$: *milgrana* y *mingrana, bamboleo* y *bamboneo, bufalo* y *búfano.*

$R = N$: **sangne* y *sangre,* etc., véase § 54_2 c.

$LL = \tilde{N}$: *escaña* y *escalla* (1); *empella* y *empeña; descabellado* y ant. *descabeñado,* etc.

b) Liquidación: $D = L$ o R; ya en latín la erba Medica se llamaba melĭca, de donde viene *mielga;* cadaverina caro, *calabrina;* ant. *lámpada* y *lámpara* de lampăda con influencia también del sufijo átono -ăra, § 83_1; *panarizo* y *panadizo* de panarĭciu; cambio muy común.

---

(1) Palabra difícil. En vez de equivalencia acústica pudiera haber doble resultado fonético: scandŭla no sigue la evolución de *amyndŭla *almendra,* glandŭla *landre,* sino que, acaso por perder más tarde la vocal postónica, nos ofrece desde los tiempos primitivos del romance formas con doble palatal, ora nasal ora lateral: *escanlla* en un doc. notarial de la época preliteraria; «*scania* (var. *scanda)* de Asturias» en el Epitome Cronístico Ovetense del año 883; *escandia* en el siglo XIII. *Escanda* procede de simple regresión de scandŭla.

CAPÍTULO V

EL NOMBRE

73, LA MORFOLOGÍA.—Hemos estudiado los sonidos aislados y formando palabras (§ 65, etc); pero nos falta estudiar esas palabras revestidas de varias funciones gramaticales, ora de nombre, pronombre, verbo o partícula, funciones que en general se señalan por una desinencia característica de que aún no hemos hablado. Trataremos, pues, de las diversas partes del discurso, y en especial de las que por medio de le flexión expresan diversas relaciones, pues aunque las desinencias de flexión obedecen en principio a las LEYES FONÉTICAS, ya enunciadas, obedecen también a otras LEYES MORFOLÓGICAS y es preciso ir examinando en cada caso la resultante del cruce de estas dos fuerzas.—La historia de la declinación y conjugación sería incomprensible por la sola fonética, sin tener en cuenta la **tendencia analítica** del romance (pág. 4-5), manifestada continuamente, ora por el uso de las preposiciones y el artículo en la flexión nominal (§ 74) y el empleo de los auxiliares *haber* y *ser* en la verbal (§ 103), ora por una especie de análisis interno de la palabra, sustituyendo terminaciones y desinencias tónicas en vez de las latinas átonas (§§ 83_1, $107_{1b, c}$ y 122_3).—Además, la **influencia analógica** (§ 68) tiene su principal campo de acción en la morfología, pues actúa principalmente para asimilar categorías de palabras que desempeñan igual función gramatical, por ejemplo, igualando la terminación de los singulares (§ 77$_{1 b}$), de los femeninos (§ 76) o las diversas formas del verbo (§ 104).—En fin, hay que recordar también la tendencia a **diferenciar** por medio de la forma funciones diversas. La fonética puede hacer confundirse formas de función distinta, y si la lengua unas veces permanece indiferente, dejando confundirse los derivados de amem y amet en una forma común *ame* (§ 62$_1$ y $_2$), alguna vez reacciona, procurando con una distinción cualquiera reparar el daño causado por la fonética, y en vez de tu es, ille est, toma una forma del futuro y dice tu eris, ille est, *eres, es.* También se da el caso de que para funciones que el latín confundía cree el romance formas diferentes, como los femeninos en *-ora* y *-esa* (§ 78$_2$), que el latín no distinguía de los masculinos. Otras veces el romance, que dejó descuidadamente perderse una distinción latina, por ejemplo, el plural de *quien,* remedió más tarde su falta, creando un plural nuevo (§ 101$_1$).

Además, el estudio siguiente tendrá otra parte nueva. El caudal de voces del latín, empobrecido en el uso vulgar, había de resultar deficiente con el correr del tiempo para expresar las múltiples ideas nuevas que han venido trasformando la vida de los pueblos románicos. Los idiomas romances, como todos, poseen recursos para crear nuevas palabras siempre que la necesidad de éstas se presenta; recursos que en su mayoría son un desarrollo histórico de los que ya poseía el latín y que es preciso estudiar.

Comenzando por la historia del sustantivo, la dividiremos

en dos puntos principales: la evolución de los accidentes gramaticales latinos (caso, número y género) y la formación de nombres nuevos.

FLEXIÓN DEL SUSTANTIVO

74. Los casos.—Las desinencias casuales latinas se olvidaron, usándose sólo el acusativo; de los otros casos queda algún recuerdo en palabras aisladas.—1] A causa de la pérdida de la *m* final (§ 62₁) y de la desaparición de las diferencias cuantitativas en sílaba final (§ 29), se confundían entre sí muchas desinencias casuales, y sonaban igual el acusativo cervŭm que el dativo-ablativo cervō, o el acusativo manŭm que el ablativo manū; la misma -*o* final vino con el tiempo a resultar para esos casos de aquel nombre de la segunda declinación que para los de éste de la cuarta. Y así se producían otras confusiones varias; véase punto 6.

2] Sin embargo, no son estas razones fonéticas, sino otras psicológicas y sintácticas, las que más contribuyeron a la pérdida de la declinación latina. En general, la declinación de las lenguas indoeuropeas se conserva peor que la conjugación, porque la sustantividad invariable del sustantivo no exige la distinción de formas como el verbo que indica acción, proceso, mudanza. Las relaciones indicadas por las desinencias casuales, son por lo común más vagas que las expresadas por las desinencias verbales, y necesitaban concretarse por medio de una preposición. En frases como «pro patria mori», «cum amicis deliberavi», las ideas 'en interés de', 'en compañía de', no las expresa el ablativo;

la preposición lo dice todo; el caso, nada. Así se comprende que la preposición, por más cómoda y expresiva, se generalizó en latín vulgar, con merma de la desinencia, que llegó a ser completamente inútil; de tal modo que desde muy antiguo el latín vulgar tendió a construir todas las preposiciones con acusativo, olvidando el ablativo (caso que en singular se confundía fonéticamente con el acusativo, pero que en plural tenía desinencia bien clara: -ɪs, ĭbus); hasta un maestro, en una inscripción de Pompeya cae en la falta de escribir «Saturninus cum suos discentes», y en inscripciones romanas españolas se halla «iacet in locum», «pro salutem», etc. Por esto no se halla en los romances huella del ablativo (1), y tanto el de procedencia como el locativo o el instrumental se expresaron con diversas preposiciones: de, in, cum, etc.

3] El dativo era sustituído por la preposición *ad.* Plauto decía ya «hunc ad carnificem dabo»; en tiempos de Sila y César se escribía vulgarmente «ad id templum data». No se conserva del dativo rastro en las lenguas neolatinas, salvo en el rumano.

4] El genitivo (a pesar de tener en plural una forma bien clara: -ɾum) se perdió también en fecha incierta, pero seguramente anterior a la época romance. La relación de dependencia se expresó con la preposición *de;* en las inscripciones se halla ya «curator de sacra via», «oppida de

---

(1) Algunos han querido ver pruebas de la supervivencia del ablativo en los derivados españoles de los neutros, como legumen, etc.; pero *legumbre,* etc., se explica sin necesidad de un ablativo (v. § 77₁c). Sólo con valor adverbial hallamos supervivencias del ablativo, v. gr.: «quanto magis, tanto melius», «*cuanto* más, *tanto* mejor», *ogaño, luego, -mente,* § 128₂. Del ablativo plural no hay rastro alguno.

Samnitibus». No se conservan del genitivo más reliquias que en ciertos nombres de lugar donde se perdió algún sustantivo, como monasterium o occlesia Sancti Justi *Santiuste,* Sancti Quirici *Sanquirce, Santander* § 55₁, *Santelices* § 38₂; o bien en algunas frases petrificadas: fo- ru(m) judicu(m) Fuero *Juzgo* (1), comite stabuli con- d*estable,* pedis ungula *pes*uña, fil(iu) eclesiae fil*igrés,* fel*igrés;* auri fresu, ant. *orf*rés (luego rehecho: orofrés); Villa Gotthoru, ant. Villa *Otoro,* mod. Villa*toro* (barrio de Burgos); Campi Gotthoru, ant. *Campotoro,* mod. *Toro,* en Tierra de Campos, con aféresis por etimología popular bus- cada en el animal 'toro'; Turre mauri, Tor*mor* (§ 70₂); y los días de la semana *martes, jueves* y *viernes* (§ 68₁).

5] El vocativo no expresa relaciones sintácticas y no necesita forma especial; en latín era igual al nominativo, salvo en la segunda declinación. De ésta sólo algún nombre propio muy usado en vocativo conservó su forma: *Yagüe* Jacobe, y como grito de guerra Sancte Jacobe, en el siglo XIII *Santi Yagüe,* mod. *Santiago* (§ 31₂ᵦ). El refrán an- daluz «San *Sixte,* busca las uvas donde las viste», conserva otro vocativo, y otro el *Jesucriste* del Poema de Fernán González.

6] Quedaban, pues, en la declinación vulgar dos solos casos, el nominativo y el acusativo, ambos empleados en el antiguo francés y provenzal. Pero si ambos casos se distin- guían por su forma en el plural de la primera y segunda declinación (-ae, -as; -ī, -ōs), se confundían en los demás

(1) Análogos a este cultismo jurídico hay otros de origen eclesiástico, en inventarios de los siglos X y XI: Libro *órdino* < Librum ordinum, Libro *prego* < precum.

plurales y en el singular de la primera (-a, -am) y tendían a confundirse en todos los otros singulares, porque al lado del nominativo con -*s* se usaba ya en el latín arcaico otro sin -*s*: filio, Cornelio, que siguió siendo siempre propio del latín rústico (1), y porque en los sustantivos imparisílabos se tendía a igualar las sílabas del nominativo con las del acusativo, hallándose aun en los mismos clásicos stirpis por stirps, carnis por caro, mentis por mens, bovis por bos, calcis por calx, nominativos que hechos sin -*s* se confundían también con los acusativos. Contribuían además a la confusión ciertos dialectos itálicos como el osco y el umbro que hacían el nominativo plural de los temas -*a* y -*o* en -*as* y -*os,* conservando la desinencia indoeuropea que el latín había alterado; una inscripción española del siglo II usa este nominativo plural: «*filias* matri piissime posuerunt». En conclusión, la generalidad de los romances, desde sus orígenes no conocieron ninguna distinción entre ambos casos, y sólo usaron una forma. El español no conoce sino la propia del acusativo; los restos del nominativo clásico son esporádicos; la -*s* aparece por influencia eclesiástica o gálica en *Dios, Jesús, Longinos, Carlos, Marcos,* en los nombres rústicos *Domingos, Pabros, Toribios,* etc., en el toponímico *Roncesvalles* rumīcis vallis (un genitivo y un nominativo) y en el anticuado *res* junto a *ren.* De los imparisílabos tenemos jūdex, ant. *júdez,* luego *juez*

---

(1) No obstante, el nominativo en *o* no aparece en las inscripciones españolas sino en algunos nombres propios; se hallan unos sesenta ejemplos de *u,* como c[ornelius] silvanu f[ecit], generalmente en fin de línea, e interpretados como descuidos o simples abreviaciones gráficas por Carnoy, *Le latin d'Espagne,* 1906, págs. 185-206.

(jūdĭce hubiera dado *juze,* comp. *doze, treze*) (1); pŭmex
(clásico pū-) *pómez;* y de los que tienen el acento en distinta
sílaba: prĕsbyter *preste* (quizá, como *chantre,* venido a
España por intermedio del francés; nótese que ĕ no diptonga), *sastre* (§ 62₂); virtus, del lenguaje eclesiástico y jurídico, ant. *virtos* 'ejército', *virto* 'fuerza, violencia'; *maestre*
magister debido al uso de esta palabra en la cancillería
latina. Un grupo abundante forman los en -o, -onis;
curcŭlio *gorgojo,* avis strūthio *avestruz, esperteyo* (página 8), *companio *compaño* (junto a *companione *com-
panón),* tītio *tizo* (junto a titione *tizón),* būbo *buho*
(junto al arag. *bobón);* el tener la terminación -*on* un valor
especial de aumentativo, contribuyó a que se conservasen
tantos nominativos en -*o,* pues se tomaron como positivos
de un aumentativo (2). Por último, también hay que mencionar los muchos vocablos cultos más tardíos: *cráter, vér-
tigo, fárrago, prefacio, tempesta, crisis, tórax,* etc.

Fuera de estos pocos casos, todos los demás sustantivos
se derivan del acusativo latino.

75. El número.—Pérdida de la cuarta y quinta declinación latinas. Las tres declinaciones romances.—La cuarta declinación latina se confundía fonéticamente con la

---

(1)   *Júdez* puede explicarse también por conservación de la postónica,
como *cáliz, árbol,* § 26₄. El caso de *sierpe* junto a *serpiente* (catal. *serp,
serpent,* port., ital. *serpe, serpente)* se explica no por el nominativo sĕr-
pens, sino por la forma del bajo latín serps serpis.

(2)   Así Meyer Lübke, *Gram.,* II, pág. 4. García de Diego en la *Revista
de Filología Española,* VI, 1919, pág. 283, prefiere prescindir de toda relación con el nominativo, creyendo *gorgojo* regresión de un perdido **gor-
gojón.* Pero la pérdida de la declinación fué lenta y, aun después de su
pérdida, los casos del latín escrito tuvieron que influir en la lengua
vulgar.

segunda en su acusativo (sing. man-ŭm, plur. man-ūs=
cerv-ŭm, cerv-ōs) (1), y ya en el latín clásico muchos
nombres de la cuarta hacían algunos casos por la segunda
(domus, laurus, pinus, ficus, etc.). La quinta declinación no
podía distinguirse de la tercera (faci-ĕm, -ēs=leon-ĕm,
ēs). Quedaban, pues, en romance sólo tres declinaciones.

1] Sing. rosa(m) *rosa;* plur. rosas *rosas.* Esta declinación corresponde a la primera latina, y se acrecentó con
una porción de nombres de la quinta, de la cual ya en latín
clásico había algunos con doble flexión (luxuries y -ria,
materies, mollities); en vulgar *rabia(m) rabia, *dɪa
(en verso dĭem, § 7₂), *sania *saña,* *caria en Aragón
quera 'carcoma'.—Además se agregaron a esta declinación
todos los nombres que por su etimología tenían -*a* final
(§ 771ª y ₂), y otros que sin tener -*a* final etimológica, la
tomaron después, por ser esa vocal característica del género
femenino. De estos últimos, además de los citados en el § 76,
pueden citarse con preferencia algunos nombres de la tercera declinación que teniendo como tales una terminación
indiferente para el género masculino o femenino, tomaron,
sin embargo, la -*a* como forma más clara del femenino; antiguamente se decía *la cuchar, las cuchares* (en lat. neutro);
luego se dijo -*ra,* -*ras* (§ 20₂); antes se decía *las andes* (en
lat. masc.), y luego *las andas* (§ 55₁); de puppem se dijo
popa (ital. *poppa),* por influencia de prora. Con mayor razón toman -*a* los sustantivos que significan individuos de
los dos sexos, para dar forma propia al femenino; así, los
anticuados *la señor, la infante* hoy tienen -*a,* y se va gene-

---

(1) Sólo en voces cultas aparece la *u* final (§ 29₁, n.) en nombres de la
cuarta declinación: *ímpetu,* etc.; ant. *apetitu.*

ralizando *la parienta* (comp. 78₂). Los latinos pantĭce y pulĭce (masculinos) hicieron *panza, pulga*.

2] Sing. cervu(m) *ciervo;* plur. cervōs *ciervos.* Corresponde a las declinaciones latinas segunda y cuarta. Además se agregaron a esta declinación los nombres que por su etimología terminan en -*o*, como *cabo*, etc. (§ 77₁ₐ,ᵦ y ᵤ), *gorgojo, buho, virto, esperteyo* (§ 74₆), y otros que sin tener -*o* etimológica, la toman, como característica del género masculino; por ejemplo, nombres de la tercera declinación que teniendo, por lo tanto, una terminación indiferente para el masculino o femenino, tomaron, sin embargo, la -*o*, como los masculinos latinos cucŭmĕre *cohombro*, passĕre *pájaro*.

3] Sing. leone(m) *león;* plur. leonēs *leones.* Comprende los nombres de la tercera declinación latina y aquellos de la quinta que no pasan a la primera: facie(m) *haz,* fide *fe, especie* junto a *especia.* Esta declinación adquirió también aquellos nombres de la segunda que cambian su -*o* final en -*e*, o que la pierden, como cupru *cobre*, trifol(i)u *trébol, capitán, ángel,* y otros ejemplos en el § 29₂. Además *preste* y *maestre*, citados en el § 74₆, y *Dios,* que hacía en el siglo XIII su plural por la segunda declinación, deos *dios*, resultando igual al singular, por lo que los judíos españoles motejaban a los cristianos de politeístas, pues usaban siempre *Dios* en forma de plural, y no decían en singular *Dió* (del acusat. Deum), como dicen todavía los judíos españoles de los Balcanes y Marruecos; para evitar este molesto equívoco se formó el plural *dioses* por la tercera declinación. Nótese que el plural de la tercera se forma en español, como el de la primera y segunda, añadiendo -*s* al singular: *hombre-s;* pero como en ella abundan

más los nombres acabados en consonante, los cuales añaden en el plural -*es*, *leon-es* (1), se generalizó este -*es*, en
vez de la simple -*s*, a los terminados en diptongo, y en vez
de los anticuados y dialectales *bueis, leis, reis,* se dice *bueyes, leyes, reyes;* sin que hoy se admita la forma sin -*e*- sino
en voces raras, como *estai,* que junto a *estayes* se dice también *estáis.* Luego se generalizó la -*e*- a los nombres en vocal acentuada, especialmente a los en -**í**, que si antes eran
corrientes en doble forma: *jabalís, -íes; alfaquís, -íes; bor-
ceguís, -íes,* hoy rara vez se usan sin la -*e*-. De los acabados en otra vocal acentuada, todos (salvo *papás, mamás,
pies*) admiten el plural -*es;* es el más general en el caso
de -**a**: *albalá, -es, bajaes, sofaes;* es indiferente en el de -**o**,
-**u**: *chacó-s, rondó-es, tisú-s* o *tisu-es;* y no enteramente desusado en el de -**é**, pues si lo general es *corse-s,* también se
dice de las letras del abecedario *cees, tees,* y hasta a veces
cafees; antiguamente *piees* (§ 31$_2$) tenía su -*e*- etimológica,
como el hoy no del todo desusado *fees.* Un vulgarismo es
el doble signo de plural en el anticuado *maravedises* y en
los modernos *pieses, cafeses.*

76. El género.—Masculino y femenino.—El romance
conservó los dos géneros masculino y femenino tal como
en latín: **panis, axis, mons, sol**—**mors, navis, lis,
salus.** No obstante, hay varias diferencias entre el género
de los nombres latinos y el de los romances; pero sólo me-

---

(1) Los extranjerismos acabados en consonante ajena a la final castellana (§ 63$_3$), o no tienen forma de plural, o añaden sólo -*s: déficit, los
clubs, armoniums, los fénix* (ant. *fénices), los dux;* pero junto a *fracs* o
fras se usa *fraques* (en sing. también *fraque);* prescindiendo de *álbums,*
que es usual, la Academia da como plural *álbumes.* El plural *lores* procede
de que no se pronuncia la *d* de *lord.*

rece notarse aquí que el romance simplificó las relaciones entre la terminación y el género, y salvo en *día* y *mano* no consintió la -*a* final átona de la primera declinación sino en los femeninos (1), ni la -*o* sino en los masculinos (2).

Los femeninos en -*o* no tuvieron más remedio que, o cambiar de género, o de terminación. Ya en latin vulgar eran sentidos como masculinos los nombres femeninos de árboles en -us que seguían la segunda declinación: fraxinus, ŭlmus, taxus, o la segunda y la cuarta: pīnus, fīcus; así en español son masculinos *fresno, olmo, tejo, pino,* y con sólo la significación del fruto *higo*. Por otra parte, cambian de terminación: socrus (ya en inscripciones, socera) *suegra,* nurus *nuera,* y los nombres de piedras preciosas: amethystus *amatista;* smaragdus masculino y femenino, *esmeralda.* No faltan ejemplos de este doble cambio en una misma palabra, como en el nombre del arbusto alaternus fem., ant. *ladierno* y *aladierna;* sapphirus fem., ant. *piedra zafira,* mod. *el zafiro.*

77. DESAPARICIÓN DEL GÉNERO NEUTRO.—El género neutro se caracterizaba en latín por tener el nominativo igual al acusativo, en singular con diversas terminaciones especiales del género, y en plural terminando ambos casos exclusivamente en -*A*. Esta forma externa especial se conservó en

(1) La -*a* tónica de la tercera declinación puede ser de masculino: *sofá, papá.* Los de la primera masculinos no son populares: *poeta, atleta, eremita,* salvo alguno como *papa;* antes se habían popularizado con género femenino, diciéndose *David la profeta, las patriarcas.* No son excepciones morfológicas, sino simples metáforas, los populares femeninos aplicados a personas con artículo masculino: *el vista, el corneta, el cura.*

(2) Los otros femeninos en -*o* son voces extrañas al castellano; *la nao* viene del provenzal o catalán *(nau;* arag. *la seo,* cat. *seu); la testudo* es voz culta, y además, en el Diccionario de la Academia, desde su décima edición. aparece como masculina.

romance, pero la idea del género neutro se perdió (salvo en el pronombre y adjetivo sustantivado), quedando así una forma vacía de sentido. Ante esta contradicción, el romance incluyó las formas del neutro que acababan en -*o* entre los masculinos, las en -*a* entre los femeninos, y las indiferentes, por no terminar en ninguno de estos dos fonemas, las atribuyó a cualquiera de los dos géneros (véase especialmente el punto 1 *c* y *d*), según razones que dependen de la historia especial de cada palabra. Veamos el pormenor de las diversas terminaciones que el neutro ofrecía.

1] Neutro singular.—He aquí las principales formas que podían presentarse:

a) En primer lugar, había ciertos neutros que terminaban su nominativo acusativo en -*o* y en -*a*, coincidiendo exactamente con los nombres de la segunda y primera declinación. Unos son los neutros en -*UM*: pratum *prado, grado, vino, gozo, hilo*, iguales por su forma a los masculinos de la segunda, cuyo género recibieron. Otros son los neutros en *MA, -MATIS*, derivados del griego: epĭthĕma *bizma*, apostĕma, cauma *calma*, c(e)leusma *chusma, diadema*, asthma *asma, flema*; estos nombres, en romance tenían una forma igual a los de la primera declinación, y fueron mirados todos como femeninos; sólo los eruditos, conocedores de que en latín eran neutros, tendían a usarlos en masculino, género que representa mejor la indeterminación sexual del neutro que no el femenino, y por influencia erudita tienen a veces género masculino algunos nombres que en el uso vulgar son siempre femeninos, como c h r i s m a, p h a n t a - s m a, r h e u m a, a r ō m a, a n a t h e m a, t h e m a (1).

_____

(1) Los únicamente cultos son siempre masculinos: *emblema, poema, síntoma, epigrama.*

b) Los neutros en -*US* ofrecían al oído un aspecto de plurales: pectus *pechos*, tempus *tiempos*, pignus *peños*, a pesar de lo cual, en el período primitivo del idioma conservaban su valor de singular, o al menos no se usaban nunca sin la -*s*. Así, la frase latina «ŏpus est mihi» la calcaba la lengua antigua «*uebos* me es», y nunca decía *uebo;* el Poema de Fernán González escribe «escudo contra *pechos,* en mano su espada», y el Arcipreste de Hita dice «cató contra *sus pechos* el águila ferida»; siempre se decía en la Edad Media «dar *peños*» por dar prenda; «recibir en *peños*», «tener en *peños*», como en el período clásico «tenía a *empeños* cualquier cosa», y hoy «echarse a *pechos* algo», «tomar a *pechos*», «abierto de *pechos*», «hubo en *tiempos*»=en otro tiempo, «en *tiempos* del rey Alfonso», etc. Notable la frase híbrida anticuada «el *Cuerpos* Christi», hoy «el Corpus» simplemente.—Pero naturalmente, esta -*s* no podía sonar sino a plural, y hubo de formarse un singular antietimológico: *empeño, pecho, tiempo, cuerpo, lado.*

c) Los neutros en -*R* y -*N* se explican o porque forjan un nuevo acusativo analógico, como si fuesen masculinos, o porque pasa a interior la -*r* o la -*n*, § 62$_2$ (1). Asi, en vez de robur hallamos robore *robre, roble;* en igual caso están uber, *ubere *ubre,* piper *pebre,* sŭlfur *azufre,* inguen *ingle,* legumen *legumbre,* lumen *lumbre,* vimen *bimbre, mimbre,* examen *enjambre,* nomen *nombre,* cŭlmen *cumbre* (§ 59₁), aeramen (§ 18₃) (2). En cuanto al

---

(1) La explicación es indecisa. Por ejemplo, para los neutros en -*n*, Meyer-Lübke, *Gramm.,* I, § 525, y II, § 11, parte de la forma -men, mientras C. H. Grandgent, *Latín Vulgar,* § 347, supone *-mĭne.

(2) Los cultos conservan su forma latina; *certamen, régimen, crimen, germen, examen.*

género, la terminación en -*e* es indiferente para el masculino
o el femenino, y así unos escogieron aquel género y otros
éste; los cultos se hacen todos masculinos.—Aparte debe
citarse stercus, que dió **estiercos,* ant. y dial. *estierco,*
port. *esterco,* ital. *sterco,* según el punto *b,* mientras *ster-
core dió **estiercor,* disimilado *estiércol* (comp. *mármol,* párrafo 66$_2$) (1).

d) Neutros de varias terminaciones.—Son también indiferentes para el género masculino o femenino cŏchlĕāre
(no cóchlĕar) *cuchar, cuchara* fem.; puteāle (no pútĕal)
pozal masc. Los monosílabos fĕl *hiel* (fem. como en cat., pero
port. *o fel,* prov. *lo fel),* mĕl *miel,* sale (no del masc. sal)
sal, son femeninos todos como en catalán, pero en portugués masculinos (2); mare *mar* masc. o fem., rete tenía
también un femenino: retis *red.*—Debían hacerse masculinos por su terminación caput *cabo* y cornu *cuerno.*

e) Deben ponerse aparte ciertos neutros que tenían dos
formas de nominativo acusativo, una monosílaba y otra
bisílaba. Junto a vas, vasis se decía también vasum, -i
(el plural era siempre por la segunda: vasa, -orum); junto a
ŏs, ŏsis había ossum, de donde *vaso, hueso;* y en vez de
lac, lactis se usaba en latín arcaico lacte (3), de donde
leche, femenino como el catal. *llet,* pero masculino el portugués y leonés occidental *leite.*

2] Neutro plural.—El plural romance de los neutros

---

(1) Meyer-Lübke, *Gramm.,* II, § 10, cree que *estiércol* tomó su *l* de
estercolar; pero más bien parece que este infinitivo está influído por el
sustantivo, según se apunta en el § 106$_2$.

(2) En el occidente de Zamora y de León *sal* es también masculino.

(3) En voces cultas se halla también el tema del genitivo ablativo,
como en *género,* cuya vocal final es extraña al latín,

citados se formó de nuevo según el singular, y no siguiendo
la terminación -*A* del latín: *los prados,* de *prado,* no de
p r a t a; *cabos,* de *cabo,* no de c a p i t a. — Si el romance conservó muchos plurales, latinos en -*a* no fué con valor de
tales plurales, sino como singulares femeninos; recuérdese
que en latín, junto a a r m a, -o r u m había ya el femenino
arma, -ae, y junto a opera, -um había ōpera, -ae, femeninos, como el esp. *arma, huebra, obra.* Hay neutros que
dejaron en español doble descendencia de sus formas singular y plural p i g n u s dió *peños* y p i g n o r a dió *prenda;* brachium *brazo,* y b r a c h i a *braza.*—Estos nuestros en -*a,* res-
pondiendo a su valor latino de plurales, tienen, al menos
originariamente, un valor plural o colectivo: *braza,* la medida de los dos brazos abiertos; ŏva, la *hueva* del pez; de
v e l u m, la *vela* o velamen de la nave; la *hoja* del árbol; la
boda o votos matrimoniales: la *gesta,* hechos de un héroe;
i n t e r a n e u m, la *entraña,* conjunto de vísceras; la *leña;* la
ceja, parte de la frente donde están las cejas; la *fiesta,* etcétera; y alguno analógico en latín vulgar, como *rama,
*fructa, que en clásico son masculinos; *cĭnera *cendra,*
clásico c i n i s, masculino. Anticuados: la *buena* o conjunto
de bienes de un propietario: la *dona* u objetos regalados; en
asturiano, la *vasa* o vajilla, etc. (1). Nótense también los sustantivos como *herramienta, vestimenta,* etc., y los nombres
de frutos: sŏrbum *serba,* morum *mora,* pĭrum *pera,*
Mattianum *manzana,* pomum *poma,* prunum *pruna* (que
en algún dialecto es masc., *pruno,* como *pero, prisco* p e r s i-
c u m). Algunos se usan preferentemente en plural, como
c a p u l a *cachas,* comp. port. *as ovas* 'la hueva'.

---

(1) Aun en voces cultas se halla esta derivación del plural: u l c u s
úlcera, y i s c u s *víscera,* n o m e n *nómina,* ants. la *ídola,* la *claustra.*

FLEXIÓN DEL ADJETIVO

En cuanto a los casos y al número, nada hay que advertir. El adjetivo deriva del acusativo, sin que muestre, como hace el sustantivo, rastro alguno del nominativo u otro caso.

78. EL GÉNERO.—Al revés del sustantivo, que conservó la forma y perdió el sentido del género neutro, el adjetivo romance no recuerda la forma especial del adjetivo neutro latino (salvo el comparativo aislado *lo menos),* aunque conserva su sentido en los abstractos sustantivados *lo corriente* (neutro currens), *lo feliz* (neutro felix); etc. No era necesaria una terminación especial de adjetivo neutro, ya que no había sustantivos neutros con quien necesitase mostrar su concordancia. En consecuencia, los adjetivos latinos de tres terminaciones se harán en romance de dos, y los de dos, de una.

1] En el acusativo se confunden los dos tipos de flexión latina: altus (-um, -am)>*alto, -a,* y dexter (-ĕrum, -am)>*diestro, -a, negro, tierno, otro, nuestro.* Están sujetos a apócope en proclisis (§ 29₂) *uno, alguno, ninguno* (y antiguamente *mucho, todo* y *nullo), bueno, malo, primero, postrero, tercero, ciento>cien, santo>san.* Se da algún caso muy raro de adjetivo que en latín tenía forma especial de femenino y la perdió en romance: dŭplus *doble,* trĭplus *triple* (culto), pop. *treble;* sĭmplus *simple* (culto); *multiple;* fĭrmus *firme* (culto), y *libre;* lo general es la tendencia contraria de distinguir el masculino y femenino en casos en que el latín no los distinguía. No hemos de contar como excepciones los derivados de los doce adjetivos que en latín

tienen masculino -er, femenino -ris, neutro -re, pues
éstos no distinguían el masculino del femenino más que en
el nominativo, y no siempre (-ris se usaba también para el
masculino); así que en el acusativo no tenían sino -rem
para ambos géneros: alăcrem, o vulgar alécrem *alegre*,
y los eruditos *célebre, salubre, campestre, terrestre*, etc. Había
tendencia a convertir estos adjetivos en -us; así el Appendix Probi manda decir «acer, non acrus», y esta última
forma prevaleció en *agro*.

2] Los adjetivos latinos de dos terminaciones quedan
con una sola: *feliz, igual, breve, viviente, pobre;* sujetos a
perder la -*e* en la lengua antigua *fuert, semejant, amanecient,
dulz* o *duz, grant*, práctica que hoy sólo se conserva con
gran cuando precede inmediatamente al sustantivo (§ 63₃).—
Es fuerte la tendencia a dotar estos adjetivos de terminación
especial para el femenino: —*a)* En primer lugar, deben citarse los adjetivos en *or*, que si antiguamente eran invariables
(«alma *sentidor*, ira *aturador*, vezina *morador*, espadas *taja-
dores*»), a partir del siglo xiv comenzaron a generalizarse con
terminación femenina, que luego se impuso como obligato-
ria, salvo a los comparativos (§ 79₂), y aun éstos toman -*a*
cuando se sustantivan: *la superiora*, y en Aragón *la menora*
'la mujer menor de edad'.—*b)* Van después los adjetivos
en -*on* (no *común);* el Poema de Fernán González dice «gentes *españones*», y los judíos de los Balcanes aún hoy dicen
«la lengua español»: pero luego se dijo *españolas, bretonas,
ladrona, juguetona.* Los en -*an*, -*in*, paralelos de -anus, -inus
(§ 83₄), tienen su -*a* etimológica: *alemana* (lo mismo que
asturiana, cuyo masculino es -*riano*), *holgazanas, mallor-
quina, danzarina.*—*e)* En fin, los adjetivos en -ensis ofrecen ya desde el siglo xii ejemplos como *burgeses e burgesas,*

cortesa, etc., junto a «tres eminas de vino *leoneses*»; hasta en el período clásico se conservó «provincia *cartaginés,* la *leonés* potencia», como en Portugal hasta el siglo XVI se decía «molher portugués». Hoy es de rigor la -*a* en los derivados de pueblos, como *francesa, cordobesa;* pero rara en *montesa* y jamás usada en *cortés.*—*d*) El francés, el provenzal y menos el catalán generalizan esta terminación femenina a otros casos; en armonía con ellos, el aragonés antiguo dice *simpla, dolienta, granda,* etcétera; los judíos españoles de Oriente dicen *jóvena, ilustra,* y nuestro vulgo en varias regiones dice *cuala,* hallándose *atalas* en una rima del Libro de Alexandre.

79. GRADACIÓN. — 1] Las terminaciones corrientes de comparativo -ior y superlativo -issimus, -imus eran en latín ya inaplicables a los adjetivos en -ius, -eus, para los cuales se usaba la perífrasis magis necessarius, maxime necessarius, perífrasis que los poetas aplicaban a toda clases de adjetivos; y en el latín arcaico y decadente se halla además plus miser, plus felix. En España y Dacia se continuó usando para el comp. *mas* (port. *mais,* cat. *mes*), y en Galia (fr. y prov.) e Italia *plus* (1). Para el superlativo se olvidó el maxime, y se expresó, bien por medio del mismo comparativo precedido del artículo, o bien anteponiendo otro adverbio, que en español es *muy.* Se anteponen más rara vez otros adverbios, como *altamente, sumamente dañoso,* y uno se pospone: *abatido además,* anticuado ya.

2] La gradación interna y orgánica subsiste en los com-

(1)   En la Rioja se usó antiguamente *(Glosas Emilianenses,* Berceo) al lado de *mas* la forma *plus,* que por su *pl-* indica ser propia del dialecto navarro-aragonés (§ 39₂). Berceo usa también *chus,* cuya *ch-* denuncia procedencia gallego-portuguesa. Véase *Orígenes del Español,* p. 333-334.

parativos *mejor, peor, mayor, menor, menos,* y en los cultos, *inferior, superior, ulterior, exterior,* etc., adjetivos todos de una sola terminación (comp. el § 78$_{2a}$). El superlativo orgánico es siempre culto, tanto el de aquellos comparativos: *óptimo,* etc., como el de éstos: *ínfimo, supremo, último, extremo,* etc. El superlativo -íssimus se conservó en -*ísimo,* forma enteramente culta (1) y apenas usada en la Edad Media. A un clérigo como Berceo se le ocurría alguna vez el latinismo *dulcísimo;* don Sancho IV usa una vez *altísimo;* pero el que en tiempo de Alfonso X tradujo en romance el epitafio latino de San Fernando que se halla en la Capilla Real de Sevilla, tenía tal forma por éxotica, y nunca usaba sino la perífrasis, traduciendo fidelissimus, humilissimus, por *el más leal, el más sofrido e el más omildoso.* El superlativo -*ísimo* a veces no se une a la forma vulgar del adjetivo, sino a su forma latina: *antiqu-ísimo, sacrat-ísimo, crudel-, fidel-, amabil-, terribil-; integérr-imo, acérr-, paupérr-.*

3] Aunque no muy usada, debe señalarse la forma de un superlativo hecho, no con sufijo, sino con prefijo: **re**-*bueno, -feo, -mejor* (2); aparece tarde en la literatura, pero Cervantes ya lo usa para el adverbio: «estaba más que *re-bien* pagado». —superabundans, **sobre**-*abundante, -saliente, -agudo;* muy corriente en Aragón, *sobre-bueno, -barato,* etc.; en Berceo *sobragran, sobrabien;*— per-doctus, -eloquens, -durabilis, **per**-*durable,* forma culta, usada vulgarmente en el reino de León (desde Asturias a Salamanca):

---

(1) Es culto atendiendo al § 11 (en inscripciones latino-españolas se halla karessemo, merentessemo) y al § 25$_2$ (en inscripciones romanas: dulcissme año 280, dulkisma año 410). Hoy en Castilla se popularizó el superlativo con la forma *buenísmo, muchísmo.*

(2) Véase F. KRÜGER en la *Rev. de Filol. Esp.,* VIII, 1921, pág. 319.

per-blanco, -ciego, -echo, -dañoso, y también bajo otra forma *peri-tieso,* admitida por la lengua comun en *peripuesto.*

4] El comparativo y superlativo se refuerzan repitiendo el adverbio: *muy mucho mejor,* o repitiendo la sílaba característica: *muchi-si-si-mo.* También se superlativan los adjetivos mediante el incremento de ciertas sílabas: fray Antonio de Guevara usa ya esta clase de refuerzos: «poquitos y aun *poqui-ti-tos*»; la Gramática de Lovaina 1555 da *tamañ-irr-ito, muchach-irr-ito,* incremento hoy desusado, salvo en *chiqu-irr-it-ito,* extremo refuerzo de *chiqu-it-ito.* Hoy son corrientes *re-te-bueno, re-que-te-guapa.*

FORMACIÓN NOMINAL

Los nombres nuevos del romance se formaron, o por HA-BILITACIÓN de palabras de otra clase para ejercer funciones de nombre (§§ 80 y 81), o por DERIVACIÓN, añadiendo al radical de una palabra un sufijo o terminación nominal (§§ 82-84), o por PREFIJACIÓN, anteponiendo a una palabra un elemento que determina su significado (§§ 85 y 86), o por COMPOSICIÓN, juntando dos palabras en una para expresar una idea única (§§ 87 y 88). En todos estos procedimientos los romances superan en riqueza y varidad a la lengua latina.

80. PALABRAS HABILITADAS COMO SUSTANTIVOS.—De todos los otros dominios del léxico se pueden tomar palabras para el del sustantivo.

1] Nombres propios de personas, ora para designar personas: *lazarillo, tenorio, quijote, fúcar, adán;* ora cosas: *quevedos, simón, manuela.* Nombre y apellido: *perillán, -ana.* Nombres propios de lugar: *rioja, málaga, jerez.*

2] Adjetivos.—En latín se decía simplemente persi-
cum (sobrentendiéndose malum) por el *priesco* o *prisco*,
y serica (esto es, tela o vestis), de donde viene *jerga*.
Fueron en su origen adjetivos, derivados también de nombres propios: *avellana* Abellana nux, *manzana* Mattianum malum, *espinela, cordobán, lombarda, malagueña*, etcétera. El latín vulgar, en vez de hiems decía tempus
hibernum *invierno*; en vez de aestas decía tempus
aestivum *estío*; por ver decía veranum *verano*; por
vitrum se dijo en España vitreu *vidrio*. En igual caso
están innumerables sustantivos: *cirio, hogaza, hoguera, higuera, ribera,* etc. Muchos se usaban aún en la lengua antigua como adjetivos: «un buey *noviello*», «el puerco *jabalí*»,
«unas *medias* calzas», «cosa *nada*». Además, los que hoy
tienen valor de adjetivo pueden sustantivarse: *una capital*
(ciudad o letra), *un periódico, el estrecho, el bajo, el falso* (del
vestido), etc., y mediante el artículo neutro, *lo bueno, lo
bello.* Recuerdo especial merecen los adjetivos femeninos
con valor de sustantivo: *el alba, la gruesa, nueva, llana;*
algunos de ellos deben proceder del neutro plural (compárese *gesta,* § 77$_2$), y al mismo tiempo se usan a veces en la
terminación *o* del singular: *el llano,* ant. *en vero,* moderno
en veras.

3] El verbo es fuente abundante de sustantivos: —*a)* El
participio está en primer lugar. El participio pasado se
presta a innumerables formaciones; como los sustantivos
latinos dictata (neutro), equitatus (masc.), tenemos en
español *dechado, cabalgada, ida, venida, mandado, dado, ba-
jada, posada, armada, ganado, trazado, comunicado, herida,
bastida, acometida, ejido,* etc., e indicando personas: *asilado,
repatriado, herido,* etc. Aparte deben citarse los participios

fuertes (§§ 106 y 122) que por no tener la forma ordinaria del participio se prestaban a perder su oficio verbal; eran en latín sustantivos: debitum, cursus, morsus, tractus, unctus, sponsus, y lo son sus derivados españoles, con otros como *venta, mesta, peso,* etc., que en romance quedaron fuera del sistema verbal, sin uso de participios. Otros conservan, o conservaban en algún período del español, su doble empleo, verbal y sustantivo: *vista, puesto, hecho, fecha, dicho, dicha, tuerto, falso, junta.*—El participio de presente es de poco uso; como los sustantivos latinos adolescens, oriens, occidens, tenemos *levante, poniente, la corriente, mendigante,* etc. —*b)* El **infinitivo** va en segundo lugar; el latín lo sustantivaba como nominativo o acusativo neutro: vivere ipsum, scire tuum, sobre todo en los períodos arcaico y decadente; el romance usa de este giro con toda libertad, y gracias al artículo puede usar el infinitivo en funciones de genitivo o dativo, como el griego (casos para que el latín usaba el gerundio y supino), y aun va más allá que el griego, pues usa también infinitivo plural: *el dormir, los decires, los andares, haberes, dares y tomares.* El español conservó hasta hoy entera la libertad de sustantivación de todo infinitivo, que el francés coartó mucho a partir del siglo xvi. El español admite también a sustantivación la forma reflexiva: *el arrepentirse* (ital. *il pentirsi;* pero en francés, sin pronombre, *le repentir*). —*c)* Las **otras formas** verbales ofrecen escasos sustantivos. Primera persona, *fallo, recibí, pagaré, abonaré, cargareme.* Tercera, *vale, debe, pésame, pláceme* (1).

---

(1) Añádanse los latinismos *credo, distingo, lavabo, déficit, éxplicit, exequátur.*

4] Otras palabras pueden también producir sustantivos: los adverbios b e n e y m a l e dan los sustantivos *bien* y *mal*. También se sustantivan *el lejos, un sobre, el contra,* «en aquel *entonces*», «poner *peros*», *los ayes, el yo, el no yo.*

81. PALABRAS HABILITADAS COMO ADJETIVOS.—Son menos que las del párrafo anterior.

1] Algunos sustantivos fueron convertidos en adjetivos; el neutro a c e t u m (originariamente participio de a c ē r e) dió *acedo;* y derivan de masculinos latinos f u n d u s *hondo,* c i c c u s *chico,* v e r m i c u l u s *bermejo,* p o r c u s *puerco, hidalgo,* y de femeninos derivan *castaño, cenizo.* Atendiendo a la cualidad distintiva de un ser, puede tomarse. el nombre de éste como adjetivo: *lince, topo, asno,* «llevar vida *perra*», *mosca, alcornoque,* «muy *quijote*». (§ 80₁).

2] Cualquier participio puede usarse como adjetivo; citaremos únicamente participios arrancados del dominio verbal y que subsisten sólo como adjetivos: b i b ĭ t u s *beodo,* d o m ĭ t u s *duendo,* t ē n s u s *teso* y *tieso* § 122₁, s t r i c t u s *estrecho,* f i c t u s *hito,* f a r c t u s *harto,* etc.

82. FORMACIÓN POR MEDIO DE SUFIJOS.—SIGNIFICACIÓN DE LOS MISMOS.

1] El sufijo es el recurso más abundante de formación de palabras nuevas. Las lenguas romances son más pobres en raíces que la latina de la cual dejaron perder una gran masa de vocabulario; pero suplen esta pobreza con una riqueza mayor de derivaciones. Los múltiples sufijos latinos pasaron al romance, pero de dos modos diferentes: unos como tales sufijos, y otros sin caracter de tales. Al decir *anda-dor, raspa-dura,* el tema y el sufijo ofrecen al que habla dos elementos distintos: uno representa la idea verbal, y otro la del agente o la del efecto de la acción, y esos sufi-

8.

jos son útiles para aplicarse a otras palabras y modificar su significado: *raspa-dor, mata-dor*, o *mata-dura, anda-dura*; los sufijos latinos -tor y -tura viven todavía en español y son aptos para formaciones nuevas. En cambio, al decir *rastro, rostro;* no se sienten varios elementos, no se enuncia la sílaba -tro como significativa de nada, aunque es un sufijo latino que designa el instrumento; y al decir *macho* 'mazo', *cachas* o *teja*, de todo punto ignoramos que esas palabras envuelven el sufijo -ŭlu, también instrumental; de modo que hay otros sufijos latinos que perdieron por completo su valor en romance, o su valor y su forma a la vez.

2] Los sufijos que en romance conservan su vida conservan en general el oficio que tenían en latín -mentum formaba sustantivos abstractos de tema verbal, como alimentum, y lo mismo en romance *valimiento, sentim-, abastecim-;* -osus indica la posesión de una cualidad, o la posesión abundante, como anim-osus, form-osus, y en romance *tramp-oso, olor-, caballer-, graci-, tardi-: quej-.* Pero claro es que el significado de los sufijos pudo experimentar sus alteraciones: -tor se une en latín a temas verbales para expresar el agente, como en accusa-tor, lec-tor, fac-tor; pero en romance, además de este uso, el sufijo forma adjetivos: *acusa-dor, salva-*, o mediante una personificación, expresa también el instrumento (en vez del -trŭm, -ŭlu y otros del latín): *calza-, parti-, cola-, destila-, trilla-dora, apisona-*, y luego el lugar en que se hace algo: *mostra-dor, come-, obra-, mira-, corre-.*

3] El sentimiento que el hablante tiene de los sufijos es a veces equivocado. Por ejemplo, los nombres *Agapito* o *Margarita* son tomados por diminutivos, y de ellos sa saca un positivo *Agapo* o *Márgara*. Estas **regresiones,** o sea deducción de un primitivo en vista de un nombre que se juzga derivado, son procedimiento muy usual. Así del diminutivo *monaguillo* se sacó el positivo *monágo*, que por su acento no puede venir de monăcu. Ya en latín vulgar, del **diminutivo avīcella** se sacó el falso positivo avīca, que sincopado *auca dió *oca*, ital. *oca;* y en el latín vulgar español pōpulus álamo se tomó como diminutivo y se sacó de él el positivo *pōpus de donde hoy se dice *pobo* con los toponímicos *El Pobo, Poveda* (1). De rōs marīnus se hubo de decir *romerino (fr. *romarin*, ital. *ramerino*), y luego, creyendo que *-ino* era sufijo diminutivo (§ 83₄), se dedujo el simple *romero.*

83. La forma de los sufijos.—1] Para que en romance un sufijo pueda vivir y producir nuevas palabras, necesita llevar el acento. Los sufijos inacentuados fueron sustituídos por otros. El sufijo adjetivo -ĕus, por ser átono, no conservó su valor en romance: vinĕus no se conservó sino como un sustantivo, *viña;* junceus, vitreus, cereus se sustantivaron en *juncia, vidrio, cirio*, y se acudió a otros sufijos para formar estos adjetivos: *vinoso, juncal*, etc.—Los diminutivos latinos en ŭlus: cannŭla, albulus, no podían subsistir y debían ser sustituídos por los en -ĕllus, como novĕllus; así, lo mismo que al lado de catalus decía el latín clásico catĕllus, de donde el anticuado *cadiello*, o junto a anulus decía anellus, de donde *anillo*, el vulgar dijo *cannĕlla *canilla*, albellus *albillo*, y por rŏtula *rodilla.* Esta sustitución se prueba que es ya del latín vulgar porque se verifica también en nombres que no tuvieron nunca en romance significado diminutivo, por no con-

---

(1) V. García de Diego en la *Rev. de Filol. Esp.*, V, 1918, pág. 40.

servarse sn positivo, como singŭlus, hecho *singĕllu *sencillo* (§ 47₂); tragula, *tragella *traílla;* astŭla (de axis), *astella *astilla;* fibŭla, *fibĕlla *hebilla;* pustúla *postilla, martillo* (1). Hay raros derivados de las dos formas culta y vulgar: ma[n]cŭla *mancha* y ma[n]cĕlla *mancilla;* *pestŭlu (por pessŭlu), ast. *piesllo*, y *pestĕllu *pestillo;* Castulone *Cazlona* y *Castellones.*—En virtud de tendencias fonéticas (§ 6₂), el sufijo -ŏlus se hizo tónico y sirvió para formar diminutivos como *hijuelo, lenzuelo, pañuelo,* etc.—Existen, sin embargo, en romance, sufijos átonos, aunque muy raros, de origen preindoeuropeo. La toponimia nos revela la existencia de un sufijo -ăro -ăra con valor posesivo abundancial, extendido por las lenguas mediterráneas, desde el Asia Menor hasta España, *Alvaro* (Coruña), *Támara* (Palencia, Portugal, Canarias). Este sufijo se intercambia en España con variantes en que la consonante se sustituye por otra sonora -ăla, -ăna, ăga, variantes que se observan en un ejemplo notable. De la braca, prenda de vestir característica de los celtas, se llamaron éstos bracăti en la Galia Narbonense, y bracări en las bocas del Duero: el nombre de la capital de estos últimos era en latín clásico Bracăra, y tenía como variantes populares *Bracăla y *Bracăna, de donde derivan el ant. portugués *Bragaa,* mod. *Braga,* y el ant. cast. *Brágana* (2). Estas

---

(1) Por igual razón, en la derivación culta crystallĭnus, cedrĭnus, debían de tomar el sufijo de divīnus, bovīnus, Alpīnus, y se dijo *cristalino, cedrino.*

(2) Provisionalmente, mientras trato de nuevo esta materia, véase mi artículo titulado *Sufijos átonos en español* (en *Festgabe für Adoifo Mussafia,* 1905, págs. 386-400), y *Orígenes del Español,* § 61 bis. Compárese para el portugués CAROLINA MICHAËLIS DE VASCONCELLOS, en *Bulletin Hispanique,* VII, 1905, pág. 194.

varias formas de sufijo átono vivieron en el latín vulgar de
España como lo indican muchos restos en la lengua común:
cáscara (ya se documenta en el siglo x) es derivado de *casca;*
gállara lo usa Berceo y hoy se dice en Soria, por *agalla* del
roble, galla; *guácharo* deriva de *guacho*, y *alicántara* es duplicado de *alicante;* en vez de *murciego*, § 2, se dijo *murcié-*
gano, murciégalo hoy *murciélago;* junto a *buzo* hay *búzano,*
retruécano viene de *retrocar, burdégano* de **bordiego, borde*
'bastardo'; *tángano* de *tango, bonítalo* de *bonito, pezpítalo* de
pezpita, cernícalo de *cerner, ciénaga* de *cieno, relámpago* del
ant. *relampo, rázago* 'tejido ralo y basto' de *raza* 'raleza del
tejido', *luciérnaga* de lucĕrna, *vástago* de *basto bastón*
'tallo, brote'. Esta abundante derivación atrae varias terminaciones de otro origen: lampăda ant. *lámpada,* moderno
lampara, § 72₅ᵦ; subtŭlus (prov. *sótol*) dió *sótalo* documentado en el siglo x, moderno *sótano;* Christophŏru en
vez de **Cristóboro* dió **Cristóbalo (Cristóvulo* en ant. portugués, *Cristuébalo* en cast. del siglo ix) moderno *Cristóbal.*

2] El sufijo diminutivo se une al nombre a veces mediante
una -c, cuyo origen es latino; la terminación diminutiva latina era -ŭlus en los nombres de las dos primeras declinaciones, a la cual se anteponía generalmente una *c* en los nombres de las otras tres, y como el vulgar sustituía a -ŭlus,
-ĕllus, según queda dicho, antepuso la *c* también en éstos,
y así navicŭla fué en el latín imperial navicĕlla, de
donde *navecilla;* pauper-cŭlus fué en vulgar *pauper-
cĕllu *pobre-cillo,* carbun-cŭlu *carbon-cillo;* maní-cula
mane-cilla, montí-culu, monti-cellus *monte-cillo,* y esa
c se generalizó a otros sufijos: *avecilla, avecica, dolorcito, au-*
torzuelo, meloncico, —viejezuelo, reinecita, lucecica, florecilla,
reyezuelo;— en *piecezuelo* hay asimilación de **piedezuelo,*

como en *piececillo* asimilación de **pedeciello* *pedicĕllu
por pedicŭlu.

3] El sufijo viviente, que conserva su significación propia y sirve para formaciones nuevas, al unirse a la palabra
cuyo sentido modifica, lo hace según las leyes fonéticas,
pero con marcada tendencia a hacer resaltar la forma
propia de la palabra a que se une el sufijo.—Respecto a las
vocales, por ejemplo, ĕqua se derivó *ĕquaricius, y de
pĕllis, pellicia, etc., *eguarizo* y *pelliza,* considerando átona la sílaba inicial: pero luego se reformó la primera de estas
dos voces, diciéndose *yeguarizo.* Primitivamente se dijo *pe-
drezuela, ternezuelo,* lo mismo que *pedrollo, pedrusco, terne-
ra;* pero luego se rehicieron de nuevo los diminutivos,
diciéndose también *piedrecilla, tiernecito, nuevecito, pañueli-
to.*— De las consonantes ofrecían particular dificultad las
velares. Para un glosador del siglo x, siccitates resultaba oscuro, y lo explicaba traduciendo *seketates,* porque el
derivado romance conservaba sin asibilar la *c,* atendiendo al
simple *seco,* como de *flaco* se dijo *flaqueza.* Alguna vez existió el derivado estrictamente fonético, y luego se abandonó:
burguense dió antiguamente *burgés* y *burzés* (§ 47₂ ᵦ),
luego no se dijo más que *burgués;* el derivado fonético subsiste hasta hoy en *perdigón* (port. *perdigão,* cat. provenzal *perdigó), raigón, narigudo, narigón,* junto a *narizón,* y
siempre que no se reconoce la derivación, verbigracia, en
sucio. —Por igual causa muchos derivados de participios
fuertes se rehicieron sobre una forma de participio débil,
para hacer resaltar la forma ordinaria del verbo: en vez de
dictore se dijo *decidor;* en vez de lectore, *leedor;* en
vez de factore, *hacedor* (sólo en compuestos; *malhechor,
bienh-);* en vez de apertore, *abridor, abridura, rompedor,*

prendedor, -*ura*, *veedor* (1), todos los cuales se formaron como si procediesen de un participio débil, lo mismo que la mayoría de los derivados; amatore, partitore, etc.

4] La forma del sufijo puede ser alterada por confusión con otro. Así, aerūgine, ferrūgine, se terminaron en -*ĪGINE*, *orín, herrín*, por influencia de fulīgine *hollín*, rubīgine *robín*. El sufijo -udĭne fué reemplazado por -*UMĬNE*, *costumbre, mansedumbre*, etc. La voz aislada tōnsoria dió su derivado en portugués: *tesoira;* pero en español la terminación -oriu fué cambiada por el sufijo -ariu, de donde *tijera*, mirandés *tejeira*, gall. *tixeira;* y análogamente stŏrea fué *staria, pues *estera* no puede explicarse como reducción de *estuera* (según el § 13₂), en vista del mirandés *steira* y del gall. port. *esteira* (comp. *caldeira, leigo, beiso*, citados en el § 9₂).—Los sufijos -*AX* y -*ACIUS*, -*IX* y -*ICIUS* se trocaban desde antiguo; así hallamos juntos fornace, ant. *fornaz* (fem.) y el mod. *hornazo, hornaza;* limace, ast. *llimaz*, y el castellano *limaza* (2); *rapaz* y el ant. *rapaço;* *spinace, ant. *espinaz*, y el mod. *espinazo;* pelliciu *pelliza* y *pelliz* (fem.); solatĭu y *solaz;* struthio y *avestruz;* *torquace *torcaz* y ant. *torcazo;* y en vez de otras terminaciones se halla *lumbrice *lombriz* (fem.), por lŭmbrĭcu. En algunos casos pudo coadyuvar la influencia extranjera, acaso la del prov. *solatz* o la del fr. *pelisse*, etc.—A confusión del sufijo clásico -*ANU* y del vulgar -*ANE* (§ 4₃, final) se debe el

---

(1) Las excepciones son cultas muchas veces: *escritor, postor, redentor, revisor, conductor, colector, ruptura*; pero no siempre, sobre todo con el sufijo -ura, muy popular en la época de orígenes del idioma: *cochura, soltura, basura, juntura, rotura, estrechura*.

(2) Aun hubo una tercera forma: *limacu, *limaccu, alav, *limaco*, santanderino *lumiaco*, ast. *llimiagu*.

que junto a derivados de -anu: romanus *romano, cerca-no, lejano, anciano, temprano, ciudadano, villano,* y junto a derivados -ane, *sacrista *sacristán,* *gabila *gavilán,* se hallen vacilaciones como el ant. *sacristano, sagristano,* cap-pellanus; ant. *capellano,* mod. *capellán,* ant. *holgazano,* mod. *holgazán; roano* § 20$_1$, ant. *ruán;* del árabe alazár *alazán* y luego *alazano.* Para *catalán, alemán,* frente a *valenciano, se-goviano,* etc., pudo influir la terminación aguda de -one *bretón,* ant. *españón.* Sin duda además entre las formas apocopadas hay varios extranjerismos, como *deán* decanu (galicismo por la pérdida de la *c), galán* (fr. *galant)* que tomó también la forma *galano; guardián,* ital. *guardiano,* prov. *gardian, guardian; capitán* del ital. *capitano.*—Otra do-ble forma paroxítona y oxítona hay en -ĪNU y -ĪNE; así, junto a *molino, padrino, dañino, vizcaíno,. rocino, Villarino,* tenemos *Villarín, rocín, mallorquín, mastín* mansuetinu, *cojín* coxinu; algunas formas apocopadas son galicismos evidentes, cómo *jardín,* y pudieran serlo las correspondien-tes a las francesas *roussin, coussin, mâtin;* pero la tendencia a la apócope es tan indígena que hay regiones, como Astu-rias, el Bierzo y NO. de León, donde se desconoce entera-mente *-ino,* diciéndose siempre *molín, padrín,* etc., aunque el plural es *-inos;* contrariamente, en el dialecto de Extre-madura el diminutivo conserva la *o: pequeñino, discretino.*

5] Los **sustantivos postverbales** que indican funda-mentalmente acción (o luego, agente: *escucha)* y se derivan de verbos mediante la simple terminación de género *-u, -a,* eran en latín clásico muy raros: lucta, de luctare, *lucha;* pugna, de pugnare. Posteriormente abundan: falla, de fallere, por fallacia, ant. *falla;* proba, de probare, por pro-batio, *prueba;* compŭtus, de computare, por computatio,

cuenta; *dubĭta, de dubitare, por dubium, *duda.* Casi todos son de verbos en *-ar,* como en romance: *esfuerzo, yerro,
vuelo, huelga, friega, compra...,* salvo algunos de verbos *-er,
ir: socorro, sorbo, contienda, reparto.*—Pero el español mira
el tema verbal como indiferente, para tomar no sólo las dos
terminaciones masc. y fem. *-o* y *-a,* sino también la *-e*
(masc.); antiguamente coexistían *alcanço, alcança, alcançe;
rebato, -a, -e; galopo, -e; toco, toque,* y hoy *descargo, -ga,
-gue; costo, -a, -e; avanzo, -ce; gasto, desgaste; saca, saque;
corta, -e; descuajo, -e; desembarco, -que,* etc.—Estos postverbales en la lengua antigua podían apocopar su *e: alcanz,
don* (al lado de los ant. *dono* y *dona* donum y plural
dona); y aun hoy se ve apócope en *disfraz* y en algún
extranjerismo como *desdén,* catalán *desdeny,* por el ant. *desdeño; sostén,* prov. *sostenh;* pero en general no se permitió
la apócope, considerando la *-e* como la de las desinencias
verbales (§ 107₄), diciéndose *desgrane, enlace, roce.* Además
de la terminación verbal *-e,* contribuyeron a la formación
y aumento de estos postverbales los muchos de origen
extranjero, como los anticuados *conorte, deporte* (en vez de
los castizos anticuados *conuerto, depuerto*), *deleite, detalle,
choque, acorde, escote;* etc.; contribuyó también la existencia
de otras parejas de sustantivo y verbo derivado de él, como
*achaque, achacar; disparate, -tar; ultraje, -jar; viaje, -jar;
baldón, -nar; fin, finar,* y la vacilación de varios sustantivos
por el estilo de *zafiro, zafira, zafir* (§§ 76 y 29₂ ₐ).

84. PROCEDENCIA DE LOS SUFIJOS.—La casi totalidad de los
sufijos romances son procedentes del latín.

1] Pero algunos revisten doble forma por haberse introducido por el doble camino de la tradición oral y de la escrita. Así, al lado de *prim-ero, som-, saet-, moned-, tempor-,*

usur-, clav-, se dicen también estas y otras muchas palabras con forma latina de sufijo: *monet-ario,* etc., *imagin-, domicili-*. El sufijo *-ARIU* tiene además de estas formas popular, *-ero* y culta *-ario,* otra tercera forma galicista: *-er* o *-el* (ésta disimilada cuando hay una *r* anterior): ant. *lebrero* y *lebrer,* mod. *lebrel* (fr. *lévrier);* ant. *mercadero,* moderno *mercader* (prov. *mercadier);* locariu, ant. *loguer* (provenzal *loguiers); bachiller, taller, vergel, cuartel, laurel, broquel* buccculariu (prov. *bloquier).* El sufijo *-ATICU* tiene también una forma popular: *port-azgo, mont-, almirant-, hall-;* otra culta, *acuático, silv-,* y otra procedente del provenzal o fr.: *salv-aje, port-, ram-, vi-*.

2] El sufijo *-ICCU* del diminutivo no es de origen latino: se halla también en portugués y en valaco. Tampoco es latino *-ito,* usado en portugués y de origen oscuro. Se tiene por de origen ibérico el sufijo propio del español y el portugués *-AECU* o *-ĔCU: andar-iego, labr-, palac-, rap-, mujer-, veran-, cadañ-(i)ego, Manch-(i)ego.* Tampoco es latino (sin duda ibérico) el origen de nuestro sufijo patronímico que reviste múltiples formas: *Garciáz, Garceiz; Sánchez, Sanchíz; Muñóz, Muñíz; Alvaróz, Álvarez; Velascóz, Velásquez; Galíndez, Galindáz, Galindóz; Nuñóz, Núñez.* El sufijo germánico *-ING* pasó a las lenguas romances *abad-engo, frail-engo, real-engo* o *realenco, mestengo, mestenco* o *mostrenco* (1); en Aragón, *agrienco* acritud, *salobrenco* salobre, *friolenco.* De origen árabe es *-í,* que se halla formando adjetivos de algunos nom-

---

(1) En cuanto al uso del sufijo, la serie semántica: «bienes *realengos, abadengos* y *mestengos*» confirma la etimología de Nebrija que apoyé en *Romania,* XXIX, 1900, pág. 360. Las etimologías modernas (Brüch, Spitzer, *Revista de Filología Española.,* XIII, 1926, pág. 114) no saben del sentido y de la forma primitiva de esta palabra lo que sabía Nebrija. Volveré sobre esta etimología más ampliamente.

bres propios: *Alfonsi, Ceuti, Marroqui, Tuneci,* y sin valor
de sufijo en *carmesi, baladi, jabali.*

85. PREFIJOS.—1] Al contrario que los sufijos, los prefijos, en romance son átonos. Si en el período primitivo del
romance se conservaba uno que otro tónico: cŏmpătre
cuémpadre, cŏncŭba *cuéncoba,* se eliminaron luego, quedando sólo alguno, como compŭtu *cuento,* que tiene apoyo
en la conjugación (§ 6₃).

2] La acumulación de prefijos, que sobre todo veremos
en el verbo, produce la conversión de ex- en in-ex-; así
exagiu *ensayo;* exemplu, ant. *ensiemplo;* examen *enjam-*
bre (comp. *ensalzar,* etc., § 126₄), y por confusión con éstos,
axungia *enjundia,* absinthiu *enjenzo* (y *ajenjo*). Para
otros casos de confusión con el prefijo *ex-: escuchar, escon-*
der, véase § 17₄.

3] Todos los prefijos son de origen latino. El artículo
árabe *al-, a-* no es un verdadero elemento de composición
en español, pues no tiene significación alguna: *alcantarilla,*
alcalde, alqueria, adarga, acémila, etc.; se halla en voces latinas o griegas arabizadas, como *alcázar* (castra), *azúcar*
(saccharum), *albaricoque, albérchigo, ajedrea, altramuz,*
alambique, adarme (§ 4₄); y en voces de origen puramente
latino, como mitulu *al-meja,* *materĭneus (por materĭ-
nus) *al-madreña;* o sustituyendo a otra vocal inicial: amid-
dŭla (§ 26₁) *almendra* (port. *amendoa*), haemorrh(oides)
almorr(anas).

86. CLASES DE PREFIJOS.—Pueden distinguirse compuestos de sólo prefijo, y de prefijo y sufijo a la vez.

1] En los de sólo prefijo han de distinguirse dos clases,
según el oficio del prefijo. En los PREPOSICIONALES el prefijo
hace veces de preposición que rige al nombre con que se

compone, formando ambos un simple complemento gramatical, pues el verdadero nombre no se expresa: *anteojo* '[lente para] ante el ojo'. En los ADVERBIALES el prefijo hace veces de adverbio, el nombre que forma parte del compuesto es sujeto cuyo sentido modifica el adverbio antepuesto, y se sobrentiende un complemento: *antebrazo* 'brazo o parte del brazo que está delante [del brazo propiamente dicho]'. La palabra *anteiglesia* es un compuesto preposicional cuando significa 'la lonja de delante de la iglesia', y es adverbial cuando significa 'iglesia principal o parroquial'; compárese en latín los compuestos de igual palabra, ora con la preposición in, ora con el adverbio prefijo privativo in- (ambos de origen independiente), como inclinis 'inclinado' (prep.), o 'sin inclinación' (adv.); e igual immixtus, immutabilis, etc.—Ejemplos de los principales prefijos. Preposición: exconsul, *ex diputado,* proconsul, pomeridianus, intervallum, cognatu *cuñado,* cuya composición no es sentida en el romance; y en vulgar, anteannu *antaño,* inodiu *enojo* (a través del prov. cat. *enojar),* post-auriculu *pestorejo* (§ 13₂), ultra marem *ultramar;* y en romance, a-*diós, -plomo;* ante-*pecho, -cama, -sala, -antifaz;* contra-*veneno, -bando, -fuero, -pelo;* entre-*cejo, -acto, -línea;* en-*bozo, -salmo* 'curación por medio de palabras del salterio'; sobre-*todo, -mesa, -cena,-natural, -humano;* so-*capa, -panda* 'sostén debajo de un pandeo', -*lomo.* Adverbio: praecoquus o praecox, bis-coctus *bizcocho,* bisaccium *bizaza,* bifĕra *breva,* y bajo latín, contraproducentem, vulgar antenatus *alnado,* compăter *compadre,* commăter *comadre,* y en romances, ante-*portada, -foso;* contra*prueba, -orden, -peso;* entre-*tiempo, -abierto, -cano, -fino;* sobre-*diente, -pelliz, -carga, -escrito, -juez, -abundante* (pá rrafo 79₃); **so**-*caz*, -*chantre;* **tras**-*pié* 'pie vacilante que se coloca detrás', -*sudor* 'sudor que viene tras una congoja'; **re**-*bueno* (§ 79₃); **bien**-*amado, andante;* **mal**-*parado, -hallado.* El prefijo privativo latino i n- apenas dejó más derivado que in-imicus *enemigo,* in-firmus *enfermo,* e in-cincta mujer *encinta,* en ninguno de los cuales siente el romance la composición (1); en el romance el sentido privativo de in- fué asumido por dis-: **des**-*hora, -honra, -amor, -honesto, -igual, -lenguado* 'malhablado'; **dis**-*gusto, -conforme,* o por sine-: **sin**-*razón, -fin, -sabor,* muy afecto al vulgo, que dice *sinfinidá, sinsustancial,* etc.

2] Los compuestos de prefijo y sufijo a la vez se llaman PARASINTÉTICOS, de παρά, que indica la yuxtaposición, y συνθετικός, la síntesis de varios elementos que forman un término nuevo, como *desalmado,* donde sin que exista un sustantivo **desalma,* ni un adjetivo **almado,* la reunión de los tres elementos forma un compuesto claro y expresivo. En latín antesignanus 'soldado que combate ante las banderas', obvius 'lo que se encuentra en el camino o al paso', subterraneus *soterraño,* y luego *cómpanage, trasnochador, pordiosero, embolado,* etc.

87. COMPOSICIÓN PROPIAMENTE DICHA.—Dos o más palabras que conservan en la lengua su significado aparte, se unen formando una sola, que representa al espíritu una idea única. Además de esta primera condición esencial, el compuesto perfecto adopta para los dos componentes un acento único, el cual en latín podía recaer sobre el primer

---

(1) Los cultos conservan vivo el sentido negativo de *in-* y son abundantes: *indiscreto, imposible, indirecto, inaguantable,* etc.; alguno vulgarizado, como *indino,* tampoco siente la composición.

elemento: flavĭcŏmus; pero en romance siempre va sobre
el segundo; sólo en algún compuesto que carece en romance de carácter de tal hallamos el acento en la primera
parte, como trĭpĕde *trébede, treude.* También en el compuesto perfecto el plural afecta sólo al segundo elemento
(*padrenuestros, primaveras, hilvanes*). Hay empero compuestos de dos nombres intactos, que aún no se han fundido
por completo, y entonces el primer elemento conserva un
acento débil o secundario: *espíritu-de-vino,* y se pluraliza a
la vez que el segundo elemento: *ricoshombres, gentileshom-
bres, casasquintas, guardiasciviles* junto a *guardiaciviles,
hijosdalgos* junto a *hidalgos, hideperros;* y aunque ahora
choca, se hallan a veces en los buenos autores plurales
como *montespíos, sordosmudos, bocasmangas, bocascalles, sal-
vosconductos.*

88. Tres clases de compuestos.—1] Compuesto por
yuxtaposición. Varias palabras unidas conforme a las leyes
sintácticas ordinarias, por usarse a menudo así unidas, vienen con el tiempo a soldarse: entonces se borra en el pensamiento la imagen particular de cada una de esas palabras,
sustituyéndose con una imagen simple y única. Ora **sustantivo y adjetivo:** musaraneus *musaraña, vinagre,
hilván, disanto, melcocha, murciego,* y viceversa: *bajamar,
primavera, mediodía, vanagloria.* Como raros por su forma
deben notarse: *avutarda,* de av(e)tarda, ant. *autarda* y
agutarda (§ 68), y *pavipollo,* que no significa 'pollo (sust.) de
pavo', lo cual lo colocaría en la clase siguiente, sino 'pavo
pollo o joven' (comp. lat. pullus (adj.) passer), y en este
caso la *i-* es inexplicable; comp. *pimpollo* pinuspullus.—
Ora **dos sustantivos,** uno de ellos en genitivo: agricul-
tura, jurisconsultus, de los que en su forma latina sobre-

viven *pezuña, orpimiente, condestable* (§ 74₄), aquamanus
aguamanos, y que en español se imitó muy poco: *hi-d algo,
espíritu de vino,* o con pérdida de la *d* intervocálica (§ 41₂):
Aldealpozo, Majaelrayo esto es *Maja(d)a(d)elrayo, Puente-
larreina, Villagonzalo, Cardeñadijo,* Cardinea (d)e Atilio,
Cardeñajimeno.—Ora **dos adjetivos** conjuntos: *sordomudo,
tontiloco,* y sustantivados: *claroscuro, altibajo.*—Además hay
otra yuxtaposición fecundísima en los romances e ignorada
del latín (1); éste carecía de los compuestos de **verbo y
sustantivo** que el griego poseía (ἀγέ-στρατος), y usaba sólo
los de adjetivo verbal en segundo término, como capri-
mulgus, armīgĕr(us) (ἰχθυοφάγος); el romance abandonó
éstos y creó aquéllos: *chotacabras, portaguión, saltatumbas,
matamoros, perdonavidas, saltamontes, quitasol, cortaplumas.
abrojo, hincapié, sacacorchos;* y con pronombre, *sabelotodo,
bienmesabe* cierto dulce en Andalucía, Venezuela y Cuba.
También **verbo y adverbio:** *bogavante, catalejo, si-es-no-es*
'un poco', y verbo con complemento: *saltambarca, salta-
embanco* 'saltabanco', o afectando italianismo: *saltimbanqui*
(ital. *saltimbanco);* **verbo y vocativo:** *andaniño, tentemozo;*
sólo verbos: *tiramira, ciaboga, duermevela, ganapierde,
quitaipón, correveidile;* es evidente la forma de imperativo
que tiene el verbo en estos dos últimos; pero la persona El
de presente indicativo mezclada con imperativo aparece en

---

(1) LOUIS FRANCIS MEUNIER, *Les composés qui contiennent un verbe a
un mode personnel en lat., fr., ital., esp.,* París, 1875; reúne los escasos
ejemplos del latín, nombres propios que aparecen en las inscripciones, tales como Vincomalus, Speirandeo, Habetdeum, y el apodo de
un centurión del tiempo de Tiberio, llamado Cedoalteram 'trae otra',
según testimonio de Tácito; los verbos están en indicativo o imperativo.
Tiene esta obra varios yerros en la interpretación de ejemplos españoles.

vaivén, que primitivamente sería *veiven o *vaivien (francés *va-et-vient).* En general, debe reconocerse en estos verbos el indicativo, que es indudable cuando el compuesto equivale a una oración de relativo o a un participio de presente: *destripaterrones* 'el que destripa terrones'. El perfecto aparece en *cochitehervite.*

2] Compuesto ELÍPTICO. Otros compuestos no son, como los anteriores, una simple suma de dos términos, sino que expresan más ideas que las contenidas en sus dos elementos; la sola yuxtaposición de éstos no tiene sentido por sí, sino se sobrentiende una relación entre ambos. Se forman, pues, mediante la elípsis de una relación, y no son, como los anteriores, producto lento de la fusión de dos palabras y dos ideas que antes vivían juntas sin soldarse, sino que el compuesto nace de una vez, mediante una síntesis de concepción. Compárense con los de la clase anterior los compuestos de **sustantivo y adjetivo.** El de yuxtaposición *aguardiente* resulta un sustantivo, y no significa más que 'agua-ardiente', mientras el elíptico *boquirrasgado* es un adjetivo, y se sobrentiende un sentido posesivo 'que tiene la boca rasgada'. Además, hoy *boquirrasgado,* alterando la final del primer término, suelda más íntimamente sus partes que *aguardiente;* pero esto no es esencial (1), y hasta el siglo XIV, aunque se decía *rabigalgo, cabezcorvo, manvacío,* etc., se pre-

---

(1) Véanse: A. W:son Munthe, *Observations sur les composés espagnols du type «aliabierto».* (Recueil de mémoires philologiques présenté à M. Gaston Paris, págs. 31-56).—G. Baist, *«Longimanus» und «manilargo»* (en *Romanische Forchungen,* X, 471). Comp. *Romania,* XXX, 605.— Munthe, *Bemerkungen zu Baists Schrift «Longimanus und manilargo».* (Särtryck ur Uppsatser i Romansk Filologi tillägnade Prof. P. A. Geiger, Upsala, 1901). Véase *Romania,* XXXI, pág. 444.

fería, acaso por mantener la integridad de los dos términos, *bocarrasgado, bocabierto, barbapuniente,* «águilas que llaman *cuelloalbas*», «cigüeña *picoabierta*»; en el siglo xv se imponía yo *patitieso, zanquituerto, crestibermejo,* etc., única forma hoy conocida. Estos compuestos son muy raros en el período latino: or i d u r i u s *boquiduro,* o r i p u t i d u s, n a r i p u t e n s, y en bajo latín b a r b i r a s u s; la lengua literaria usaba una forma opuesta, con el adjetivo antepuesto : f l a v ĭ c ŏ m u s *'pelirrubio'*, l o n g ĭ m ă n u s *'manilargo'.* —**Dos sustantivos.** También raro en latín. Los soldados decían a r c ŭ b a l l i s t a 'ballesta combinada con un arco', y los labradores c a p r i f ī- c u s *cabrahigo* 'higuera macho', y sin duda también *c a n- n a f ĕ r ŭ l a cañaherla,* cuyo segundo componente no se conserva aislado en español; además *casatienda, puercoespi- no, aguanieve, calofrío, coliflor, arquibanco, tripicallo, carri- coche, ajipuerro, ajiaceite,* que en la Litera se dice *ajaceite,* como en todo Aragón *ajolio,* por absorción del hiato. Cuando el segundo sustantivo tiene valor de genitivo, como *bocaca- lle, bocamanga, telaraña, maestresala, puntapié,* es difícil decir si la elipsis de la relación de genitivo es propiamente sintác- tica, o solo fonética: *tela(d)earaña,* como es evidente, por el artículo, en *Aldealpozo* y los casos citados en el punto ante- rior. El genitivo en primer lugar es muy raro: *zarzamora, zarzarrosa, casapuerta, ferrocarril;* en el latín c o r d o l i u m *cordojo.*— **Dos adjetivos,** no asociados por copulación, sino de significado opuesto y cuya unión expresa una cualidad intermedia, como *agridulce, verdinegro.*

3] Los compuestos PARASINTÉTICOS son muy pocos: *cada- ñero,* sin necesidad de que existan aparte un sustantivo *ca- daño* ni un adjetivo *añero; casquimuleño* 'caballo con casco pequeño como las mulas', *capigorrón* 'maleante que anda en el traje estudiantil de capa y gorra', *sanjuanada, mampostería* 'labor de piedras mampuestas', *escolapio* 'hermano de las Escuelas Pías'.

NUMERAL

89. CARDINALES.— 1] Los latinos de **1** a **16** persisten en español como en casi todos los romances: un um *uno, un* (§ 78$_1$) unam *una;* — düos **doos, dos;* duas, anticuado *duas* y con asimilación de la *a,* cerrada por la influencia de la *u, dues* (§ 27), forma usada aún en el comienzo del siglo xiii en los diplomas de San Fernando, pero a partir de los de Alfonso X se usa para ambos géneros el masculino *dos,* salvo en leonés occidental, donde aún hay diferencia de géneros: masc. *dous,* fem. *duas, dues* (comp. *tou, tua,* § 96$_2$); — trēs *tres;* — quattŭŏr, vulgar quattor (§ 30$_2$) *quatro, cuatro* (§§ 39$_4$ y 62$_2$); — cinque (§ 66$_2$) *cinco,* con vocal final influída por *cuatro* (igual en portugués, pero en otros romances con *-e* final); — sĕx *seis* (§ 50$_2$), ant. y ast. *seyes,* con adición de *y* (§ 69$_1$) y abertura de la į final, por analogía con los plurales *reis reyes, leis leyes, bueis bueyes* § 75$_3$; — sĕptem *siete;* — ŏcto *ocho;* — nŏvem *nueve,* ant. también *nuef* (§ 63$_{2\,b}$); — dĕcem *diez;* — ūndĕcin, vulgar ŭndecĕ (portugués, fr. provenzal *onze,* cat. *onse) onze,* mod. *once;* — duōdĕcim, vulgar dōdĕce (§ 30$_2$), ant. *dodze, doze,* mod. *doce* (§ 71), leon. *dolze* (§ 60$_3$); — tredĕcim *tredze, treze, trece,* leon. *trelze;* — quatt(u)ordecim *catorce* (§ 39$_4$); — quīndĕcim *quinze, quince* (1); — sēdĕcim, ant. *sedze, seze.*

---

(1) Los judíos españoles de Viena y Belgrado conservan aún la pronunciación de las consonantes antiguas en *ondzi, dodzi, tredzi, catordzi, quindzi.*

2] Este último numeral se perdió en la lengua moderna y se formó analíticamente *dieciséis*. Esa tendencia analítica invadió en lo antiguo hasta el número **12**, y se dijo en algunas regiones *diez e dos, dizedós, dizetrés;* pero en la lengua moderna sólo se usó desde el **16** al **19**, y en vez de septen-dĕcim se adoptó la forma analítica ya usual en el latín clásico decem et septem, y lo mismo, por octodĕcim y novendĕcim se dijo decem et octo, decem et novem. Únicamente falta advertir que en lo antiguo se reducía el diptongo de *diez*, diciendo *dizesiete, dizeocho*.

3] De **20** a **100** (1) se conservaron todas las decenas latinas: vīgĭntī, ant. *veinte* (§ 66₁), dialectal *veente, vente, veyente* (§ 69), mod. *véinte* (y lo mismo viginti unus, viginti duo, viginti tres, etc.);—*trēgĭnta, ant. *treínta* (§ 68₁), mod. *tréinta;*—quadragĭnta *quaraenta,* mod. *cuarenta* (§ 68₁);—cīnquagĭnta (§ 66₂) *cinquaenta,* mod. *cincuenta;*—sexagĭnta *sesaenta,* mod. *sesenta,* contra el § 50₂, por influencia de la *s* de *seis;*—sept(u)agĭnta (§ 30₂) *setaenta, setenta;* — oct(u)agĭnta (no octōg-) *ochaenta, ochenta,* arag. *otaenta;*— nonagĭnta, ant. *nonaenta,* y *novagĭnta *novaenta, noventa;* – cĕntum *ciento, cient, cien* (y centum unus, centum duo, etc.). Para las decenas 40-90, además de las formas dobles -*aénta,* -*énta,* se halla -*eénta* en ant. leonés y ant. portugués: *seteenta, noveenta,* etcétera. La reducción de *a* a *e* y su ulterior supresión se explica por el frecuente uso proclítico: *setaenta y dos, y tres,* etcétera. El español y el portugués remontan así a las formas clásicas latinas, mientras los otros romances remontan

---

(1) Jakob Jud, *Die Zehnerzahlen in den romanischen Sprachen* (en *Festgabe für Heinrich Morf,* Halle a. d. S., 1905).

a una contracción ya operada en el latín vulgar, con dislocación del acento a la sílaba anterior: -a(g)ĭnta > -*aínta* > -*áinta* > -*anta* (en inscripciones se halla quarranta, octanta), formas que también se hallan por España no sólo en el çatalán *seixanta, vuytanta,* etc., sino en el leonés *cinquanta, novanta,* etc. y en el aragonés *quaranta, xixanta,* etcétera. Esta retrotracción del acento, -á(g)inta, se extendía también a trīgĭnta, de donde el leonés portugués *trinta,* y a vīginti port. *vinte.*—Berceo dice una vez *tres vent* por 'sesenta'; en San Ciprián de Sanabria se usa *dous veintes, cuatro veintes;* en Santander se llama *cuatro veintes* al ochentón: el Entremés de los Romances (hacia 1591) bromea diciendo: «que para sesenta leguas nos faltan *tres veces veinte*»; en Tras os Montes se cuenta también *tres vezes vinte, quatro vezes vinte;* todos estos parecen restos de un sistema de numeración vigesimal, antes muy extendido, y como el vasco lo usa *(ogeitamarr* 'veinte y diez', *berrogei* 'dos veintes', *irurogei* 'tres veintes', *larogei* 'cuatro veintes') pudiéramos sospechar un influjo ibérico. El *tres vent* de Berceo se ha explicado por galicismo (deus vinz, treis vinz, quatre vinz, etc.); en todo caso también pudiera ser un vasquismo más del poeta riojano (1).

4] De **200** a **900** el español conservó cuatro compuestos latinos: dŭcĕnti, -ae, -a, *dozientos, -as,* rehecho en *doscientos, as;*—trēçĕnti, -ae, -a, *trezientos, trescientos, -as;*

---

(1) MARGARETE RÖSLER, *Auf welchem Wege kam das Vigesimalsystem nach Frankreich?,* en *Zeit. f. rom. Philol,* XLIX, 1929, pág. 273-286, combate la antigua hipótesis de que el sistema vigesimal francés provenga del galo, para sostener que proviene del nórdico: los vikingos lo transmiten a los anglosajones, éstos al latín monástico de Inglaterra y al anglonormando en el siglo XII, y de aquí al francés del norte.—L. SPITZER, *Urtümliches*

quingĕnti, *quinientos, -as;*—sexcenti, *seiscientos.* Pero
formó nuevo compuesto para quadringenti, septingen-
ti, octingenti, nongenti, diciendo *cuatrocientos, setec-,
ochoc-, nove-,* todos en la lengua antigua con *ç* sorda, procedente de *C* inicial, a diferencia de *dozientos* y *trezientos,*
que tenían *z* sonora, procedente de *C* intervocálica.—En la
Litera hay formas nuevas para *cincocientos* 'quinientos' y
oncecientos 'mil ciento'.

5] Mīlle *mill, mil,* junto al cual se usa sustantivado el
adjetivo milliarius, ant. *millaria,* mod. *millar* (forma culta; la popular *mijero* designa la milla), y el vulgarismo
milenta formado análogamente sobre las decenas. En vez
de los compuestos duo mīllĭa, tria mīllĭa, decem mīllĭa, se usan otros en que el plural millia fué sustituído
por el singular mille: *dos mil, seis mil,* porque antiguamente se usaba la perífrasis *dos vezes mil, quarenta vezes
mil.* La voz *millón* es relativamente moderna y derivada del
ital. *milione;* de ahí se sacaron *billón, trillón;* en la Edad
Media se desconocía numeral superior a *mil,* según las Par-
tidas II, 21, 2): «mil es el más honrado cuento que se puede seer, et de allí adelante non puede haber otro cuento
nombre señalado por sí, et ha de tornarse por fuerza a seer
nombrado por los otros que diximos que se encierran en el
millar». No obstante, se usaba ya la voz *cuento* por «diez
veces cien mil».

_____

bei romanischen Zahlwörtern, en *Zeit. f. rom. Philol.,* XLV, 1925, páginas 1 y sigs., cree que los restos de numeración vigesimal en España y en
Francia, como los que se hallan en Sicilia, en los Abruzos y otras partes
(también en copto se expresa 80 por 4 × 20), son formaciones espontá-
neas debidas a lo inexpresivos que son para el pueblo los números altos
en forma sintética.

6] Respecto de la flexión, el romance restringe aún la ya restringida flexión del latín.—1 distingue género y número; en composición con decenas, centenas o millares, distingue el género, pero tiende a perderlo cuando precede al sustantivo: ant. «*veintiuna* casa», mod. «*veintiuna* casas» o «*veintiún* casas».—2 en lo antiguo distinguía el género; modernamente sólo lo distingue *ambos*—La flexión latina de 3, como distinguía sólo el masculino femenino trēs del neutro tria, no pudo subsistir; así que de 3 a 99 no hay flexión.—Las centenas distinguen el género, como en latín. No se conservó el plural milia.

90. ORDINALES.—1] Primarius (no primus) *primero, -er, era;* secundus *segundo, -a;*—tertiarius (no tertius) *tercero, -er, era;*—quartus, *cuarto;*—quintus, *quinto.*— De 6.º en adelante la lengua moderna usa casi sólo las formas cultas, copiadas del latín más o menos mecánicamente; v. gr.: *quincuagésimo* y el nuevo *cincuentésimo.* Las formas populares que existieron desde 6.º a 10.º se perdieron o se conservan sustantivadas: sĕxtus, vulgar sĕstus (§ 51$_2$) *siesta;*—sĕptĭmus. ant. *sietmo;*—octavus, *ochavo;*—nōnus,—dĕcĭmus, *diezmo.* De 11.º en adelante la lengua popular olvidó las formas latinas, salvo que antiguamente se conservaron dos, sólo como sustantivos: quadragēsĭmus *quaraesma, cuaresma,* y quinquagēsĭma *cinquaesma.* En vez de postremus se dijo *postrero, -er, -era* (§ 68$_1$).

2] La lengua antigua poseía un sufijo ordinal que aplicaba a todos los números desde 2, especialmente desde 7 en adelante. Es el sufijo adjetivo -ēnus, que el latín aplicaba 'a los distributivos (seni, septeni, noveni, deni, viceni, centeni). Sirvieron de punto de partida *seteno, noveno, centeno,* y luego se hicieron *quatreno, cinqueno, sesseno, ocheno, dez-, onz-, doz-, trez-, catorz-, dizesses-, dizesset-, veynteno, veynt e dosseno, veynt e tresseno.* Todos se perdieron, salvo *noveno,* y sólo sobrevivieron algunos como sustantivos colectivos: *las setenas, decena, docena, cuarentena.*

3] Junto a estos ordinales se usaba el cardinal para los compuestos de *uno:* «la estrella *veynte e una*», y a veces para los otros: *la quaraenta, la quaraenta e dos,* etc. Modernamente, en números más altos de 20 se usa también el cardinal por el ordinal; en números más bajos lo tiene por galicismo Vargas Ponce en 1791; por ejemplo, decir *siglo trece, epístola doce:* «ya se ha impreso repetidas veces *Luis quince* y hasta *Alfonso diez;* se dirá en breve *Carlos tres* y *Pío seis*». Bello admite con razón, sin nota de extranjerismo, *la ley dos, el capítulo siete, el siglo diez y nueve.*

91. Múltiplos y fraccionarios.—1] Como multiplicativos tenemos los populares *doble,* y ant. *treble,* con los cultos *duplo, triple, cuádruplo,* etc., además de *múltiplo* y *simple;* para la *-e* final, v. § 78₁. Hay también formas perifrásticas: «le vuelvo *cuatro doblado*», «con *cien doblada* alegría». La perífrasis latina con el adverbio numeral «bis tantum, quinquies tantum», es la que da el múltiplo vulgar más usual: *dos tanto, cuatro tanto, ciento tanto,* que hoy va anticuándose.

2] Para los fraccionarios, salvo dimidia, que en vulgar se sustituyó por medietate *mitad,* el latín no tenía forma especial; usaba el ordinal, sobrentendiendo pars: tertia, quarta, de donde se tomaron *tercia* (culto por su *-cia), cuarta.* La lengua culta los usa más generalmente en terminación masculina (1).

_____

(1) *Décimo* influyó para que se aceptara el sustantivo *céntimo* por *centésimo,* cambiando el acento del francés *centime.*

Además, la lengua reparó en el único sufijo ordinal tónico (§ 83$_1$), existente en latín, que es el de octavus, y tomó -*avo* como terminación fraccionaria: *dozavo, centavo*, anticuado *sextao, veinticuatrao, trentao* (1).

----

(1) El sufijo -ĭmus de *sietmo* y *diezmo* sirvió para formar *seismo* o *sesmo* y algún otro usual en las revesadas particiones antiguas de propiedades y derechos. En un documento de 1211 se halla «uendemos ennas acennas de fuera la *dizeduesma* part del quarto del medio *sesmo*».

CAPÍTULO VI

EL PRONOMBRE

92. Idea general (1).—El pronombre tenía en latín, por lo general, una flexión algo diferente que el nombre, y en romance ambas flexiones se diferencian bastante. El nombre perdió todos los casos latinos, salvo el acusativo, mientras el pronombre mantuvo, además del acusativo, el nominativo singular (en los pronombres personales, demostrativos y relativo), el genitivo de singular (en el relativo), el de plural (en el dialectal *lur,* § 97₂), el dativo singular (en los personales de primera y segunda persona) o el singular y plural (en el personal de tercera persona). Además, el pronombre conservó el género neutro singular (en el personal de tercera persona, en los demostrativos y en el relativo), que el adjetivo dejó perder. Para esta notable

---

(1) Véanse: J. Cornu, *Le possessif en ancien espagnol* (en *Romania*, XIII, 1884, 285, y *Zeitschift,* XXI, 415).—E. Gessner, *Das spanische Personalpronomen* (en *Zeit.,* XVII, 1893, p. 1). *Das spanische Possessiv- und Demonstrativpronomen* (en *Zeit.,* XVII, 329). *Das spanische Relativ- und Interrogativpronomen* (en *Zeit.,* XVIII, 449).—F. Hanssen, *Das Possessivpronomen in den altspanischen Dialekten,* Valparaíso, 1897. *Sobre los pronombres posesivos de los antiguos dialectos castellanos,* Santiago de Chile, 1898.—R. J. Cuervo, *Los casos enclíticos y procliticos del pronombre de tercera persona en castellano* (en *Romania,* XXIV, 1895, pág. 95).

diferencia que existe entre la flexión del nombre y del pronombre influyó en parte el haber mayor distinción entre ciertos casos en la flexión pronominal latina que en la mayor parte de la nominal; pero sobre todo el deseo de la lengua de buscar transparencia y facilidad en la expresión.

Fuera de esto, la flexión del pronombre muestra otra riqueza, distinguiendo en el caso régimen dos formas: una acentuada y otra inacentuada; distinción cómoda en que aventaja el romance al latín clásico. En éste se usaba sólo mi junto a mihi; Ennio empleó sam, sos, sis por suam, suos, suis, formas acortadas del posesivo, que sin duda tenían mucha extensión en el latín vulgar.

PRONOMBRE PERSONAL

93. Formas acentuadas.—1] **Primera y segunda persona.**—El nominativo ĕgo se abrevia en latín vulgar ĕo *ieo (prov. *ieu*), leon. occid. *you*, cast. *yo* (§ 10₂, final); — tū *tú*.—El aragonés antiguo usa el nominativo *tú* para el caso régimen con preposición: «tó et tod el pueblo *con tú*», «si *a tú* place», como el provenzal antiguo y el catalán; el aragonés moderno extendió este uso a la primera persona *con yo*, *pa yo*, como el provenzal moderno *per yeou*, catal. *per jo* *a jo*, valenc. *a yo*.

Dativo: mĭhĭ contraído en latín clásico mĭ *mí*—tĭbĭ en español primitivo *tive* (1), contraído en latín vulgar tĭ (a imi-

---

(1) Véase *Orígenes del Español*, § 66₂, donde también se apunta la forma analógica de la primera persona, *mive*. Para la *i* acentuada véase arriba el § 11₂.

tación de mī) *ti.*—Ambos pronombres *mí, ti,* se usan siempre con preposición para todo caso régimen acentuado; las formas latinas m e c u m, t e c um (ant. port. *mego, tego, comego)* se ofrecen en documentos vulgares: m ī c u m, t ī c u m, pues la forma m e se reservó en España para usos átonos § 94₁ y ₂, al revés que en Italia donde se emplea *mi* para los usos átonos y *me* para los acentuados, por lo cual se dice *meco, teco.* Anteponiendo otra vez la preposición que va pospuesta, resultan los pleonasmos *conmigo, contigo* (italiano ant. *conmeco, conteco).*

En el plural no hay sino una forma de nominativo-acusativo: n ō s *nos,* v ō s *vos,* usuales en lo antiguo; pero que al fin de la Edad Media se reemplazaron por *nos-otros, vos-otros,* antes empleados sólo enfáticamente para poner la primera o segunda persona en contraste con otra, y luego usados en todo caso como formas únicas. *Nos* y *vos* quedan relegados al estilo elevado y cancilleresco. En vez de n o b i s c u m, v o biscum, decía el vulgar n o s c u m, v o s c u m (con acusativo en vez de ablativo, § 74₂), en leonés y portugués antiguos *nosco, vosco,* y luego los pleonásticos anticuados *con nusco, con vusco,* que aun subsisten en portugués: *comnosco, comvosco;* la *u* del esp. ant. es disimilación de las dos *o..o* contiguas, sugerida por la vocal cerrada de *-migo -tigo.*

2] El pronombre **reflexivo** carece de nominativo y tiene el plural igual al singular, quedando, pues, sólo el dativo: s ī b ī contraído (como m ī, t ī) s ī, *sí, consigo* (el ital. usa la forma de acusativo *seco,* ant. *conseco); consico* ya en las Glosas Silenes.

3] El latín no tenía pronombre especial para la **tercera persona;** cuando necesitaba de él, empleaba cualquiera de los demostrativos, pero el romance escogió i l l e.

En singular el nominativo sirve para el caso sujeto, y para el caso régimen con preposición. —Masculino: ĭlle *elle*, forma usada en el Poema del Cid y en los textos de la primera mitad del siglo XIII (Berceo, Alexandre, Fuero Juzgo); esta forma tenía una variante: *elli*, usada por Berceo y por el antiguo leonés, subsistiendo aún en asturiano (1). Desde el siglo XIII se impuso como general la apócope *él* (§ 63₂*c*). — Femenino: ĭlla *ella*. — Neutro. ĭllud *ello*.

En plural el acusativo sirve para el sujeto y el régimen. — Masculino: ĭllos *ellos*. — Femeinno: ĭllas *ellas*.

94. FORMAS INACENTUADAS PARA EL CASO RÉGIMEN. —1] Como queda dicho el español, al revés del italiano saca sus formas átonas del acusativo me, te, se. La **primera y segunda persona**: Singular: mē *me*, tē *te*. —Plural: nōs *nos;* vōs *vos;* ésta, a fines del siglo XV empezó a generalizarse en forma abreviada *os* (antes en unión del imperativo, § 115₃); Nebrija, en 1492 da como forma única la de *v-* inicial, *vos;* pero en el siglo XVI Juan de Valdés decía que «tal *v-* nunca la veréis usar a los que agora escriben bien en prosa». — Por influencia de la consonante inicial de *me* se halla *mos* en vez de *nos* en algunos diplomas antiguos, en el lenguaje villanesco de nuestro teatro y hoy en el habla vulgar general (arag. murc., andal., santand., ast., salm., mirandés, gall., port.). Además por influencia de *te* se dice en Ribagorza y parte de Somontano de Aragón *tos* por *vos* u *os:* «llegátos a casa», «tos lo da», «tol dirán» 'os lo dirán'.

2] Acusativo **reflexivo**: sē *se*, para singular y plural.

---

(1) La *i* final de algunos pronombres puede explicarse por dialectalismo (§ 28₂); pero en *otri*, tratándose de una *-o* final, debe admitirse la influencia de la tónica de *qui* (§ 101₄). Las variantes del latín vulgar ĭllī, ĭstī, nada explicarían, pues hubieran dado *ille, *iste (§§ 11₂ y 28₁).

En el habla vulgar de Castilla, Aragón, América y de los judíos españoles se le añade la -*n*, signo del plural del verbo: «al marchar*sen* ellos, siénten*sen* ustedes, váya*sen*».

3] La **tercera persona** difiere en distinguir el dativo del acusativo.

Singular —Dativo masculino y femenino: ĭllī *ille, le;* dialectal *li.*— Acusativo masculino: ĭllum **ello, lo;* femenino: illam *la.*

Plural. —Dativo masculino y femenino: illis *les,* dialectal *lis.*— Acusativo masculino: ĭllos *los,* femenino illas *las.*

Se notará que en todos los casos se pierde la vocal inicial, por efecto de la posición enclítica: cantarunt-(i)llu, non-(i)llu cantaut. La -*ll*- se redujo a *l* tanto por el uso átono (comp. el artículo § 100₂), como por influencia de la forma tónica *él* y porque el español no conoce en general *ll*- inicial de palabra o tras consonante y había de preferir *dizen-lo* a *dizen-llo;* el leonés, que usa mucho la *ll*- inicial o tras consonante, usa también bastante *respondiéronlle, arrendarllos, quello aya, sillo quesier.*—Cuando el dativo va unido al acusativo del mismo pronombre (dedit illi illum), el castellano antiguo usa la forma *gelo, -s, gela, -s,* que es el resultado regular del grupo ĭllī-ĭllu>*(i)lliello*>*gello* (compárese para *lly* intervocálico collī(g)it>*coge)* y con reducción analógica de la segunda *ll,*>*gelo.* El leonés usa las formas *gello* y *gelo* al lado de *yelo* y *llelo,* como al lado de *muger* usa *muyer* y *muller.* Este *gelo* se propagó por analogía al plural, y en vez de dedit illis illum>dio-*les-lo,* se dijo, como en singular, dió-*gelo.* Nótese que fuera de esta combinación de dos pronombres enclíticos, la unión del dativo con cualquier otra vocal siguiente no es tan íntima: en «dédit-illī illa-cárta» hay dos grupos tónicos, mientras en

«dédit-illi-illa» sólo hay uno; de ahí el diferente resultado
en español: «dió-*le* la-cárta», frente a «dió-*ge*-la». Pero en
el leonés (y en el portugués) se propendió a considerar
como intervocálico el lli del dativo ante toda vocal inicial:
«dio-*ge* ela-carta», «dio-*ge* otra», leon. mod. «dio*yi* otra»
(port. «deu-*lhe* a carta», lo mismo que «deu-*lh'*a»), y en seguida se tomó la palatal inicial como característica de dativo
enclítico, y se generalizó aun ante consonante: «dio-*yi*
mucho», y al plural «dio*yis*», lo mismo que ant. «dio*lle*slo»,
mod. «dio*yi*slu» 'dióselo'.—El cast. *gelo* (sing. y plur.) en el
siglo XIV empieza a dejar su puesto a la forma moderna *selo,*
generalizada gracias a la influencia analógica ejercida por
expresiones reflexivas como echó*selo,* ató*selo* (a sí mismo)
sobre echó*gelo,* ató*gelo* (a otro). La analogía morfológica fué
apoyada por la analogía fonética existente entre *g* y *s,* que
se ve en formas como *tigeras, quijo, vijitar,* § 42₁, en vez
de las etimológicas con *s* (1).—En el uso, las funciones del
dativo y acusativo aparecen bastante confundidas; el leísmo
domina en Castilla, atribuyendo a *le* funciones del acusativo
masculino *lo,* y aun se extiende al plural diciendo *les* por
los; aunque menos, se practica a la vez el laísmo, que atri-
buye al acusativo *la, las* funciones de dativo femenino; y
entre el vulgo se abusa también del loísmo, empleando *lo*
con significado de dativo.

4] Todas estas formas enclíticas podían perder en las
antiguas lenguas romances su -*e* final del singular, cuando
la palabra en que se apoyaban terminaba en vocal; y así,

(1) Una exposición de las opiniones distintas de la mía sobre el origen de *gelo* y *selo,* puede verse en la *Revue de Dialectologie Romane,*
Bruxelles, 1910, II, 124-125,

no añadiendo sílaba, daban a la lengua brevedad y energía: «aqueste escaño *quem* diestes; *siempret* maldizré: *nos* detiene; *fuel* veer»; y la *m* y la *t* podían sufrir los cambios propios de consonantes finales: «*tengon* por pagado; *fusted* meter tras la viga» (§ 63$_{2\,a,\,b}$), o de mediales: «vos ruego *quemblo* fagades»; *tóveldo*=túvetelo (§§ 59$_3$ y 57$_3$). Como las consonantes *m* y *t* dejaron pronto de ser finales en español y las formas -*n* y -*d*, arriba citadas, diferían demasiado de la forma plena *me* y *te*, la apócope del pronombre de primera y segunda persona fué cayendo en desuso, así como la de *se*, desde fines del siglo XIII. Subsistió hasta fines de la Edad Media la apócope del pronombre de tercera persona, aunque en circunstancias mucho más limitadas que en lo antiguo (1).

5] Otra manifestación de la unión íntima de estos enclíticos con la palabra acentuada es su fusión fonética, ora mediante asimilación: *serville* = servirle. *tornase* = tornarse (§ 108), ora mediante metátesis: *dalde* = dadle, *dandos* = dadnos (§ 115$_3$).

6] La tendencia opuesta a acentuar el pronombre es menos marcada; en poesías del siglo XVI, y hoy día, se dan ejemplos de *levántaté, entiéndemé*, siempre con imperativos, para redoblar la fuerza de la expresión con el doble acento.

PRONOMBRE POSESIVO

95. Generalidades.—El posesivo en español se deriva únicamente del acusativo latino. Tiene dobles formas, pero no tan radicalmente distinguidas en la lengua antigua como

---

(1) Véase E. Staaff, *Étude sur les pronoms abrégés en ancien español*, Upsala, 1906; y *Cantar de Mio Cid*, 1908, págs. 251-256

las del pronombre personal. Verdad es que la lengua moderna llegó a distinguirlas completamente, pero aun así, más bien que formas tónicas y átonas debemos llamarlas formas de pronombre sustantivo y formas de adjetivo antepuesto, pues si bien estas últimas en el lenguaje general de Castilla la Nueva, etc., son hoy proclíticas, *mi-pádre, nuestra-cása,* no lo eran en castellano antiguo, que decía *mió pádre,* ni lo son en la pronunciación de varias regiones, como Asturias, Santander y en general León y Castilla la Vieja, donde se dice *mi pádre.*—El pronombre adjetivo iba acompañado antiguamente del artículo, y este uso continúa dialectalmente en regiones arcaizantes como Asturias Santander, Zamora, Miranda, el Norte de Burgos, etc., y por arcaísmo se conserva aún en la traducción del Padrenuestro hoy en uso: *el tu nombre, el tu reino;* el español moderno, al hacer proclítico el posesivo, aligerando la expresión, suprimió también el artículo.

96. Posesivo de un poseedor.—1] **Primera persona.**— Como sustantivo, tenemos para el masculino mĕŭm *mieo, mío,* § 10₂ (1), que en español antiguo era también *mió* (§ 6₂): *lo mió* rima *ó* en el Poema del Cid; «mientre lo mió durare non vos faldrá aver» es un verso de 7 + 7 sílabas en el Apolonio; *mió* subsiste hoy en Asturias; — meos *míos,* ant. y ast. *míós.* Para el femenino: mĕam mea (§ 66₁) *mía,* — meas *mías.*

Como adjetivo, se usaban antes para el masculino las mismas formas *mío, -s,* y *mió, -s* (subsistentes ambas en

---

(1) Esta explicación, que responde a la existencia de mẹu *mieo,* no excluye el que también se llegase al mismo resultado partiendo de un mẹu que diese *mio,* según el § 11₂ₑ; italiano *mio,* frente al plural *miei.*

Asturias); así, en hemistiquios de siete sílabas hallamos «míos antecesores», o bien, «catando mió fijuelo». Para el femenino había *mía, -s* (raro); *míe, -s; mi, -s;* ese *míe* se explica por asimilación, cerrándose la *-a* para acercase a la *i* precedente; el acento también se dislocó en seguida, *mié,* para reducir el hiato a diptongo, pero de la acentuación etimológica *míe* parece proceder la apócope *mi* (§ 27). En el posesivo adjetivo se distinguía, pues, diciendo «*mi* madre e *mió* padre»; pero las confusiones son antiguas, y a principio del siglo XIII se podía decir ya en leonés «*mió* muger», prefiriendo el masculino para todos los usos, como hoy en Asturias, mientras en Castilla, prefiriendo el femenino, se mezclaba a veces «*mio* hermano e *mi* padre», y esta última forma al fin excluyó enteramente a *mio.* La causa de la confusión de géneros es principalmente que éstos no se distinguían mediante la *-o* y *-a* átonas habituales.

2] **Segunda y tercera persona.**—Sustantivo: la vocal tónica de tŭum tŭam, sŭum sŭam, hay que suponerla diferente según el género: tu̯o tu̯a, su̯o su̯a (§ 66₁), diferencia reflejada en el leon. occid. *tou, tua,* y en el castellano ant. masc. *to, so,* fem. *tua, sua;* de éstas parece haberse sacado un masculino analógico y raro: *tuo, suo.* Las formas modernas *tuyo, -a, suyo, -a,* parecen rehechas sobre el posesivo relativo *cuyo,* habiendo podido empezar la imitación en *tua, sua,* con hiato deshecho mediante *y* (§ 69₁).

Adjetivo: las formas *-uo, -a* y *-uyo, -a* del sustantivo son raras en uso adjetivo: «*suo* señor e *suos* amigos»; más raro aún: «con las *suyas* cuerdas». El posesivo átono aparece contracto: tum, sus, en inscripciones españolas de los años 630 y 573; en romance la forma corriente del masculino era *to, so,* y la del femenino *tue, tu* y *sue, su.* Hay ma-

9.

nuscritos castellanos de los siglos XIII y XIV que distinguen con regularidad los géneros; la cancillería de San Fernando tiende a la distinción; pero la de Alfonso X ya prefiere *tu*, *su* para ambos géneros, aunque no faltan ejemplos de lo contrario (en los Libros de Astronomía se dice *sus* o *sos estrellas*), y al fin prevalecieron por completo las formas femeninas como exclusivas para todos los usos. Por el contrario, en asturiano prevaleció *to, so* para el masculino y femenino; es decir, el castellano y el asturiano hacen aquí, contrariamente el uno al otro, lo mismo que en la primera persona.

97. POSESIVO DE VARIOS POSEEDORES. — 1] **Primera y segunda persona.**—El latín, junto a v e s t e r conocía ya. vŏster, y la analogía generalizó esta forma en el latín vulgar: nŏstru, vŏstru dieron *nuestro, vuestro*, con -*a* en femenino, con -*s* en plural. Se usan como sustantivo y adjetivo; como adjetivo, en la Edad Media existía, aunque raro, *nuestre*, femenino con final igual a la de *mie, sue*, etcétera (§ 27). La lengua antigua.y vulgar conoce otra forma: *nuesso, vuesso* (§ 51₁), y con influencia de la inicial del posesivo de un poseedor, se dijo también *muesso*, como se dice *mos* por *nos*.

2] Para la **tercera persona,** el español, el portugués y el rético, igual que el latín, usan el mismo s u u s *su* como posesivo de uno y de varios. Pero los demás romances crearon un derivado del genitivo i l l o r u m para el posesivo de varios; el navarro aragonés lo conocía también: *lure, lur*, plur. *lures*, usado algo en el castellano primitivo (*lures* faces, Glosas Silenses); la forma *lor* es escasa en los documentos aragoneses, y se halla en el asturiano del Fuero de Avilés, sin duda por extranjerismo (1).

_____

(1) Véase *Orígenes del Español*, pág. 362 y sigs.

PRONOMBRE DEMOSTRATIVO Y ARTÍCULO

98. Noticia general.— 1] Los demostrativos y el artículo en español se derivan del nominativo latino de singular (salvo § 100₃) y del acusativo de plural. Conservan el neutro singular, siempre como sustantivo.

2] En vez de hic, iste, ille, el romance establece una gradación con iste en primer término, ipse en segundo (pronombre de identidad latino, que los romances tomaron como simple demostrativo) y un compuesto de ille en tercero. Ille por sí solo sirve de pronombre personal y de artículo. Hīc se perdió, salvo en frases como hoc anno *ogaño,* hac hora *agora.* Ipse conservó su significado clásico sólo en algunos compuestos arcaicos que se hallan en textos de los siglos xi al xiii: en-ipse *él enés, ellos enesos;* sepse *sese,* sibi ipsi *sise,* suus ipse *súyose,* ille-ipsus *eleiso* («uno con altro sese inquinare; si él por sise fiziesse penitencia; las animalias se son vestidas de súyose; per sibi eleiso») (1); aún se puede añadir alguna frase moderna, por ejemplo, «como yo esté harto, *eso* me hace que sea de zanahorias que de perdices». El pronombre de la identidad fué en romance el reforzado con la partícula met, la cual no sólo se usaba tras los pronombres: ego-met-ipse 'yo mismo', sino que se anteponía simplemente a ipse, de donde medipsu, forma no propagada (sólo en la Crónica General aparece *misso* por **meisso)* sino en superlativo: med-ipsi-(ssi)-mus (§ 66₃ y comp. gr. αὐτότατος, *mismi-*

---

(1) Véase *Orígenes del Español,* § 68₂, y R. Lapesa, en la *Revista de Filología Española,* XXIII, 1936, pág. 402.

simo, ital. *nessunissimo) mismo;* éste tomó los dos sentidos de i p s e y de i d e m. El determinativo definido is se perdió en todos los romances.

3] Los domostrativos se refuerzan en latín con el adverbio demostrativo ecce; por ejemplo: eccillam francés ant. *icele,* mod. *celle),* eccistam (fr. *iceste, cette);* y en latín vulgar, además, con el demostrativo ya reforzado ĕccum (en los cómicos latinos por ecce eum), de donde eccu(m)-iste *aqueste, aquese.* También se refuerzan con alter pospuesto: *estotro, esotro, quillotro,* etc.

99. Los tres pronombres en particular.—1] Ĭste *este,* ant. también *est* o *esti* (la -*i* final, § 93₃, n.); Ĭsta *esta;* — Ĭstud *esto.*—Plural: istos *estos;* istas *estas.*

2] Ĭpse *ese* (§ 49), ant. también *es* o *essi;* — Ĭpsa *esa;* —ipsum *eso.*—Plural: ipsos *esos;* ipsas *esas.*

3] eccu(m)-ille *aquel,* ant. *aquelli;*—*aquella;*—*aquello.* Comp. § 128₂.

100. El artículo no existía en la lengua latina; sólo en su última época el latín vulgar sintió la necesidad de hacerse con un artículo como el griego, y se lo creó de diversas maneras en los diversos territorios romances.

1] El artículo no es sino un demostrativo que determina un objeto más vagamente que los otros demostrativos, sin significación accesoria de cercanía ni alejamiento; sirve sólo para señalar un individuo particular entre todos los que abarca la especie designada por el sustantivo; así que cualquier demostrativo pudo haber debilitado su significación y quedar con la vaga determinación de artículo. En la lengua antigua se usan en este sentido vago todos los demostrativos: «mio Cid aguijó con *estos* cavalleros quel sirven» (se refiere a *los* caballeros en general), «vayamos en *aquel* día de cras» *(el* día de mañana); «*es* día es salido e *la* noch entrada es». Pero en general los romances se fijaron en el derivado de i l l e, salvo en Cerdeña, Gascuña, Ampurdán y Mallorca, donde prevaleció el de i p s e *(sa casa* 'la casa') (1).

2] El artículo es átono desde su origen; eso causa la simplificación anormal de la *ll*, que ya es corriente en las formas primitivas del siglo x: «*elos* cuerpos, *ela* mandatione», si bien aun en el siglo xii subsiste como forma rara la *ll*: «*ellos* ifantes; ir *alla* cort» en el Poema del Cid (2). Por el mismo desgaste extraordinario de la partícula átona, se perdió la sílaba primera del pronombre, la que llevaba el acento cuando tenía su plena fuerza pronominal. Sólo el nominativo masculino Ĭlle, por su *-e* final caduca, mantuvo la inicial; en los demás casos se conservó la sílaba final por llevar vocal más resistente y por expresar la flexión.—Singular: Ĭlle *el* (comp. § 93₃), y en lo antiguo *eil* ante vocal, mantenida la *-ll-* como medial de palabra (ell estudio, ell apostóligo); —Ĭlla *ela* (ela casa; levar ela meatad), forma perdida temprano en Castilla, pero usada en León aún en el siglo xiv), simplificada la *-ll-* por influencia del masculino *el*, y abreviado en *la* generalmente, salvo ante nombres que empiezan por vocal, especialmente *a-*, con los cuales se abreviaba en *el* o *ell* (ell alma, el alimosna, el otra, del estoria); Nebrija aun podía decir de tres modos: *la espada, el espada, ell espada*; pero luego se admitió *el* tan sólo en el caso de que siguiese *á-* acentuada;—Ĭllud *elo* («elo que

---

(1) Véase *Cantar de Mio Cid*, 1908, pág. 329-330, y *Orígenes del Español*, § 65.

(2) Véase *Orígenes del Español*, pág. 344 y sigs.; *Cantar de Mio Cid*, pág. 232 y sigs.

ovier»; en León usado aún en el siglo xiv), *lo.*—Plural: Illos *elos, ellos* («quando elos de la Iglesia escomungaren elos vezinos; ellos condes»), *los;*—illas *elas* («envien elas naves»), *las.*

3] Contra el § 98₁, en vez del nominativo singular se conservó el acusativo en antiguo leonés y aragonés: *lo* («lo Egipto, por lo anno»); aún hoy en Sobrarbe se dice *lo fuego* y *o fuego,* perdida la *l-:* «os machos, as navajas», como en portugués.

4] El artículo es generalmente enclítico; hoy en la escritura sólo se suelda a la preposición precedente en *del* y *al;* pero antes, *el* se escribía unido a toda preposición terminada en vocal: «*fazal* alba, *contral* monte, *sol* manto»: como hoy en el habla corriente *contral, paral,* y vulgar *pal, pol* ʻpor elʼ. En el caso de encuentro de consonantes, hay fusión en leonés: «*pollas* casas, *enno* palacio, *conna* otra» (ast. moderno: «pol mundo, pola casa; nel fuego, na vida, nos carros; col maderu, colas vigas»); en Castilla se usó la fusión consonántica para las dos preposiciones *con* y *en: conna, ennos,* etcétera (no *polla*), pero desde comienzos del siglo xiii escasea este uso hasta desaparecer; después los manuscritos castellanos, aunque no verificaban esta soldadura, indicaban las enclisis escribiendo unida la preposición al artículo; «enla parte dela huerta; conlos otros».

La proclisis y apócope se hallan en aragonés y leonés con el masculino *lo:* «lʼuno et lʼotro, lʼespiritu», y con el femenino *la:* «lʼagua, lʼalteza» (comp. el alma, el águila, punto 2 de este párrafo).

PRONOMBRE RELATIVO E INTERROGATIVO

101. Qui, cujus, qualis.—·1] En latín vulgar de España la flexión del relativo se redujo al nominativo masculino qu ī, al acusativo masculino qu ĕm y al neutro qu ĭd; estas formas se emplearon lo mismo para el acusativo que para el nominativo, para el singular que para el plural, para el masculino que para el femenino, pues no se creyó necesario precisar el género y el número, que van o pueden ir determinados con claridad por el antecedente del relativo. Se reservaron para designar personas *qui* y *quien* (masc. y fem., sing. y plur.), generalmente sin artículo ni otro determinativo; en la época literaria es raro «aquel *qui*» o «aquel *quien*», etc. Pero *que* (masc. y fem., sing. y plur.) sirvió para personas y cosas, con o sin determinativos. En el siglo xiv caía ya en desuso *qui* (1), arrinconado por *quien;* éste en el siglo xvi se creó un plural, *quienes,* que aunque calificado todavía de inelegante por Ambrosio de Salazar en 1622, se generalizó, si bien aún hoy día se dice alguna vez «los pocos o muchos de *quien* ha tenido que valerse».

2] También se conservó en español, portugués y sardo cūjus, -a, -um: *cuyo, -a; -os, -as.*

3] Q ualis, - e, además de expresar la cualidad, sirve

---

(1) Véase A. Par, Qui *y* que *en la Península Ibérica* (en la *Revista de Filología Española,* XIII, 1926, pág. 337; XVI, 1929, pág. 1 y 113 y siguientes; XVIII, 1931, págs. 225 y sigs.); estudia sólo el caso del relativo adjetivo, con antecedente en nominativo (los homnes *qui* esta carta verán, los *qui* este huerto tovieren). —Este adjetivo apenas se usa en la época literaria; en el Poema del Cid sólo una vez el *qui.* En cambio *qui* sin antecedente expreso abunda en la literatura de los siglos xii y xiii; véase *Cantar de Mio Cid,* págs. 332-333.

en todos los romances como simple relativo, precedido del artículo *el, la cual, los, las cuales.* Antiguamente podía ir sin artículo: «una ermita, *cual* dicen de San Simón» (1).

PRONOMBRE INDEFINIDO

102. Sus grandes cambios.—Si los pronombres anteriores conservan con bastante exactitud los tipos latinos, en los indefinidos se perdió casi todo el caudal latino y se sustituyó por otro de formación nueva.

1] Algunos del latín clásico se conservan en romance, como unus *uno;* el neutro arcaico alid (por aliud), anticuado *al.* De omnis y totus subsiste sólo el segundo, *todo;* de alius y alter, sólo *otro;* de quidam y certus, *cierto;* de nemo y nullus, sólo *nul, nulla,* anticuado.

2] En vez de este último entró una formación romance nueva; nec unus *ninguno* (§ 128₄), y también homo natus: «non lo debe fazer *omne nado»,* y luego «non es *nado* que lo pueda fazer»; en vez de nihil se dijo res nata *nada.* En vez de quisque se dijo cata, usado en la Vulgata (gr. κατά), *cada, cada uno.* En vez de quilĭbet, qualis-lĭbet, etc., se usaron los equivalentes *quien-quiera* o ant. *qui-quier, qual-quier, qual-se-quiera,* etc.; el plural es *quienesquiera, cualesquiera.* Berceo, al lado de estos compuestos con quaerĕre, usa otros con *volēre (en vez de vĕlle), únicos restos de este verbo en español: *sivuelqual* y *sivuelque* 'cualquiera' 'quequier', *sivuelquando* 'cuando quiera'.

---

(1) Véase *Cantar de Mio Cid,* pág. 333 sigs.; y pág. 337 para uso indefinido. También *Orígenes del Español,* pág. 365.

3] En cuanto a la flexión, vemos que en general los indefinidos la tienen igual a los adjetivos: *otro, -a; -os, -as;* pero hay una tendencia a dotarla de las particulares terminaciones de la flexión pronominal. Así, la *-i* final de *qui,* la *-e* de *este, ese* y el *-ien* de *quien,* se introdujeron en *otri* (aún usual en Navarra y Alava), y en *nadi* (1), o en *otre, misme;* o en *otrien, alguién* (no de aliquĕm, que daría *álguen), acentuado también *álguien, ninguién;* y aun fundiendo las dos terminaciones de *-i* y *-e* se dijo *otrie, nadie;* esta última forma, con atracción de la *i,* es *naide* (en andaluz también *naidie*), escrito por Santa Teresa y vulgar en toda España y América, como en Galicia. De todas estas variantes, la lengua literaria moderna no usa sino *alguien* y *nadie.*

_____

(1) Se quiere derivar *nadi* del nominativo plural natī; pero éste hubiera dado **nade.*

CAPÍTULO VII

EL VERBO [1]

173. COMPARACIÓN GENERAL DE LA CONJUGACIÓN LATINA Y ESPAÑOLA.—La conjugación fué conservada por el romance en muy buen estado, contrastando con el olvido de la declinación. Mientras las desinencias casuales por su vaguedad (§ 74₂) resultaron instrumento inservible en romance, las desinencias verbales, completamente claras y terminantes, se mantuvieron vivas. Entre am-abas y am-emus hay una riqueza de diferencias precisas en las relaciones de modo, tiempo, número y persona, que no permite confusión alguna; las desinencias -abas y -emus encerraban en latín, y siguen encerrando para los pueblos neolatinos, una idea absolutamente clara, un sentido preciso, trasportable a cualquier otro verbo de invención nueva.

---

[1] Para el verbo en general: A. GASSNER, *Das altspanische Verbum,* Halle, 1897 (comp. CORNU, *Litteraturblatt,* 1897).—F. HANNSEN, *Sobre la conjugación de Gonzalo de Berceo,* Santiago de Chile, 1895, y *Suplemento a la conjugación de Berceo,* 1895.—*Estudios sobre la conjugación leonesa,* 1896.—*Estudios sobre la conjugación aragonesa,* 1896.—*Sobre la conjugación del Libre de Apolonio,* 1896.—EMILIANO ISAZA, *Diccionario de la conjugación castellana,* París, 1897.

La conservación de la conjugación no fué, sin embargo, perfecta. El verbo latino, que ya representa un estado, no digamos empobrecido, sino simplificado, del verbo indoeuropeo (pues carecía de la voz media, del modo optativo, del número dual), continuó simplificándose en latín vulgar, con la sustitución de varias formas sintéticas del latín clásico por otras analíticas. Dejó perderse la voz pasiva entera, salvo el participio amatus (con el cual, unido al verbo esse, expresó las formas personales de la pasiva: *soy amado,* etc.). De los tiempos perdió el futuro indicativo amabo (sustituyéndolo por la perífrasis *amar-he,* conservando con otro sentido la forma aislada *eres,* § 73); en el subjuntivo el imperfecto amarem (sustituído por el pluscuamperfecto) y el perfecto amavĕrim (sustituído por *haya amado);* el infinitivo pasado amavisse (sustituído por *haber amado);* el participio futuro amaturus y los dos supinos amatum y amatu (que no reemplazó por una forma especial).—Además se enriqueció el verbo con tiempos que en latín no existían, como *he amado, hubiese amado, amaría, habría amado.* Todas estas perifrasis son de dos clases: una muy numerosa, se forma con el participio pasivo del verbo y todos los tiempos de los auxiliares *haber* (activa) y *ser* (pasiva) (1), otra se forma con el infinitivo del verbo y sólo el presente e imperfecto de indicativo del auxiliar *haber,* produciendo el futuro y el condicional; estas dos últimas formas llegaron con el tiempo a constituir una síntesis gramatical: *amaré, amaría,* semejante a la del futuro latino amabo, cuya característica -bo es también de origen verbal.

_____

(1) En la lengua antigua se usaba *ser* con intransitivos y reflexivos: *es ido, somos vengados.* Véase *Cantar de Mio Cid,* pág. 359.

Las personas latinas se conservaron todas, salvo las terceras de imperativo: amāto, amanto (sustituídas por el presente subjuntivo: *ame, amen*), y las segundas enfáticas; amāto, amatōte.

FONÉTICA VERBAL

104. LA FONÉTICA TURBADA POR LA ANALOGÍA.—El verbo se sujeta en general a las mismas leyes fonéticas que otra palabra cualquiera. Pero se comprende que las múltiples formas que reviste un mismo tema en la conjugación, estando unidas estrechamente entre sí por la unidad esencial de significado, no pueden dejar de influir unas sobre otras más a menudo que dos palabras extrañas en su origen; así que la fuerza de la analogía (§ 68$_1$) es mucho más activa en la conjugación que en ninguna otra parte del dominio gramatical, y continuamente veremos formas que tuercen su desarrollo fonético para seguir la analogía con otras del mismo paradigma conjugable. El hablante advierte en la conjugación un TEMA que encierra la idea verbal, y una DESINENCIA que modifica esa idea con circunstancias de modo, tiempo y persona; así que tiende a mirar el tema como invariable, pues invariable es la idea que expresa; y si unas veces la lengua conserva intactas las alteraciones fonéticas de un tema, como en **sient**-*es* (sĕntis), **sint**-*amos* (sĕntiamus), otras veces busca la uniformidad, como en **vist**-*es* (vĕstis), **vist**-*amos* (vĕstiamus). A menudo veremos casos por el estilo: el infinitivo anticuado *yantar* no viene de jantare, que hubiera dado **antar* (§ 38$_3$), sino que está rehecho sobre janto *yanto;* véanse además los ca-

sos de *muñir* y *henchir* citados en el § 105₅; el de *honrar*,
§ 106₂; las variaciones del tema de presente, § 112, etc.; o
las del tema verbal en general, § 105; las mudanzas de
acento, § 106, o de desinencia, § 107₃, etc., etc. La acción
analógica no se ejerce sólo entre las formas de un mismo
paradigma latino; es frecuente el cambio de paradigma; ora
total (§ 111), ora parcial, como en el cambio de forma de
perfecto, creándose los perfectos débiles en vez de los fuertes latinos (§ 119₁), o asimilando unos perfectos fuertes a
otros (§ 120₃), el gerundio al tema del perfecto (§ 115₃), etc.

105. La vocal temática e u o de los verbos -er queda
inalterable, mientras la de los verbos -ir sigue los cambios
fonéticos que impone la yod en los §§ 10₃, 11₂, 18₂, 13₃,
14₂ y 20₂ (1).—Esto constituye una diferencia radical entre
el vocalismo de la conjugación -er y el de la -ir.

1] Salvo en parte el verbo teneo (que hace *tengo*, conforme al § 10₃, pero *teniendo* contra el § 18₂), los demás
verbos -er no hacen caso alguno de la yod (§ 113); así, *ver*,
deber hacen *veo* vĭdeo, *debo* dēbeo, contra el § 11₂,
mientras los verbos -ir, como *medir*, lo acatan, diciendo
mido mētio. De modo que los verbos en -er no mudan
nunca su vocal, aunque el verbo en latín tenga yod, mientras los en -ir inflexionan su vocal siempre, lo mismo
cuando el verbo tenía yod en latín, como en vĕnio, etc.,
que cuando no la tenía, como en compĕto, quaero, que
tomaremos precisamente como ejemplos en el punto 2. La
única excepción a esta doble regla la forman los **perfectos**

---

(1) Detalles acerca de varias asimilaciones incluidas en este párrafo,
pueden verse en W. Förster, *Beiträge zur romanischen Lautlehre* (en
Zeit., III, 507), y las observaciones a este trabajo hechas por H. Schu-
chardt en *Zeit.*, IV, 121, y por J. Cornu, en *Romania*, XIII, 296-297.

fuertes (§ 120) y sus tiempos afines, que adoptan una vocal suya propia, independiente de la del resto del verbo; los de la conjugación -er no hacen caso de la invariabilidad de la vocal *e*, así quaesit, *quisiste, quisiese;* y los de la conjugación -**ir** no hacen caso de la variabilidad vocálica según siga o no *i* acentuada (que diremos en el punto 2 de este párrafo), así *viniste, vinimos, viniera;* esta excepción, en su comienzo era sólo de los verbos que en el perfecto tenían I, como *dixiste, misiste,* y luego se extendió a los que tenían otras vocales, como *quisiste, fiziste* (§ 120₄ y ₅).

2] Tomemos aparte los verbos con vocal temática e, los cuales tenían en latín *Ĕ* o *Ē, Ĭ*. La diferencia se notará mejor en verbos iguales con doble conjugación; los temas en ambas conjugaciones coinciden en las formas que carecen de yod (etimológica o analógica), y divergen bajo la influencia de la yod.

Conjugación -er.	Conjugación -ir.

Ejemplos de la vocal en formas sin yod.

competer, -petimos, -petí.	competir, -petimos, -petí.
querer, verter.	requerir, advertir.

Ejemplos en formas con yod latina.

competa, competamos.	compita, compitamos.
queramos, vertamos.	requiramos, advirtamos.

Con yod romance.

competió, competiendo.	compitió, compitiendo.
queriendo, vertió, vertiera.	requiriendo, advirtiera.

Según esto, *ferviente,* por su *e* (aparte de por su *f-*) es un arcaísmo, resto de la conjugación *ferver*, perdida; mientras *hirviente* es la forma correspondiente a la conjugación *hervir*. Como regla práctica puede darse ésta: las formas débiles (§ 106) de los verbos en **e...-ir** tienen **e** ante una *i* acentuada, y en todos los demás casos la influencia de una yod les hace tomar vocal **i**, de resultas, esta vocal *i* se halla en la mayoría de las formas; pero no atrajo a sí las formas con *e* porque la disimilación ante *i* tónica lo impedía; comp. *sentir, sentí, sintieron, sintiese*, con *vender, vendí, vendieron, vendiese*. Debe repetirse que los perfectos fuertes se sustraen a esta variabilidad de la vocal temática según siga o no *i* acentuada; así, *viniste, vini nos, viniera*. El imperfecto en la lengua antigua ofrecía yod y por lo tanto inflexión (§ 117₃).

Los verbos con **i** temática tenían en latín *Ī*, la cual deben mantener en romance, ora tónica, ora átona (§§ 12 y 19), ora sigan la conjugación **-er**, ora la **-ir**; y así tenemos *vivo, vivimos, vivir, escribía, escribir*. Pero como estos verbos son tan pocos y los de **e** temática ofrecían tantas formas con **i**, tendían a confundirse, y algunos, como dĭcĕre, frīgĕre y rīdĕre, hicieron †*decir,* †*decimos;* †*freír,* †*freí;* †*reír,* †*reíste;* esto es, tomaron vocal *e* por disimilación ante toda *i* acentuada (§ 66₁, salvo en el perfecto fuerte *dijimos*, etc.), y conservaron su *i* en los demás casos: *digo, frió, rieron*, por lo que vinieron a coincidir con el paradigma de los verbos **e...-ir**. Antiguamente era más general esta confusión, y se decía también †*vevir* y †*escrebir* (usado aún en 1606 por Juan de la Cueva); pero las formas analógicas en estos dos verbos no prosperaron sino entre el vulgo.—El caso contrario de verbos **e...-ir** asimilados a la poco numerosa clase de los **i...-ir** es, naturalmente, muy raro; no obstante, recipio, a pesar de su hermano *concebir*, hizo todas sus formas con *i:* †*recibir,* †*recibimos,* †*recibiste;* ant. también *recebir,* etcétera (1).

3] Diferencia semejante encontramos en los verbos con o temática, en latín con Ŏ, Ō, Ŭ, cuando siguen la conjugación -er o la -ir. Las formas verbales con yod citadas en el cuadro del punto anterior, pueden compararse en los verbos *recorrer* y *recurrir;* y en igual caso están *coger, coja* respecto del anticuado aragonés *cullir, culla,* o los arcaicos *cofonder, toller* respecto de *confundir, tullir.* Pero aquí se simplificó en extremo la diferencia: así como los verbos o...-er no alteran nunca su vocal temática (salvo el extraño *pudiendo,* por influencia del perfecto fuerte *pude,* en vez del anticuado y popular *podiendo*), así tampoco los en o...-ir mudaron de vocal, adoptando para todas sus formas *u...-ir,* aunque no tuviesen yod latina ni romance, y lo mismo se dijo †*huimos* que *huyendo.* Dado que en estos verbos no había la razón de disimilación que hemos alegado respecto de los verbos *e...-ir,* se comprende que las pocas formas con o sintieran la atracción de las formas con *u.* Pero esta uniformidad es moderna, y el vulgo de muchas regiones conserva los arcaísmos o*rdir, compliste, cobría,* etc. La lengua literaria conserva todavía tres verbos que mantienen la vocal o (o *ué*) en las formas sin yod, y son: *podrir* (en camino de convertirse en †*pudrir*), *dormir* y *morir* (§ 114₁ₐ y ₂); mayor excepción constituye *oír,* que, salvo en las formas muy arcaicas *udades, údi* (ajustadas al § 114₁ₐ), nunca altera su o.

Una vez que los verbos o...-*ir* uniformaron su vocal en *u,*

_____

(1) Los verbos cultos *imprimimos, dirigir, dividís, admitir, remitir, redimiste,* aunque en latín tienen ĭ, no son chocantes, según el § 11₁, n. El vulgo propende a la *e: decedimos, remetir,* y claro es que, tratándose de verbos cultos, esta *e* no es reflejo de la ĭ latina.

coincidieron en su vocal temática con los verbos que tenían en latín Ū, los cuales en todas sus formas también habían de tener **u** (§§ 15 y 21), como addūcĕre *aducir;* pero en la lengua antigua, cuando todavía los verbos o...-**ir** no habían generalizado la *u* como vocal temática, esto es, cuando aun se usaban *cobrir, sofrir, comprir,* los verbos con *ū* radical se asimilaban frecuentemente al paradigma o...-**ir**: †*adocir,* †*somir,* †*somí* (§ 114₁ᵦ), paso análogo al de *decir, freír, reír.*

106. Acento del verbo.—Para abreviar, aplicando caprichosamente dos términos de la gramática alemana, llamaremos formas verbales FUERTES las que tienen el acento en el tema *(áma, díje),* y DÉBILES las que lo tienen en la terminación *(amámos, amába, decía).*

1] El acento latino se conserva en general; así, salvo la reformación de algunos verbos compuestos de prefijo (§ 6₃), los verbos que tienen esdrújulas las formas fuertes perdieron su postónica interna: rĕcŭpĕro *recobro,* cŏllŏcas *cuelgas,* vĭndĭcant *vengan,* vĭgĭlat *vela,* cŏlli(g)at *coja,* tempĕra *templa* (1). Es de notar que estas formas fuertes tenían a veces en latín acento movible a causa de la yod de derivación, y el romance uniformó el lugar del acento; unas veces prescindió de la yod (§ 113₄): apĕrio †*ábro,* uniformándose con apĕris *ábres,* apĕrit *ábre;* e igual copĕrĭo,

---

(1) Como así quedan todas estas formas siempre llanas en el verbo español, los verbos cultos dislocaron el acento latino para hacer llanas las formas latinas esdrújulas; así *recupéro, colóco, vigíla* y otros muchos; compárense las formas españolas de súpplico, imágino, de-término, hábito, árrogo, ággrego, élevo, íntimo, fructí-, amplí-, notí-fico.—El cambio de acento latino no lo hacían aun los cultismos del siglo XIII; Berceo pronunciaba *signífica, sacrífica.* El italiano conserva siempre la acentuación clásica: *sacrífico, vivífica, còlloca, stèrmino; consídero,* etc.

copĕrĭs †*cúbro;* -*es,* repaenĭtĕo, -paenĭtes †*arrepiénto,* -*es;* otras veces tomó por norma las formas con yod: recĭpĭo *recibo* sirvió de norma a recĭpis †*recibes;* recŭtio *recúdo* influyó sobre recŭtis †*recúdes.*

2] Algún verbo rehizo sus formas fuertes en vista del infinitivo y demás formas débiles; así, honōrare *honrar,* honōrabant *honraba,* etc., sirvieron para formar †*honro,* †*honren,* etc., que no salen de honōro, honōrent. El sustantivo *estiércol* impidió la pérdida de la protónica en stercŏrare *estercolar* (§ 24₃), y sobre este infinitivo se rehicieron las formas fuertes stercŏro †*estercólo,* etc., anticuado *estercuelo.*

3] Los verbos en -**iar** conservan el acento latino en el tema: abbrĕvĭo *abrévio,* allevĭo *alivio,* cambĭo *cambio, copio, envidio, codicio, ajusticio, aprecio, espacias, concilia, rabio;* rumĭgo *rúmio,* litĭgo *lidio.* Pero del infinitivo -*iár* se sacó una forma sin diptongo, acentuando -*io,* a imitación de los verbos en -*ear,* que hacen *éo,* y como *pasear, paséo,* se dijo de *vaciar:* †*vacío* junto a *vácio* (ésta es la acentuación clásica), †*ansío* junto a *ánsio* (ambas acentuaciones en Espronceda), †*vidría* (así Bécquer, etc.) junto a *vidria* (acentuación hoy corriente), con lo cual se hace resaltar más la derivación verbal, diferenciando fuertemente el verbo del nombre que le sirve de base: *yo* †*auxilío* auxilĭo, †*reconcilío; él se* †*gloría* glorĭo; formas que en el lenguaje literario todavía admiten hoy el diptongo átono *(auxílias, reconcílian),* con otras que no admiten sino el acento en la *i:* †*varío* varĭo, †*amplío* amplĭo, †*envía* invĭat (asturiano *úmbia), contrarío, él expatría, historia, inventarío, enfría,* aunque coincida con el acento del nombre: *espía.* Los verbos en -**ear** tenían etimológicamente -*éo, -señoréo, falséo*

(§ 125₂*c*), y a ellos se amoldaron otros de diferente origen, como fūmĭgo †*huméo*, delīnĕo †*delinéo*. Éste, sin embargo, a causa de *línea*, junto a †*alínéense* se dice también *delínea*, *aliniense* (aunque los gramáticos tachan esta acentuación como incorrecta). La vacilación entre -*ear* y -*iar* es vieja: el Cantar del Cid, en vez de *cambiar* dice †*camear*, y el vulgo de todas partes continúa tal confusión, prefiriendo -*iar*: en Asturias, *trapiar*, *trápia*, *estrópia;* pero al contrario *cambear;* en Colombia, Chile, la Argentina, etc , *golpiar*, *galopiar*, *rastriar;* pero también abundan los casos contrarios: *copéas* (por *cópias*). *agravéo*, *aprecéo*, *congracéan*, *rucear* = rociar; en Miranda, *balánvio*, pero *negocéio*, *copéio*.

4] En cuanto a la acentuación de las formas verbales en particular, hay que observar: — *a*) Las personas Nos, Vos tienen (salvo en el perfecto débil) acento diferente que las otras cuatro, y conservan la diferencia en romance el presente indicativo, subjuntivo e imperativo (el presente subjuntivo no, en dialectos, § 115₂). Pero en tres tiempos uniforman el acento, retrayéndolo. IMPERFECTO INDICATIVO: amabāmus, amabātĭs, erāmus, erātis se acentuaron donde amabas, erant, diciendo: †*amábamos*, †*amábais;* †*éramos*, †*érais;* y, claro es, lo mismo el condicional *amaríamos* (§ 117₄). PLUSCUAMPERFECTO INDICATIVO: amaverāmus, -verātis, fuerāmus, fuerātis, †*amáramos*, †*fuérais*. PLUSCUAMPERFECTO SUBJUNTIVO: amavissēmus, -vissētis, vidissētis, †*amáseis*, †*viésemos*. En cuanto al FUTURO SUBJUNTIVO, amaverimus, veneritis, el latín vacilaba respecto a la cantidad de la *i*, y el romance, naturalmente, siguió la breve: *amáremos*, *viniéreis*.—*b*) La mayoría de los PERFECTOS ·FUERTES se uniformaron con los débiles o normales (§ 119₁), sustituyendo la forma acentuada en el

tema por otra acentuada en la desinencia: jácuit se hizo
†yació, a imitación de *partió*. Y aun los perfectos fuertes
conservados, se conservaron sólo en el singular (Yo, Él);
pero amoldaron el plural (Nos, Ellos) al de los perfectos
débiles, así como los tiempos afines al perfecto (§ 120₁).

—*c*) La conjugación -ĔRE se perdió en masa, uniformando
su acento sobre el de la -ĒRE, tanto en el infinitivo (§ 110)
como en Nos, Vos presente indicativo, y Vos imperativo;
así vendĭmus, vendĭtis, vendĭte se acentuaron, como
vidēmuş, -ētis, -ēte: †*vendemos*. †*vendeis*, †*vended*. El
único resto de la conjugación -ĕre lo ofrecen en español
tres verbos: fá(cĕ)re *far*, a la vez que fac(ĕ)re *fer*, fác(ĭ)mus *femos*, fác(ĭ)tis *feches* (§ 60₂), fác(ĭ)te *fech* (1);
vá(dĭ)mus *vamos*, vá(dĭ)tis *vádes*, tráhĭte *tred* (2); pero
todas estas formas están hoy anticuadas, menos ·*vamos*,
vais. —*d*) Para el imperfecto indicativo, acentuando *ponién*,
tenién en la Edad Media, véase § 117₂.

107. LAS DESINENCIAS.—El latín tiene tres clases de desinencias verbales: unas generales, otras propias del imperativo y otras del perfecto indicativo.

1] Desinencias **generales**. — Yo, -*M*, que se pierde
(§ 62₁), o ninguna desinencia.—Tú, -*S* > -**s**, conservada
(§ 62₂).—Él -*T*, perdida (§ 62₂), después de larga resistencia;
una inscripción española de 546 da «reliquid eredes», y otra
de 958 «despiciad, corrigad»; todavía aparece a veces escri-

_____

(1) No son extranjerismos por la evolución c t > *ch*. Hay ejemplos muy
antiguos en el idioma, aun en formas latinizantes: *fere* en las Glosas Emilianenses y Silenses; *facmus* en un documento de Sahagún, año 996, *Orígenes del Español*, pág. 372.

(2) Véase *Cantar de Mio Cid*, 1908, pág. 264, y especialmente el párrafo 88₅ y ₆, y la pág. 870.

ta la -*t* en los primeros monumentos romances hasta fines del
siglo XII: *sientet, facet* (1). Además de la -*t*, se puede perder
la *e* que la precede en la conjugación -*er*, -*ir*, según el punto
4.—Nos, -*MUS*>-**mos**; en Ribagorza -*n, cantán, cantában,
podén;* para el cambio de acento véase § 106$_{4\,a,\,c}$. La -*s* final
de -*mos* se pierde al unirse el pronombre enclítico *nos: vámo-
nos, salímonos,* y lo mismo en el perfecto *hicímonos.*—Vos,
-*TIS*>ant. -**des**, y mod. -**is** (§ 28$_2$) por pérdida de la -*d*-
entre vocales (§ 41$_2$), ocurrida en dos épocas diferentes. En
virtud del § 106$_{4\,c}$, las formas esdrújulas de esta persona en
la conjugación -ĕre (vendĭtis) desaparecieron *(vendédes);*
pero se crearon otras según el § 106$_{4\,a}$ *(amábades, amárades,
amásedes, amáredes),* y su suerte fué diversa: en el siglo XIII
conservaban su -*d*- lo mismo las formas llanas *(amades, fa-
redes)* que las esdrújulas *(amábades, fariades);* en el siglo XV
las formas llanas perdían la -*d* : *amáes, -áis, -ás; soes, -ois,
-os; queréis, -és; decís;* pero no las esdrújulas, que mantuvieron la -*d*- hasta el siglo XVII, en que Cervantes, Lope, Quevedo y Tirso todavía prefieren *amávades, hubiéssedes,* mientras Villegas en las Eróticas, 1618, olvida la dental; de tal
pérdida hay naturalmente ejemplos sueltos anteriores, citán-
dose los primeros de 1555, 1572, etc. (2). El mirandés y rio-
norés siguen hoy regla análoga a la de la lengua escrita del
siglo XVI: *pártades, partíedes, partíssedes, partírdes,* frente a
partís, partiréis; en otras regiones del leonés occidental, como

---

(1) Véase *Orígenes del Español,* § 70. La pérdida de la -*t* se inicia con
más intensidad en el Noroeste, donde por esta más temprana pérdida fué
después más antigua y más arraigada. la pérdida de la -*e* final verbal; leonés Él *sal, crez, tien,* § 107$_4$.

(2) R. J. Cuervo, *Las segundas personas del plural en la conjugación
castellana* (en *Romania,* XXII, 1893, p. 71), y *Gramática* de Bello, n. 90.

en el siglo xiii, se dice hoy *conozades, votedes* (Villapedre), *fuérades,* «cuando *cubrades* la mesa ya me *llamaredes*» (Astorga). En aragonés antiguo se perdió la *e,* tanto en las formas llanas como esdrújulas, y se hizo *podíaç*=podíades; forma conservada hoy en Sobrarbe y Ribagorza: *podez*=podedes, *cantábaz*=cantábades.—Ellos, -*NT*>-n, sólo en muy antiguos manuscritos se halla *sabent, dant,* probablemente por resabio de ortografía latina, pues en la pronunciación se perdía la *t* desde tiempos latinos, acaso primeramente sólo ante consonante inicial; en una inscripción del año 238 se halla censuerin, posuerun, y en otras posuerum, fecerum (1); pero el cultismo restauraba la pronunciación clásica en labios de las personas más instruídas, durante muchos siglos de la Edad Media.

2] Desinencias del **imperativo.**—Tú, sin ninguna.—Vos, -*TE*>-**d** (véanse §§ 115₃ y 103, final), la -*d* antiguamente podía escribirse -*t: andat, sabet.* También se pierde en la pronunciación (arriba, pág. 101) y esa pérdida estuvo de moda entre nuestros clásicos: *andá, hazé, subí;* como hoy, por ejemplo, es corriente en la Argentina: *cantá, poné,* y en la lengua literaria ante el enclítico -*os: andáos, salíos.* El leonés aún hoy conserva la -*e: dade, fazede, salide,* forma que, naturalmente, existió también en el castellano primitivo, y de la cual derivan *dai, facei, sali,* vulgares en ciertas partes de Castilla y muy usadas en leonés, gallego y portugués.

3] Del **perfecto.**—Yo, -$\bar{I}$>-**e.**—Tú, -*ST$\bar{I}$*>-**ste.** Como esta desinencia no lleva la -*s* que caracteriza a la desinencia general, vino a añadírsele, diciendo el vulgo de todas par-

(1) CARNOY, *Le latin d'Espagne,* 1906, pág. 176.

tes †*tomaste-s*, †*dijiste-s;* ya hay ejemplos de esta práctica vulgar en el siglo xviii (Cañizares, 1676-1750), y debe ser más antigua, pues también dicen *cogites* 'cogiste' los judíos de Oriente salidos de España a principios de la Edad Moderna.—Él, -*T,* perdida; en manuscritos del siglo xi se halla *cadiot* 'cayó', *matod,* etc. — Nos, -*MUS* > -**mos**; para un cambio de acento véase § 106₄ ᵦ.—Vos, -*STIS* > -**stes**; hasta el siglo xvii sólo se decía *amastes;* pero se quiso uniformar esta desinencia con la general, y o se la proveyó de la dental de *amássedes,* etc., diciendo †*dístedes,* tendencia que no arraigó, o se la proveyó del diptongo de *amáis,* diciendo †*amasteis;* esta forma se acepta ya en el paradigma de una Gramática de 1555, aunque en las Novelas Ejemplares de Cervantes (1613) aparece sólo una vez: *hizisteis;* Calderón todavía usa -**stes**, pero luego se generalizó -**steis** (1).— Ellos, -*RUNT* > -**ron**.

4] **Apócope en las desinencias verbales.** —*a*) La -*e* final latina debe perderse tras *T, D, N, L, R, S, C,* (§ 63₁), y se pierde en efecto cuando alguna de estas consonantes es propia, no del tema, sino DE LA DESINENCIA, es decir, de todos los verbos, lo cual sucede en los **infinitivos**: ama-re *amar,* y **Vos imperativo**: ama-te *amad.* Hay que citar aparte **Yo, Él futuro subjuntivo**, ant. *amar, vinier, quisier,* y **Yo, Él pluscuamperfecto subjuntivo**, ant. *amás, dixiés;* en estos dos tiempos la pérdida de la -*e,* que parece debiera ser lo regular, no era en la Edad Media necesaria, sino potestativa, y la razón es en primer lugar el no ser etimológica la -*e,* sino una -*o,* en Yo *amare* (§ 118₅), y la persistencia de la -*T* en Él *amare(t)* (§ 107₁), la cual, coexis-

---

(1)   Véase Cuervo, citado en la nota penúltima.

tiendo (aunque esporádicamente y en estado caduco) con
los comienzos de la apócope, daba a la -e el carácter de vocal final romance y no latina; en segundo lugar hay que
tener en cuenta que la doble *ss* de Yo y Él *amasse* hacía
también a la -e persistir en muchos casos (comp. *miesse,*
también con apócope, sólo potestativa, § 63$_{2a}$ y $_3$); en
fin, cuando la -t vino a olvidarse por completo, la apócope
tampoco pudo generalizarse, porque se oponía la analogía,
y así modernamente se mantuvo la -e siempre, por influencia de todos los demás tiempos de multitud de verbos que,
efecto de la clase de consonantes finales de su tema, no
podían sufrir apócope (por ejemplo, Yo perfecto y presente
subjuntivo: dije, supe, cante, arrastre; Él presente indicativo
y subjuntivo: parte, sabe, corre, ande, cargue); en asturiano
subsisten las dos apócopes *amar* y *amás;* en mirandés sólo
amar, frente a *amasse.* —*b)* Cuando la consonante, que
puede ser final en la lengua moderna o en la antigua
(§ 63$_1$ y $_2$), aparece, no en la desinencia, sino EN EL TEMA,
esto es, en unos pocos verbos sí y en todos los demás no,
entonces la lengua antigua aplicaba la apócope potestati-
vamente; pero luego la -e SE CONSERVÓ SIEMPRE para uniformar la terminación de unos verbos con otros, salvo seis
excepciones, todas Tú imperativo, sin duda debidas a deseo
de energía imperatoria. He aquí los diferentes casos: **Tú
imperativo de verbos -er, -ir;** pierden la -e: salī *sal, val*
o *vale, pon, ten, ven, haz,* restos modernos de las más abundantes formas arcaicas *pit* 'pide', *promed* 'promete', *descend*
'desciende', *fier* 'hiere', ast. *cues* 'cose', *ofrez,* los cuales conservan su *e* como la mayoría, que no podía o no solía per-
derla: *rompe, cumple, hinche, corre, come.* **Yo perfecto fuerte** y **Tú perfecto fuerte** o **débil,** que antiguamente podían

ser *pud, pus, quis, vin, fiz, dix, trox* 'traje'; *adux, of* 'ove'
(§ 120₃), *pris* 'prise o prendí', *salvest* 'salvaste', *fust* 'fuiste',
prometist, recebist, etc.; esta segunda persona no era admi-
sible en español moderno, que rechaza *-st* final, ni en la
primera podían o solían admitir la apócope *cinxe, tanxe,
visque, supe, cupe,* ni modernamente podía admitirla casi
ninguno: *pude, hube;* así que la uniformación se impuso,
conservando siempre la *-e.* **Él presente indicativo de
verbos -er, -ir:** *faz, plaz, diz, suel, sal, pon, tien, vien,
quier, pued;* la apócope era más rara en casos en que las
consonantes no eran necesariamente finales (§ 63₂),
como *merez* por 'meresçe o mereçe', *parez* por 'paresçe o
pareçe', *sab, ex* > exit; nótese que, en todos estos casos,
a la analogía de los verbos que no podían perder su *-e*
(rompe, pudre, sigue, etc.) hay que sumar la persistencia de
la *-t* latina, a que ya hemos aludido; estas apócopes arcaicas (salvo las de consonantes accidentalmente finales: *pued,
ex, sab,* etc.) son usuales hoy en leonés (Asturias, Cabuér-
niga, Salamanca): *tien, parez, crez, güel, tos, cues* 'cose', y en
Miranda: *duol* 'duele', *quier, pô*; como en gall. port. *ten, pon,
parez.* **Yo, Él presente subjuntivo de verbos -ar:** *pech,
pes, perdón* 'perdone'; esta apócope es muy rara a pesar de
hallarse en iguales condiciones fonéticas que la del presente
indicativo de verbos *-er, -ir* (faz, plaz, etc.); la razón de esta
mayor rareza creo sea la siguiente: el trueque de la vocal
del infinitivo en el presente subjuntivo: *-a-* para los verbos
-er, -ir, y *-e-* para los verbos *-ar,* es un trueque chocante
que hace resaltar cada una de esas dos vocales como una
clara característica modal que debe hallarse en todas las
personas; y como la *-a-* de los verbos *-er, -ir,* se mantiene
en todas (*tosa, tosas, tosa; para, paras, para*), así la *-e-* de

los verbos -ar debía tender fuertemente a mantenerse también *(pose, poses, pose; pare, pares, pare)* (1).

EL INFINITIVO Y LAS CONJUGACIONES

108. FORMA DEL INFINITIVO:—La -*e* final se pierde (párrafo 63₁ₐ). La pérdida no se generaliza sino hacia fines del siglo XI; aun hoy perdura la -*e* en las montañas de León y Ribagorza. La -*r* final en algunos dialectos desaparece (andaluz, alto aragonés), y en otros se asimila a la inicial del enclítico pronombre personal *l-, s-: vedallo, marchasse.* Sólo merece notarse que la primera de estas asimilaciones *(cogella,* etc.), no muy abundante en la Edad Media, se puso de moda en la corte de Carlos V, siendo predilecta de Garcilaso, y aunque la desechaban los secretarios de Felipe II, continuaron usándola los poetas durante todo el siglo XVII.

109. CONJUGACIÓN *ARE.*—De las cuatro conjugaciones latinas -are era la más rica, y lo continúa siendo, con mucho, en romance. No se enriqueció con verbos de las otras conjugaciones latinas, de las cuales permanece aislada, salvo en raros casos comunes a los romances, como torrĕ-

---

(1) Otra explicación da E. STAAFF, *Dialecte Léonais,* pág. 284, suponiendo que el menor uso del subjuntivo le hizo más débil para resistir las influencias analógicas que tendían a reponer la -*e*. Este principio del menor uso lo emplea también Staaff, pág. 286, para explicar por qué *pertenece* aparece sin apócope generalmente, frente a *iaz, faz,* que generalmente aparecen con apócope; pero ya indicamos que aquí la diferencia depende, en realidad, de la diferente condición de las consonantes, de la ç de *pertenecer* con apócope potestativa, y la z de *yazer, fazer,* con apócope necesaria.

re *turrar*, mīnuĕre *menguar*, mōllīre *mojar*, mejĕre
mear, fidĕre *fiar;* comp. § 124 (1). Pero en ella ingresaron
los verbos de origen germánico: trotten *trotar*, wîtan
guiar, (salvo los terminados en -jan, que van a la conjugación en *ir*, alguno con duplicado en *-ecer:* rōstjan *rostir*, warjan *guarir, guarecer*, *warnjan *guarnir, guarnecer;* véanse los verbos citados, § 4₃), y en -are se formaron
y se siguen formando cuantos verbos nuevos crea la lengua;
todos los sufijos derivativos son de esta conjugación, salvo
uno: -scere (§ 125). Es la conjugación· fecunda por excelencia.

110. Conjugaciones *-ĒRE* y *ĔRE.*—Ya el latín vacilaba
en algunos verbos: fervĕre, olĕre, fulgĕre, stridĕre,
y varios romances ofrecen el paso de -ĕre a -ēre en sapére, cadére, capére, potére (por posse); pero el
latín vulgar de España (salvo en Cataluña) verificó la fusión
completa de las dos conjugaciones, olvidando la -ĕre:
correr, leer, romper, verter. Sobre algún resto de la conjugación -ĕre, el infinitivo *far*, etc., véase § 106₄c. Esta conjugación no ha adquirido verbos de las otras (salvo un raro
caso, como tussire *toser)*, y sí ha perdido muchos que
pasaron en corto número a la -are y en abundancia a la
-ire; no se presta a ninguna formación nueva más que con
el sufijo -scere (§ 125₁), por el cual únicamente podemos
considerar a la conjugación -ere como dotada de fecundidad, considerable en el período primitivo del idioma, aunque
hoy casi ninguna.

111. La conjugación *-IRE* es la segunda en riqueza

---

(1) El culto *prosternar* está influído no sólo por consternare, forma accesoria de consternĕre, sino por *postrar*, que a su vez está sacado del participio prostratus, de prosternĕre.

después de la -are. Como se distingue por llevar yod en Yo
presente indicativo y en todo el imperfecto indicativo y
presente subjuntivo, se atrajo aquellos verbos en -ĕre que
llevaban esa misma yod; la identidad de fugio con sentio
hizo que ya los autores latinos ofreciesen ejemplos de la
confusión fugīre en vez de fugĕre, cupīre en vez de
cupĕre, parīre en vez de parĕre, moriri en vez de
mori, por donde los romances dicen *huir, parir, morir,* y
el español dice *sacudir* por succŭtio, -ĕre, *recibir* por
recipĕre, *concebir* (otros, como capio, sapio, se conservan en -*er*). Además, pues la e en hiato sonaba en latín
vulgar como yod, podían también confundirse con sentio
los verbos en -ēre; como ejemplos antiguos, comunes a
varios romances, pueden citarse repaeniteo *arrepentir,*
luceo *lucir,* putreo *podrir,* compleo *cumplir,* impleo
henchir, y el español añade otros varios, como rideo *reír,*
mŏneo *muñir,* etc. Sin la semejanza de la yod pasan otros
verbos a la conjugación -ire, como suferre, que ya en
latín vulgar hacía *sufferio, *sufferire *sufrir* (-*ir* catalán, prov., fr., ital.; pero port. *soffrer*), dicĕre *decir,* petĕre *pedir,* exconspuere *escupir,* sequi *seguir.* En otros
casos la lengua vaciló entre las formas -*er* e -*ir,* prevaleciendo con el tiempo las en -*ir,* más afectas al castellano
que a los otros dialectos; por ejemplo, *recorrer* y *recurrir,*
verter y *convertir, herver* (en el Diccionario de Nebrija, y
vulgar en España y América) y *hervir* (literario), *decender*
y *decendir* (ambos en Nebrija); *cerner, verter* (literarios), y
cernir, vertir (vulgares en América); *combater, toller, render,*
eñader, cofonder (anticuados), y *combatir, tullir, rendir,*
añadir, confundir (modernos); *coger, tener, querer, atrever*
(literarios), y *cullir, tenir, queri(r), atrebi(r)* (aragonés anti-

guo y moderno) (1). Además, esta conjugación se apropió algunos verbos de origen germánico (§ 109). Pero todos estos aumentos los recibió en el período antiguo del idioma, y después quedó como conjugación enteramente estéril para la producción de nuevos verbos.

Sobre las particularidades de su vocalismo véase el § 105.

EL PRESENTE [2]

112. TEMAS TERMINADOS EN CONSONANTE VELAR.— 1] En los verbos *-ar* el subjuntivo ofrece a la velar condiciones diversas que el indicativo, ya que éste la hace seguir de *a* y aquél de *e*. En el subjuntivo, pues, la velar *c* o *g* debiera asibilarse o palatalizarse y desaparecer ante *e*, § 34₂; pero no lo hace por influencia del indicativo: †*llegue*, †*pague*. †*llague*, y lo mismo en los verbos cultos: *aplaque*, etc.

2] En los verbos *-er; -ir*, el subjuntivo ofrece en contacto con la velar una *-a;* pero no todo el indicativo ofrece *-e, -i*, sino que la persona Yo ofrece vocal posterior *-o*, sirviendo de apoyo al subjuntivo; así que a causa de este

---

(1) La preferencia del castellano por *-ir* se muestra en los verbos cultos que convierten generalmente la conjugación -e r e en *-ir*, como *fingir, regir* (port. *reger*), *restringir, afligir, recurrir* (pop. *recorrer*), *restituir;* no obstante, tenemos *competer* (aunque junto a *competir, repetir*), *compeler, ejercer*, anticuado también *exercir;* por su significado más vulgar parecen populares *so-, co-, re-meter*, frente a *di-, ad-, remitir*, cultos.

(2) Véase P. FOUCHÉ, *Le Présent dans la conjugaison castillane* (en los *Annales de l'Université de Grenoble*, tome XXXIV, 1923). Exposición de conjunto.

mayor equilibrio se mantuvo la variedad fonética: *digo, diga, dices; hagan, hacen; nazco, naces;* lo mismo *aducir* y semejantes (véase punto 3). No obstante, hay casos de uniformación en que también cede el subjuntivo: cŏq(u)o hacía antiguamente *cuego, cueces, cuega,* pero luego se uniformó: †*cuezo, cueces, cueza,* y los verbos en -*ngo,* que hacían antes *plango; plañes, planga; tango, tañes, tanga; cingo, ciñes, costringo, frango, frañes,* etc. (§ 47$_{2b}$), hacen hoy †*plaño, plaña;* †*taño, taña;* †*ciño,* †*costriño,* †*fraño* (1).

3] Los incoativos (floresco, florescis) hacían etimológicamente: Yo *nas-co,* Tú *na-çes,* § 47 (sea por latinismo o por analogía de la *s* de Yo, se escribía también antiguamente Tú -*sçes,* Él -*sçe,* etc.); y modernamente la *ç* (o *z*) de Tú, Él, etc., entró en lugar de la *s* de Yo, para asemejar la terminación de todas las personas, diciéndose †-*zco, -ces* (2). Esta conjugación se extendió por analogía a otros verbos en -*cer* que en latín no llevaban sufijo incoativo, como *yacer,* †*yazco* (ant. *yago), yaces,* †*complazca,* †*mezca* (así desde el Fuero Juzgo hasta Lope y Hermosilla; hoy se generaliza *meza),* y lo que es más raro, se extendió a verbos en -*ucir,* como *a-, con-, tra-, re-duzco* (ant. *adugo); re-, des-luzca,* que, sobre no tener sufijo incoativo, no siguen la conjugación -*er.*

112 bis. VERBOS CUYO TEMA TIENE Ĕ, Ŏ Y OTROS ANALÓGICOS. — 1] El presente tiene nueve formas fuertes (Yo, Tú, El, Ellos, del presente de indicativo y subjuntivo, y Tú del

---

(1) Los verbos cultos no tienen *ñ: restrinjo, finjo* (pop. *heñir), unjo.* El infinitivo sirve de base para todo el verbo, como en los verbos con velar no agrupada: *elijo, colija, exija, rijamos.*

(2) Mayor asimilación sufrió en leonés Yo para igualarse a Tú, Él, etcétera, pues hace *merezo, mereces;* también en ant. port. *paresco,* moderno *pareco.*

imperativo), mientras las siete restantes son débiles. Esta
mudanza del acento no tiene importancia cuándo la vocal
del tema es a, ē, ĭ, ī, ō, ŭ, ū, pues éstas igual sonido tienen
cuando acentuadas (castīgo, *castigo*), que cuando protónicas (castīgamus, *castigamos*); pero cuando el verbo lleva
Ĕ u *Ŏ* habrá de tener ie o ue en las nueve formas fuertes
(tĕnto *tiento*, y lo mismo tĕntas, tĕntat, tĕntant; tĕn-
tem, tĕntes, tĕntet, tĕntent; tĕnta), y tendrá e u o en
las siete débiles (tĕntamus, *tentamos*, tĕntatis; tĕnte-
mus, tĕntetis; tĕntate; tĕntantem, tĕntandum). En
igual caso están trĕmulo *tiemblo*, re-paenĭtes *arrepien-
tes;* crĕpo, ant. *criebo*, mod. *quiebro; quiero, enciendo,
vierto;* cŏllŏco *cuelgo*, decŏllo *degüello*, fŏllĭco *huelgo,
ruego, suelo, cuento,* y todos los demás verbos con ĕ o con ŏ.
Al latín vulgar *nevem (por nĭvem), que suponen varios
romances, remontan el sust. *nieve* y el presente *nieva*. No
deben tener diptongo *torna* (comp. *torno*, § 4₂) ni *compran* ni
respondo (§ 13₄).

2] Pero esta diptongación no se verifica siempre. Las
siete formas débiles sin diptongo y todos los otros tiempos
de la conjugación influyeron sobre las nuevas formas con
diptongo para que lo perdieran: expendo se decía en la
Edad Media *espiendo, espiendes, espiende, espendemos, espen-
dedes,* pero las últimas formas atrajeron las primeras, y hoy se
dice †*espendo*, †*espendes;* lo mismo sucedió con praesto
priesto, intĕgro *entriego*, mŏrat *muera*, confŏrtat *con-
fuerta.* En el siglo XVI se decía todavía *vieda* vĕtat, *tiempla*
tĕmperat, *aniega* nĕcat, *arriedro* adrĕtro, *pretiendo,*
hoy desusados, y siempre se decía *atiesta, derrueca,* que
hoy tienden a suprimir el diptongo. En *aterrar* quieren los
gramáticos hacer una distinción entre *atierro* en sentido de

'echar por tierra', y *aterro* en el metafórico de 'consternar',
creyendo, sin duda, que en esta segunda acepción el verbo
se deriva de *terror*. Sólo dialectalmente se halla *afuego*
off**ŏ**co en Asturias, *suerbo* en Asturias y América, *avientan*
en Salamanca, siendo el literario *aventan* chocante contra el
punto siguiente, por ser derivado de nombre.

3] El caso contrario de que las nueve formas con diptongo influyan sobre toda la conjunción, es, naturalmente,
más raro. Sólo se pueden señalar ejemplos de verbos derivados de un nombre con diptongo, la forma del cual está
presente a la memoria del que pronuncia el verbo; así el
sustantivo *diezmo* o el adjetivo *grueso* influyen para que se
diga *diezmar, engruesar,* y de igual modo *deshuesar, amueblar, adiestrar, entiesar,* cuyas formas sin diptongo se van
desusando, y el vulgo añade otros muchos: *empuercar, re-
güeldar, meriendar,* y nunca se dice sino *aviejar, ahuecar,*
por ser de formación posterior a los antes citados. Fuera de
este caso de verbos de origen nominal, el leonés y aragonés
ofrecen bastantes ejemplos, como *emiendar, tiengades, rue-
gamos, apiertar, cierrar,* etc.; en la lengua literaria se puede
señalar uno especial: l**ĕ**vare en la Edad Media se conjugaba etimológicamente *lievo, liévas, liéva, levámos, levádes;*
ly- se pronunció *ll-* y se extendió a todo el verbo: *llevo,*
†*llevamos,* † *llevar.*

4] La abundancia de los verbos de doble forma con y
sin diptongo atrajo a sí a otros que no tenían en su tema
ĕ ni **ŏ**. En la Edad Media se usaban *sembran* s**ĕ**m**ĭ**nant,
pensa p**ē**nsat, al lado de †*siembran,* †*piensa;* en el siglo xvi era usual *frega* fr**ĭ**cat, y hoy día se usa *plega,*
rep-, desp-, pl**ĭ**cat, juntamente con †*friega,* †*pliega.* Así
se introdujeron también †*triega,* y otros, que en latín tie-

10

nen ĭ; †*hiede,* que tiene oe o ĕ; †*cuela,* †*cuesta,* †*consuela,*
†*muestra,* que tienen ō; †*huella,* que tiene ŭ. En los dialectos hay más ejemplos: †*cueso* cō(n)suo, †*cueses* se usa en
Asturias y América; entre el pueblo bajo de Buenos Aires y
Montevideo es general el diptongo para los verbos en *o:*
†*ruempa,* †*tueses,* †*duebla.*

113. PRESENTES CON YOD DERIVATIVA EN LOS VERBOS -er,
-ir.—1] Si algún verbo -are tiene una yod, es en toda la
conjugación y sigue el desarrollo fonético ordinario: ma-
lleo *majo,* malleas *majas,* spoliat *despoja,* calceamus
calzamos, altiant *alzan.* Pero en muchos verbos -ere,
-ire se presenta una yod, no como parte del tema, sino
como elemento flexional, sólo en siete personas: en Yo
presente indicativo y en todo el presente subjuntivo; estas
siete formas con yod fueron influídas por la gran mayoría
que no tenía tal yod; ya en latín existian fĕrvo, ŏlo (de
donde *hiervo, huelo)* de la conjugación -ĕre, junto a las
formas con yod de la conjugación -ēre. En español podemos decir en términos generales que la yod flexional
desapareció en la mayoría de los casos sin dejar
rastro de sí: tĭm-e-o se hizo tĭm-o *temo,* para igualarse
con tĭm-es *temes* (1). A veces esta yod, antes de desaparecer ejerció su influencia propia sobre la **vocal** precedente
del verbo en la conjugación *-ir* (§ 114), y a veces sobre el
acento verbal (§ 106₁); pero la analogía de las personas sin
yod no le permitió ejercer influencia sobre la **consonante.**
Sólo el cambio *DY, GY* = *y,* muy arraigado en latín vulgar (§ 53₈), ocurre en los verbos -ere, -ire, mientras otros
cambios, por ejemplo, el más antiguo de todos (§ 8 bis₈ ₐ)

---

(1) Los verbos cultos prescinden también de la yod: *persuado* per-
suadeo, *nutro* nutrio.

TY, CY = *z,* ya no se cumple en ellos, ora la yod influya
en la vocal anterior: mētior *mido,* recŭtio *recudo,* vĕstio
visto, ora no influya: foeteo *hiedo,* partio *parto,* sĕntio
siento, paeniteo *arrepiento,* mĕntio *miento;* siendo notable que la desaparición de la yod no haya sido contenida
siquiera en fac(i)o, jac(e)o, que hacen *hago, yago,* y no
**hazo,* **yazo,* que conservarían analogía de consonante con
facis, jaces *haces, yaces.* En portugués, la yod influyó en
la consonante: *meço* mido, *medes* mides, *faço* hago, *faces*
haces, *peço* *petio pido, *pedes* pides. Otros ejemplos de
pérdida de la yod: *BY,* dĕbeo *debo,* mōveo *muevo; RY,*
apérĭo *abro,* pario *paro,* feriam *hiera;* comp. § 53₁ y ₂.

2] He aquí los únicos casos en que la yod flexional
influyó sobre la consonante anterior o se conservó tras-
formada:

a) Ya dijimos que *DY, GY* y también *BY* dan *y,* como
en el nombre, en el verbo aunque la yod sea flexional; esa
y se pierde cuando la precede *e* o *i* (§ 53₈): *cadeo (vulgar
cadĕre, por cadĕre), ant. *cayo;* *cades *cades, caes;* —video, ant. *veyo,* mod. *veo;* vides *vedes, vees, ves;* —sedeam
seya, mod. *sea;* —rĭdeo *riyo, rio,* rĭdes *ríes;* —audio anticuado *oyo;* audis, ant. *odes;* —habeam *haya* (§ 116₂). Son
analógicos: vadam †*vaya;* rado †*trayo,* radis *raes;* ro-
dat †*troya,* rodis *roes;* traho, ant. †*trayo,* trahis *traes;*
credo, ant. †*creyo.*—Este estado primitivo sufrió dos alteraciones analógicas (prescindimos de la etimológica, ya
apuntada en *veo, sea, rían*): los verbos *oír* y *huir* propagaron la *y* a otras formas (véase punto 3); y otros verbos, que
por no tener *e* o *i* ante la *y* no debían de perder ésta, tomaron la *g* que caracteriza a los del aparte siguiente: †*oigo,*
†*traigo,* †*caigo.*

b) En el caso de *NY* o *LY,* según lo dicho en el punto 1, la yod dejó intacta la consonante precedente, no resultando *ñ* o *j* como cuando la yod no es flexional, § 53₅ y ₆; (exceptúase el aislado mŏneo *muño,* porque generalizó la yod, mirándola, no como flexional, sino como propia del tema, según se dice en el punto 3). Esto no obstante, hay unos cuantos verbos en que la yod desarrolló una **g** a imitación de los verbos en *-ngo* que vacilaban *plaño plángo* (§ 112₂). El portugués representa el estado primitivo tĕneo *tenho,* tĕnes *tẽes tens,* vĕnio *venho,* remaneat *remanha;* el esp. representa un estado posterior *tengo, tienes, vengo,* el ant. *remanga* (Poema del Cid); lo mismo que el ital., donde los ant. *tegno, vegno, rimagno* fueron sustituídos por *tengo, vengo, rimango.* A tantos verbos con nj se asimiló en latín vulgar el solo con *n,* pono, tomando yod: port. *ponho pões,* esp. *pongo pones (poncat* ya en las Glosas Silenses), ital. *pongo poni.*—A imitación de los verbos con *n,* e influyendo acaso *cuelgo,* se hicieron los de *l: valgo, salga,* junto a los anticuados *valo, sala,* a los que primitivamente se añadió sŏleo *suelgo,* soles *sueles, tuelgo tuelles,* dŏleatis *dolgades (duelga* hoy en Cisneros de Campos y en el mirandés de San Martinho), y uno en *r:* ferio *fiergo, fieres.*— Estos verbos con *-g-* en las siete formas con yod tuvieron fuerza para asimilarse otros del aparte *a):* en el siglo XVI aún se decía *cayo caes, trayo, oyo;* y luego se generalizó †*cáigo, caes (kaigamus* ya en las Glosas Emilianenses); †*traigo, traes;* †*oigo, oyes,* y junto a *rayo* se dice *raigo.* Aunque no son hoy usados, deben recordarse también otros presentes en *-ay* y los en *-uy,* que nuestros clásicos hacían alguna vez †*haiga,* †*vaiga;* †*huiga,* †*destruigo,* †*restituigo;* el vulgo sigue aún usando los tres primeros y añade otros.

por ejemplo, en Bogotá: †*creiga*, †*leiga*, †*treiga* = ría. A
este paradigma de continua + *g* vino a añadirse un verbo
en -*s*: *asir* (probablemente del germánico sazjan), que hasta el siglo XVI era *aso, ases*, y hoy es *asgo, ases*. Además,
varios verbos que etimológicamente hacían Yo -*go*, Tú -*ces*,
agruparon la continua de Tú a la *g* de Yo, y así de *yago* +
yaces, salió *yazgo*, y lo mismo *plazgo*. Coquo da *cuego*;
coquis *cueces*; luego, nuestros clásicos dijeron a veces
cuezgo, cueces. Igual *conduzgo, conduces, aduzgo, reduzga*,
usado por Cervantes y hasta no hace mucho.

c) En el caso de *APY*, la yod es atraída por la *A* como
en el § 53₂: capio **caypo, quepo*, capis *cabes*; sapiat *sepa*,
sapit *sabe*; nótese que la oclusiva sorda se mantiene tras
el diptongo *ay*, como tras el *au*. Parecido a estos dos verbos
es placeat *plega*, placet *place*, anómalo porque no sigue
la suerte ordinaria de jac(e)at, fac(i)at expuesta en el
punto 1, sino que supone la metátesis **plaicat* en que la
ı no impide la sonorización de la *c*, como impide la de la *p*
(§ 47₃). En portugués lo tardío de la metátesis ni inflexiona
la *a* ni impide la sonorización de *p*: *caibo cabes, saiba sabemos*, comp. § 120₈. Usándose frecuentemente unidos los
subjuntivos «que pese o que *plega*», se dijo a veces «que
plegue», sin que nunca haya existido un infinitivo **plegar*
con sentido de 'placer o agradar'.

3] Hemos visto que, salvo raras reliquias de la yod
flexional, ésta desapareció de las siete formas en que el
latín la tenía. Por lo tanto, muy raro ha de ser el caso contrario: la propagación de la yod a todas las demás formas
del paradigma; por ejemplo, mŏneamus *muñamos, muño*,
etc., sirven para formar todo el verbo †*muñir*. Dos verbos:
audio, ant. *oyo, oya*. etc., y fugio *huyo, huya*, propagaron

la *y* a las otras formas: †*oyes* (en vez de audis *odes, *oes*), †*oye,* †*huyes* (en vez de fŭgis **hoes,* § 43₁, **†hues,* § 114₁ᵦ), †*huyen,* menos cuando sigue otra·*i (oímos, huís);* para esta †*y* había también el apoyo del gerundio *oyendo* y del perfecto *oyó, huyeron.* Siguen la analogía de *huir* todos los verbos cultos en *-uir:* destrŭĕre *destruye;* de-, re-stĭtŭĕre *destituyes;* dis-, con-, at-tribŭĕre *contribuyen; in-, ex-, re-, con-cluyes; arguye; in-, re-fluir; disminuir.*

114. Influencia de la yod derivativa en la vocal de los verbos en **-ir**.—Según la fonética, varias clases de yod cierran la vocal precedente, sea tónica o átona; pero ya sabemos que esto sólo sucede en los verbos *-ir,* no en los *-er* (§ 105, con la excepción de *oír);* y ya hemos anticipado que la yod flexional del verbo sigue normas especiales (§ 8 bis₈). Así, por ejemplo, inflexiona la vocal en los casos de TY *(mido, recudo,* etc.) en que la yod de los nombres no inflexiona *(vezo* §112ₐ, *pozo* § 142ₐ), anomalía contraria a la de no palatalizar la *t* que dijimos en el § 113₁; la analogía de los demás verbos *-ir* impone la inflexión vocálica, a la vez que la analogía con las otras personas del mismo verbo excluye la palatalización de la consonante.—Veamos los pormenores de la influencia de la yod. Pero téngase en cuenta que aunque la yod se perdió generalmente en romance (§ 113₁), fué sin duda después de haber influido en la vocal temática. Aún más: el latín vulgar generalizaba forzosamente la yod y sus efectos al incorporar muchos verbos *-ere* a la conjugación *-ire* (§ 111₁); así convirtió petĕre, peto en **petire, petio* (port. *peço, pedes, pede);* pero en los ejemplos que a continuación se pondrán no escribiremos esta yod vulgar.

1] Según la fonética, $\bar{E}$ $\breve{I}$ y $\bar{O}$ $\breve{U}$ bajo la influencia de la yod se hacen por lo común *i* y *u*, tanto cuando son tónicas (§§ 11₂ y 14₂) como cuando átonas (§§ 18₂ y 20₂). Pero las siete formas del presente con yod (Yo indicativo y todo el subjuntivo) atrajeron a sí en más o menos número las cinco formas sin yod, viniendo aquéllas a tomarse como características de la conjugación -*ir*, a diferencia de la -*er*.

a) En el caso de vocal temática Ē. Ĭ, la atracción analógica fué **sólo** de las formas **fuertes**; que, pues en la conjugación -*ar* y -*er* eran todas iguales *(tiento, -as, -a, -an,* frente a *tentamos),* se igualaron también en la -*ir*; las formas débiles llevan una ī tónica, que impidió por disimilación el cambio analógico de la *e* protónica en *i.* Así, tenemos en indicativo: mētio *mido;* mētis, no **medes,* sino †*mides:* mētit, no **mede,* sino †*mide;* mētīmus *medimos,* mētītis *medis,* *metent (§ 115₁), no **meden,* sino †*miden;* el subjuntivo todo con yod: mētiam *mida, -as, -a, -amos,* etcétera. En igual caso están cĭngĕre, *ciño,* †*ciñes, ceñimos:* tĭngĕre, *tiño;* fĭngĕre, *hiño;* rĭngĕre, *riño;* concĭpĕre, *concibo.*—A este paradigma se afiliaron analógicamente muchos verbos con Ĕ y algunos con Ī; los de ĕ quizá a veces mediando un antiguo diptongo *ie* reducido a *i,* y en todo caso sugerida esa *i* por coincidir estos verbos en Nos y Vos con los de ĕ ĭ *(hiramos = midamos,* § 18₂, *herimos = medimos),* coincidencia que hubo de servir de base a la asimilación. Según ella, sĕrvio, que en leonés y aragonés se conjugaba como *herir* (punto 2 de este párrafo): *siervo, sierves, servimos, sierva, sirvamos,* vino en castellano a asimilarse a *medir,* y lo mismo vĕstio †*visto,* pĕto *des-, ex-* † *pido* (dialectal antiguo *viesten, pieden),* invĕstio †*embisto,* dĕtĕro, *-ĕrĕre* †*derrito;* séquor *con-, pro-, per-*†*sigo;* *rĕndo (rĕddo, influído por prendo) †*rindo,* ingrĕdio

†*engrío* (1). Algunos verbos con ĭ, que la debieran mantener tanto tónica como protónica, se igualaron a éstos por una disimilación de la ī protónica ante *i* acentuada: dīco *digo*, dīcimus †*decimos;* frīgo †*freímos,* rīdeo, ēre, †*reímos;* véase § 105₂ para otros verbos arcaicos y vulgares: †*vevimos,* etc.; y para el caso contrario de †*recibimos* contra *concebimos.*

b)   En el caso de Ō Ŭ sólo pŭtreo guarda hoy entera analogía con los verbos de ē ĭ, haciendo *pudro,* †*pudres, podrimos;* antes era general este paradigma (y se decía *foid, sobimos, complides);* pero ya desde los tiempos primeros del idioma viene marcándose la tendencia, que hoy triunfó completamente, de generalizar la imitación del vocalismo de las formas con yod, no sólo a las formas **fuertes,** sino a las **débiles,** uniformándolas en absoluto: fŭgio *huyo,* fŭgis †*huyes,* fŭgimus †*huimos* (ant. *foimos),* †*huis* (ant. *foides),* etc. En igual caso están los demás: ōrdio, †*urdimos;* recŭtio, *a-, sa-, re-* †*cudís;* confŭndo, †*confundís;* excŭrro, *es-, in-, re-*†*currir;* sŭbeo, †*subimos;* *sŭfrio (por sŭffĕro), †*sufrimos;* bŭllio, †*bullís* (2). La uniformación completa de la vocal era de esperar: la *i* acentuada en *ordir, ordimos,* etc., no imponía, para los verbos con vocal temática *o,* una disimilación análoga a la que imponía para los verbos de vocal temática *e, medir, medimos;* ésta es la razón de la diferencia que advertimos en el desarrollo de los verbos *e...ir* y *o...ir* (comp. § 105₈).—Esta conjugación *o...ĭre*

---

(1)   Y los verbos cultos ēlĭgo *elijo, colijo, corrijo,* y de ĕ: rĕgo *rijo,* gĕmo *gimo,* compĕto *compito, repito.* El habla vulgar añade a éstos también el verbo *hervir,* que hace *hirvo, hirve, hervimos.*

(2)   Y los verbos cultos, como ŭngĕre; *ungimos;* restitŭĕre, *restituís* (comp. § 14₁, n. 1).

(ŏ...īre, ŭ...īre), uniforme en sus vocales, atrajo a sí a los verbos con Ŏ, como mŏllio, †mullimos; cŏperio, †cubrís; mŏneo, †muñís; excŏnspuo, †escupís; cŏmpleo, †cumplimos; abhŏrreo, †aburrís. Todos estos verbos tomando uniformemente la vocal u, se confundieron con los verbos que tenían ū, la cual había de permanecer inalterable siempre, como addūco adugo, addūcīmus aducimos, mūgio mugimos; la lengua antigua conocía también cambios entre la conjugación de los verbos con ū y con ō ŭ, por lo cual a semejanza de complimos decía †adocimos; pero la lengua moderna desechó siempre la o, y aún la única excepción podrir, se va desusando, pues se generaliza mucho † pudrir, y más aún †repudrir.

2] Bajo la influencia de la yod, Ĕ y Ŏ no se diptongan cuando tónicas (§§ 10₃ y 13₃), y se reducen a i y u cuando átonas (§§ 18₂ y 20₂). Pero de hecho, los verbos en ĕ y ŏ cumplen sólo muy parcialmente con estas leyes. En primer lugar hay que considerar aparte, como excepción singular, el verbo vĕnio, que cumple la primera de estas leyes y no la segunda, para amoldarse a su gemelo el verbo en -er tĕneo, haciendo vengo, vienes, venga, vengamos. Después todos los demás verbos cumplen únicamente con la segunda ley, por ser común a los verbos del paradigma mido, y para, no cumpliendo la primera ley, conseguir la igualdad de las formas fuertes, que también había conseguido por otro medio el paradigma mido.

Así tenemos, enteramente paralelos, siento, con alternancia ié tónica, e átona: mido, con alternancia i tónica, e átona, y ambos con i átona en Nos, Vos del subjuntivo:

Indic. sĕntio   † *siento* (por **sento*)   *mido*
        sĕntis   *sientes*   † *mides*
        sĕntit   *siente*   † *mide*
        sĕntīmus   *sentimos*   *medimos*
        sĕntītis   *sentis*   *medis*
        *sĕntent   *sienten*   † *miden*

Subj.   sĕntiam   † *sienta,* † *sientas,* † *sienta*   *mida*
        sĕntiamus   *sintamos, sintáis*   *midamos*
        sĕntiant   † *sientan*   *midan*

Siguen el paradigma *siento* otros verbos con *Ĕ: con-, re-, pre-sentir;* mĕntio, *mienta, mintamos;* repaeniteo, *arrepiento;* fĕrio, *hiero, ad-, za-herir; re-, pre-, pro-, trans-, con-ferir; con-, ad-, contro-vertir; hervir, requerir;* pero muchos se pasaron en todo al tan semejante paradigma *mido,* según se dice en el punto 1 *a* de este párrafo, y los en *Ŏ* se pasaron todos al paradigma *huyo* (punto 1 *b*), salvo dos solos que permanecieron con diptongo, como *siento,* y son: dŏrmio, † *duermo, duermes, dormimos;* † *duerma, durmamos,* † *duerman,* y mŏrio, † *muero,* etc. Antiguamente había algún otro; en leonés y aragonés se decía *cuebre, descuebre, encuebre,* cŏperīre; *nuecen,* nŏcĕre.

3] La -I final de la persona Tú del imperativo de los verbos -ir produce inflexión semejante a la de la yod (compárese § 11₂ d), y en los pormenores esa persona Tú tomó igual vocal que la Yo presente indicativo: mētī *mide,* fŭgī *nuye,* sĕrvI † *sirve,* † *siente, ven* vĕnī, † *duerme;* en casos como *sirve, huye* se ve una inflexión de la ę y la ǫ latinas, por efecto de la -ī, que no hallamos comprobada fuera del verbo (§§ 10₈ ₑ y 14₂). Como el verbo -er: *tener,* es en todo igual a *venir* (según se advirtió ya en el punto 2), hizo un imperativo, *ten*, cual si derivase de *tĕnī, en vez de tĕne. En suma, la analogía explica prácticamente todo, y basta retener que el imperativo de los verbos -*ir* adopta la misma variabilidad o invariabilidad de la vocal temática que el indicativo: *mĭde* Tú, *medid*, lo mismo que mides, medis; *huye* Tú, *huíd*, lo mismo que huyes, huís; *duerme* Tú, *dormid*, lo mismo que duermes, dormís, etc.

4] Como observación final advirtamos que el vocalismo estudiado en este § 114 y en el § 105 no se fijó completamente sino en la época clásica del idioma. Todavía Nebrija en su Gramática usa *recebir, regieron, sentiendo, seguiente, mollimos, mollís, mollir, sofrir, polir*, etc.

115. Los paradigmas.—1] Presente **indicativo** (1) (no señalaremos aquí ya con † las formas analógicas en su tema; reservamos la † para la analogía en las desinencias):

canto	*canto*	tĭm(e)o	*temo*	dŏrmio	*duermo*
-as	*cantas*	-es	*temes*	-is	*duermes*
-at	*canta*	-et	*teme*	-it	*duerme*
-ămus	*cantamos*	-ĕmus	*tememos*	-ĭmus	*dormimos*
-ātis	*cantades* *cantáis* *cantás*	-ētis	*temedes* *teméis* *temís, temís*	-ītis	*dormides* *dormís*
-ant	*cantan*	-ent	*temen*	*dŏrment	*duermen*

Para tĭm(e)o véase § 113₁. La pérdida de la conjugación -ĕre hace que Nos y Vos de todos los verbos de la conju-

_____

(1) En los cuadros de paradigmas marcaré con letra del tipo ordinario las formas modernas; en tipo chico las arcaicas, dialectales o vulgares.

gación -*er* se acentúen como en -*ēre* (§ 106₄ *c*). Además, en Ellos, vend unt es suplantado por *venden;* el latín vulgar de España, al contrario de la generalidad de los romances, que usan la terminación -unt olvidando -ent, introdujo ésta también en la conjugación -ire en vez de -iunt. Para la dental de Vos recuérdese el § 107₁; como contracciones vulgares de esta persona Vos pueden señalarse *presumás, acordás, sabés,* usadas en los siglos xv-xvi y hoy en la Argentina, y *vís, comís, querís,* de que se señalan ejemplos en Aragón y Chile; esta última no es una asimilación a la conjugación -*ir,* porque también se ofrece en el -*eis* de subjuntivo -*ar: juntís.*

2] Presente **subjuntivo:**

cantem	*cante*	tĭmeam	*tema*	dŏrmĭam	*duerma*
-es	*cantes*	-eas	*temas*	-ĭas	*duermas*
-et	*cante*	-eat	*tema*	-iat	*duerma*
-ēmus	*cantemos*	-eāmus	*temamos*	-iāmus	*durmamos*
-ētis	*cantedes* *cantéis* cantís, cantís	-eātis	*temades* *temáis*	-iātis	*durmades* *durmáis*
-ent	*canten*	-eant	*teman*	-iant	*duerman*

Las formas débiles Nos, Vos se uniforman con las fuertes en Andalucía y gran parte de América, diciendo en las conjugaciones -*er,* -*ir: téngais, áyais, véamos, véais, váyamos, váyais* (1).

3] **Imperativo** (véanse §§ 107₂ y 114₃):

cantā	*canta*	tĭmē	*teme*	dŏrmĭ	*duerme*
cantāte	*cantad* *cantá*	tĭmēte	*temed* *temé*	dŏrmīte	*dormid* *dormi*

---

(1) Véase A. ALONSO, en la *Biblioteca de Dialectología hispanoamericana,* I, Buenos Aires, 1930, págs. 345-349.

Para vendíte igualado a timēte, § 106₄c; para *sal,
pon,* etc., véase § 107₄. Las formas *andá, corré, vení,* después de haberse usado en el período clásico, están hoy rele-
gadas a los dialectos, especialmente a América. Es de notar
que *haz* no deriva del literario f a c, sino del arcaico f a c e;
de los imperativos latinos acabados en *-c* sólo se conserva
di d i c (pero *contradice, bendice),* y anticuado *adú,* a d d ū c
(mod. *aduce, conduce).* Antiguamente los pronombres enclíticos *nos* y *le* se fundían con Vos imperativo, mediante metátesis: *dandos, yndos* 'idnos', *daldas, dezildes, valelde,* metátesis
que con *nos* se desusó ya en el siglo xiv, pero con *le* se usaba aún en el período clásico. Con *(v)os* en la Edad Media se
decía indistintamente *venidvos* o *venidos;* en la época clásica
se usaba esta segunda forma juntamente con *venios,* que es
la moderna.

4] El **gerundio** y **participio presente** tienen igual vocal tónica y protónica: c a n t a n d ū m *cantando,* t i m e n d ū m
temiendo, d o r m i e n d u m *durmiendo;* c a n t a n t e *cantante,*
t i m ĕ n t e *temiente,* d o r m i ĕ n t e *durmiente.*

La *-e* del participio se perdía en la Edad Media: *dormient,
amanezient,* y después *envolvién, andán, hacién;* formas éstas
muy usadas por los judíos españoles, y de las cuales admite el idioma literario *recien* como adverbio.

Para *supiendo,* etc., véase § 120₆.

116. P<small>RESENTES IRREGULARES.</small>—1] El verbo *ESSE* tomó
algunas de sus formas de *SEDĒRE.* Indicativo: Yo, s u m
yo son, rara (1), perdió su *n* extraña a toda primera persona
y que confundía la persona Yo con la persona Ellos; así

(1) Véase *Cantar de Mio Cid,* 1908, pág. 270. Para la *-m* conservada
véase arriba § 62₁.

quedó *so*, forma usada aún algo en el siglo xvi; entonces la reemplaza *soy*, conocida ya en antiguo leonés juntamente con *soe*, de origen oscuro (comp. *doy, estoy, voy*). —Tú, ĕs fué en leonés y aragonés *yes;* pero el castellano tomó extrañamente el futuro eris *eres* (§ 73), mientras en leonés occidental, judíos, Andalucía, Argentina, etc., se echa mano de Vos *sutis, diciéndose *tú sos*, por lo que se uniforma la inicial con la de Yo, Nos y Ellos.— El, ĕst *ye*, en leonés y aragonés, perdida la -*s* con la -*t* para uniformar esta persona con las demás Él y distinguirla de Tú *yes*, que acababa en -*s* como en los demás verbos; pero en castellano no había esta necesidad de distinción y fué *es*, no diptongado como voz empleada átona. — Nos, sŭmus *somos*. Según Suetonio, Augusto pronunciaba simus, de donde el vulgar *semos.*—Vos, ĕstis desdice de Nos y Ellos y se uniformó haciendo *sutis, ant. *sodes*, mod. *sois.*—Ellos, sŭnt *son.*—El antiguo español poseía además un derivado completo de sedeo *seo* o *seyo, siedes* o *seyes, siede* o *seye, sedemos seemos* o *seyemos, seedes* o *seyedes, sieden* o *seen, seyen*, formas que se hallan en Alexandre, Berceo y Apolonio.

Subjuntivo. El clásico sim, sis y el arcaico siĕm sies se perdieron en todo el territorio romance, donde se dijo *siam; éste en España sólo vivió en Aragón; *sia, sias, sia,* y en ant. leon *sia* y *sie, sien.* En Castilla se empleó sĕdeam, ant. *seya*, mod. *sea, seas,* etc., como en Portugal *seja*, etc.

Imperativo. También ĕs, ĕste dejaron su puesto a sĕde, †*se;* sĕdĕte, ant, *seed*, luego *sed.*

Gerundio. Falta a esse; y se dijo sĕdĕndum *seyendo*, luego *siendo.*

2] *HABĒRE* tenía antiguamente formas derivadas del clásico: Tú habes. (no de Yo habeo), Él habet: *aves*

(§ 43₂), *ave, avemos, avedes, aven*. Pero prevalecieron otras formas derivadas de una contracción que en latín vulgar sufría
este verbo, cuyo frecuente uso como auxiliar le daba carácter
de átono. En esa contracción se conserva sóle la vocal acentuada y la desinencia: Yo, h a i o debiera dar *hayo*, pero da
heo, forma rara anticuada (1), influída por la proclítica h a i
he (§ 29₂ₐ), que es la forma moderna: ant. *hey* (comp. *soy*,
doy, etc.), usada aún en dialectos, por ejemplo, en Chile.
—Tú, h a s *has*. —El, h a t *ha*, y unido al adverbio *i* (§ 128₁),
resulta el *hay* impersonal. — N o s, (h a b)e m u s *hemos*. —
V o s, (h a b)e t i s *hedes, heis*.—E l l o s h a n t *han*. Estas formas
son las que prevalecieron, duplicando N o s con *habemos* y
reservando V o s para el empleo como auxiliar (*amar-eis*, y
clásico en las dos construcciones *heis de estar* y *eis estado*);
en su lugar entró *habéis* para los demás casos.

Subjuntivo. El clásico h a b e a m subsiste en el dialectal
asturiano *eba, ebas*, etc. La contracción vulgar h a j a m, -s,
-t, es la que produjo la forma corriente *haya, hayas*, etcétera (§ 53₁).

Imperativo: h a b ē *ave*, usado aún por nuestros clásicos;
h a b ē t e *habed*, poco usado hoy.

3] *SAPĔRE* no debe citarse sino por Yo indicativo. Lo
mismo que c a p i a m *quepa*, s a p i a m hace *sepa* (para la *p*,
§ 113₂c), y como *quepo* c a p i o, debiera ser *sepo* de sapio; pero en los romances esta persona se hizo igual que
la del verbo *haber*, y lo mismo que *he*, se dijo *se* (port. hei,
sei; cat. hé, sé; ital, so, ho, fr. ai, sais). Dialectalmente se
dice *sabo* por analogía con *sabes, saben*, etc.

_____

(1) Un ejemplo del siglo xii, véase en el *Cantar de Mio Cid*, página 271.

4] *DARE* y *STARE* hacían en vulgar Yo indicativo
*dao, *stao (prov. dau, estau; latín leonés del siglo XI,
dau), de donde el ast. *dóu, estóu;* cast, ant. *do, estó,* formas
usadas aún en el siglo XVI, en que las reemplazan *doy, estoy*
(comp. *soy, voy).*—Junto al subjuntivo latino dēm, dēs,
dēt (ésta arcaica por el clásico dĕt), que produce *dé, des,
dé, demos, esté,* etc.: existió en vulgar *dēam, *stēam,
que produce el leonés *día, estía,* con vocal *i* (comp. § 117₁,
final), formas que viven en el asturiano occidental al lado
de otras con diptongo: *dié. estié,* usuales éstas también en
Sanabria y otras regiones del leonés occidental.

5] *IRE* fué sustituído casi enteramente por vadĕre,
salvo actualmente las tres formas *id, yendo, ir.* El presente
indicativo ĕo no dejó más rastro que īmus, ītis, anticuado *imos, ides,* aún algo usados en el período clásico; pero
hoy dialectales (ast. *yimus, yidis;* ribargorzano *in, is,* § 107₁,
Chile *imos).* La flexión completa la posee *VADERE:* *vao,
leon. occid. *vou,* cast. *vo,* sustituído en el siglo XVI por *voy*
(comp. *soy, doy);*—Tú, *vas *vas* (vadis *beis* en Villaoril
de Cangas de Tineo;—El, *vat *va* (vadit *vay* Alex., *·bai*
mirandés, *ve* ast. siglo XIII, *bey* Villaoril;—Nos, *vamus
(§ 106₄ c) *vamos;*—Vos, *vatis *vades, vais;*—Ellos, *vant
(por vadunt) *van.*

Subjuntivo: eam se perdió: vadam dió el analógico
†*vaya* (§ 113₂ₐ) o el etimológico arcaico y raro *vaa, vaas,
vaamos,* etc., que en la lengua común se usó sólo en Nos y
Vos: «hacedme merced que os vais», y aun hoy en frases
imperativas y optativas: *¡vamos!*

Imperativo: I se perdió; īte *id* (§ 63₁ₐ),—vade reducido
a *vae, *vai (§ 28₂; Cornu supone *vadī según § 114₃,
dero véase Zeit., IX, 234), mirandés *bai,* Villaoril *bey* (pues

allí todo *ai* hace *ei*), cast. *ve*, port., ital., prov. ant., fr. *vai;*
hoy es vulgar *ves, veste*, forma usada ya en algún texto
del siglo xv, derivada del indicativo va(d)is en funciones de imperativo (?). El plural vadīte, perdido.
Gerundio: eundum trocó su arcaica terminación · undu
(repetundae, gerundae, oriundus...) por la corriente -endu,
*iendum *yendo*. Se perdió vadendum.

EL IMPERFECTO

117. Su formación y paradigmas.—El subjuntivo amarem se sustituyó por el pluscuamperfecto (§ 103). Veamos
sólo el indicativo.

1] En latín clásico los verbos -are tenían su imperfecto
con la terminación -āba-; los -ēre y -ĕre con -ēba-, y
los -īre con -iēba-, que el tatín arcaico y vulgar hacía
-iba-, hallándose hasta en Ovidio y Catulo audībat. El
romance conservó la -*b*- de -aba-, escribiendo hasta el siglo xvii -*aua* (§ 41₁); en las otras conjugaciones la -*b*- se
pierde (para -iba-, § 43₂, final), salvo en limitadas regiones:
podeba, teneba, dormiba en Sobrarbe y Ribagorza; *veniban,*
traiba, caiba en Salamanca y Nuevo Méjico (1); en consecuencia, -ē(b)a-, -ī(b)a- se confundieron en -*ia*- (§ 11₃).

2] Este hiato -*ia*- se conserva hasta hoy. Pero en la
Edad Media se pronunciaba también -*ie*- por una asimilación de la -*a* que se acercaba a la *i* precedente (§ 27); sólo

---

(1) Y en estas regiones la -*b*- no debe de ser etimológica, sino analógica de -*aba*, como lo es en los dialectos criollo-portugueses de Africa
chobêba, teneba. (Leite de Vasconcellos, *Philologia mirandesa*, I, 385 n.).

en la persona Yo, se mantuvo generalmente -*ia* (1); sin duda el énfasis propio de la primera persona se resistía a relajar la pronunciación, esto es, a asimilar la pronunciación de la *a* a la de la *i*. Ese -*ie*- medieval llevaba etimológicamente el acento en la *i* y aún perdía la -*e* final, diciéndose *aví, tení, traí;* esto era raro, siendo medio más común de deshacer el hiato el formar un diptongo que necesitaba trasposición de acento sobre la vocal más abierta (§ 6$_2$): *tenién, comién, vinién,* consonante de *bien.* Estas formas dominaron en el siglo XIII, pero ya en el XIV perdían terreno; no obstante, se usaban algo aún en el siglo XVI, en que *hacien* era un defecto de pronunciación «con que los toledanos ensucian y ofuscan la polideza y claridad de la lengua castellana», al decir del zamorano Dr. Villalobos. Pero no lejos de la patria de Villalobos, en las aldeas de Astorga, San Justo y San

---

(1) F. HANSSEN, *Sobre la formación del imperfecto en las poesías de Gonzalo de Berceo,* Santiago de Chile, 1894; y *Sobre la pronunciación del diptongo* ie *en la época de Gonzalo de Berceo,* Santiago de Chile, 1895.—HANSSEN, *Das Possessivpr.* (citado en el § 92), pág. 22, intenta una explicación de la chocante diferencia entre Yo -*ia* y Tú, Él, etc., -*ie,* suponiendo que la consonante final -*S,* -*NT,* o la desaparecida -*T* (pero no la *M,* § 62$_1$) determinan el monosilabismo de las terminaciones -*io,* -*ia,* -*ie,* etc.; esta suposición le lleva a decir (arbitrariamente, al parecer) que en el posesivo el singular *mie* (§ 27) es analógico del plural *mies.* Una bibliografía crítica de lo escrito sobre el imperfecto español se hallará en J. D. FITZ-GERALDT, *Versification of the Cuaderna Via as found in Berceo's Vida de Santo Domingo,* New-York, 1905, págs. 68-87; pero a mi ver yerra en no aceptar la diferencia Yo -*ia,* Tú, Él, etc., -*ie,* que se halla asegurada en buenos textos medievales, sin que tampoco falten algunos ejemplos de Yo -*ie.* Véase R. MENÉNDEZ PIDAL, en la *Revue de Dialectologie Romane,* II, Bruxelles, 1910, págs. 126-127, y en *Cantar de Mio Cid,* 1908, págs. 273-275. G. MILLARDET, *Lingüistique et dialectologie,* 1923, págs. 329-332, cita curiosos casos gascones y languedocianos de -*ia* que se hace -yé o -yé.

Román, se conserva aún hoy *you habié, tú habiés, eillos habién, él jacié* (hasta el sustantivo *dié* 'día', mirandés *die,* § 27, n.); la forma en *-i* vive en Asturias, y es regular en sendinés (Miranda de Duero) *tenís, tenín;* en gran parte de Asturias se usa también *-ie, -ies.* Igualmente la forma etimológica bisílaba *-ía,* en la pronunciación rápida, admite monoptongación *-ia* o *-iá,* § 31 ₂c.

3] He aquí los paradigmas (para el acento de Nos y Vos véase el § 106₄ₐ):

-ābam *cantaua* **cantaba**	**-ē(b)am** *temía* † *temeba*	**-I(b)am** *dormía* † *dormiba*
-ābas *cantauas* **cantabas**	**-ēbas** *temías* *temies*	**-Ibas** *dormías* *durmies*
-ūbat *cantaua* **cantaba**	**-ēbat** *temía* *temie, temi*	**-Ibat** *dormía* *durmie*
-ābāmus *cantduamos* **cantábamos**	**-ebāmus** *-íamos* *temiemos*	**-ibāmus** *-íamos* *durmiemos*
-ābātis *cantáuades* **cantábais**	**-ēbātis** *temíais* *temiedes*	**-Ibātis** *dormíais* *durmiedes*
-ābant *cantauan* **cantaban**	**-ēbant** *temían* *temien*	**-Ibant** *dormían* *durmien*

Nótese que hoy el tema del imperfecto es igual al de las formas débiles del presente indicativo (pers. Nos y Vos); pero antiguamente en los verbos *-ir,* la vocal temática *o* o *e,* a causa de su diptongo *ie,* sufría inflexión, de modo que el tema era igual que el de las mismas formas débiles del presente subjuntivo: *sirvien, diciemos, murien,* y lo mismo con *-ia-: requiria, sirvia* (§ 105₁). En el siglo XV predominaba la acentuación disílaba *-ía.* Pero ésta volvió a ser un monosílabo para los poetas del siglo XVI, por influencia italiana (§ 31₂_c), como se ve en el endecasílabo de Garcilaso «que me haviades de ser en algún día», o en el de Francisco de Figueroa «quando en mi libertad vivia seguro», y más tarde aun en el octosílabo de Tirso «esto que havia de humillarme» (1).

4] Imperfectos irregulares. Un verbo en -*ir* conserva su *b* en el imperfecto: *ĪBAM, iba, -as,* etc. El imperfecto *ĔRAM* tampoco diptonga su vocal (como en Tú, El del presente indicativo, § 116₁), *era, -as,* etc., salvo en leonés y aragonés: *yera, yeras;* comp. ant. fr. *ere* junto a *iere. HABEBAM,* como auxiliar de un infinitivo para formar el condicional (§ 123₁), conserva sólo su vocal acentuada y la terminación: (hab)ē(b)am (§ 116₂), *ia, ias, ia, iamos, iades* o *iais, ian,* ant. *ia, ies, ie* o *i, iemos,* etc.

EL PERFECTO Y TIEMPOS AFINES

118. CONJUGACIONES -*ARE,* -*IRE.*—1] La forma latina ordinaria -āvi fué olvidada en latín vulgar, el cual contrajo en una las dos, sílabas de esa terminación, como ya hacía a veces el latín literario. En éste era muy frecuente la contracción cuando -āv era protónica (Tú, Vos, Ellos), prefiriendo acentuar uniformemente la ā: amāvī, amā-(vī)sti, amāvit, amāvĭmus, amā(vī)stis, amā(vē)-runt. Pero aunque rara vez, también las formas Yo, El, Nos perdían su *v* (§ 43).—Yo, probai, en inscripciones, y aun en el siglo X, en las Glosas Emilianenses, *lebantai* (por

---

(1) Véase CUERVO, en *Romania,* XXII, 81.

*levantavi o levavi).—Él se contraía -ait o -aut en las inscripciones, prevaleciendo en latín vulgar -aut, que ya se halla en las inscripciones de Pompeya: exmuccaut, y en las posteriores triumphavt, pedicavd.—Nos, enarramus, señalado en Terencio; mutamus, en Propercio.—En los tiempos análogos al perfecto las contracciones literarias son también vulgares.

2] Los perfectos en -īvi usaban más contracciones en el latín literario, ya que junto a -ivi había las dos formas Yo -ii, Él -iit, en las cuales hay que advertir que aunque los poetas miraban como breve la primera *i* (§ 7₂), contando áudĭī, dórmĭit, en prosa esa *i* seguía larga como antes de hacerse la contracción, pronunciándose audīī, acentuando audíi. Esta contracción siguió vigente en la Romania, pero el latín vulgar español prefirió Él audiut, de audiv(i)t; ya en inscripciones españolas se escribe posiut. También, al lado de Ellos audierunt, se dijo *audīrunt; por lo demás, se conservan las formas literarias Yo audii, Tú audīsti, Vos audīstis, y se usó Nos audīmus o audĭīmus.—En Ellos del perfecto y en los tiempos análogos al perfecto las formas españolas reposan sobre las contracciones del latín literario audieram, audĭīssem, audiero; mientras las leonesas antiguas reposan sobre la contracción vulgar audiram, que también era clásica en el pluscuamperfecto audissem: *feriron, bastiron, servira, oira, acreciramos, morise, sentiren, vencires;* formas aún vivas en Miranda: *partira, temíramos, temísedes, partires, partirdes.*

3] Así tenemos los paradigmas del latín popular:

Perfecto indicativo:

cantāi	*canté*	dormii	*dormí*
cantāsti	*cantaste* † *canteste, -esti, -est* † *cantastes*	dormīstī	*dormiste* *dormist, -isti* † *dormistes* † *dormieste*
cantāut	*cantó*	*dormīut	*durmió*
cantāmus	*cantamos* † *cantemos*	dormīmus o dormīīmus	*dormiimos* *durmiemos*
cantāstis	*cantastes* † *cantasteis* † *cantesteis*	dormīstis o dormīīstis	*dormistes* † *dormisteis* *durmiestes*
cantārunt	*cantaron* † *cantoron* † *cantoren*	dormierunt o dormīrunt	*durmieron* *dormiron* † *durmioron* † *durmioren*

Pluscuamperfecto indicativo:

cantāram	*cantara*	dormiĕram o *dormīram	*durmiera* *dormiras*
cantāras	*cantaras*	dormiĕras o *dormīras	*durmieras* *dormiras*

Pluscuamperfecto subjuntivo (imperfecto en romance):

cantassem	*cantasse, -as, -ase*	dormīīsem o dormīssem	*durmiesse, -ies, -iese* *dormisse*
cantasses	*cantasses, -ases*	dormīīsses o dormīsses	*durmiesses, -ieses* *dormisses*

Sobre el cambio de acento en Nos y Vos véase § 106₄ₐ.

Futuro subjuntivo:

cantāro *cantaro*	dormiĕro *durmiero*
† *cantare*, -*et*	† *durmiere*, -*ier*
cantāris *cantares*	dormieris *durmieres* *dormires*

Para el cambio de acento en Nos y Vos véase § 106₄ₐ.

4] En el siglo XI coexistían dos formas del perfecto **Yo**, *levantai* arcaica latina vulgar, y *levanté* romance. Para **Tú** -*stes*, **Vos** -*steis*, § 107₈. **Tú** *canteste*, que domina en el siglo XIII, lo mismo en textos leoneses que castellanos que aragoneses, puede explicarse como analógico con *e* tónica tomada de la persona Yo, a imitación de *dormí, dormiste* (1); la forma -*este* se conserva aún en Asturias y Santander; luego prevaleció la etimológica -*aste*, como era natural, para uniformar la vocal con las demás personas del plural y tiempos afines al perfecto. En **Él**, durante el siglo XI coexistían para -āre la forma arcaica latina vulgar *mandaut*, con las romances *mandot, mandod, mandó*, y para -íre había *sufriot* y *sufrió*. Véase para la *u* de *durmió*, § 105₈; para el acento, § 6₂, advirtiendo que el acento etimológico subsiste en leonés occidental: *partíu, rumpíu*. En verbos -*ar*, la -*é*- de Yo se propagó al plural **Nos** *levantemos, alcontremos*, **Vos** *ba-*

---

(1) CORNU, en *Romania*, XIII, 285, trata de explicar -*este* por -*asti*, con *a* tónica hecha *e* por inflexión causada por la -*i* final (semejantemente al § 11₂), pero no puede apoyarse en más ejemplos que en el hipotético *vadi ve (§ 116₅) y se halla contradicho por otras formas como el imperativo *sali sal;* véase también *Zeit*, IX, 234-237. No se puede pensar en una síncopa -a(v)isti para ese *canteste*, porque -ai- hubiera dado regularmente en leonés occidental -*ei*-, *canteiste*, que no aparece sino como una rareza.

jesteis, usadas arribas en leonés, y sólo -*emos* es general al vulgo de las dos Castillas. *Subiemos, -estes* se conserva aún en Asturias. **Ellos** aparece a veces con *ó* (en -ar), *ió* (en -ir, -er), haciendo su vocal tónica analógica de la persona Él; se hallan estas formas en textos aragoneses: *plegoron, establecioren,* y leoneses (1): *guioron, cobrioron, pedioron, fizioron, prometioron,* y hoy en el Alto Aragón se dice *puyoron, contoron* (Ansó), *dioren, dicioren* (Bielsa), y lo mismo que en Asturias y Salamanca subsiste *echoren, mudoren, salioren; la -e* final es analógica de la desinencia general (echen, salen, saliesen, etc.), como en asturiano oriental de Ribadesella, que dice *echaren, gastaren, prendieren.* Para las apócopes *cantest, cantás, cantar,* § 107₄.

5] En el futuro subjuntivo, la persona Yo con -*o* final etimológica fué usada hasta el siglo XIV: *fallaro, tomaro, pudiero, sopiero* (2), junto a las formas en. -*r* o -*re*, que luego prevalecieron completamente para uniformar con -*e* su terminación a las demás personas del tiempo y al pluscuamperfecto subjuntivo Yo *cantasse.* En leonés se sincopaban las formas esdrújulas Nos, Vos: *pecarmos, parardes, destroirmos, comirdes, quisiermos, podierdes;* el castellano antes aceptaba la síncopa de Vos, como advierte Nebrija: «por *amáredes, leiéredes, oiéredes,* decimos *amardes, leierdes, oierdes*». En algunas regiones esta síncopa debe remontarse a época

---

(1) J. CORNU, *La troisième personne du parfait en* -ioron *dans l'Alexandre* (en *Romania*, IX, 89).—G. BAIST, *Noch einmal* -ioron (en *Zeitschrift*, IV, 586).—En aragonés antiguo y moderno hay una forma de perfecto con la *ó* generalizada a todas las personas: *aduxómos* 'adujimos', Yo *cantó,* Tú *cantós,* etc. (Véase *Orígenes del Español,* § 75₂).

(2) Véase *Cantar de Mio Cid,* 1908, pág. 277.

muy remota, pues se halla *obiertes, prisiertes, quisiertes, finartes,* en documentos medievales de Oña, Arguedas, etcétera, tratando *rt* como grupo latino (§ 54₁).

119. Pérdidas sufridas por el perfecto fuerte de las dos conjugaciones *-ERE.*—Creación de un perfecto débil para la conjugación -er.—1] En el perfecto deben distinguirse dos clases: una que entre el tema y la desinencia pone la vocal $\bar{a}$ o $\bar{\imath}$ propia de los verbos derivados, esto es, de los verbos -ā-re, -ī-re, que acabamos de examinar, los cuales, a causa de esa vocal derivativa, tienen acentuación débil en todas sus formas (am-ā-vi, am-ā-vĭmus); otra propia de los verbos primitivos de la conjugación -ĕre, que, careciendo de vocal derivativa, tienen en latín las personas Yo, El, Nos, Ellos con acentuación fuerte (dix-ī, dix-ĭmus). También los verbos -ēre mantenían la primitiva forma fuerte del perfecto: flor-ui, dol-ui, ten-ui, momordi, mōvi, etc.; algunos, como ferb-ui, conservaban, fuera del perfecto, al lado de la flexión débil -ēre, una completa flexión -ĕre (§ 110). Los pocos perfectos de estas conjugaciones que adoptaron vocal de unión, como compl-ē-vī, impl-ē-vi, (éstos dos pasaron en romance de -ēre a *-ir),* su-ē-vi, qui-ē-vi, no se conservaron en los idiomas modernos. Así, los verbos -ĕre, -ēre no ofrecían a las lenguas romances un perfecto débil análogo a -ā-vi, -ī-vi, y los romances, en su tendencia a la uniformación de los paradigmas, dieron a los verbos *-er* el perfecto débil de los *-ir* (tendencia que ya apunta en latín: por ejemplo: sapĕre, sapīvi, junto a sapui; cupĕre, cupīvi; capessĕre, capessīvi; comp. § 111), y por cecīdi dijo el español *cayó;* y por timui, valui dijo *temió, valió* (más ejemplos en el § 120₃ a ₅), e igualmente en los tiempos afines *temiera, valiere,* etc. En el § 120 se verá tam-

bién cómo la lengua antigua conservaba aún muchos perfectos fuertes que la tendencia uniformadora hizo perder en
el español moderno.

2] El único rastro de un perfecto -ēvit lo ofrece el leonés en la persona El solamente: ant. *metéo, vendéo, escoyéo,
conoscéo,* que subsiste hoy en asturiano: *metéu, rompego, na-
cego;* como en port. ant. *meteo, vendeo,* moderno *meteu, ven-
déu* (en gallego hasta en verbos -*ir pedéu,* port. pedíu; ant.
saéu, port. sahíu; *departéu,* port. partíu). En un texto aragonés se halla *tennieu,* 'tiño', Romania, XVI, 381, del verbo
teñer (catal. *tenyer,* prov. *tenher*).

120. PERFECTOS FUERTES CONSERVADOS EN ESPAÑOL.—1] El
perfecto fuerte latino no sólo domina en las conjugaciones
-ĕre, -ēre, sino que se halla aún en varios verbos -īre,
como salui, aperui, cooperui, sensi, veni, y en
varios en -are, como fricui, tonui, vetui, etc. Este
gran arraigo del perfecto fuerte hizo que se mantuviese aún
en un romance como el español que perdió toda la flexión
fuerte -ĕre (§ 106₄ c). Pero se mantuvo con mucha pérdida,
pues la mayoría de los verbos rehicieron un perfecto débil,
como va dicho en el párrafo anterior; y en los pocos fuertes
conservados, aunque el latín tenía débiles sólo Tú, Vos, los
romances hicieron débil también Nos (dixĭmus), y el español escogió la forma débil de Ellos, que en latín tenía doble acentuación (dixĕrunt y dixērunt), o mejor dicho,
tomó esta forma de los perfectos débiles en-*ir* (dormie-
runt). Además, se perdió la acentuación fuerte de todos los
tiempos afines al perfecto (dixĕram, dixĕro, etc.)—En
resumen, quedan como únicas formas fuerte **Yo** y **Él perfecto indicativo**; Él con -*o* final analógica de las débiles:
dixit, *dixo,* para evitar que **dixe* se confundiese con Yo (ex-

cepción única es *fué*, pág. 321, n.); esta -*o* se halla también
en gallego desde los tiempos más antiguos: *tevo, soubo, este-
vo, quiso, fezo*, pero no en portugués, que conserva la final
latina: *teve, soube, quis, fez* (1). El plural del perfecto y todos
los tiempos afines fueron uniformados al paradigma de los
verbos -*ir*. Sólo en el habla vulgar se halla Ellos fuerte, sa-
cada de Él + *n* (a imitación de Él *canta*, Ellos *cantan)*; así *hi-
zon, pudon, vinon, estuvon, dijon*, «lo *hubon* de matar», en
Juan de la Encina, Salamanca, Piedrahita, Cisneros de Campos, Alcuéscar, Burgos, Aragón, etc.

2] Ningún perfecto fuerte de la conjugación -**are** se
conservó en español, que dice *fregué, vedé*, etc.; ya en latín
la mayoría tenían, al lado de la forma fuerte, una débil: cre-
pui, increpavi; secui, exsecavi; domui domavi; sonui,
sonavi; implicui, implicavi. No pertenecen a la conjugación -**are** los dos verbos dare y stare, cuya *a* es radical;
y sus dos perfectos fuertes subsistieron:

> dĕdī   *dei* (§ 10₂), *dii di*, dialect. *die, diey.*
> dĕdĭstī *deiste* (§ 11₃), *diste.*
> dĕdit   *dito, dió* (§ 10₂, final).

El plural y tiempos afines son, como en todos los perfectos fuertes, idénticos al paradigma débil de los verbos -*ir*,
y en vez de dĕdĭmus, **deemos, *deestes, *deeron*, se dijo
diemos o *dimos, diestes* o *distes, disteis, dieron; diese, diera.*

---

(1) Al portugués le basta la inflexión producida por la -*ī* para que en
muchos perfectos fuertes se distinga Yo de Él: fēcī *fiz*, fēcit *fez;*
pŏsuī *pus*, pŏsuit *pôs;* pŏtuī *pude*, potuit *pôde;* o variación en la
consonante: dixi *dixe*, dixit *disse*. Otros perfectos confunden Yo y
Él. *houve, quis*, etc. El español, como uniforma la vocal temática, distingue Él con la -*o*. El gallego participa de los dos sistemas.

Stĕtī dió antiguamente un resultado semejante: *estide, estidisfe, estiedo* o †*estido, estidiemos.*—Como estos dos verbos hacen su infinitivo en *-ar,* atrajeron a unos cuantos acabados en *-dar* o *-tar,* como andar *andide,* demandar *demandit* (§ 107₄ ᵇ), catar *catido,* entrar *entridiere.*— Todos perdidos modernamente menos *dió.*

Dedi y steti son los únicos perfectos con reduplicación que dejaron descendencia. Todos los demás· vendĭdi, momordi, totondi, tetendi, pependi, fefelli, cucurri, cecĭdī, etc., rehicieron un perfecto débil.

3] Los perfectos en *-UI* son los ordinarios de los verbos -ĕre, y se perdieron en gran cantidad: timui, salui, ferbui, cooperui, aperui...; hasta los conservados en otros varios romances, dolui, debui, valui, parui, se hicieron débiles en español, lengua que con el portugués son particularmente refractarias a la flexión fuerte. Pero bastantes dejaron descendencia, como habui, sapui (a pesar que el latín tenía también el débil sapīvi), etc. (1).—De estos verbos, los que tienen vocal temática *A* la hacen o por atracción de la *u* postónica (§ 9₃): *ove* habui, *sope* sapui, *cope* *capui (por cĕpī, de capio), *yogue* jacui, *plogue* placui, *troxe* *traxui (por traxi, de traho).—Los verbos con *O,* al mezclarla con la *u,* la hacen u: *pude* pŏtui, *puse* pŏsui, *conuvo* *conovui (por -ovi, de cognosco). Para la *p* de *sopo, copo* frente a la sonora en *plogo, pudo,* véase § 47₃; el portugués tiene siempre sonora: capuī *coube,* sapuī *soube,* jacuī *jougue,* placuit *prougue,* pŏtuit *pôde,* comp. § 113₂ ᵉ.—Los verbos con *E* temática prescindieron de esta vocal para asimilarse ora a o**vo,**

(1) F. Hanssen, *Ueber altspanischen Präterita von typus «ove, pude»,* Valparaiso, 1898.

ora a *pude,* según su consonante final fuese *v* o *d*, y a veces prescindieron también de su consonante etimológica para adoptar cualquiera de las sílabas **-ov-, -ud-;** así, *crevui (por crevi, de cresco) dió *crove, crovo;* trǐbuit *atrovo;* *cre-(d)uit (por credǐdi, de credo) *crovo, crovieron;* se(d)ui (por sēdi, de sedēre) *sovo;* te(n)ui *tovo* o *tudiere;* *stetuit (junto a stetit), ora *estovo,* ora *estudo,* e igual *andovo* o *andudo.* La mezcla de las dos vocales *o* y *u* así como la preferencia de la lengua moderna por la *u* protónica (§§ 16 y 20₂), trajeron la uniformación en **u**, única vocal que conocen los perfectos que hoy se conservan: *hube, supiste, plugo, cupimos, trujiste* (sólo dialectal), *tuvieron, estuviera, anduviese,* de igual modo que *pude* y *puse.* Los otros verbos abandonaron su tema fuerte, ateniéndose al débil *yací, conociste, creció, atrevimos, creísteis.*

4] Los perfectos de *-SI* se perdieron también en gran número; -ēre: arsi, torsi; -ěre: planxi, junxi, strinxi, sumpsi, rexi, erexi, direxi, finxi, y los que se conservaron no resistieron mucho, olvidándose casi todos en la época moderna del idioma. Hasta ahora duran dīxi *dixe, dije;* dūxi, *a-, con-, re-duje;* traxi † *traje;* *quaesi (por quaesii, de quaero) *quise.* Pero hoy se sustituyen por débiles otros perfectos fuertes antiguos: *requisiemos,* hoy requerimos; *conquiso* (de conquerir) hoy conquistar; mīsi *mise,* metí; rīsit *riso,* rió; remansit *remaso,* hoy incoativo, remaneció; destrūxit *destruxo,* destruyó; cīnxit *cinxo,* ciñó; tīnxit *tinxo,* tiñó; scripsit *escriso,* escribió; cōxit *coxo, coxiere,* cocíó; *tanxit (por tetǐgit) *tanxo,* tañó; *fūxit (por fūgi) *fuxo,* huyó; *presit (por prēndit) *priso, apriso,* prendió; *dispesit (por dispendit) *despiso,* comp. expendió; *resposit (por respondit) *respuso,* respondió, si bien éste se conservó hasta

hoy en la forma *repuse* (comp. repuesta por respuesta), que
se creyó del verbo *reponer:* «podrá decirse eso, pero es fácil
reponer que...».—Respecto a la vocal temática debe advertirse que como la mayoría de los verbos citados tenían
ū o ī temática, se asimilaron a ellos los que no tenían ninguna de esas dos vocales (§ 105₁): †*quise* y †*repuse;* además
†*prisist,* †*priso,* que ya hacía etimológicamente la pers. Yo
prise prēsī (§ 11₂). Aparte debe citarse vixit, que dió un
perfecto fuerte culto, trastrocando la doble consonante *x* en
sc: ant. *visque, visquiste, visco,* etc.; a semejanza de éste
también se dijo antiguamente *nasco, nasquiestes,* etc.

5] De los perfectos con inflexión vocálica se salvaron
menos, pues lēgi, vĕrti, frēgi, sēdi, vīci, rūpi, recēpi, etc., se
perdieron, y sólo cuatro se transmitieron a los romances, los
cuales subsisten en el español moderno. El resultado fonético
de fēcī es *fize* (§ 11₂), el de fēcīstī *feziste,* fēcit *fezo,* y en
plural *fezimos* o *fiziemos* (§ 18₂), *feziste* o *fiziestes, fizieron;*
pero en el mismo siglo XII se practicaba ya la uniformación
†*fizist,* †*fizo* (§ 105₁), que rige hoy: *hice, hiciste, hiciese,* etc.;
sin embargo, la generalización de esas formas analógicas
no se consumó hasta bastante tarde, pues Nebrija aún usa
en su Gramática las formas etimológicas *hezimos,* etc. En
igual caso está vēnī, que al lado del etimológico *vin, ve-
nist, veno, viniemos,* tuvo ya desde los más antiguos tiempos las formas analógicas †*viniste,* †*vino.* Por su ī no tuvo
estas vacilaciones: vīdī *vide* (conservado hoy en el habla
vulgar), *vid,* mod. *vi;* vīdīstī *viste;* vīdit *vido* (hoy vulgar), *vío* (en los textos antiguos consonante de río), moderno *vió* (§ 6₂); *viemos* o *vimos,* etc. En fin, fūī ofrece un desarrollo complicado porque supone dos etimologías; al lado
de la forma literaria existía otra contracta vulgar; ambas

salvo en la persona Yo, llevaban vocal breve inexplicada:

fŭī	*fúe, fúi, fué* (vulgar en Asturias, Salamanca y Bogotá), †*fui*		
fŭīstī	*fuiste* (§ 11₂), †*fuesste*	fŭstī	*fust(e)*, ast. †*fosti*
fŭit	*fúe, fu,* leon. ast. *foy,* **fué** (1)	fŭt	*fo*
fŭīmus	*fuemos,* †*fuimos*	fŭmus	*fomós,* †*fumus*
fŭīstis	*fuestes,* †*fuistes*	fŭstis	*fostes,* †*fustes*
fŭērunt	*fueron*	fŭrunt	*foron,* †*furon*

Todas estas formas existían en la lengua antigua y hoy
se conservan dialectalmente; las formas analógicas buscan
la uniformidad de la vocal, que la lengua literaria en tiempo de Nebrija lograba así: *fue, fueste, fue, fuemos, fuestes,
fueron;* pero para el triunfo del paradigma moderno se tuvo
en cuenta el perfecto ordinario: *temí, temimos, temisteis, te-
mieron.* En los tiempos afines existían las tres formas: *fuera,
fora,* †*fura; fuesse, fosse,* †*fusse,* etc.; pero prevalecieron las
formas con *e* por contar con la analogia de los verbos *-er,
-ir: temiera,* etc.

6] En el habla dialectal y vulgar se confunden a veces
el tema del perfecto fuerte y del presente. El gerundio toma
el tema del perfecto fuerte: *supiendo, hiciendo, dijendo, qui-
siendo, hubiendo, pusiendo, fuendo* 'yendo', *trajiendo* se hallan en Aragón, Salamanca, Santander y hasta en el pueblo
madrileño se dice *supusiendo, hiciendo;* en el habla culta hay
un solo caso *pudiendo,* § 105₈. También el tema débil invade el perfecto fuerte: *punierun, punieran, cabiera, escribidu*
(§ 122₈) en la montaña de León y otras comarcas.

---

(1) La razón de la *e* final, etimológica, pero excepcional (véase § 120₁),
es que la *u* precedente hizo que *fuo* o *fué* confundiese su diptongo con
el de la ŏ (§ 13₁). Para *foy* y *fué* véase § 14₈.

EL PARTICIPIO PASADO

121. EL PARTICIPIO DÉBIL.—1] En el participio pasado, los verbos *-ARE, -IRE* siguen los tipos latinos:

cant-ātu *canta-do*   dorm-ītu *dorm-ido*

Para la pronunciación usual *-ao* frente a *-ada*, pág. 100. Estas dos terminaciones *-ado, -ido* se aplican hoy sin confusión alguna entre sí, pero en textos de los siglos XIII o XIV se hallan algunos verbos *-ar* con participio *-ido: robido, amodorrida, desmaido* (1), y en asturiano oriental subsiste *condeniu* por *condenado;* comp. lat. domare, domĭtus, crepĭtum, y en Varrón dolitus por dolatus. También para los verbos *-ar* hay un participio sin sufijo, muy común en italiano y no desconocido en el español dialectal, si bien con uso preferentemente adjetivo: en el habla vulgar se dice «está *pago*»; en Aragón y los judíos de Oriente, «estoy *canso*»; en antiguo aragonés, «el día era *nublo*»; en Segorbe, «estar *abrigo*»; en Alba de Tormes, *siento* por sentado, dicho del tiempo tranquilo. En la Crónica General de España se halla «traye el pie *corto*» por cortado, y en Miranda se usa *curto* en igual sentido.

2] Los verbos *-ERE* carecían, como en el perfecto, de la correspondiente forma débil de participio pasado -ētum; los pocos verbos que la tenían la perdieron en romance: implētum (impleo pasó a verbo *-ir),* flētum, delētum, quiētum (sólo vive adjetivado *quedo);* por esto el participio de

---

(1) Véase H. R. LANG, *Cancioneiro gallego-castelhano,* New-York, 1902, tomo I, pág. 169.

-ere se tomó de la conjugación -*ir*, lo mismo que el perfecto; así, *metido* por mĭssum, *corrido* por cursum, *vendido* por vendĭtum, *habido* por habĭ:um, *cabido* por captum, etcétera; comp. en latín quaesītum, capessītum. La forma propia de la conjugación -ere es -ŪTUM, que correspondía en latín a algunos verbos -ĕre con perfecto -*ni*: statūtus, consūtus, minūtus, acūtus, tribūtus *atrevudo*, battūtus *batudo*, y analógicos: *conosçudo, vençudo, esparzudo, ardudo, sabudo, defendudo, ascondudo*; esta forma -**udo**, muy común en el siglo XIII, y que en otros romances es la regular de los verbos -*er*, vino muy luego a ser desusada en español.

122. PARTICIPIOS FUERTES. — Pueden dividirse en dos clases:

1] Terminados en -*SU*, escasos en español. Antiguamente se usaban prēnsu *preso*, expēnsu *espeso*, defensu *defeso*, y analógico *repiso* junto a *repentido;* pero modernamente sólo se usa *preso*, y el culto *impreso* junto a *imprimido*. Como simples adjetivos viven ĭncēnsu *enceso*, rasu *raso*, tēnsu *teso* y *tieso, confuso, circunciso*, y como sustantivos *dehesa, remesa*.

2] Terminados en -*TU*.—En -*S'TU* hay pos(I)tu *puesto,* *vistu (por visum) *visto*, y analógicamente el participio débil quaesītum se convirtió en el adjetivo *quisto*.—En *L'TU* choca también hallar dos participios débiles hechos fuertes: vŏlūtu, *voltu (§ 25₁) *vuelto*, y sŏlūtu *suelto* (lo mismo en los compuestos *ab-*, *re-*, *di-suelto);* además *fall(I)tu (por falsus) *falto*, adjetivo; *toll(i)tu (por sublatum) *tuelto*, anticuado. — En -*RTU:* *abierto, cubierto, muerto;* como simples adjetivos expergĭtu *despierto*, tortu *tuerto*.—En -*PTU:* scriptu *insc-*, *prosc-*, *escrito*, ruptu *roto*.—En -*CTU:* dĭctu *dicho*, façtu *re-*, *contra-hecho, sa-*

11.

tisfecho; frīctu *frito,* y como simples adjetivos subsisten los participios antiguos *cocho* coctu, *trecho* tractu (junto a *maltraído*), *ducho* ductu, *correcho* correctu.—En -*NCTU* subsisten como adjetivos o sustantivos tres, que antes eran participios: *tinto* tīnctu, *cinto* cīnctu, *junto* junctu.— En $^{vocal}TU$ sólo hay ītu *ido,* y el anticuado natu *nado,* usual antes junto al moderno *nacido.*

3] En cuanto al tema, si bien *preso* se aparta del perfecto *priso,* se igualan con él *quisto, miso, dicho,* los cuales debieran llevar *e;* el último no deriva de dīctu, que hubiera dado *dito (§ 50₁, port. *dito*), sino de dīctu, ital. *detto,* leon. *decho,* forma que también debió existir en castellano prehistórico. La tendencia uniformadora se manifiesta en la creación de los participios débiles modernos, en vez de los fuertes arcaicos indicados, y en la admisión de duplicados, como *rompido, freído, proveído,* que probablemente acabarán por desterrar a los fuertes correspondientes. Los dialectos avanzan más en este camino, usando *decido, escribido, ponido, volvido, morido.* Mas rara es la uniformación prefiriendo el tema del perfecto *dijido,* sistema que se extiende extrañamente a otros participios débiles en su origen, como *supido, tuvido;* en la Celestina se halla *quesido,* forma que aun para Valdés era opinable frente a *querido.*

EL FUTURO Y EL CONDICIONAL

123. Su formación e historia.—1] Entre los tiempos de creación romance (§ 103) sólo merecen examen los compuestos de infinitivo + presente o imperfecto indicativo de *haber,* por haberse verificado entre sus dos elementos una fusión más íntima que en los otros. El auxiliar *haber* reviste las formas contractas que hemos apuntado ya (§§ 116$_2$ y 117$_4$). El infinitivo se antepone proclítico al auxiliar, quedando así la vocal de la sílaba *-ar*, *-er*, *-ir* en calidad de protónica; y como la *a* no se afecta por esta cualidad (§ 23), los verbos *-ar* unirán simplemente el infinitivo al auxiliar: *cantar-é*, *-as*; *-ía*, *-ías*, etc., pero la *e* o la *i* protónica debe perderse (§ 24).

2] Y en efecto, la lengua de los siglos xii-xiv (1) perdía la *e* o *i* de los verbos *-er*, *-ir*: —*a)* cuando la consonante final del verbo podía unirse simplemente a la *-r* del infinitivo: **b-r**, *concibredes*, *recibrían*, *bevrás*, *vivrán*, *movrien*; **r-r**, *conquerrá*, *ferredes*, *parrá*; **d-r**, *comidrán eñadrá*, *cabrá*; **rd-r**, *ardrá*, *perdrás*; **rt-r**, *partriemos*; **nd-r**, *prendrie*, *rendriedes*, *entendremos*, *fendrá*; **nt-r**; *repentremos*, *consintrá*, *mintrien*. —*b)* cuando la unión de ambas consonantes exigía alguna epéntesis o metátesis que desfiguraba el tema: **m-r**, (§ 59$_2$), *com-b-ré*; **n-r**, (§ 59$_4$), *reman-d-rán*, *pon-d-rá* o *pornú*, *verná*, *ternía*, también *porrá*, *verrá*, *terría*, o simplemente *ponrá*, *venría*, *tenrá*; **l-r**, *mol-d-rie doldrá* (vulgar hoy en España y América); *faldrá*, de fallir; *toldrien*, de toller, o simplemente *salré*, *valrá*. En el caso de **z-r**, o se usaba la simple unión: *yazremos*, *dizré*, *luzrá*, o la epéntesis de la dental sonora (como sonora era la *z*, § 35 bis$_2$): *yazdrá*, *bendizdré*, o la supresión de la fricativa: *diré*, *adurá*; en el caso de **ç-r**, o simple unión: *creçrá*, *pareçredes*, *vençriemos*, o la epéntesis de la dental sorda (pues sorda era la *ç*, aunque ella luego se

---

(1) J. Cornu, *Recherches sur la conjugaison espagnole au XIIIe et au XIVe siècle* (en la Miscellanea di filologia e linguistica in memoria di N. Caix e U. A. Canello, Firenze, 1886, pág. 217). Se añaden arriba algunos casos más. Vease también *Cantar de Mio Cid*, 1908, págs. 285-287.

hiciese sonora al quedar final de sílaba, § 63₂ₐ): *falleztrá*, *conoztría.*—Pero la tendencia a mantener entera la forma del infinitivo hizo ir olvidando todas estas contracciones a partir del siglo xiv. La lengua moderna sólo conserva estos casos esporádicos: *hab'ré, habrás, habría,* etc., *cab'rá, sab'ré, quer'ré, pod'ré, ven'd-ré, pon'd-ré, ten'd-ré, val'd-ré, sal'd-ré* y *di're;* con este último no es de comparar *haré,* porque no envuelve el infinitivo *hacer,* sino el contracto *far,* usual antes junto a *fer* (§ 106₄). La misma tendencia a mantener entero el infinitivo coexistía en el siglo xiii con la contracción, y no sólo se decía como hoy *morirá, temerás,* etc., sino *haberé, saberás* (usual hoy en Salamanca), *podería, saliré.*

3] La lengua no perdió el sentido de la composición de estos tiempos sino muy entrada la Edad Moderna. Hasta el siglo xvii se admitía la interposición de uno o más pronombres entre el infinitivo y el auxiliar: *venir vos edes* por *os vendréis, dar le has* por *le darás, dezir uos lo he, traer nos lo ha; holgaros híades;* en port. mod. *dar-lhe-has, ver-me-hia.*

DERIVACIÓN VERBAL

Podemos considerar la derivación inmediata o sin sufijo, la mediata, la prefijación y là composición.

124. La derivación inmediata se hacía en latín agregando inmediatamente las terminaciones de la flexión verbal al nombre de que se quería sacar un verbo: color-are, autumnare, pens-are (del participio de pendo), alb-ēre, fid-ĕre, fin-īre-.—Pero los romances no admitieron derivación en

-ere; sólo en -are, -ire, prefiriendo -are: así, que en vez de fidĕre, el latín vulgar dijo fidare *fiar;* en vez de studēre, *estudiar,* en vez de invĭdēre, *envidiar.*—Además, el español rechaza también muchos derivados en -ire, cuando advierte la derivación; así, que de finīre dijo *finar;* de custodire, *custodiar;* de gratīre, aunque en el siglo XIII se conservaba *gradir,* luego fué desterrado por *a-gradar.*

Claro que cuando no se advierte la derivación subsiste -*ir,* como en *engullir* de ingul-io, aunque otros romances derivan de *in-gŭlare; aturdir,* de tŭrdus; *enfutir,* de fortis. El español concentra, pues, la actividad toda en -*ar,* para formar derivados lo mismo de sustantivos: *gran-ar, card-, roci-, escud-, ocasion-, parlament-, fech-, dat-, fusil-, timbr-,* que de adjetivos: *igual-ar, grav-, extrem-, limpi-, vaci-, llen-, mejor-.* Se asocia con la prefijación, § 126₈.

125. DERIVACIÓN MEDIATA.—El latín aplicaba a los sufijos todas las conjugaciones: caec-utire, balb-utire, fac-essĕre, cap-essĕre, incip-issĕre, amat-urire; pero ya la mayoría seguían la conjugación -are, única que el romance conoció, exceptuando sólo el caso del sufijo -scĕre.

1] -*SCĔRE,* de significación incoativa, clar-esco, flor-, es de gran vitalidad en romance. El español, a muchos verbos en -*ir* creó un doble en -*ecer: fallir* y *fallecer, seguir* y ant. *seguecer, adormir* y *adormecer, aburrir* y *aborrecer, pudrir* y *podrecer,* y en general la forma incoativa hizo olvidar la simple en -*ir;* así, *contecer* desterró al anti·cuado *cuntir; bastecer* hizo olvidar a *bastir, establecer* a *establir, endurecer* a *endurir, embravecer* a *embravir, enflaquecer* a *enflaquir, agradecer* a *gradir, padecer* a *padir.* Lo mismo en derivados de verbos germánicos: *escarnecer,* ant. *escarnir; guarecer,* ant. *guarir; guarnecer,* ant. *guarnir.* Este sufijo da las únicas formaciones nuevas de la conjugación *-er*, que son generalmente de adjetivos: *oscur-ecer*, *verd-*, *fortal-* (adjetivo desconocido), *empobr-*, *emblanqu-*, *envej-*, *envil-*, *embell-*, *ensord-*, *amort-*, aunque también de sustantivos: *vell-*, *favor-*, *tard-*, *enmoh-*, *encall-*, *ensarn-*, *embosqu-*, *aman-* (ant. *man* por *mañana*). Un prefijo ayuda muchas veces la derivación en este sufijo (§ 126$_3$). Para la conjugación especial de este sufijo y verbos analógicos, véase § 112$_3$.

2] Los sufijos *-are* son muchos. Los más importantes son: —*a*) *-ICARE*, *auctor- *otorgar*, mast- *mascar*, *caball- *cabalgar*, *matur- *madrugar;* es sufijo muerto que no produjo nuevos verbos desde el período histórico de las lenguas romances. —*b*) También es muy antiguo *-NTA-RE*, tomado del participio presente para formar factitivos: el latín clásico no admitía esta derivación sino en praesentare, pero el vulgar la practicaba mucho, de donde expaventare *espantar*, sedentare *sentar*, *acrece-*, *apace-*, *quebra-*, *cale-*, *ahuye-*, etc. —*c*) Los dos sufijos propiamente activos de los romances eran desconocidos del latín clásico, y salen del griego -ίζειν, que designa una imitación (έλληνίζω). El latín vulgar, en la época imperial lo acogió en la forma *-ĬDIARE*, en español *-ear* (§ 53$_3$) que es el sufijo más comúnmente empleado, a veces junto al derivado inmediato y sin diferencia de significado: *colorar*, *colorear*, o con diferencia: *pasar*, *pasear*, *plantar*, *plantear;* estas formaciones son numerosísimas y siempre crecientes, para crear toda clase de verbos nuevos: *blanq-ear*, *amarill-*, *guerr-*, *cabec-*, *zapat-*, *señor-*, *victor-*, *cañon-*, *telefon-;* para acentuaciones y confusiones, véase § 106$_8$. El mismo sufijo griego, interpretado por los autores eruditos de la decadencia, fué *-IZARE;* así, baptizare *bautizar* (pero bapt-idiare *ba-*

tear), latinizare *latinizar, barbar-, juda-, español-, colon-,
autor-, sutil-, suav-*, etc.

126. PREFIJACIÓN.—1] El antiguo latín, al modificar un
verbo con un prefijo, acentuaba éste y debilitaba la vocal
temática: ā en *e* o *i* (ex-, con-spergĕre, per-ficĕre); ĕ, ae en
i (com-primĕre, in-cidĕre); au en *u* (ex-clūdere); pero ya en
latín mismo hubo en época posterior la tendencia a mantener la identidad del tema, y así llegó a decirse luego c o n -
s a c r a r e por consecrare; c o n q u a e r ĕ r e por conquirere, y
nunca se dijo sino p r a e - p a r o, com-placeo (frente a
dis-pliceo), ex-pendo. El romance siguió esta tendencia:
consagrar, conquerir, preparar, etc., y muchos verbos con
vocal reducida los compuso de nuevo, así por r e f i c ĕ r e dijo
rehacer; por attingĕre, *atañer;* por re-, de-cīdĕre, *re-,
de-caer;* retĭnēre *retener.* Sólo cuando la composición no
fué sentida por la lengua, se mantuvo la reducción de la
vocal, como en re-, c o n - c i p ĕ r e *re-, concebir,* c o m m e n d a -
re *encomendar;* los demás romances rehacen c o m a n d a r e
como d e m a n d a r e. No es excepción el corriente c o m p a -
rare hecho en vulgar c o m p e r a r e, pues la *e* no obedece
a la composición (§ 23). También en el acento del tema
verbal con prefijo el romance busca la identidad con el
mismo tema cuando no tiene prefijo (§ 6₈).

2] No sólo los prefijos latinos que han subsistido en
romance como partículas independientes son aptos para la
formación de verbos nuevos; alguno de los prefijos **insepa-
rables** del latín ha persistido útil para la composición,
como dos que merecen citarse entre los más fecundos: *RE-*
señalando repetición: re-nŏvo, renĕgo, redūco, resŏ-
no, relūceo, *recontar, recortar, retoñar, recomponer;* y
DIS- indicando separación: dis-puto, diffīdo, *descon-*

fiar, descoser, deshonrar, deshacer; nótese que dis- conservó siempre en latín vulgar su *s,* cuando en latín clásico
la perdía ante consonante sonora, y no conoce sino el sentido de separación, aunque antes tenía a veces el de refuerzo; así dīlucēre fué sustituído por *deslucir,* y claramente
se nota la antigüedad de ambos cambios en verbos cuyo
simple no se conservó en romance, como en dīlĭgere 'escoger, preferir', que pasó a dislĕgĕre 'disgregar' *desleír*
(comp. abajo el ant. *esleír);* además, dis- suplantó a dē:
deviare *desviar,* dedignari *desdeñar.*—De los prefijos
separables latinos merecen citarse *AD-:* adduco, attén-
do, accurro, *adbattĕre, apparesco, *acometer, asal-
tar, acoger. IN-:* implico, includo, impedio, inclīno,
involvo, *emprestar, encubrir. EX-:* excoquo, exspīro,
exsucare, excurro, *escoger, estirar,* conservando su forma intacta; así, en vez del clásico elīgĕre, el latín vulgar
decía exlegere, de donde el ant. *esleír,* con el sentido del
moderno culto *elegir; esforzar* prueba también que el latín
vulgar no decía *effortiare. *PER-* indica perfecto aca-
bamiento de una acción, o insistencia en ella (comp. § 79₃),
como en latín clásico persĕquor *perseguir,* y en latín tardío perdonare *perdonar; perfumar; percatar* del anticuado
catar 'mirar'; *pergeñar* 'ejecutar algo ingeniosamente', del
ant. *(en)geño;* prefijo muy usado en leonés, *percegar, persa-
ber, percanzar* 'alcanzar completamente', de donde el postverbal *percance* 'gaje, ventaja' que pasó a la lengua común
con sentido irónico 'contratiempo'. *SŬB-* tomó muy diversas
formas en romance: *so-, son-, sa-, san-, za-, zan-, cha-;*
ejemplos: sŭccŭrro *socorrer,* sŭmmĭtto *someter, sojuz-
gar,* etc. conservan la forma latina; pero además sŭb se
nasalizaba, influído por cum, in, non (§ 128₄), sobre todo

como prefijo: *sonsañar*, ant. *sosañar; sompesar* junto a *sopesar;* s u b r i d e o *sonreir; sonsacar*, ant. *sosacar;* por otra parte la *o* protónica se hace *a* (§ 20₃), *sancochar*, en Ávila *soncochar;* s u f f ū m o *sahumar*, ant. *sofumar;* y también la consonante se altera (§ 37₂ ᵦ, ᵧ): *subbŭllire *zabullir, zambullir;* *sŭffŭndare *zahondar*, sŭppŭtāre *chapodar* (1).

3] El papel principal de los prefijos no es el de unirse a los verbos latinos para modificar su sentido; más fecundos son para formar parasintéticos (§ 88₃). Éstos son verbos nuevos de temas nominales logrados mediante la derivación inmediata acompañada de un prefijo: e f - f e-m i n a r e, i n - c a r c e r a r e, *a-mujerar, a-barquillar, con-graciar, des-corazonar, en-, des-cabezar, en-, des-carrilar, embarcar, re-trasar, re-patriar, en-si-mismar, son-rosar, sonrojar, cha-puzar*. Nótense los muchos verbos con prefijo y sin sufijo que tienen otro derivado sin prefijo y con sufijo *-ear*, como *em-plumar, plum-ear*, y lo mismo *em-bromar, encartar, a-puntar, a-cordar, a-rrastrar, a-ojar, a-sombrar*. A veces también la derivación mediata se acompaña de prefijo inexpresivo, como *a-pedr-ear, a-pal-ear* (frente a *em-pedrar, em-palar*), *acrecentar, amamantar, amedrentar, agradecer*, añadiéndose el prefijo aun a muchos verbos ya derivados latinos: *a-nochecer* por n o c t e s c o, *a-dolecer* por d o l e s c o,

_____

(1) Las voces cultas conservan la forma latina del prefijo: *disputar, disentir, inhibir, explorar, suceder, suscribir, suspirar* (ant. *sospirar), subrayar.* No obstante, d i m i n u e r e es *disminuir*, como d e f o r m i s *disforme.—*H. Schuchardt, en *Zeit. für rom. Philol.* XXXV, pág. 89, explica *son* por cruce de s u b + c u m.—A. Thomas, en *Romania*, XXXV, página 577, cree *son* derivado de *som* < s u m m u usado adverbialmente (pero *sonreir* es menos que *reir*, y el arag. *sondormir* es 'dormir ligeramente, dormitar').—M. de Unamuno, en *Homenaje a Menéndez Pidal*, II, pág. 59, cree *son* derivado de *so* + *en*, *sa* de *so* + *ad*, y *san* de *son* + *sa*.

a-, *es-clarecer*, *en-calvecer*, *en-canecer*, *en-sordecer*, *en-terne-
cer*, *en-vilecer*; no obstante, la derivación mediata tiende a
prescindir del prefijo cuando no es claramente expresivo;
así han perdido su prefijo *en-cabal-gar* incaballicare,
es-calentar, *en-prestar*, etc., que se usaban antes.

4] Además de la falsa suposición de prefijo o de la equivocación del mismo (*escuchar*, *esconder*, § 174; *enmendar*,
suponiendo en emendare prefijo in-, en vez de ex- o
e-) y además del trueque (*convidar* invitare), debe tenerse
muy en cuenta la acumulación de prefijos, pues a menudo
los compuestos latinos ofrecían al romance aspecto de simples, que se prestaban a nueva composición. Así, cŏm-
-edĕre pudo agregar de nuevo el mismo prefijo haciendo
con-comer; aparecía como un simple con-sŭĕre *coser*, y en
vez de disŭĕre se dijo *des-coser*, *des-consolar*; sumando
dos prefijos contrarios, como en vez de dif-fidĕre se dijo
desconfiar (más anómalamente, ya que existe el simple *fiar*).
Son frecuentísimos los casos de acumulación, como *de-
ex-pergitare *despertar* por expergere, *in-com-, *ex-
com-initiare *encomenzar*, *escomenzar*, etc.; ya en latín se
decía in-com-mendare *encomendar*. Sobre todo es de
considerar el caso de in-ex-; se comprende que ex ante
s- buscase su salvación trocándose en *en-*: exsicare *ense-
car*, exsucare *enjugar* (§ 37₂ᵦ); pero también sin *s-* siguiente hallamos *exaltiare (por exaltare) *ensalzar*, exa-
minare *enjambrar*, *exaquare (por exaquescĕre) *en-jua-
gar*, *ex-albicare (por exalbare) *en-jalbegar*. Véase el
§ 85₂.

127. Composición propiamente dicha. —Es muy pobre.
El latín componía verbos con facĕre de segundo elemento,
procedimiento no imitado en los romances, salvo casos

aislados: calefacĕre, *calefare *escalfar*, y muchos en
-fĭcare que dan derivado en *-iguar* (§ 18$_2$): *sant-iguar,
apac-, amort-, aver-, atest-,* y ant. *much-, abon-, fruch-, viv-
-iguar,* etc. Con un tema nominal: manumittĕre, manū-
tĕnēre *mantener;* manifestare, ant. *manfestar* (mod. culto
manifestar, ambos sin valor de compuestos, como tampoco
zaherir, § 67$_1$), *maniatar, alicortar, perniquebrar.* Con dos
temas nominales: *mancornar, machihembrar, justipreciar*
Con preposición y nombre: *compangar,* que debe ser del
latín vulgar *compan-icare, forma muy antigua a juzgar
por el sufijo (§ 125$_{2\,a}$).

CAPITULO VIII

128. Adverbio.—1] Los adverbios latinos se conservan en gran número: adhuc *aun*, arag. *adú;* ante, ant. *ante*, mod. *antes;* cĭrca *cerca*, hodie *hoy*, jam *ya;* non, anticuado *non*, mod. *no;* quando *cuando;* quōmodo *cuomo*, *cuemo*, *como* (§ 39₄); sic *si*, tantum *tanto;* en fin, magis, que tenía una forma acentuada, ant. *maes* (según el § 43₁), *mais* y *mes* (según los §§ 28₂ y 9₂), *mayes* (para la *y*, v. § 69₁) ninguna de las cuales ha sobrevivido, perdurando sólo otra forma átona por proclisis *mas *mas*, cuyo primer ejemplo ocurre ya en el primer texto romance, las Glosas Emilianenses del siglo x. Además debemos mencionar importantes adverbios latinos, vivos aún en el romance antiguo, pero hoy olvidados: aliquando *alguandre* (sólo en frases negativas: «nunquas alguandre» ninguna vez, jamás), cras *cras*, ĭbĭ *i* (que debió tener una forma *ive, comp. abajo *ove* y *o);* inde *ende*, *end*, *en;* post *pues* («nin pues nin ante non ovo compañera»), prŏpe *prob* («Sanct Per de Cardenya prob de Burgos»); ŭbĭ en el periodo primitivo *ove*, junto a la forma contracta *o* (como *tive* junto a *ti*, § 93₁); unde *onde*, *on;* sūrsum, vulgar sūsum, *suso*, y la vocal acentuada de éste influyó para que deorsum, vulgar deōsum, dejase de decirse *yoso,* como se dijo etimológicamente, para hacerse *yuso.*

2] En el latín antiguo o imperial aparecen las combinaciones de **preposición y adverbio**: abante, deintus, deforis, demagis, extunc, inante, insursum, perinde, y los gramáticos del imperio censuran algunas de estas combinaciones y otras por el estilo, como «de post illum». El romance continuó practicando esta unión: *afuera, de fuera;* deintro *dentro, adentro, de dentro; demás, a demás;* extunc, ant. *eston;* extŭncce, ant. *estonce;* intuncce *entonces;* ant. y vulgar *enantes;* deinante *denantes* (ital. *dinanzi,* prov. *denan), delante, adelante; porende;* depost, ant. *depués;* de-ex-post *después;* detrans *detrás, atrás;* ad-ĭllic *allí,* ad-ĭllac *allá,* ad-hic *ahí,* y los anticuados ad-vix *abés, acerca, ayuso, desuso, dende,* rĕtro *arriedro,* etc.—Otras combinaciones: la **conjunción** dŭm con el **adverbio** intĕrim da *domientre,* que, confundido con los compuestos con *de-,* fué *demientre, demientres,* y como hay tantas dobles formas, como *demás, más, dende, ende, de fuera, fuera,* etc., se creó una *mientre* o mod. *mientras,* fruto de falso análisis de prefijo (§ 85₂). **Dos adverbios**: jam magis *jamás,* eccum (arcaico y vulgar por ecce eum)+hīc o hāc o ĭnde o ĭllāc *aqui, acá, aquende, acullá,* y analógicamente ellum (arcaico por en illum) + ĭnde *allende,* si no viene de adĭllic + ĭnde; la *a* de todos estos compuestos quizá es la conjunción ac o la preposición ad antepuesta. **Preposición y nombre**: ad satiem *asaz, aprisa, de prisa.* Con un **verbo**: *qui sabe, qui sab,* mod. *quizá.*

3] Lo que apenas conservó el romance fueron los modos de formación adverbial que usaba el latín. Las termina-

ciones -ter (firmĭ-ter, turbulenter), -e del antiguo caso
instrumental (certe, firme, turbulente), -im de antiguos
acusativos (cert-im, conjunctim, partim, passim), -tus (caeli-
tus, radici-tus), se han perdido en romance: sólo hay derivados aislados del adverbio en -*E*: bene *bien,* male *mal,*
longe *lueñe,* tarde *tarde;* siendo también notables dos
acabados en -*ĬCE* para indicar idiomas: romanĭce *romance,* vascŏnĭce *vascuence.*—El romance formó sus adverbios nuevos mediante la combinación del sustantivo mĕn-
tem, ant. *miente, mientre,* mod. **mente,** y un adjetivo
antepuesto, *buenamente, fieramente,* que de expresiones en
que *mente* tiene su sentido propio, pasó a toda clase de
usos: «corría *velozmente»,* etc. La lengua antigua se servía
también de **guisa** (germ. wīsa): «lloráronle muy fiera guisa», como en alemán gleicherweise, folgenderweise, y en
inglés otherwise, anywise. Como el latín hacía adverbios
de adjetivos: ablativo certo, cito, directo, multo;
acusativo neutro multum, tantum, minus, secundum,
commodum, etc., así el romance no sólo conservó *cedo,
mucho, tanto, menos, segundo,* etc., sino que formó otros de
cualquier adjetivo: *fuerte, poco, algo,* «ella hablaba *recio»,*
etcétera. **Participio**: *durante, mediante; recién* (§ 1154). El
sustantivo ablativo lŏco 'en lugar oportuno, a tiempo, inmediatamente' *luego.* Numerosas frases de **sustantivo** o
adjetivo con preposición: *a menudo, de pronto, de frente;*
ant. *de so-uno, de con-so-uno,* mod. *de consuno.* **Sustantivo
y adjetivo**: además del latino quōmŏdo, hay los ablati-
vos hāc horā *agora* (pero con preposición: ad horam,
ant. *aora,* mod. *ahora);* ipsa hora, ant. *essora;* hoc anno
ogaño; tota via *todavía,* y los romances *este año, aquella
noche, otro día.*

4] La analogía fonética se deja sentir en los adverbios. La -s de *menos, más, jamás, despues, atrás,* y de los anticuados *fueras* foras, *amidos* invītus, *avés* (§ 62₂), *cras, aprés* appresum, se propaga a *antes, entonces, mientras, quizás,* al árabe *marras,* a los anticuados *nunquas, certas, sines* (por *sin,* usado a veces como adverbio: «sines de licencia») y a las frases *a ciegas, a tontas, de veras, a hurtadillas, a pie juntillas,* ant. *aosadas,* arag. *de noches, de baldes,* en el Somontano *seguntes,* de *segunt* por *segund* (§ 63₂ₐ).— La -n de los adverbios *non* ant. por *no, bien,* y de las preposiciones *en, con, sin* se extiende a *aun* por *adú* arag., y a los anticuados *allín, assín* (port *assim,* prov. *aissim,* mod. *ausin), otrosín,* así como a la conjunción *nin* por *ni* (con *ninguno)* y a la preposición anticuada *son,* en vez de *so* sŭb: «son el Carrascal» 'bajo el Carrascal', documento de Toledo, año 1258.—La -a de *contra, nunca, fuera,* etc., influyó en *mientra,* mod. *mientras* por *domientre;* en el anticuado y dialectal, *ansina, asina;* en el mirandés, *allina, aquina;* estas dos últimas formas usadas también en Astorga además de *ahina,* 'ahí'.

129. Preposición.—Las principales latinas se conservan: ad *a,* arag. *ad* (§ 62₂); ante *ante,* circa *cerca;* contra *contra,* ant, *escuentra, escontra;* cum *con,* de *de,* in *en,* inter *entre,* post *pues,* pro *por;* pro ad, ant. *pora,* moderno *para,* que en la pronunciación descuidada es *pa,* como *por el* se hace *po'el* o *po'l* (en la época clásica se escribía a veces en poesía *quiés* por *quieres);* secundum, ant. *segundo, segund,* mod. *según;* sīne *sin,* con vocal inexplicada como en port. *sim,* frente al ant. leon. *sen* (comp. nĕc *ni,* § 130); sŭb, ant. *so* (mod, *bajo, debajo);* super *sobre,* trans *tras.* Las perdidas son ab, ex, reemplazadas por *de* y *desde* (de-ex-de); apud, sustituída por caput *cabo* o *en cas de* (§ 27, vulgar *en ca'e*), *en, junto;* cis por el adverbio *acá* o *de la parte de acá;* erga por *contra* ant. («piadoso contra sus padres»), mod. *hacia,* etc.; extra (ant. *yestra*) por *fuera,* intus por el adverbio *dentro,* juxta y prope (ant. *probe,* § 128₁) por *junto;* ob, propter y per por *por, por causa de;* praeter por *salvo, fuera;* supra por *sobre;* tenus por el árabe fatta, *hata,* mod. *hasta,* aragonés *entro, tro a* de Intro; ultra por *además, más allá;* versus por *hacia,* ant. *faza* («vinie faz a él»), que también se decía «miró *cara* al cielo», luego *carra,* y, con la inserción de la misma *i* de *hacia,* dialectal *carria* (1).

130. Conjunción.—La copulativa ĕt era en castellano mirada generalmente como átona, y por lo tanto resultaba *e;* pero en leonés era tónica: *ye,* y lo mismo en castellano primitivo cuando se la consideraba acentuada por estar junto a un enclítico («los cuendes ye los res»); el diptongo se podía reducir a *i* (§ 10₂: «quel guardasse yl sirviesse;... is acorvan»), especialmente cuando precedía a una *e* («el uno y el otro»); luego cuando ĕt era mirado como átono, también *e* ante vocal se hacía į para evitar el hiato: «uno e otro» pasa a «uno y otro»; en suma, la *y* se generalizó, y hoy domina, salvo, por disimilación, cuando sigue palabra que empiece con *i-.* Las otras conjunciones conservadas son nĕc, ant. *nen, nin* (su -*n,* § 128₄), mod. *ni* (ant., fr. y prov. *ne,* mod. *ni*) con *i* inexplicada, debida acaso a cruce con el ad-

---

(1) W. Meyer-Lübke, *Gramm.* III, § 126, nota, e..plica *fazia* de *faze a,* como *pesia* de *pese a;* pero esta explicación no tiene en cuenta la forma anticuada *faza,* y me parece difícil suponer en una forma secundaria como *fazia* la conservación de la -*e* final latina, muy distinta de la -*e* verbal de *pese* (§ 107₄). Véase *Cantar de Mio Cid,* 1908, págs. 296₂₁ y 389₃₃.

verbio **nī** (1); **aut** *o;* si *si;* qua re, arag. ant. *car;* qu(i)a
(§ 30₂), ant. *ca.* Entre las conjunciones perdidas están etsi
aunque, ant. *maguer* (del gr. μαχάρις ?); etiam *también;* ut
que (del pronombre neutro quid); se d *más, pero, empero;*
nam y quia *pues;* igitur y ergo *luego;* quum *cuando.*
El romance forma conjunciones de adverbios y preposiciones, ora solos *(como, pues),* ora asociados a *que (aunque,
antes que, porque, ya que,* etc.).

---

(1)   Véase GARCÍA DE DIEGO, en la *Rev. de Filol. Esp.,* V, 1918, p. 133.

INDICES

ÍNDICE ETIMOLÓGICO

Los números se refieren a los párrafos del texto.

á(d) 62 $_2$.
a- (nombr.) 86 $_1$, (verb.) 126 $_2$ y $_3$.
ábate 28 $_2$.
abdega (ant.) 22.
abedul(o): 29 $_2$ d.
abeja 40 $_1$, e 11 $_2$.
abés (ant) 128 $_2$.
ábrego 48.
abrevadero 14 $_3$.
abridor 83 $_3$.
abrir: ábro 106 $_1$; abierto 122 $_2$.
abrótano 22.
abuelo, vu (ant.) 43 $_2$, v(i) 53 $_1$.
abur, agur 72 $_1$ b.
aburrir 114 $_1$ b.
acá 128 $_2$.
acebo 42 $_2$.
acechar 72 $_2$, acecha 10 $_3$.
acedo 11 $_1$, (adj.) 81 $_1$.
acendrar 59 $_4$.
acero, z 53 $_4$.
acetrero 22.
acidia 4 $_2$.
acontecer, te(n) 66 $_3$.
acullá 128 $_2$.
adarme 4 $_4$.
aderezar 53 $_4$ b.
adiestrar 112 bis $_3$.
ado 35 $_4$ a.
Adra 6 $_4$.
adral 56 $_1$.
aducir; aduzco, adugo, 112 $_3$, aduzgo 113 $_2$ b; adú (imp. ant.) 115 $_3$; aduje 50 $_2$, adux (ant.) 63 $_2$ c.
afición 18 $_2$ n.
agalla 83 $_1$.

Agapo(-ito) 82 $_3$.
agora (ant.) 128 $_3$.
agorero 66 $_3$.
agosto 41 $_2$, a 66 $_3$
agradar 124.
agrado 9 $_1$.
agridulce 88 $_2$.
agro 78 $_1$, g 48.
agua 52 $_1$.
aguaducho 14 $_2$ d
aguamanos 88 $_1$.
agüero, oi 14 $_2$ d, 53 $_2$, g 41 $_3$, a 66 $_3$.
águila 3 $_4$, u 52 $_2$.
aguilón (ant.) 52 $_1$ n.
aguzar 2, z 53 $_4$.
ahi 128 $_2$, áhi 6 $_2$ n, ahina 128 $_4$.
ahogar; ahogo 112 bis $_2$.
ahora 128 $_3$.
aire 63 $_3$.
-aje 84 $_1$, 29 $_2$ c.
ajedrea 4 $_4$.
ajenjo 85 $_2$.
ajeno 11 $_1$.
al (ant.) 102 $_1$.
al- 85 $_3$.
aladierna 76.
Alagón 72 $_1$ b.
alambique 4 $_4$.
alambre 18 $_3$.
alazan(o) 83 $_4$.
albañar, albañal 72 $_3$.
albarcoque 4 $_4$.
albérchigo 4 $_4$, al 85 $_3$.
albillo 83 $_1$.
albóndiga, almónd. 72 $_5$ a.
alborzo 14 $_3$ a, z 53 $_4$.

álbum(e)s 75 $_2$ n.
alcance, nço 83 $_5$.
alcanzar 68 $_2$.
alcázar 4 $_4$, 85 $_3$
Alconchel 47 $_2$ $_b$.
Aldealpozo, (de)l 88 $_1$.
Alechipe 42 $_3$.
aledaño, 17 $_4$.
alegre 78 $_1$.
aleman(o) 83 $_4$.
alfaquí; -ís, -íes 75 $_2$.
Alfonnso 4 $_3$, 47 $_2$ $_a$.
alga 47 $_1$.
algo(d) 62 $_2$, (u)o 52 $_2$.
alguandre (ant.) 128 $_1$.
alguien 62 $_1$, 102 $_3$.
algun(o) 78 $_1$, g 55 $_1$.
alicántara 83 $_1$.
alimaña 67 $_1$.
almadreñas 85 $_2$.
alma 54 $_2$ $_b$, 59 $_5$, (i)m 25 $_2$ n.
almágana, almadana 72 $_1$ $_b$.
almeja 57 $_3$, al 85 $_3$, e 11 $_2$
almendra 85 $_2$, d(u) 26 $_1$, (g)d 61 $_4$, n 69 $_2$.
almorranas 85 $_3$.
almosna (ant.) 22.
alnado 17 $_1$, (e)n 24 $_1$ l 61 $_3$.
alondra 69 $_2$.
alto 9 $_8$.
altozano 70 $_1$.
altramuz 4 $_4$.
alzar, ç 53 $_4$, 113 $_1$.
alún (dial.) = alumbre 63 $_2$ $_b$.
allá(c) 62 $_3$, 128 $_2$
allende 128 $_2$.
allí 128 $_2$, allín, allina 128 $_4$.
amatista 76.
ambos, amos 47 $_2$ $_a$, s 62 $_2$.
amenaza 53 $_4$.
amidos (ant.) 128 $_4$.
amistad 54 $_1$, 60 $_2$.
amizat (ant.) 54 $_1$.
amodorrido (ant.) 121 $_1$.
Ampudia (d) 41 $_2$.
amueblar 112 bis $_3$.
-án 83 $_4$.
an (aún) 6 $_2$ n
ánade 26 $_1$.
anatema (masc., fem.) 71 $_1$ $_a$.

ancla 61 $_1$, c(o) 25 $_2$ n.
ancho 31 $_2$.
andar; anduvo, andovo, andudo 120 $_3$; andido 120 $_2$.
andas 75 $_1$, nd 55 $_1$.
ande (adonde) 31 $_2$ n.
andolina, andorina 72 $_3$.
anegar; aniego, anego 112 bis $_2$.
aneldo (planta) 57 $_3$ n.
aneldo (ant. aliento) 55 $_1$.
ángel 26 $_2$, l(o) 29 $_2$, ng 47 $_2$ $_b$ n.
anillo 83 $_1$.
-ano 83 $_4$.
ánsar 47 $_2$ $_a$.
ansiar; ánsio 106 $_3$.
ante- 86 $_1$.
anteiglesia (signif.) 86 $_1$.
Antequera 3 $_4$.
antes 128 $_4$, ante 128 $_1$, 129.
antiguo, gua 52 $_1$.
Antióquia 6 $_4$ n.
antojo, (e)oj 17 $_1$.
antuzano 70 $_1$, z 53 $_4$ $_b$.
añadir 111; añade 45.
añal 46 $_3$ n.
añojo 17 $_1$.
apostar 54 $_1$.
apóstol 26 $_3$, l(o) 29 $_2$.
apremio 10 $_3$.
apren(de)dor (ant.) 66 $_3$.
apretar 67 $_2$ y n.
aquél 99 $_3$.
aquende 128 $_2$.
aquese, aqueste 98 $_3$.
aquí 128 $_2$ aquina 128 $_4$.
arado, d(r) 66 $_3$, aladro 66 $_2$.
Araduey 4 $_1$.
araña 53 $_5$.
árbol 26 $_3$, l 66 $_2$.
arce 67 $_2$.
arcilla, rz 47 $_2$ $_b$.
arcipreste 61 $_2$.
-ario 84 $_1$.
arisco 4 $_6$.
arma 77 $_2$.
armonium, -ms 75 $_3$ n.
aroma (masc., fem.) 77 $_1$ $_a$.
artejo 3
arveja 18 $_3$.
arzón, ç 53 $_4$.

cuando 39 4.
cuanto 74 2 n.
cuarenta, quaranta 89 2. (d)r 48, u 68 1.
cuasi 39 4.
cuaresma 90 1.
cuatro 39 4, t 56 4, r 62 2, (u)o 89 1.
cuba 15, b 45.
cubrir; cúbro 06 1, 114 1; cubierto 122 2.
cuchara 20 2, ch 53 6, ra 75 1, 77 1 d.
cuchillo 47 2 c.
cucho (astur.) 47 2 c, u 14 2.
cuello 13 1.
cuémpadre (ant.) 85 1.
cuéncoba (ant.) 6 3, cuen 85 1.
cuend(e) 28 3 n.
cuenta 6 3, 13 4, nt 61 2, (postverb.) 83 5.
cuento 13 1 n. 85 1.
cuerda 4 2, rd 47 1.
cuerno (masc.) 77 1 d.
cuero 13 2.
cueva 2.
cuévano 26 1, v 42 2.
cuidar 24 8, (g)i 43 1, d 60 2, u 14 2 d.
culantro 20 2, (i)a 30 2 c, nt 72 4.
culebra 13 2, u 20 2, br 48.
cumbre 77 1 c, u 47 2 c, 14 2.
cumplir 114 1 b.
cuntir, i(n) 66 3.
cuña 14 2.
cuñado 20 2, (signif.) 86 1.
cureña 13 2.
custodiar 124.
cuyo 101 2.

cha- (verbal) 126 2.
chamarra 37 2 c.
chancleta 37 2 c.
chapodar 37 2 c.
chapuzar 37 2 c.
chico 37 2 c. (adj.) 81 1.
chícharo 37 2 c, ich 42 3, a 26 1.
chiflar 57 1.
chillar 37 2 c, ll 57 1.
chinche 37 2 c, 55 3.
chiquirritito 79 4.
chiquitito 79 4.

chisme, cisma 37 2 c, 39 3 n.
chisme, chinche 37 2 c.
chistera 37 2 c.
choclo 37 2 c.
chopo 4 6.
chotacabras 88 1.
chubasco 4 6.
chus (ant.) 79 1 n.
chusma (fem.) 77 1 a.
daño 47 2 a.
dar; Pres. 116 4; Perf. 120 2.
Darío 6 4 n.
deán 83 4.
decidor 83 3.
decir 111: de, di 105 2, 114 1 a. 66 1;
digo, dices 112 2, z 42 3; di(c) 115 3, 62 3; dije 28 1, i 50 2, 120 4; dicho 122 2 y 3, i 50 1; diré. 123 2.
dechado 18 1 n. (sust.) 80 3.
dedo 60 2, (g) 43 1.
degollar; güe 112 bis 1.
dehesa, dev. 42 2, s 47 3.
delante 66 2, 128 2.
deleite 83 5.
delgado 40 1 n., 55 1.
delito 3 3.
demandar 126 1; demandido (perf. ant.) 120 2.
demientre (ant.) 28 2.
dentro 128 2.
deporte, depuerto (ant.) 83 5.
derecho 65 1.
-dero, cons. tero 14 3.
derrengar, n(i) 24 2.
derretir; derrito 114 1 a.
derrocar; -ueca 112 bis 2.
des- (nomb.) 86 1, (verb.) 126 2 y 3.
desáhúcia 6 2, (d)u 41 2.
desalmado 86 2.
descargo, gue 83 5.
descender, -ir. 111.
desconfiar 126 4.
desconsolar 126 4.
descoser 126 4.
descuajo, je 83 5.
desde 129.
desdén 63 2 c y 3, deño 83 5.
desdeñar 50 3, s 126 2.
desembarco, que 83 5.

establo 57 $_1$.
estai; -ais, -ayes 75 $_3$.
estameña 53 $_5$, é 11 $_2$.
Estanislao, Estanislada 71
estantigua 13 $_2$.
estar 39 $_3$; **Pres.** 116 $_4$; estovo, estuvo, estudo 120 $_3$, estido 120 $_2$.
este 99 $_1$.
Esteban 42 $_2$.
estera 83 $_4$.
estercolar 77 1 $_e$ n. 2, **o** 106 $_2$.
estiérco(l) 77 $_{1 c}$.
estio, i(v) 43 $_2$, (sust) 80 $_2$.
estonce, eston (ant.) 128 $_2$.
estopa 45.
estoria (ant.) 39 $_3$
estornudo 65 $_1$.
estotro (adj.) 81 $_2$.
estrella 69 $_3$.
estropajo 69 $_3$.
estruendo 67 $_2$.
estrujar 67 $_2$.
estudiar 124.
-ez (patronímicos) 84 $_3$.
eza 11 $_2$, **z** 53 $_4$.

facerir (ant.) 67.
fagüeño (arag.) 14 $_2$ $_d$.
faja 4 $_6$.
falso 9 $_3$.
faltar 38 $_2$, **t** 54 $_1$.
falto 122 $_2$.
falla (postverb. ant.) 83 $_5$.
fallo 80 $_3$.
fantasma (masc , fem.) 77 $_1$ $_a$.
far (ant.) 106 $_4$ $_c$.
farfalá 72 $_4$.
fárrago 6 $_3$ n.
fauce 9 $_3$ n.
fe 11 $_1$, **f** 38 $_2$, fed 63 $_1$ $_a$, **o** fe(d)e 63 $_1$ $_a$, fees 75 $_3$.
febrero 48.
feches (ant.) 60 $_2$, **e** 106 $_4$ $_c$, 48.
feito (arag.) 50 $_1$.
feligrés(e) 74 $_4$.
fémos (ant.) 106 $_4$ $_c$, 48.
feo 11 $_1$, **f** 38 $_2$, e(d)o 41 $_2$.
fer (ant.) 106 $_4$ $_c$.
Fernando 58.
ferviente 105 $_2$.

fiar 124, 109.
ficha 50 $_1$.
fidelidad, fieldad 24 $_3$ n.
fiel 63 $_1$ $_c$.
fiesta 77 $_2$.
filtro 51 $_1$.
finar 124.
finiestra (ant.) 18 $_2$
firme 78 $_1$.
flaqueza 83 $_3$.
fleco 13 $_2$, **fl** 39 $_2$.
flema (fem.) 77 $_1$ $_a$.
flor 39 $_2$.
fondo 38 $_2$.
Fontibre 11 $_2$.
frac; -cs, -ques 75 $_3$ n.
fraile 63 $_3$
frañer, francer (ant.) 47 $_2$ $_b$; fraño 112 $_2$, frañe 9 $_2$.
frente, fruente 13 $_2$ y $_4$.
fregar; friega 112 bis $_4$.
freir; frien 105 $_2$; frito 122 $_2$, **t** 50 $_1$.
fresno 9 $_2$, **fr** 39 $_1$, (c)s 61 $_4$, (masc.) 76.
frio, i(d) 41 $_2$, (g) 43 $_1$.
Froilán, Fruela 4 $_3$.
frontera 39 $_1$.
fruta 77 $_2$, fruto 3 $_2$.
fuego 38 $_2$.
fuella (arag.) 4 $_6$, 13 $_3$
fuellar 4 $_6$.
fuelle 38 $_2$.
fuente 13 $_4$, **f** 38 $_2$.
fuer(o) 29 $_2$ $_a$.
Fuerojuzgo 74 $_4$.
fuerte 38 $_2$.
fuerza 13 $_3$.
fuy (dial.) 63 $_2$ $_c$.

gacho 39 $_4$ n. 2, 72 $_4$.
galan(o) 33 $_4$.
galgo 37 $_1$, **lg** 54 $_1$.
Galicia 4 $_6$, zia 53 $_4$.
galope po 83 $_5$, **g** 4 $_2$.
gállara 83 $_1$.
Gállego 3 $_4$.
gámbaro 47 $_2$ $_a$.
gamo 72 $_1$ $_b$.
gamuza 72 $_4$.
gañote 72 $_4$.

hipógrifo 6 ₃ n.
hirviente 18 ₂, 105 ₂
hito 50 ₁, (adj) 81 ₂.
hogaza 40. (sust.) 80 ₂.
hoja 13 ₃, h 38 ₂ J 53 ₆, a 77 ₂.
hojaldre, hojalde 57 ₃, r 69 ₃.
holgar 38 ₂; huelgo 112 bis ₁.
hòlgazán 83 ₄.
holgorio 3 ' ₂.
hollar; huella 112 bis ₄.
hollín 83 ₄.
hombre 13 ₄, r 54 ₂ c, b 59 ;; on
   (ast.) 28 ₃ n., 63 ₂ b.
hombro 59 ₂.
hondo 47 ₁, (adj. 81 ₁.
hongo 47 ₁.
honor 44.
honrar 59 ₄, n(o)r 24 ₁, hónr 106 ₂.
hopo. jopo 38 ₂.
Horche 61 ₂.
hormazo 2, or 20 ₁.
hormiga 47 ₁.
hornazo, hornacho 53 ₄, zo 83 ₄.
hospedado 24 ₃.
hostal 54 ₁.
hostigar 41 ₃.
hoto 47 ₃ a.
hoy 13 ₃, y 28 ₂.
hoya 13 ₃, y 53 ₁
hoz (de segar) 9 ₃, z, foce, joce,
   hoce 63 ₂ a y ₃.
hoz (de un rio) 14 ₁ n. 2.
huelga 38 ₂.
Huelva 54 ₂ b.
huérfano 4 ₂ a 26 ₁.
hueso 77 ₁ c.
huésped 26 ₃.
hueva 77 ₂.
huey (arag.) 13 ₃.
huir 111; huyes 113 ₃, u 114 ₁ b;
   huímos 105 ₃; huiga 113 ₂ b, fuxo
   (ant.) 120 ₄.
humear 24 ₃, (g)a 41 ₃, humeo 106 ₃.
humera, ju- 38 ₂.
humildad, l(i) 24 ₂.
humillar 53 ₆ n.
huso 42 ₁.

i (adv. ant.) 128 ₁.
-i 84 ₂.

-ico 84 ₂.
idola (ant.) 77 ₂ n.
-iego 84 ₂.
iglesia 48, e 11 ₂ c.
igual 18 ₂, u ₅2 ₁,
-iguar 18 ₂, i(i)g 24 ₂, gu 67 ₂, 127.
-illo 10 ₃, (por -ŭlu) 83 ₁.
imprimir; impreso 122 ₁.
-in 83 ₄.
inchar 48.
indino 11 ₁ n, n 50 ₃ n.
infanta 75 ₁, nf 47 ₂ a.
ingle 54 ₂ b, 61 ₁, le 77 ₁ c.
inicuo, inico 30 ₂ n.
-ino 83 ₄.
intérválo 6 ₃ n.
i(n)vierno 43 ₂, (sust.) 80 ₂.
Íñigo 10 ₂.
ir; vaya 113 ₂ a. vaiga 113 ₂ b;
   Pres. 116 ₅ vais 100 ₄ c; Im-
   perf. 117 ₄; ido 122 ₂, íd 63 ₁ a.
Isidro 6 ₄.
isla 61 ₄, s(u) 25 ₂ n.
-ito 84 ₂.
ivierno 9, v 43 ₂.
-izar 125 ₂ c.
izquierdo 4 ₁.

jabalí (sust.) 80 ₂; lis, lies 75 ₂.
jabega, jabeba 72 ₁ b.
jabón 37 ₂ b.
jaca 4 ₈ y ₆, 38 ₂.
jacinto 38 ₃ n. 2.
jalde, jaldre 69 ₃.
jalear. 4 ₆, 38 ₂.
Jalón 37 ₂ b.
jamás 38 ₂ n. 2.
jamelgo 4 ₆, 38 ₂, g 55 ₁. l(i)g 25 ₁.
jamugas 72 ₂.
jarcia, sarcia 72 ₂.
Játiba 37 ₂ b.
jaula ₄ ₅.
Javier 4 ₁.
jera 30 ₂.
jerga (sust.) So ₂, serga, jerga 72 ₂.
jeringa 37 ₂ b.
Jesucriste (ant.) 74 ₅.
Jesus 74 ₆.
jibia 11 ₂, j 37 ₂ b, ia 53 ₂.
jilguero, silguero. 72 ₂, r 72 ₃.

luciérnaga 83_1.
lucir; luzca 112_3.
lucillo 20_2.
lucio 26_2, i(d) 41_5.
lucha 14_2 *d*.
luego 128_3.
luengo 47_1.
lueñe 128_3, ue 13_3.
lugar 20_2, r 66_2.
Lugo 15.
lumbre 62_2, 59_1, re 77_1.
lumbrera 59_1, m(i)n 24_1 n.
lunes 68_1.
lur (arag). 97_2.
luto 3_2.

llaga 39_2, g 41_3.
llama 39_2, m 46_1.
llamar 39_2.
llano 39_2.
llanta 39_2 nt 47_1.
llantén 9_2, ll 39_2.
llave 39_2.
llegar 39_2, e 18_1.
lleno 39_2, e 11_1.
llera 39_2.
llevar; lievo 112 bis $_3$.
llorar 39_2.
llosa 39_2.
llueca 39_2.
lluvia 14_2, ll 39_2, vi 53_1.

macho (sexo) 61_2, 51_2, malso 3_3.
macho (mulo) 4_6.
macho (martillo) 61_2, 51_2.
madeja 9_2.
madera 10_3.
madroño 14_2 *b* n.
madrugar 125_2.
maese 51_1
maestre 74_6.
maestro, a(y)e 43_1, áe 6_2 n.
magro 48.
maguer 130.
maherir 47_2 *a*.
maiz 4_5, ai 6_2 n.
majada, ma(g) 41_3.
Majaelrayo, (d)el 88_1.
majar 113_1.
mal- 86_1.

mal (adv.), l(e) 128_3.
mal(o) (adj.) 78_1.
malenconía (ant.) 70_3.
maleza 53_4, e 11_2.
malso (ant.) 3_3.
Mallorca 71.
mancebo 11_2.
mancilla 83_1.
manco 47_1.
mancha 61_2, 51_2, 83_1, n 69_2.
manga 55_1.
manifestar 127.
manilargo 88_2.
mano 91, (fem.) 76.
manojo 57_2.
mansedumbre 47_2 *a*.
manso 47_2 *a*.
mantener 127.
manzana 77_2, n 69_2; z, ç 53_4, (sust.) 80_2.
mar 63_1 *d*, (masc. o fem.) 77_1 *d*.
maravilla 53_6 n.
Marcos 74_6.
marchitar 47_2 *b*, t 54_1.
Márgara (-ita) 82_3.
margen 26_3.
mármol 66_2.
martes (genit.) 74_4.
martillo 83_1.
marras 128_4.
mas (comparat.) 79_4, (adv.) 128_1.
masa, ss 46_1.
mascar 54_1, (i)c 24_1 n, car 125_2.
masera 4_6.
mastranzo 67 I.
mayo 43_1.
mayor 43_1, or 79_2.
maza, ç 53_4.
mear, e(j) 43_1, ar 109.
mecer 47_2 *a*; meza, mezca 112_3.
Medellín 3_4.
mediante (adv.) 128_3.
medias (sust., ant. adj.) 80_2.
medio; meyo 53_3 n., e 10_3.
medir; mido 105_1; d 113_1; mides 114_1 *a*.
médula 5.
mégano, médano 72_1 *b*.
mego 9_2.
mejilla 17_2, j 50_2.

poco 47 $_8$ a.
poder, pude 120 $_3$; pudiendo 105 $_3$; podré 123 $_2$.
podrir, pudrir 105 $_3$; pudres, podris 114 $_1$ b.
Pola, Polación 57 $_1$.
poleo, e(gi) 53 $_3$, e 10 $_3$.
políglóta 6 $_3$ n.
polvo 47 $_2$ c.
pollo 46 $_3$.
poma 77 $_2$.
pómez 74 $_6$.
poner; pongo 113 $_2$ b; pon(e) 107 $_4$ b; puse 120 $_3$; pondre 123 $_2$; puesto 122 $_2$, t 54 $_1$.
ponzoña 69 $_2$, poç, poz 53 $_4$.
popa 45, a 75 $_1$.
poquitito 79 $_4$.
por, (r) 129.
pordiosero 86 $_2$.
porfía, i(di) 53 $_3$.
pórpola (ant.) 4 $_2$, 14 $_1$ n.
portaguión 88 $_1$.
portazgo 84 $_1$, zg 60 $_3$.
portugués 4 $_6$.
posar 20 $_1$, s 47 $_3$ a.
poso (sedimento) 47 $_2$ c, 14 $_2$.
postema (fem.) 77 $_1$ a.
postilla 83 $_1$.
postrer(o) 90 $_1$, 78 $_1$, ero 68 $_1$.
potro 47 $_2$ c.
Poveda 82 $_3$.
poyo 13 $_3$, y 53 $_3$.
pozal (masc.) 77 $_1$ d.
pozo 14 $_2$, z 53 $_4$.
pozuelo 6 $_2$.
Prádanos 40 $_1$ n.
prado 77 $_1$ a, -os 77 $_2$.
preciar 53 $_4$.
prefacio (nominat.) 74 $_6$.
premia 10 $_8$.
prenda 77 $_2$, (g)n 61 $_4$.
prendedor 83 $_3$.
prender; priso (ant.) 120 $_4$, preso 122 $_1$ y $_3$.
preñar 39 1.
presea (di) 53 $_3$.
prestar; priesto, presto 112 bis $_2$.
preste 74 $_6$, arcipreste 61 $_8$.
pretal 67 $_2$.

pretender; pretiendo, ten 112 bis $_2$.
pretina 67 $_2$.
prez 63 $_1$ f.
priesco, prisco 10 $_2$, (masc.) 77 $_2$, (sust.) 80 $_2$.
primer(o) 29 $_2$, 78 $_1$, 90 $_1$.
prisa 10 $_2$.
prisión 18 $_2$.
prob (ant.) 128 $_1$.
probar, provar (ant.) 43 $_2$.
proba(bi)lidad (vulg.) 66 $_3$.
profeta (fem. ant.) 76 n. 1.
provecho 42 $_2$, e 10 $_3$.
proveer 31 $_2$, 41 $_2$.
prueba (postverb.) 83 $_5$.
pruna 77 $_2$.
puches 14 $_3$, ch 47 $_2$ c.
púdico 6 $_3$ n.
pueblo 57 $_1$.
puente 13 $_4$.
puerco (adj.) 81 $_1$.
puerca, 'tuerca' 72 $_1$ a.
puerta 13 $_1$, rt 47 $_1$.
pues 128 $_1$, 130, s(t) 62 $_2$.
pulga 55 $_1$, l(i) 25 $_1$, a 75 $_1$.
pulgar 20 $_2$.
pulpo 4 $_2$ n., l(i) 25 $_1$, 54 $_1$.
punto 51 $_2$.
punzón, ç 53 $_4$.
puñar (ant.) 50 $_3$ n.
puño 14 $_2$.

que (relat.) 101 $_3$.
que (conj.) 130.
quebrar, crebar 39 $_1$, 67 $_2$; quiebro, criebo 112 bis $_1$.
quedo 121 $_2$, (i)e 10 $_2$.
quemar, cremar 4 $_2$.
quera (dial.) 75 $_1$.
querer; quiero 10 $_1$, q 39 $_4$, quiés (ant.) 129; quise 120 $_4$; querré 123 $_2$; quisto 122 $_2$ y $_3$.
queso 9 $_2$.
quillotro 98 $_3$.
quien 39 $_4$, n 62 $_1$; quienes 73, 101 $_1$; qui 101 $_1$.
quijada 72 $_2$.
quince 39 $_4$, 66 $_2$, e(m) 62 $_1$, nz, ndz 89 $_1$ y n.
quinientos 39 $_4$, 66 $_2$, n 47 $_2$ b.

tállo 6 $_4$.
tamaño 50 $_3$.
tan 62 $_1$.
tángano 83 $_1$.
tanto 74 $_2$ n., 128 $_3$.
tañer; tango, taño 47 $_2$ b, 112 $_2$; tanxo (ant.) 120 $_4$.
tapiz 4 $_2$.
Tarazona 72 $_2$.
tarde 128 $_2$.
tea 37 $_1$, e(d) 41 $_2$.
Teba 4 $_4$.
techo 50 $_1$.
teja 57 $_2$.
tejo 9 $_2$, j 50 $_2$, (masc.) 76.
tejón 17 $_2$.
tema (masc., fem.) 77 $_{1}$ a
temblar 59 $_3$, t(r) 66 $_3$, tiemblo 112 bis $_1$.
temer, temo 113 $_1$.
témpano 26 $_1$.
tempesta (nominat.) 74 $_6$.
templar, p(e) 24 $_1$ n.; templa, tiembla 112 bis $_2$.
temprano, p(o)r 24 $_1$, mpr 61 $_1$.
tener; tengo 105 $_1$. g 113 $_2$ b; tuvo, tovo, tudo 120 $_3$; tendré 123 $_2$; teniendo 105 $_1$; ten 114 $_3$, n(e) 107 $_4$ b.
tentar; tiento 112 bis $_1$.
teñir; tiño 114$_1$a; teñeu (ant.) 119$_2$; tinxo (ant.) 120 $_4$.
tercer(o) 78 $_1$, 90 $_1$.
tercia 91 $_2$.
terruño 14 $_2$.
terzer (ant.) 47 $_2$ b.
teso 81 $_2$.
tesoro 42 $_1$.
testudo (fem. o masc.) 76 n. 2.
tibio 26 $_2$, i(d) 41 $_2$.
tiemplo (ant.) 10 $_1$ n.
tiempo 29 $_1$, pos 77 $_1$ b.
tierno 59 $_4$, tierneeito 83 $_3$.
Tierzo 54 $_3$.
tieso (adj.) 81 $_2$, 122 $_1$.
tiesto 47 $_1$.
tijera 83 $_4$, j 42 $_1$.
tilde 3 $_3$, 57 $_3$ n., e 29 $_2$ d.
tiniebla 6 $_1$, tin. 18 $_2$.
tinto (adj.) 122 $_2$.

tiña 11 $_3$.
todavía 128 $_3$.
tod(o) (ant.) 78 $_1$.
toller 111; tolgades 113 $_2$ b; tuelto 122 $_2$.
tomillo 4 $_2$.
tolondro 72 $_3$.
tonga 55 $_1$.
topo 9 $_3$, 47 $_2$ c.
toque, toco 83 $_5$.
torcaz, torcazo, (u)a 52 $_1$, z(o) 83 $_4$.
torce, (u)e 52 $_3$.
torcer, (u)e 52 $_3$.
Tordadijo, Tornadijo 70 $_2$.
tormo 59 $_3$.
tornar 47; tornan 112 bis $_1$.
torno 4 $_2$.
toro 9 $_3$.
Toro 74 $_4$.
torzal, (u)a 52 $_3$.
toser 110.
Toya la Vieja 53 $_2$.
traer; trayo (ant.) 113 $_2$ a, traigo 113 $_2$ b; troxe, truje 120 $_3$, traje 120 $_4$; trecho 122 $_2$; tred (ant) 106 $_4$ c.
traílla 83 $_1$.
trapo 72 $_4$.
tras 129.
tras- 86 $_1$.
trasnochador 86 $_2$.
tratar 17 $_2$ n.
traves(e) 63 $_1$ c.
travieso 47 $_2$ a.
trébede 26 $_3$, b 40 $_1$, éb 87.
treble (ant.) 91 $_1$.
trébol 42 $_3$, 1 68 $_2$, (-o) 29 $_2$ d.
trece, tredze 60'$_3$, 89$_1$ y n., ce 68$_1$.
trechar (prov.) 17 $_2$ n., 70 $_1$.
trecheo 17 $_2$ n.
trecho 9 $_2$, (adj.) 122 $_2$.
treinta 68 $_1$, é 31 $_2$ b, trínta 89 $_3$.
trelze (dial.) 89 $_1$.
Tremor 70 $_2$.
trépano 4 $_2$.
tres 89 $_1$.
trescientos 89 $_4$.
tréude 87.
treudo 18 $_1$ n., (b)u 43 $_2$.
Treviño 42 $_2$.

ÍNDICE DE MATERIAS

FONÉTICA